Südtirol für Insider
Sehenswertes, Gastlichkeit, Sport, Wellness

Naturparkhäuser
Wunderbare Welten entdecken

Naturns | Tel. 0473 668201

Tiers | 0471 642196

Toblach | 0474 973017

Truden | 0471 869247

Sand in Taufers | 0474 67754

Enneberg | 0474 506120

Abteilung Natur und Landschaft

Für weitere Informationen:
Amt für Naturparke
Rittner Straße 4
39100 Bozen
Telefon +39 0471 417770
Fax +39 0471 417789
naturparke.bozen@provinz.bz.it
www.provinz.bz.it/naturparke

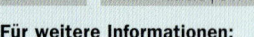

AUTONOME PROVINZ BOZEN - SÜDTIROL   PROVINCIA AUTONOMA DI BOLZANO - ALTO ADIGE

Südtirol für Insider

Sehenswertes, Gastlichkeit, Sport, Wellness

Oswald Stimpfl · Folio Verlag Wien/Bozen

Die meisten Tipps stammen vom Autor, einige kommen aber auch von seinem ausgedehnten Freundes- und Bekanntenkreis. Namentlicher Dank für die Unterstützung geht an Petra Augschöll, Günther Hofer, Christoph Tscholl alias Stoffi und Irene Waldmüller-Engele. Auch die lokalen Tourismusvereine und -verbände haben in dankenswerter Weise zum Entstehen des Buchs beigetragen.

Bei der Fülle an Daten kann es vorkommen, dass Angaben unvollständig oder nicht ganz richtig sind: Bitte teilen Sie dies dem Verlag mit, der in der nächsten Auflage für eine Richtigstellung sorgen wird. Auch Anregungen zur Ergänzung werden gerne entgegengenommen, unter der Adresse: Folio Verlag, Pfarrhofstr. 2d, I-39100 Bozen, Fax 0039 0471 971603, office@folioverlag.com

Bildnachweis:
Archiv Folio Verlag: S. 158
Maria Gapp: S. 84
Gärten von Schloss Trauttmansdorff: S. 294
Alois Lageder: S. 179
Othmar Seehauser: S. 20, 21, 25, 40–41, 48, 49, 55, 61, 63, 66, 90, 93, 149, 153, 172, 184, 193, 200, 202, 230, 255
Alle weiteren Fotos stammen von Oswald Stimpfl.

Umschlagbild: Auf den Wiesen von Plafötsch unterhalb des Rosengartens

© Folio Verlag, Wien – Bozen
4., vollständig aktualisierte Auflage 2009
Grafik: no.parking, Vicenza
Satz und Druckvorstufe: Typoplus, Frangart
Printed in Italy
ISBN 978-3-85256-377-0

www.folioverlag.com

INHALTSVERZEICHNIS

VORWORT	7
VINSCHGAU	**9**
Etwas zur Geschichte	11
Sehenswertes	12
Museen und Ausstellungen	18
Märkte, Termine, Brauchtum	20
Freizeit im Sommer	22
Freizeit im Winter	29
Wellness	31
Übernachten	32
Essen und Trinken	35
Einkaufen und Handwerk	39
Am Abend	43
MERAN UND UMGEBUNG	**45**
Etwas zur Geschichte	47
Sehenswertes	48
Museen und Ausstellungen	56
Märkte, Termine, Brauchtum	61
Freizeit im Sommer	65
Freizeit im Winter	77
Wellness	78
Übernachten	80
Essen und Trinken	83
Einkaufen und Handwerk	89
Am Abend	92
BOZEN UND UMGEBUNG	**95**
Etwas zur Geschichte	97
Sehenswertes	98
Museen und Ausstellungen	107
Märkte, Termine, Brauchtum	110
Freizeit im Sommer	114
Freizeit im Winter	122
Wellness	124
Übernachten	126
Essen und Trinken	130
Einkaufen und Handwerk	136
Am Abend	140

ÜBERETSCH UND UNTERLAND — 142
- Etwas zur Geschichte — 144
- Sehenswertes — 145
- Museen und Ausstellungen — 150
- Märkte, Termine, Brauchtum — 152
- Freizeit im Sommer — 156
- Freizeit im Winter — 168
- Wellness — 170
- Übernachten — 171
- Essen und Trinken — 174
- Einkaufen und Handwerk — 180
- Am Abend — 182

WIPPTAL, EISACKTAL, GRÖDEN, SCHLERNGEBIET — 185
- Etwas zur Geschichte — 187
- Sehenswertes — 188
- Museen und Ausstellungen — 195
- Märkte, Termine, Brauchtum — 200
- Freizeit im Sommer — 205
- Freizeit im Winter — 213
- Wellness — 216
- Übernachten — 218
- Essen und Trinken — 222
- Einkaufen und Handwerk — 226
- Am Abend — 231

PUSTERTAL, GADERTAL — 234
- Etwas zur Geschichte — 237
- Sehenswertes — 238
- Museen und Ausstellungen — 244
- Märkte, Termine, Brauchtum — 249
- Freizeit im Sommer — 253
- Freizeit im Winter — 265
- Wellness — 269
- Übernachten — 270
- Essen und Trinken — 274
- Einkaufen und Handwerk — 279
- Am Abend — 284

HINWEISE, TELEFONNUMMERN, WEBSITES — 286

BUCHTIPPS — 290

ORTSREGISTER — 293

VORWORT

„Empfehlenswert" schrieb *Merian*, „der ideale Reisebegleiter" die *FAZ*, *Geo Saison* meinte gar „genug Infos, um eine Südtirol-Reise als Lebensaufgabe zu planen" – kurzum: *Südtirol für Insider* ist ein griffiges Nachschlagewerk für all jene, die Südtirol bis ins seine schönsten und geheimsten Winkel entdecken möchten.

Meine persönliche Auswahl umfasst eine Fülle an Tipps zur aktiven Freizeitgestaltung: Erlebnishungrige Familien, sportliche Singles, entdeckungsfreudige Senioren und Feriengäste auf der Suche nach dem wahren Südtiroler Lebensgefühl finden Anregungen für Besichtigungen und Ausflüge, Hinweise auf Wellness-Oasen, gute Küche, Spitzenweine, alte Handwerkskunst und originelle Mitbringsel. Die Rubrik „Übernachten" enthält Hinweise auf Unterkünfte für alle Ansprüche und jeden Geldbeutel.

Ich bin sicher, Sie fühlen sich zwischen den Insider-Seiten bald heimisch: Das Buch ist durchgehend geografisch gegliedert; einige Tipps für Wanderungen und Radausflüge werden durch Übersichtspläne ergänzt, eine detaillierte Wanderkarte können sie freilich nicht ersetzen. Viele Telefonnummern, Angaben zu Öffnungszeiten und ein ausführliches Ortsregister erleichtern Ihre individuelle Entdeckungstour durch Südtirol. Ich wünsche Ihnen dabei viele unvergessliche Erlebnisse!

Oswald Stimpfl

lick von St. Martin im
ofel ins Tal

VINSCHGAU

Wer von Norden, aus Österreich kommend, den Reschenpass erreicht, ist vom Eindruck überrascht: Den Besucher empfängt zunächst ein weites, ebenes Tal. Aus dem türkisfarbenen Wasser des Reschensees ragt ein Kirchturm: einziges Überbleibsel von Alt-Graun, das dem Stausee weichen musste. Die dunklen Wälder, die grünen Wiesen und Almen, die Gletscher der Ortlergruppe im Süden und die kaum minder hohen Ötztaler Alpen im Norden bilden den Auftakt zur kontrastreichen Landschaft des Vinschgaus, die uns mit ihren Reizen bis Naturns nicht mehr loslässt. Die Höhenunterschiede zwischen dem Talgrund und den Berggipfeln sind gewaltig; die Nordflanke – der Sonnenberg – ist karg und sonnig, die Südseite, im Volksmund Nördersberg genannt, dicht bewaldet. Wiesengrund im Tal war seit jeher knapp, die Sonnenseite wurde schon im Mittelalter abgeholzt. Die kahlen, versteppten Hänge wurden in den letzten Jahrzehnten mühevoll aufgeforstet – oft gegen den Widerstand der Bauern, die um ihre Schafweiden bangten. Heute überziehen Wälder von genügsamen Kiefern Teile des Sonnenbergs. In den fruchtbaren Talböden des unteren Vinschgaus breiten sich Obstanlagen aus. An den Talausgängen, auf Moränenhügeln und in Hangmulden liegen schmucke Dörfer.

Mals, am Fuß der Malser Haide gelegen, ist das Zentrum des Obervinschgaus. Sieben Türme von Burgen und Kirchen überragen das Dorf. Auf der gegenüberliegenden Seite im Tal der noch jungen Etsch versteckt sich das alte Dorf **Burgeis** mit seinen verwinkelten Gassen und verschachtelten Häusern. Weiter südlich, kurz vor **Schluderns** mit seinem historischen Dorfkern und den engen Gassen, genießt man einen prächtigen Blick auf das zum Greifen nahe, eisgepanzerte Ortlermassiv. Eine Figurengruppe aus glänzendem Metall an der Straße zwischen Schulderns und Tartsch – ein Mann zügelt zwei scheuende Pferde – symbolisiert die gebändigte Kraft der weißen Energie, des mit Wasserkraft erzeugten Stroms. **Glurns** ist mit etwa 800 Einwohnern die kleinste Stadt Italiens. Vorbei am altertümlichen, befestigten Städtchen führt die Straße in die nahe Schweiz. In **Taufers**, einem typischen romanischen Haufendorf, wachen drei Burgen über den Zugang aus der Schweiz nach Tirol; in den unruhigen Zeiten des Mittelalters bot ein Johanniterspital Reisenden und Pilgern Schutz und Zuflucht. **Prad** am Zugang zum Stilfser Joch liegt an der westlichen Talseite. Gustav Thöni, der unvergessene Sieger vieler Skiweltcuprennen, mehrmalige Olympiasieger, Weltmeister und Gewinner des Gesamtweltcups, ist gebürtiger Trafoier und lebt in Prad. Taleinwärts breitet sich auf einer sonnigen Geländenase am steilen Hang das malerische Haufendorf **Stilfs** aus.

Im Hintergrund, flankiert von Ortler und Königspitze, liegt in einem Hochtal **Sulden**, ein schon um die Jahrhundertwende bekannter Fremdenverkehrsort. Laas, in dessen Umgebung seit langer Zeit feinster weißer Marmor gebrochen wird, nennt man auch das Marmordorf. **Schlanders**, der Hauptort des Tals mit Schulen, Krankenhaus und dem Sitz von Behörden, liegt in der Mitte des Vinschgaus am Fuß einer weiteren Talstufe auf 738 m. Ungefähr bis hierher – genauer bis Kortsch – reicht der Weinbau und wächst die Edelkastanie.

Rätoromanische Vergangenheit

Die viel zitierte Andersartigkeit des Vinschgaus und seiner Bewohner ist unter anderem in der jahrhundertelangen Beeinflussung durch den rätoromanischen Kulturkreis begründet. Bis ins 17. Jh. wurde im oberen Vinschgau, so wie heute noch im anliegenden Graubünden, „Romantsch", die rätoromanische Umgangssprache, gesprochen. Erst im Zuge der Gegenreformation, als der calvinistische, reformatorische Einfluss der Schweiz auf Tirol überzugreifen drohte, wurde das Deutsche radikal durchgesetzt. Orts- und Flurnamen mit der typischen Endung auf -tsch (Tartsch, Matsch, Laatsch usw.) zeugen noch von der rätoromanischen Vergangenheit.

Zwischen Schlanders und Latsch zweigt nach Südwesten ein 23 km langes Tal in Richtung der Bergriesen Ortler und Cevedale ab: das **Martelltal**. Über die steilen Hänge der Sonnenseite sind bis zur Waldgrenze Höfe verstreut, um die Kirche in der Talmitte geschart, bilden einige wenige Häuser den Dorfkern. Zwischen Morter am Taleingang (700 m) und dem Talschluss liegen 1300 Höhenmeter. Ein Damm staut den Marteller Bach am Talende zum stattlichen Zufrittsee; die Straße mit Blick auf den mächtigen Cevedale-Gletscher führt an seinem Ufer entlang bis zu den Parkplätzen auf rund 2000 m Höhe.

ETWAS ZUR GESCHICHTE

Dass der Vinschgau bereits sehr früh besiedelt war, wusste man schon bevor Ötzi, der 5000 Jahre alte Mann aus dem Eis, gefunden wurde. Damals entstanden die ersten festen Siedlungen, wie bedeutende Funde auf dem Ganglegg bei Schluderns belegen. Um 15 v. Chr. eroberten die Römer das Gebiet des damaligen Rätiens und übten nachhaltigen Einfluss auf Lebensart und Sprache der einheimischen Bevölkerung aus. Wenig später bauten sie die erste Straße über den Alpenhauptkamm, die Via Claudia Augusta. Sie führte durch den Vinschgau über den Reschenpass bis Augsburg. Im Mittelalter stritten Feudalherren und die Bischöfe von Chur um die Vorherrschaft über das Gebiet; schließlich errangen die Grafen von Tirol die Oberhoheit. Burgen, Schlösser und Ruinen einstiger Wehranlagen auf Bergvorsprüngen und an strategisch günstigen Plätzen zeugen noch heute von der Bedeutung, die der Weg durch den Vinschgau hatte. Von 1363 bis zum Ende des Ersten Weltkriegs unterstand das Gebiet als Teil Tirols den Habsburgern, dann fiel es – wie das restliche Südtirol – an Italien. Da die Grenzen zu Österreich immer bedeutungsloser werden, rücken Nordtiroler und Vinschgauer wieder mehr zusammen. Es werden vermehrt gemeinsame Tourismus-, Wirtschafts- und Kulturprojekte angegangen.

> **Das Armenhaus Tirols**
>
> Bevor der Tourismus und der genossenschaftlich organisierte Obstanbau der Talbevölkerung neue Einkommensquellen erschlossen, war der Vinschgau das Armenhaus Tirols. Die bittere Armut in den vergangenen Jahrhunderten zwang viele bettelnd oder als Tagelöhner durch das Land zu ziehen. Auf einem Karren führten sie Hab und Gut mit, verächtlich nannte man das fahrende Volk „Karrner". Noch im 19. Jh. mussten im Sommer viele Minderjährige als Billigstarbeitskräfte nach Süddeutschland wandern: die sogenannten Schwabenkinder.

Obstfelder im Talboden

SEHENSWERTES

ROJEN

Nahe dem Reschenpass zweigt ein kleines Hochtal nach Südwesten ab, das **Rojental**. Auf fast 2000 m Meereshöhe gelegen, ist Rojen die höchste ganzjährig bewohnte Siedlung Südtirols und der Ostalpen. In der St.-Nikolaus-Kirche, erbaut im 13./14. Jh., finden sich wertvolle gotische Fresken der Meraner Schule.

ST. JOHANN

Die romanische Kirche St. Johann in **Taufers im Münstertal** erinnert mit ihren vier angebauten quadratischen Räumen in Kreuzform an byzantinische Kreuzkuppelkirchen. Sie ist auf den Resten eines Vorgängerbaus – eines im 9. Jh. erwähnten und 1130 zerstörten Benediktinerklosters – aufgebaut. Ab 1300 diente die untere Vorhalle als Aufenthaltsraum für Pilger des Johanniter Hospizes, die obere wurde als Schlafraum verwendet. Der größte romanische Freskenzyklus des Vinschgaus samt ältester Christophorusdarstellung Tirols an der Nordfassade, wo einst der Weg vorbeiführte, wurde um 1220/1230 geschaffen. ⏲ Mitte April–Oktober, 9.30–12 Uhr und 14.30–17 Uhr. Führungen: Mitte Juni–Oktober, Mi um 16 Uhr oder auf Anfrage: Tel. 0473 832167

OSSARIUM

Auf der **Malser Haide** steht einsam an der Straße ein gewaltiges Denkmal aus Stein: ein Beinhaus aus der faschistischen Zwischenkriegszeit. Das Ossarium sollte die neue Größe Italiens und den Besitzanspruch auf die eroberten Gebiete vor Augen führen, und das, obwohl hier nie gekämpft wurde. Der seinerzeit erfolgreiche Mailänder Architekt Gianni-

---

Der „badende" Kirchturm

Nur mehr die Spitze des Turms ragt aus dem See – ein stimmungsvolles Motiv unzähliger Fotos und Postkarten. Warum der Kirchturm „baden" ging, stimmt nachdenklich: Um elektrische Energie zu gewinnen, wurde 1949 ein ganzes Dorf, **Alt-Graun**, geopfert, die Bauernhäuser und die Kirche bis auf den Glockenturm gesprengt, ein Staudamm aufgeschüttet, fruchtbare Wiesen und Felder überflutet. Der See wird in den Sommermonaten aufgestaut und im Winter, wenn der Energiebedarf am höchsten ist, zur Stromerzeugung genutzt. Im Frühjahr sinkt der Wasserspiegel stark, was ein wenig an der Seeidylle kratzt. Im Hochsommer zeigt sich die Landschaft wieder von der schönen Seite: Segler und Surfer tummeln sich auf dem Reschensee, an seinem Ufer wird gewandert und geradelt. Im alten Gemeindehaus in Graun dokumentiert eine Fotoausstellung die Entstehung des Sees. Infos: Tel. 0473 633127

Der Alt-Grauner Kirchturm im Reschensee

Kloster Marienberg bei Burgeis

no Castiglioni hat diese und die zugleich in Innichen an der Ostgrenze Südtirols erbaute Anlage entworfen.

MARIENBERG ⭐

Die Grafen von Tarasp stifteten um 1200 das Benediktinerkloster Marienberg auf dem Hang westlich von **Burgeis**. Der mächtige, weiß leuchtende Bau beeindruckt durch seine Geschlossenheit und die hohe, fensterreiche Fassade, die ihn wie eine Festung und nicht wie ein Kloster erscheinen lassen. Sehenswert sind die dreischiffige Stiftskirche, das Rundbogenportal und insbesondere die romanische Krypta mit byzantinisch beeinflussten Fresken, bekannt ist die Darstellung der Engel. Jahrhundertelang war Marienberg das kulturelle und geistige Zentrum des Obervinschgaus. Um 1390 entstand hier beispielsweise eine für die Geschichte Tirols wertvolle Chronik des Mönchs Goswin. Führungen, Infos: Tel. 0473 831306, www.marienberg.it

FÜRSTENBURG

Der dunkle Wehrbau bei **Burgeis** liegt, von den meisten unbemerkt, an der alten Landstraße. Während der religiösen Wirren des 16. Jh. residierten hier die Bischöfe von Chur, die sich vor den Anhängern Calvins und Zwinglis in Sicherheit brachten. Heute ist in der Fürstenburg die Landesfachschule für Landwirtschaft untergebracht. Führungen, Infos: Tel. 0473 831190

ST. BENEDIKT

Die St.-Benedikt-Kirche in **Mals** ist eines der ältesten Bauwerke des Landes. Sie birgt Fresken aus der Zeit um 800, die mit jenen der Prokuluskirche in Naturns zu den ältesten Fresken des deutschen Sprachraums zählen. Das Gebäude diente zeitweise als Soldatenquartier und Stall, zufällig entdeckte man vor 100 Jahren die Fresken und begann mit der Restaurierung. Führungen, Infos: Tel. 0473 831190

FRÖHLICHSBURG

Ende des 12. Jh. bei **Mals** erbaut. Wegen des mächtigen, runden, 33 m hohen Bergfrieds und der römischen Inschriften, die man in der Nähe fand, hielt sich lange die Meinung, es handle sich um einen römischen Bau. Die Burg, vormals Gerichtssitz, wurde 1499 zur Zeit der Calvenschlacht niedergebrannt. Wiederaufgebaut, gab sie Ferdinand I. den Brüdern Freilich zum Lehen (daher der Name Fröhlich). Bereits Ende des 18. Jh. war die Burg wieder zur Ruine verkommen. Führungen auf Anfrage, Tourismusverein Mals, Tel. 0473 831190

FRESKEN IN DER PFARRKIRCHE VON MALS

Die Jugendstilfresken des Schwazers Emanuel Raffeiner in der Pfarrkirche von **Mals** entstanden 1914, zu Beginn des Ersten Weltkriegs. Eindrucksvoll die Darstellung der Judith mit dem Kopf des Holofernes. Nicht minder Schauder erregend sind die drei (wegen des hohen Ge-

Laubengang in Glurns

wölbes nur schwer erkennbaren) serbischen Rebellen, bewaffnet mit Revolver und Handgranaten, daneben die Schrift: 18.11.1914, Valjevo eingenommen, 8000 Serben gefangen.

ARCHÄOLOGISCHER PARK GANGLEGG ❶

Am Hang oberhalb von **Schluderns** (Gehzeit 45 Minuten) befinden sich auf einer Geländekuppe die Reste einer befestigten Siedlung der Bronze- und Eisenzeit. Vermutlich stand hier eine bedeutende Wohnanlage, die das gesamte obere Vinschgau beherrschte. Bei Grabungen wurden gewaltige, 2,5 m dicke Reste einer Ringmauer, Fundamente rätischer Gebäude sowie ein Brandopferplatz freigelegt. Freier Zugang. Schautafeln mit Erläuterungen. Das Vintschger Museum in Schluderns organisiert Führungen. Tel. 0473 615590

GLURNS ⭐

Das Städtchen mit seinen knapp 800 Einwohnern ist ein charmantes Baudenkmal, die einzige Stadt Tirols, die noch vollständig von Stadtmauern umgeben ist. Drei mächtige Tortürme, runde Wehrtürme, Schießscharten und Pechnasen unterstreichen den Festungscharakter. Die Gründung der Stadt geht auf Meinrad II. von Tirol zurück, der damit seine Position gegenüber den schweizerischen Bischöfen von Chur festigen wollte. Die blutigsten Schlachten auf Südtiroler Boden wurden im Obervinschgau geschlagen; 1499 brachten die Schweizer den Tiroler und Habsburger Truppen eine verheerende Niederlage bei. Tausende starben auf dem Schlachtfeld, die Dörfer der Gegend, darunter auch Glurns, wurden geplündert und gebrandschatzt. Glurns wurde daraufhin mit jenen Stadtmauern befriedet, die bis heute erhalten sind. Bereits vor

---

Kampf in Eis und Schnee

Im Ersten Weltkrieg war die Grenze zwischen Italien und Österreich, die über die Gletscherspitzen des Ortlermassivs führte, die höchste Frontlinie. Grate und Gipfel wurden besetzt, Geschütze und Kanonen in Stellung gebracht. Es kamen mehr Soldaten durch Lawinen, Kälte, Eis und Schnee um als bei direkten Kampfhandlungen. Bei **Spondinig** im Talgrund erinnert ein Kriegerfriedhof an diese unselige Zeit.

der Zerstörung des Städtchens bestanden die beiden charakteristischen Laubengänge, die so niedrig sind, dass man den Kopf einziehen muss. Die mustergültig restaurierten, stattlichen Bürgerhäuser wurden nach der erwähnten Schlacht erbaut. Die wichtigsten Gebäude und ihre ehemaligen Funktionen sind auf Tafeln erläutert. Bei einem Rundgang werden Ihnen gotische Netzgewölbe, Höfe mit Arkaden, Fresken, Zunftzeichen, Fenster- und Toreinfassungen in Stein und Putz begegnen; an geschützten Stellen ranken sich Weinreben die Hauswände empor, ungewöhnlich für diese Breitengrade und Höhenlage; hinter manchem Torbogen duftet ein Misthaufen: Hinweis auf das hiesige Ackerbürgertum. Lohnenswert ist auch die Begehung des erneuerten Wehrgangs an der inneren Nordmauer. Führungen, Infos: Tourismusverein Glurns, Tel. 0473 831097

TARTSCHER BÜHEL
Der Hügel südlich von **Mals** nahe dem Dörfchen Tartsch, gekrönt von der romanischen St.-Veits-Kirche, ist ein einmaliger Aussichtspunkt und ein beliebtes Ausflugsziel. Hier wurden Reste einer vorrömischen Wallburg sowie frühgeschichtliche Ausgrabungsstücke gefunden – bekannt ist etwa ein runenverziertes Geweihstück mit Schriftfragmenten aus der Keltenzeit. Führungen, Infos: Tourismusverein Mals, Tel. 0473 831190

LICHTENBERG
Auf der westlichen Talseite, gegenüber der Churburg in **Schluderns**, liegt auf einem Hügel die imposante Burgruine Lichtenberg. Einst als Trutzburg der Grafen von Tirol gegen die mächtigen Bischöfe von Chur erbaut, ist die Anlage mittlerweile zur Ruine geworden. Der prächtige Freskenzyklus (1400) wurde 1912 größtenteils abgelöst und in das Museum Ferdinandeum in Innsbruck gebracht. Führungen, Infos: Tourismusverein Prad, Tel. 0473 616034

NATIONALPARK STILFSER JOCH
Mit mehr als 130.000 ha Ausdehnung ist er der größte Nationalpark Italiens und erstreckt sich über die Provinzen Südtirol, Trentino, Brescia und Sondrio. Die lokalen Verwaltungsbüros des Parks arbeiten mit den Tourismusvereinen zusammen, um eine sanfte Erschließung durch den Menschen zu garantieren. Vier architektonisch interessant gestaltete Nationalparkhäuser führen in Südtirol das Zusammenspiel von Natur und menschlicher Besiedlung vor Augen: In **Martell** werden Alltag und Kultur der Bergbauern einst und heute dokumentiert; in **Trafoi** bekommt der Besucher Einblicke in das Leben im Hochgebirge; im „aquaprad" in **Prad** am Stilfser Joch dreht sich alles um den Lebensraum Wasser – Hauptattraktion ist das 15 m lange Bachaquarium. In **St. Gertraud** im Ultental steht die Lahner Säge, das vierte Nationalparkhaus. Geführte Wanderungen, Diavorträge und Exkursionen runden das Angebot ab. Infos: Aquaprad: Tel. 0473 618212, Naturatrafoi: Tel. 0473 612031, Culturamartell: Tel. 0473 745027, Lahnersäge: Tel. 0473 798123

SCHWEFELQUELLE
Die Quelle mit angeblich heilkräftigem, aber stinkendem Schwefelwasser entspringt im Südwesten von **Laas**, am Fuß des Schgumser Waldes (ausgeschildert).

PFARRKIRCHE VON LAAS
Die romanische Apsis der Kirche wurde mit den originalen Bausteinen aus weißen Marmorfindlingen rekonstruiert. Sehenswert sind die Darstellungen von Fabeltieren und der Friedhof mit den ausschließlich aus Marmor gehauenen Grabsteinen. Nach dem Zweiten Weltkrieg war die Nachfrage aus ganz Europa nach Grabsteinen aus weißem Laaser Marmor enorm.

Der weiße Stein

Der **Laaser** Marmor war aufgrund seiner Reinheit in der Zeit der Habsburgermonarchie sehr geschätzt; viele Standbilder in Wien sind aus Laaser Stein gehauen. Um 1907 fertigte ein Laaser Bildhauermeister auf Bestellung eine Büste des Kaisers Franz Josef. Nachdem der Krieg verloren, der Kaiser verstorben, sein Nachfolger in die Verbannung geschickt und in Österreich die Republik ausgerufen worden war, wurde das majestätische Abbild nicht mehr abgeholt. Rund 70 Jahre verbrachte die Büste in einem Schafstall, dann erbarmte man sich ihrer und stellte sie 1988 auf den Laaser Dorfplatz auf. Man munkelt, dass staatliche Ordnungshüter damals Informationen eingeholt hatten, wer die Genehmigung zum Aufstellen dieses Denkmals eines ausländischen Staatsmannes erteilt habe.

PFEILER UND KOUNDL

Um die trockenen Hänge der Vinschger Sonnenseite zu bewässern, leiteten die **Laaser** Bauern über Jahrhunderte das Wasser in Lärchenholzrinnen (Koundln) auf hohen gemauerten Pfeilern vom wasserreichen Nördersberg auf die gegenüberliegende Talseite. Einige Pfeiler des 1911 bei einem Dorfbrand zerstörten Koundl- oder Kandlwaales sind noch erhalten und wurden mit neuen Rinnen ausgestattet. Obwohl der Waal – er befindet sich etwas außerhalb des Dorfes Richtung Sägewerk – kein Wasser mehr führt, veranschaulicht er doch die Bedeutung für die Bewässerungswirtschaft in früherer Zeit.

Ansitz Schlandersburg

ANSITZ SCHLANDERSBURG

Mit Fassadenturm und zweistöckigem Loggienhof, schönem Marmorportal und einer Sonnenuhr, auf der die Grafengeschlechter des Vinschgaus dargestellt sind, ist der von den Grafen Hendl um 1600 umgebaute Ansitz der bedeutendste Renaissancebau des Vinschgaus. Der Innenhof kann besichtigt werden, das Gebäude dient öffentlichen Einrichtungen, darunter ist auch eine Bibliothek. **Schlanders**, Schlandersburgstr. 8, Mo–Fr 9–12 Uhr, 14–18 Uhr; Di 9–20 Uhr

SPORTHOTEL PARADISO

Im Talschluss von **Martell**, hinter dem Stausee, steht eine imposante Ruine, ein

Hotel Paradiso in Martell

ungeheuerlicher Kontrapunkt in der Hochgebirgslandschaft. Das vom Architekten des Pirelli-Hochhauses in Mailand, Gio Ponti, 1936 erbaute Hotel verzichtete mit seiner nüchternen Erscheinung auf jegliche romantische Verklärung, wie sie für die Grandhotels um 1900 typisch war. Nachdem es wenige Blütejahre erlebt hatte, stand es leer und verrottet seither zusehends.

OBER- UND UNTERMONTANI

Heute sind die im 13. Jh. erbauten Burgen am Eingang des **Martelltals** nur mehr Ruinen. Auf einer wurde eine mittelalterliche Abschrift des Nibelungenlieds gefunden. Die Burgkapelle birgt sehenswerte Fresken zum Jüngsten Gericht, zur Legende des hl. Stefan und der hl. Ursula sowie Jagdszenen mit dem hl. Hubertus. Schlüssel für Besichtigungen im nahen Bauernhof nach telefonischer Voranmeldung: Tel. 0473 742344.

SCHLOSS GOLDRAIN ♣

Die barocke, symmetrische Anlage mit den charakteristischen runden Ecktürmen liegt malerisch an den Berghang geschmiegt. Einst war sie Wohnsitz der Grafen Hendl, heute ist die renovierte Anlage im öffentlichen Besitz und eine Bildungseinrichtung. **Goldrain**, Schloss-Str. 33, Tel. 0473 742433

SCHLOSS ANNENBERG

Erbaut im 13. Jh., liegt die Burg am Sonnenhang oberhalb von **Goldrain** bei Latsch. Sie war Wohnsitz der Annenberger, die einen blühenden Zweig im Familienwappen tragen: Ein von einer Reise heimgekehrter Ritter hatte die Treue seiner zurückgebliebenen Ehefrau angezweifelt. In ihrer Not wandte sie sich an Gott und tatsächlich, zum Zeichen ihrer Unschuld, erblühte im Winter ein verdorrter Rosenzweig. Die Folge: Happy-End und ein neues Wappen für die Annenberger.

SCHLOSS KASTELBELL

Die wehrhafte Burg, die **Kastelbell** seinen Namen gab, bewachte die Durchzugsstraße. Im 13. Jh. auf einem Felsen erbaut, ging die Anlage um 1500 an die Grafen Hendl über, eine mächtige Adelsfamilie, die Politik, Wirtschaft und Kultur im Vinschgau maßgeblich beeinflusste. Heute ist die Burg im öffentlichen Besitz und beliebter Veranstaltungsort.

MÜHLEN

Die alte, restaurierte „Plattermühle" in **Tschars** kann im Rahmen von Führungen besichtigt werden. Ebenso die Baumandlmühle in **Kastelbell** und die Moarmühle in **Galsaun**. Infos: Tourismusbüro Kastelbell, Tel. 0473 624193

MUSEEN UND AUSSTELLUNGEN

CHURBURG ✝✝
Die Churburg diente lange Zeit als Bollwerk der Habsburger gegen die kriegerischen und wehrhaften Eidgenossen. Durch Heirat gelangte die Burg um 1500 an die Grafen Trapp, die es zum eleganten Wohnschloss umbauten und heute noch bewohnen – ein Umstand, dem die Burg ihren hervorragenden Erhaltungs-

Churburg bei Schluderns

zustand verdankt. Sehenswert die freskengeschmückten Arkaden, die Schlosskapelle und die weltberühmte Sammlung alter Rüstungen. Die eiserne Rittergarderobe beflügelt vor allem die Phantasie der Kinder, die in Scharen in Schulausflügen zur Churburg pilgern.
Schluderns, ⏲ 20. März–Okt., Di–So 10–12, 14–16.30 Uhr, Tel. 0473 615241, www.churburg.com

VINTSCHGER MUSEUM ✝✝
In einem restaurierten Gebäude aus dem 16. Jh. zeigt das Talschaftsmuseum in Schluderns die jahrtausendealte Geschichte des Vinschgaus. Ausstellungen zu den Themen: „Archaischer Vintschgau", „Archäologie eines Tales" und „Wasserwosser" (über die Bewässerungssysteme im Vinschgau, die sogenannten Waale). Außerdem werden Ausflüge zum nahen prähistorischen Siedlungsort Ganglegg und ein Spaziergang auf dem Lehrpfad entlang des Quair-Waals angeboten. **Schluderns**, Meraner Str. 1, ⏲ Mitte März–Okt., Di–So 10–12, 15–18 Uhr, Tel. 0473 615590

MMM ORTLES
In Sulden, dem Dorf am Fuße des Ortlers, hat Reinhold Messner sein Messner Mountain Museum MMM Ortles dem Thema Eis gewidmet. Unterirdisch auf einer Fläche von 300 m2 sind historische Erinnerungsstücke und Kunstwerke zu sehen, wobei der 3905 m hohe Ortler im Zentrum der Ausstellung steht.
Sulden, ⏲ Ende Juni–September und ca. 20. Dezember–April, Mi–Mo 14–18 Uhr, Tel. 0473 613266

MUSEUM FÜR DAS ORTLERGEBIET
Im Erdgeschoss der Grundschule von Sulden wird die Geschichte des Ortlergebietes aus verschiedenen Blickwinkeln dargestellt. Thema sind die Entwicklung des Tourismus mit der Erstbesteigung des Ortlers, der Frontverlauf im Ersten Weltkrieg in Fels und Eis und Naturkundliches wie Mineralienfunde.
Sulden, ⏲ Dezember–April und Anfang Juli–September, tgl. 10–19 Uhr, Tel. 0473 613032

ALPINE CURIOSA
Am Dorfeingang von Sulden, im Flohhäusl, hat Reinhold Messner eine interessante Sammlung von Objekten rund um die Berge und den Bergsport ausgestellt.
Sulden, ⏲ Mitte Juni–Sept. und Nov.–April, tgl. 9–18 Uhr, Tel. 0473 613015

SCHLOSS JUVAL
Es bewacht in aussichtsreicher Position das Tor zum Schnalstal und die Vinschgauer Straße. Nach wechselvoller Geschichte und häufigem Besitzerwechsel erwarb es der Extrembergsteiger Reinhold Messner und sanierte das Schloss:

Schloss Juval oberhalb von Staben

Wesentliche Teile sind heute als Museum öffentlich zugänglich. Zu sehen sind Kunstsammlungen, darunter eine umfangreiche Tibetika- und Maskensammlung sowie eine Bergbildergalerie. Um den Burghügel führt ein botanischer Rundgang. **Kastelbell-Tschars, Staben**, 🕒 nur mit Führung: Palmsonntag-Anfang November, außer Juli–August, Do–Di 10–16 Uhr, Tel. 0473 668056

Die Spitalskirche zum Hl. Geist

Die gotische Spitalskirche zum Hl. Geist neben dem Seniorenheim „Annenberg" in Latsch beherbergt einige bedeutende Kunstschätze. Kirche und Hospiz wurden 1337 von den Edlen von Annenberg gestiftet.

Sehenswert der einmalige gotische Altar von Jörg Lederer: In der Mittelnische des Schreins die Dreifaltigkeit: Gott Vater hält auf seinem Schoß den Körper Jesus', darüber schwebt der Hl. Geist in Gestalt der Taube. Links davon Johannes der Täufer mit dem Lamm, rechts davon der hl. Wolfgang mit Kirche. Außen die modisch gekleideten Heiligen Georg, mit einem etwas klein geratenen Drachen, und Florian, mit Palmwedel und – unüblich – mit einem Krug, nicht mit einem Wasserkübel. An den Flügeltüren beliebte Motive: Christi Geburt, Beschneidung, Anbetung der Könige, Verkündigung. Am Altaraufsatz Christus als Schmerzensmann, rechts Johannes, links die Schmerzensmutter. Die qualitätvollen Bilder auf der Rückseite der Flügel werden Hans Scheuffelin, einem Dürerschüler, zugeschrieben.

Beachtenswerte Fresken an der Nordwand, mit der Darstellung der Werke der leiblichen Barmherzigkeit: Hungrige werden gespeist, Nackte bekleidet, Gefangene erlöst, Durstige getränkt. Über dem Eingang die Szenen: Krankenbesuch, Gastfreundschaft, Begräbnis. An der Westwand Portraits des Stifters der Fresken, Matthäus von Annenberg mit seinen beiden Frauen und den neun Kindern. Über dem Südportal eine Allegorie mit makabren Todesdarstellungen und einer Anspielung auf die Vergänglichkeit: „... sic transit gloria mundi ...". **Latsch**, 🕒 ganzjährig geöffnet, 9–11 und 14–17 Uhr, So Nachmittag geschlossen, Schlüssel im Seniorenheim „Annaberg", Infos: Tourismusbüro Latsch, Tel. 0473 623109

MÄRKTE, TERMINE, BRAUCHTUM

BÖLLERSCHIESSEN
Im **Martelltal** hat sich ein ehemals weit verbreiteter Brauch, das Böllerschießen, erhalten. An Feiertagen (z. B. am 25. Februar) oder an kirchlichen Festtagen, z. B. dem Fest der hl. Walburga, der Kirchenpatronin, oder anlässlich der Fronleichnams- und Herz-Jesu-Prozession, wird zwar nicht mehr mit Schwarzpulver, dafür mit Gas geknallt, und zwar bei einem eigenen Schießstand, dem „Lurl". Das historische Gebäude oberhalb der Kirche von Martell in Meiern-Oberdorf wurde unlängst renoviert.

SCHEIBENSCHLAGEN ❗
Im **oberen Vinschgau** ab Vetzan bei Schlanders werden am ersten Fastensonntag glühende hölzerne Scheiben, die zuvor ins Feuer gelegt wurden, unter Sprüchen und Gesängen über den Berghang zu Tal „geschlagen". Die Vorbereitung für dieses „Scheibenschlagen", der Aufstieg, das Feuermachen und das Warten auf den Einbruch der Dunkelheit gestalten sich zu einem Fest für die Dorfjugend. Um 20 Uhr wird dann noch ein mit Stroh ausstaffiertes Gerüst, die sogenannte Hex, abgebrannt.

LANDSPRACH
Vieh- und Krämermarkt in **Goldrain**, der Mitte März Händler, Käufer und Schaulustige anzieht. Feuchtfröhliches Rahmenprogramm. Infos: Tel. 0473 623113

HEILIGE DREI BRUNNEN
Dieser Ort in **Trafoi** ist Magie pur. Einsam und am Ende eines schmalen, von Gletschern ausgefurchten Tals liegt der kleine Wallfahrtsort. Das enge Tal wirkt wie ein Tunnel, an dessen Ende ein breites Band an dicht aneinandergereihten Fichten das Eingangstor bildet. Die drei Madalsch-Spitzen und der Ortler umringen den Talschluss. Aus dem Berg quillt ein Wasserfall, die Gletscherzungen lassen sich weiter oben zwischen schroffen Felsformationen erkennen. Bei der Pfingstmontags-Prozession wird die Muttergottes von der Pfarrkirche Trafoi zum Wallfahrtsort geführt. Ende September wird sie wieder in die Pfarrkirche zurückgebracht.

MARIA-NAMEN-PROZESSION
1799 fielen die Franzosen in Tirol ein und verwüsteten die Dörfer im oberen Vinschgau. Die Schlanderser Schützen gelobten eine jährliche Prozession zu Ehren der Muttergottes, wenn ihr Dorf verschont bliebe. Offenbar fand die Bitte Gehör, denn noch heute veranstalten die Schützen in **Schlanders** am „Maria Namen"-Sonntag im September einen feierlichen Umzug.

PATROZINIUMSFEST
Vor über zwei Jahrhunderten wurde im **Martelltal** Erz abgebaut, die ersten Bergwerke sind schon 1448 erwähnt. 1711 ließ Graf Hendl für seine Knappen

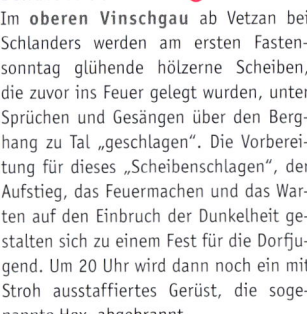

Scheibenschlagen

eine Kapelle „zu unserer lieben Frau im Walde" erbauen. Die Einheimischen nennen das Kirchlein direkt an der Talstraße „Maria in der Schmelz". Vor der Kapelle liegen zwei haushohe Felsen, die sich der Legende nach 1867 vom Berg oberhalb des Kirchleins gelöst hatten und beim Herabstürzen so glücklich zusammengeprallt waren, dass die Kapelle verschont blieb. Alljährlich wird am ersten Sonntag im Juli (am 2. Juli wird Mariä Heimsuchung gefeiert) eine Feldmesse gelesen, wobei der Priester von einem der Felsen herab predigt. Das Patroziniumsfest hat Volksfestcharakter.

Klosn

GALLIMARKT
Bereits Landesfürstin Claudia de Medici verlieh das Recht, zum Fest des St. Gallus am 16. Oktober einen Markt abzuhalten. Der Gallimarkt („Gollimorkt"), ein Vieh- und Krämermarkt in **Mals**, ist ein traditionsreicher, von der einheimischen Bevölkerung getragener Markt, keine Erfindung von Tourismusmanagern, keine Folkloreveranstaltung. Vieh wird zwar immer seltener auf den Markt getrieben, trotzdem ist er eine der wichtigsten Veranstaltungen des Tals.

MICHAELIMARKT
Am 29. September, zu Michaeli, wird in **Martell** ein Vieh- und Krämermarkt abgehalten, am Dorfeingang, inmitten von Wiesen und Wäldern, nahe den Freizeiteinrichtungen und dem Naturparkhaus. Vieh ist mittlerweile rar, dafür gibt's Geräte für Haus und Hof, Kleidung und Marktstände voller Süßigkeiten.

SEELENMARKT
Zu Allerseelen, am 2. November, findet in **Glurns** ein großer Vieh- und Krämermarkt statt. Früher Handelsdrehscheibe für die Landbevölkerung, gleicht der Seelenmarkt („Sealamorkt") heute einem Rummel, wo sich noch immer der halbe Vinschgau trifft. Tausende Besucher schieben sich durch die Gassen, die Wirtsleute haben Hochbetrieb, das Angebot reicht von Werkzeug über Kleidung bis hin zu Plastikspielzeug und irgendwo wird bestimmt noch um Kühe, Kälber und Schweine gefeilscht.

NIKOLAUS-FEST
Dem hl. Nikolaus sind im Vinschgau viele Kirchen geweiht, so in Mals, Laas, Schluderns, Rojen und Burgeis. Wo früher in **Mals** die Nikolauskirche stand, gegenüber der Bäckerei Fritz, wird am 5. Dezember um 14 Uhr der Nikolaus mit Bockshörnern und Schellengeläute geweckt, worauf er aus einem Torbogen schreitet und Süßigkeiten verteilend durch das Dorf zieht. Die Krampusse, die ihn begleiten, stellen den Mädchen nach und machen derbe Späße.
Einer der schönsten und größten Umzüge Südtirols ist der traditionelle „Koatlacker" Nikolausumzug, der am 4. Dezember in **Prad** stattfindet.

KLOSN
In **Stilfs** findet am 5. Dezember (sofern er auf einen Samstag fällt) oder am ersten Samstag nach Nikolaus, das „Klosn" statt. Das ganze Dorf ist im Bann der Krampusse, wenn die mit ihren furchterregenden, behörnten Holzmasken und Kuhketten unterwegs sind. Die „Esel" tragen eine Maske aus Hasenfell und haben einen Glockenkranz um die Brust gebunden, sie wiehern und blöken und zwicken jeden, den sie erwischen (mit Vorliebe natürlich die Mädchen). Der Nikolaus beschenkt die Kinder. Meist dauert das Fest gemäß seinem heidnischen Ursprung bis in den Morgen hinein.

FREIZEIT IM SOMMER

BADEN
Badeseen sind im Vinschgau rar, die Bergseen liegen hoch und sind bitterkalt. Am besten Sie weichen auf eines der vielen und sehr gepflegten Freibäder aus. Empfehlenswert, weil entweder schön gelegen oder neu und großzügig geplant mit Rutschen, Planschbecken, Imbiss-Bar:

☞ **Graun.** Hallenbad, Sauna, Tel. 0473 633245

☞ **Mals.** Freibad, Hallenbad, Wellnessbereich mit Sauna und Dampfbad, Tel. 0473 831590

☞ **Prad.** Freibad mit einer 42 m langen Wasserrutsche, Tel. 0473 616034

☞ **Schlanders.** Freibad, Tel. 333 5429537

☞ **Latsch.** Freibad, Hallenbad, Sauna, Tel. 0473 622171

BOOT FAHREN
☞ Am **Reschensee**, beim Hotel Edelweiß, befindet sich ein Tretbootverleih, Tel. 0473 633142. Infos auch beim Tourismusverein, Tel. 0473 737090

Von Mitte Juli bis September legt – einmalig in Südtirol – in **Graun** ein sehr schönes, altes Motorschiff (mit 50 Sitzplätzen) ab, ❶ die Rundfahrt dauert eine Stunde. Infos beim Tourismusverein, Tel. 0473 737090

KEGELN
… auch das ist Sport (und macht Spaß).

☞ Fleißig gekegelt wird in den Sportanlagen von **Mals.** Tel. 0473 831590

☞ Im Freizeitzentrum von Sulden gibt's zwei Kegelbahnen. Tel. 0473 613133

☞ Im Kulturhaus „Karl Schönherr" in **Schlanders** finden Kegelfreunde vier automatische Bahnen. Infos und Anmeldung bei der Kegelbar, Tel. 0473 620474

☞ Eine Kegelbahn, Billardtische und sogar eine Kletterhalle gibt's im Freizeitzentrum Trattla in **Martell.** Tel. 0473 744677

„MS Hubertus" auf dem Reschensee

Stilfser-Joch-Fahrt

Die kühn angelegte Straße über das Stilfser Joch (2757 m), einen der höchsten Alpenpässe, wurde aus militärischen Gründen gebaut, als sich vor rund 150 Jahren in der Lombardei, die damals zur Donaumonarchie gehörte, Unabhängigkeitsbestrebungen breit machten: Eine Fahrt auf teilweise schmalen Straßen mit großen Höhenunterschieden und landschaftlichen Kontrasten, über spektakuläre Strecken in die Gletscherregionen und durch grüne Täler. In nicht enden wollenden Serpentinen wird ab Trafoi die baumlose Talflanke erklommen. Es eröffnen sich herrliche Ausblicke auf die Gletscherwelt des Ortlers. Am Stilfser Joch bringen Seilbahnen die Sommerskitouristen auf die vergletscherten und verschneiten Hänge. Vom Stilfser Joch erreicht man auf tunnel- und kurvenreicher Strecke das lombardische Bormio im Tal der Adda, die in den Comer See mündet. Wer eine Rundfahrt ab Prad unternehmen will, wechselt kurz hinter dem Stilfser Joch über den Umbrail-Pass in die Schweiz. Die nicht asphaltierte Straße führt nach St. Maria im Münstertal, von wo es über Taufers und Glurns wieder nach Prad zurückgeht.

PARAGLEITEN, DRACHENFLIEGEN

Die besten Startplätze des Vinschgaus gibt es in **St. Martin im Kofel** (mit Seilbahn ab Latsch erreichbar), oberhalb von Latsch, und am **Watles** bei Mals (Aufstiegsmöglichkeit mit Sessellift). Tandemflüge, Transfermöglichkeiten. Infos: Georg Ziernheld, Hotel Watles, Tel. 0473 831288

RADWANDERN, MOUNTAINBIKEN

MTB-Fahrer sind mit den vielen Forstwegen gut bedient. Mit dem Bergrad können auch die Seitentäler befahren werden. Radkarten gibt's in jedem Tourismusbüro im Vinschgau. Unzählige Tourenvorschläge und Lesenswertes für Radtouren im Vinschgau unter www.mtb-land.com

Vinschgau-Radweg. Am Reschen beginnend führt der schön angelegte Radweg weitgehend der Etsch entlang, ohne nennenswerte Steigungen nach Meran. Langer Tagesausflug; wer sich für die vielen Sehenswürdigkeiten längs der Strecke interessiert, sollte besser zwei Tage einplanen. 70 km, 1000 Höhenmeter. Die moderne Vinschgerbahn mit ihren Leihrädern an ausgewählten Bahnhöfen ist gut für Radtouristen gerüstet. Wer den Vinschgau lieber auf seinem eigenen Rad erkundet, kann sich an den Transportdienst von „Rent a Radl" wenden. Ein Bike-Shuttle-Dienst garantiert den Transportservice im 2-Stunden-Takt vom Bahnhof Meran bis nach Mals und zurück (Halt an den jeweiligen Radverleihen).
Info: Vinschgerbahn: www.vinschgerbahn.it, Bike Shuttle Service-Tel. 329 4544006, Fahrradverleih Tel. 0473 201500

Stilfser-Joch-Fahrt. Ein Klassiker ist die Rundtour Prad–Stilfser Joch–Umbrail Pass (CH)–Taufers im Münstertal–Glurns–Prad. Die Fahrt auf das Stilfser Joch, unzählige Male Etappenhöhepunkt des „Giro d'Italia", der Italienrundfahrt, ist eine Traumtour für jeden Biker. Die 48 Kehren bis zur Passhöhe bleiben lange in Erinnerung. Obwohl die 25 Kilometer dank der relativ geringen Steigung nicht allzu schwierig zu erklimmen sind, verlangt die Höhenluft trotzdem einiges an Kondition ab. 60 km, 2000 Höhenmeter, 5 Stunden, anstrengende Tour. Das besondere Zuckerl: Einmal im Jahr, im Herbst, wird das Stilfser Joch von Seiten der Nationalparkverwaltung für den privaten, motorisierten Verkehr gesperrt. Die Straße gehört den Radfahrern. Infos: www.stelviobike.com

Entlang des Sonnenbergs. Eine wenig befahrene, asphaltierte, und da-

24 VINSCHGAU

mit auch für Rennradfahrer geeignete Straße verbindet die Dörfer Kortsch, Allitz und Tanas, bis sie bei Eyrs wieder in die Staatsstraße mündet. Der Rückweg kann auf dem Etschdamm oder auf Güterwegen an der westlichen Talseite angetreten werden. Besonders Tüchtige dehnen die Strecke bis Schluderns aus, der Rückweg führt durch das Biotop am Punibach zum Vinschgauer Radweg. Rennradfahrer müssen bei der Rückfahrt wegen etlicher gekiester Teilstrecken öfters auf die Hauptstraße ausweichen. 48 km, 850 Höhenmeter, 4 Stunden, mittelschwere Tour. (Mapgraphic Wanderkarte Nr. 2 – mit Radwanderwegen)

Plan 1

🚲 **Unterwegs im mittleren Vinschgau.** Schattige Wälder am Nördersberg, fruchtbare Obstwiesen im Talkessel und sonnige Hänge am Sonnenberg – die 20 km lange Strecke ist reich an Abwechslung. Die Tour beginnt in Latsch und führt über Tiss am Sonnenberg nach Goldrain. Vorbei an Schloss Goldrain, durch den Weiler Tschanderle und über den Fallenbach geht's durch die Ortschaft Vetzan und zurück nach Goldrain. Weiter durch Obstwiesen nach Morter und ein Stück Richtung Martelltal. Bei der Kreuzung links ab und hinauf zur Ruine Obermontani. Auf Weg 5 zum Bierkeller Latsch und auf dem Mareiner Waalweg weiter zum Eisstadion und der Erholungszone von Latsch und zum Ausgangspunkt zurück. 20 km, 550 Höhenmeter, leichte Tour. (Vgl. Plan 1; Mapgraphic Wanderkarte Nr. 2 – mit Radwanderwegen)

Straße zum Stilfser Joch

Radverleih, Radreparaturen:

🚲 **Mals:** Sport Tenne, Tel. 0473 830560; Prad: Baldi Sport, Tel. 0473 617071; 2 Rad Ortler, Tel. 0473 616495

NORDIC WALKING

Drei ausgeschilderte Routen in **Mals**, **Glurns** und **Schlinig** stehen Nordic-Walking-Fans zur Verfügung.

REITEN

Wussten Sie, dass die Haflinger-Pferde nicht aus Hafling am Tschögglberg stammen, sondern ihren Ursprung im Vinschgau haben? 1874 kam in Schluderns „249 Folie", der Ur-Haflinger, zur Welt, als Fohlen einer Landstute und eines Arabers.

☞ Der 500 Jahre alte Kaspermichlhof in **St. Valentin auf der Haide** bietet Tages- und Stundenritte, auch für Anfänger, außerdem Reiterferien, Urlaub auf dem Bauernhof. Im Stall stehen Haflinger und große, starke ungarische Pferde, mit denen im Sommer Kutschenfahrten rund um den Haidersee und den Reschensee organisiert werden (Halbtagesfahrten); im Winter Pferdeschlittenfahrten. Infos: Tel. 0473 634570

☞ Vill: ♣ 👫 zentrumsnaher Reiterhof in **Schlanders**, bietet Wanderreiten, Kutschenfahrten, Reitunterricht; Biobauernhof mit hofeigenen Produkten, darunter ein ausgezeichneter Apfelsaft; außerdem geführte Wanderungen, Schneeschuhwanderungen im Winter. Infos: Tel. 0473 621267, www.vill.it

☞ Pferdehof „Ansteingut" mit Streichelzoo in der Nähe des Bahnhofs von **Spondinig**; Erlebnisreiten, Reitkurse, Freies Reiten unter Aufsicht u. v. m. Infos: Tel. 333 5813981

SOMMERSKILAUF

Wer im Sommer den Luxus des Skivergnügens sucht, findet am **Stilfser Joch** (auf einer Höhe von 2750 bis 3400 m) von Juni bis November eines der ältesten und größten Sommerskigebiete Europas; auch Langlaufloipen. Infos: Tel. 0342 903223

SURFEN, SEGELN, KITESURFEN

Auf den Vinschgauer Seen herrschen im Sommer ideale Surfbedingungen, der sonst so gefürchtete Oberwind, der regelmäßig durch das Tal pfeift, erfreut des Surfers Herz. Am **Reschensee**, in Graun und Reschen, sind großzügige Anlegestellen eingerichtet; auch zum Jollen segeln und Parasurfen (Gleitschirm mit dem Surfer im Schlepptau) ist das Revier ideal.

TENNIS

Immer mehr Tennishallen machen den Sport wetterunabhängig. Anlagen mit jeweils mehreren Plätzen in Kastelbell-Tschars, Martell, Schlanders, Laas, Eyrs, Prad, Schluderns, Glurns, Taufers und St. Valentin; sehr schöne Plätze in:

☞ **Mals:** Tennishalle und Freiplätze in der Sportzone. Tel. 0473 831590

☞ **Sulden:** Tennisplätze im Freizeit center (Kegelbahnen, Billardsaal). Tel. 0473 613133

☞ **Latsch:** Tennishalle und Freiplätze, Flutlicht. Tel. 0473 622142

WANDERN

Der Vinschgau steht für Landschaft pur. Im Rahmen der touristischen Entwicklungsprogramme wird der sanfte Tourismus, also auch das Wandern, gefördert. Hunderte von Kilometern Wege wurden markiert, alte Waalwege wieder instand gesetzt. Da das Mittelgebirge fehlt, muss, wer in die Höhe will, steil aufsteigen, auch wenn Seilbahnen die Wege oft abkürzen. Dafür kommt der hochalpine Bergsteiger auf seine Kosten, zahlreiche Schutzhütten, besonders im Ortlergebiet, sind Stützpunkte für Tourengeher.

26 VINSCHGAU

Plan 2

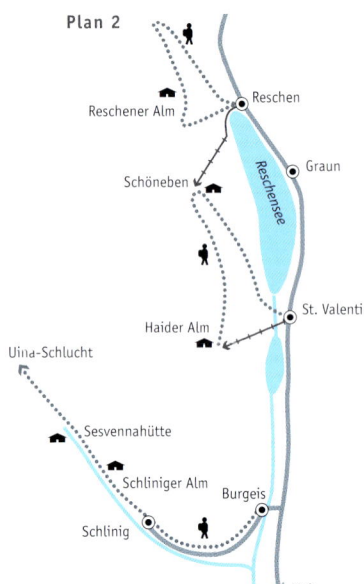

1½ Stunden Aufstieg ersparen will, von Schlinig zur Schliniger Alm und weiter zur Sesvenna Hütte. Von hier kann man bis zum Anfang der wildromantischen Uina-Schlucht in die Schweiz absteigen. Gleicher Rückweg. Gehzeit ca. 6 Stunden, 600 m Höhenunterschied ab Schlinig. (Vgl. Plan 2) Alternative: Mit dem Watles-Sessellift zur Plantapatschhütte und von dort in 2 Stunden zur Sesvenna-Hütte.

Spaziergang zum Wildgehege. In der Nähe von Stilfs befindet sich ein Gehege. Tierfreunde haben die Möglichkeit, Rothirsche aus nächster Nähe zu betrachten. Anfahrt bis zu den Platzhöfen bei Stilfs, dann zu Fuß in ca. 20 Minuten zum Gehege. Infos: Ferienregion Ortlergebiet, Tel. 0473 616034 oder 0473 613015

Am Sonnenberg. Mit der Seilbahn (Tel. 0473 623105) von Latsch nach St. Martin im Kofel und in einer knappen ¾ Stunde nach Egg (1677 m), einem der steilsten Gehöfte des gesamten Alpenraums. Gute Einkehr. Auf dem schmalen, aber guten Steig 14 westwärts den Berghang entlang nach Schlanders (738 m), von dort mit dem Bus zurück nach Latsch. Eine Abstiegsvariante geht von St. Martin ostwärts zur St.-Martiner-Alm, den Rossböden und einem Aussichtspunkt, wo Sie – unglaublich, aber wahr – einen Ausblick auf die Dolomiten genießen. Einkehr beim Weiler Platz, Abstieg nach Latsch. Gemütlicher Tagesausflug, ca. 1000 m Höhenunterschied im Abstieg. (Vgl. Plan 1, S. 24; Mapgraphic Wanderkarte Nr. 2)

Hüttenwanderung mit Gletscherblick. Ausgangspunkt ist der Parkplatz am Talschluss von Martell. Nach 10 Minuten erreicht man die Ruinen des Hotels Paradiso. Auf Weg 37 zur Marteller Hütte (Einkehr), auf Weg 103 Abstieg zum Auffangbecken, das vor über hundert Jahren, nach zwei verheerenden Ausbrüchen eines Gletschersees, errichtet wurde. Über den Talboden zur Zufallhütte (Einkehr) und zum Ausgangspunkt zurück. Herrliche Ausblicke auf die Gletscherrie-

Zum Dreiländereck. Ländergrenzen haben immer etwas Besonderes an sich, auch wenn sie längst nicht mehr durch Stacheldraht und Militär gesichert werden. Von Altreschen, an der Westseite des Tales, steigt man auf Weg 3, später 4 bergan bis zu einem markanten Aussichtspunkt, der die Grenze zwischen Österreich, Italien und der Schweiz markiert. Rückweg über Weg 4 zur bewirtschafteten Reschener Alm, von dort auf Weg 5 über Wiesen und durch Wald nach Reschen zurück. Gehzeit 6 Stunden, 650 m Höhenunterschied. (Vgl. Plan 2)

Almwanderung im Obervinschgau. Weg 14 führt von der Haider Alm (hierher mit Seilbahn), knapp oberhalb der Baumgrenze in über 2000 m Höhe, in ca. 3 Stunden ohne besondere Steigung nach Schöneben (2100 m). Dort kann man mit der Umlaufbahn ins Tal fahren oder aber auf einem guten Waldweg (Nr. 11) in 2 Stunden nach St. Valentin (1470 m) absteigen. Gehzeit ca. 5 Stunden. (Vgl. Plan 2)

Zur Uina-Schlucht an der Schweizer Grenze. Eine beliebte Wanderung führt von Burgeis, oder, wenn man sich

sen der Cevedale- und Veneziagruppe. Gehzeit ca. 3½ Stunden, 560 m Höhenunterschied.

☞ **Seespaziergang im Martelltal.** ❗ Am smaragdgrünen Ufer des Zufrittstausees (1850 m) verläuft ein einmaliger Spazierweg vor der Kulisse vergletscherter Dreitausender und der alles überragenden Gipfel von Cevedale und Zufallspitze. Die 2,5 km lange Strecke beginnt kurz vor dem Talschluss, beim Parkplatz am Hotel Zum See, und führt am östlichen Ufer entlang zur Staumauer (390 m lang und beeindruckende 80 m hoch).

Mit maximal 8 % Steigung und einer Breite zwischen 2,20 und 1,40 m, mit durch Holzgeländer gesicherten Böschungen und zahlreichen Tischen und Bänken zum Rasten, ist der fein gekieste Weg sowohl für Personen mit Behinderung, im Rollstuhl, für Senioren als auch für Kinder problemlos zu bewältigen. Solange der geplante Gehsteig auf dem westseitigen Ufer nicht fertig gestellt ist, muss man den gleichen Rückweg nehmen. Gehzeit ca. 1½ bis 2 Stunden, Höhenunterschied 50 m. Einkehrmöglichkeit beim Hotel Zum See (Forellenspezialitäten) oder beim Gasthaus Zufritt (Vollwertkost).

☞ **Nationalparkwanderung.** Im Hochsommer organisiert der Tourismusverein Martell in Zusammenarbeit mit der Verwaltung des Nationalparks Stilfser Joch Tageswanderungen. Ein Fachmann des Nationalparks erklärt die Pflanzenwelt und macht auf die Tierwelt, z. B. auf Wild, aufmerksam. Infos: Tourismusverein Martell, Tel. 0473 744598

☞ **Tscharser Waalweg.** Von Tschars zunächst recht steil auf Weg 1A

Waalweg bei Schlanders

Die Waale im Vinschgau

Was in den Prospekten der Tourismusvereine gepriesen wird, die viele Sonne und die wenigen Regentage, war für die Bauern im Vinschgau seit jeher ein großes Handikap. Kaum mehr als 400 mm Regen pro Jahr sind nahezu mediterrane Werte, zu wenig, um intensive Landwirtschaft ohne künstliche Wasserzufuhr zu betreiben. In Zeiten, als es noch keine groß angelegten Bewässerungsanlagen gab, leiteten die Bauern in mühevoller Arbeit das Schmelzwasser der Gletscher von entlegenen Bächen ab und verteilten es auf die Felder. Die über weite Entfernungen errichteten Bewässerungskanäle nennt man Waale; sie überzogen die Berghänge wie ein Netz. Ein Wasserrad ließ eine Schelle erklingen, verlässliches Zeichen dafür, dass das Wasser floss und der Waal somit intakt war. Der Bau und die Instandhaltung waren schwere Arbeit für einen eigenen Berufsstand, den Waaler. Heute führen entlang der nahezu ebenen Waaltrassen an den Sonnenhängen die schönsten Wanderwege.

zum abwechslungsreich und großteils eben verlaufenden Tscharser Waalweg. Die Wanderung für die ganze Familie führt durch Kastanienwälder und Obstwiesen, quert später kahle Hänge und erreicht schließlich – nach mehreren reizvollen Raststationen mit Tischen und Bänken – Schloss Juval. Empfehlenswert ist die Einkehr beim Schlosswirt Juval etwas unterhalb des Schlosses. Abstieg ins Tal und mit dem Bus oder Privatauto zum Ausgangspunkt zurück. Gemütlicher Tagesausflug, ca. 300 m Höhenunterschied.

WILDWASSER UND RAFTING

Wer das Abenteuer liebt, ist mit einer Raftingtour oder anderen auf den ersten Blick verrückten Sportarten wie Canyoning, Hydrospeed oder Kajakfahrten gut beraten. Auf der **Etsch** werden sogar nächtliche und romantische Touren angeboten. Ein geprüfter Führer begleitet die Gruppe, ein Minibus steht für den Transfer bereit, die komplette Ausrüstung – Neopren-Anzug, Schwimmweste, Helm und Jacke – wird gestellt. Von Mitte Mai bis Mitte September. Infos: Acquaterra, mit Büro beim Sportstadion in Latsch, Tel. 0473 72004

FREIZEIT IM WINTER

EIS LAUFEN

❄ In schneearmen Wintern kann man auf dem **Reschensee** wunderbar Eis laufen. Mutige tummeln sich mit schnellen Eisseglern auf der blitzenden, weiten Fläche.

❄ **St. Valentin auf der Haide.** Natureislaufplatz und Bahn zum Eisstockschießen. Tel. 0473 737090

❄ Auf dem **Tartscher Bühel** 👫 befinden sich nahe dem Waldrand ein romantischer Natureislaufplatz und eine rustikale Bar, in der man sich bei Glühwein oder Tee aufwärmen kann. Infos: Tourismusbüro Mals, Tel. 0473 831190

❄ **Prad.** Eislaufplatz in der Sportzone, am Nachmittag Publikumslauf mit Musik. Dezember bis Februar geöffnet! Schlittschuhverleih vor Ort. Tel. 0473 616034

❄ **Latsch.** Eishalle Latsch, Tel. 0473 623113 (Gemeinde)

LANGLAUF

❄ Das Hochplateau am **Reschen** ist ein abwechslungsreiches Langlaufparadies: Es gibt Loipen mit geringer Steigung und einer Spur über den zugefrorenen Reschensee; es gibt anspruchsvolle Strecken durch lichte Lärchenwälder oder eine Piste über die Staatsgrenze ins österreichische Nauders. Im Langlaufschritt geht's z. B. von Reschen ins Nachbardorf St. Valentin, wo Sie eine Loipe am Haidersee oder am Dorfrand eine Waldloipe vorfinden; die Marainloipe führt zur Malser Haide, herrliche Aussicht!

❄ Im **Ortlergebiet** kommen Langläufer auf ihre Kosten! Sowohl in Sulden als auch in Trafoi und Prad gibt es gut präparierte Loipen.

❄ **Langtaufers** ist der Geheimtipp für Langläufer und Liebhaber unberührter Landschaft. 35 km Loipe führen groß-

Skitour in Martell; im Hintergrund Königsspitze, Zebrù und Ortler

teils über sonniges, weites Gelände und bieten herrliche Ausblicke auf die Bergriesen der Weißkugelgruppe. Spuren sowohl für Diagonal- als auch für Skatingstil. Loipenkarten für das Vinschgauer Oberland sind bei den örtlichen Tourismusvereinen erhältlich.

❆ **Schlinig**, das Dörfchen auf 1723 m Höhe oberhalb von Mals, wartet mit einer schneesicheren, wenig besuchten, 15 km langen Loipe auf. Parkplatz beim Loipeneinstieg. Langlaufschule und Langlauflehrer. Infos: Tel. 0473 831190

❆ **Taufers im Münstertal** hat einen kleinen, 5 km langen Loipenring. Tipp: Im 2 km entfernten schweizerischen Münstertal liegen die schönsten und mit über 40 km die längsten Loipen der Gegend! Infos: Hotel Lamm bzw. Restaurant Chavalatsch, Tel. 0473 832175

❆ Auch im **Martelltal** finden Sie gut gewartete Loipen; hier befindet sich darüber hinaus ein Biathlonzentrum. Unterschiedlich lange Strecken, mit Start beim Hotel Waldheim (an der Straße Richtung Zufritt-Stausee); Skiverleih. Infos: Tel. 0473 744545

RODELN

Rodeln ist wieder in! In vielen Skigebieten finden Sie familienfreundliche Rodelbahnen; manche Liftanlagen nehmen sogar in hellen Mondnächten ihren Betrieb auf, was dem Spaß des Mondscheinrodelns alle Mühe nimmt.

❆ 1 km lange, beleuchtete Rodelbahn in **Reschen/Valliereck**; Rodelverleih.

❆ **St. Valentin auf der Haide**. 1,5 km lange Rodelbahn beim ehemaligen Hasenlift am Beginn des Talaiwaldes, ebenfalls beleuchtet.

❆ Die Rodelbahn **Watles-Plantapatsch** bei Mals ist 4 km lang und führt bis zur Talstation des Liftes. Rodelverleih an der Bergstation. Infos: Tel. 0473 830777

❆ Gemütlicher geht's im nahen **Schlinig** zu, hier muss man sich den Rodelspaß auf der 3 km langen Bahn noch erwandern. Zünftige Einkehr in der Schliniger Alm.

❆ Eine schöne, 2 km lange Naturrodelbahn in **Martell** führt, ausgehend vom Café Hölderle (Rodelverleih), parallel zur Fahrstraße talauswärts. Freitags und am Wochenende beleuchtet. Infos: Tel. 0473 744642

❆ Auch die Rodelbahn von **Latsch** verfügt über Beleuchtung. Die Strecke ist auch für sportliche Wettkämpfe homologiert, also nichts für Hasenfüße.

❆ In der Ferienregion **Ortlergebiet** ist jede Menge Rodelgaudi garantiert: Trafoi: 5 km Naturrodelbahn auf der legendären Stilfser-Joch-Straße. Sulden: 2 km Nachttrodelbahn (3 x wöchentlich von 17–23 Uhr), Prad: 1 km Rodelbahn in der Nähe der St.-Johann-Kirche.

SKI FAHREN

Das Vinschgauer Oberland hat sich zu einem beliebten Wintersportgebiet mit einem breiten Angebot von Aufstiegsanlagen und Pisten gemausert.

❆ Das größte Skigebiet im Vinschgau befindet sich rund um den Reschenpass, mit Anlagen in **Reschen-Schöneben** (Tel. 0473 633333), **St. Valentin-Haider Alm** (Tel. 0473 634628), **Langtaufers-Maseben** (Tel. 0473 633091). Einziger Wehrmutstropfen: Die Anlagen sind nicht miteinander vernetzt.

❆ Das Skigebiet **Watles** bei Mals ist ideal für die ganze Familie. Infos: Talstation, Tel. 0473 831199

❆ Die **Ortlerregion** ist ein traditionsreiches, modernes und schneesicheres Wintersportgebiet; Genuss-Skifahren in Sulden auf höchstem Niveau! 40 km Pisten eingerahmt von 14 Dreitausendern, bewacht vom Riesen Ortler. Das Skigebiet Trafoi bietet Familienskispaß pur; 10 km Pisten jeden Schwierigkeitsgrades. Für Anfänger gibt es in Prad einen kleinen Skilift in der Nähe der St.-Johann-Kirche.

WELLNESS

SAUNA UND FITNESS
In **Graun**, **Mals** und **Latsch** gibt es Hallenbäder mit finnischer Sauna, zum Teil türkische Dampfbäder.
Im ehrwürdigen Gemäuer von Schloss **Goldrain** sind ein 180 m² großer Fitnessraum sowie ein modernes türkisches Dampfband, Sauna und Solarium untergebracht. Infos: Tel. 0473 743003

HEUBAD
Hotel Traube Post in **Graun**, Drei-Sterne-Hotel im Tiroler Stil mit Wellnessbereich: Latschenkiefernsauna, Heubad, Erlebnishallenbad mit Whirlpool u. a.
Tel. 0473 633131, www.traube-post.it

SPA
Hotel Post Sulden, ab 12 Uhr geöffnet, auch Tagesgäste sind willkommen, ideal nach einem anstrengenden Ski-Tag, Bademantel- und Handtuchverleih, **Sulden**, Tel. 0473 613024, www.hotelpost.it

WASSERTRETEN ❗
In **Prad** finden Gesundheitsbewusste am Waldrand zwischen Tschengls und Prad am Nittbach eine Wassertretanlage. Tau- und Wassertreten ist eine kostenlose Therapie bei Kreislaufbeschwerden, Müdigkeit und Stoffwechselstörungen. Warme Wollsocken für danach nicht vergessen! Infos: Tel. 0473 616034

ÜBERNACHTEN

WEISSES KREUZ ★ ★ ★ ★ 👜 👜
Schönes Haus am Dorfplatz von **Burgeis**, abseits der Durchzugsstraße. Gemütlichkeit gepaart mit Komfort, gepflegte einheimische Küche, gut sortierte Weinkarte, getäfelte Gaststuben, Sonnenterrasse, Hallen- und Freibad, Parkplatz, Garagen.
Tel. 0473 831307, www.weisseskreuz.it

ANIGGL ★ ★ 👜
Am Sonnenhang in **Schlinig** oberhalb von Burgeis gelegener, großzügig zum Hotel umgebauter Berggasthof.
Tel. 0473 831210, www.anigglhof.it

GEMSE ★ ★ 👜
Gemütlicher Berggasthof im einsamen Bergdörfchen **Planeil** oberhalb von Mals; Sonnenterrasse, Parkgarage.
Tel. 0473 831148, www.gasthof-gemse.it

GREIF ★ ★ ★ 👜 👜
Historischer Gasthof im Zentrum von **Mals**, ausgezeichnet mit dem offiziellen Umweltsiegel. Gepflegtes Haus, behindertengerechte Einrichtung, Saunalandschaft, angeschlossenes Tanzlokal. Produkte aus eigener Biolandwirtschaft, auf Wunsch Vollwertkost, vegetarische oder feine traditionelle Küche. Tel. 0473 831189, www.hotel-greif.com

---

Urlaub auf dem Bauernhof
Weitere Infos: www.roterhahn.it

🐓 Rieglhof ❗
Auf 1650 m Höhe sonnig am Waldrand gelegen. Speziell für Allergiker Ferienwohnungen in biologischer Bauweise (Lehmziegelwände, Türen und Fenster aus Massivholz, Kalk- und Lehmputz, Korkisolierungen usw.) in einem kleinen Neubau neben dem Bauernhof. **Langtaufers**, Fam. Patscheider, Tel. 0473 633266, www.rieglhof.it

🐓 Sesvennahof 👫
Auf 1700 m Höhe im Dörfchen Schlinig gelegen. Unterhaltungsabende, Grillfeste, Kinderbetreuung, Bastelnachmittage, viele Haustiere, darunter ein Pony. **Schlinig**, Fam. Patscheider, Tel. 0473 831797, www.sesvennahof.it

🐓 Falatschhof
Echtes Südtirol mit moderner Architektur und viel Glas sowie einer Traumaussicht. **Glurns**, Fam. Bayer, Tel. 0473 830198, www.falatschhof.it

🐓 Mareinhof ⭐
Schöner, alter, frei stehender Obst- und Weinhof auf 700 m Höhe, toller Panoramablick. **Schlanders**, **Vetzan**, Fam. Schuster, Tel. 0473 742033, www.mareinhof.it

🐓 Guldhof
Liegt absolut ruhig auf 610 m Höhe inmitten von Obstwiesen, schöner Blick ins Tal. Eigenbauwein, Kellerbesichtigung. **Kastelbell-Tschars**, Fam. Kaserer, Tel. 0473 624531, www.guldhof.com

🐓 Niedermaierhof
Auf 650 m Höhe im Weiler Latschinig gelegen. Eigenbauweine, selbst gepresster Apfelsaft und andere hofeigene Produkte. **Kastelbell**, Fam. Bernhart, Tel. 0473 624565, www.niedermaierhof.com

Blick vom Sonnenberg ins Tal

Campingplätze

🏕 Camping Sägemühle ★ ★ ★ ★
Gute Ausstattung: Hallenbad, Sauna, Restaurant, Market, Appartements, Holzblockhäuser, Mietcaravans. Wintercamping mit Gratiszubringerbus zum Skigebiet Sulden. **Prad**, Tel. 0473 616078, info@campingsaegemuehle.com

🏕 Camping Kiefernhain ★ ★
Liegt sehr ruhig inmitten eines Kiefernwäldchens in der Nähe des Freibads. **Prad**, Tel. 0473 616422, kiefernhain@rolmail.net

🏕 Camping Latsch ★ ★ ★ ★
An der Staatsstraße, aber schön am Ufer der Etsch gelegen. Viel Komfort: Hallen- und Freibad, Sauna, Kegelbahn, Restaurant, Hotel, Bungalows. **Latsch**, Tel. 0473 623217, www.camping-latsch.com

ZUM GOLDENEN ADLER ★ ★ ♣

Traditionsreiches Gasthaus im Dörfchen Schleis bei **Mals**, sehr ruhig und sonnig am Rand ausgedehnter Wiesen und Felder gelegen. Einfache, gepflegte einheimische Küche, gemütliche getäfelte Gaststuben. Tel. 0473 831139, www.zumgoldnen-adler.com

LAMM ★ ★ ★

Familiär geführtes Haus in **Taufers**, nahe der Schweizer Grenze. Sehr kinderfreundlich, Kinderspielplatz, -ecke, -menü, Wellnessabteilung, Parkgarage. Einheimische Spezialitäten wie selbst geräucherter Speck, Almkäse, hausgemachte Kuchen, Gemüse aus eigenem Anbau. Tel. 0473 832168, www.hotel-lamm.com

ALMHOTEL GLIESHOF ★ ★ ★

Abgeschiedener Berggasthof auf 1800 m Höhe im **Matscher Tal** mit herrlichen Wandermöglichkeiten, Parkgaragen, Sonnenterrasse.
Tel. 0473 842622, www.glieshof.it

PAFLUR ★

Einfacher, rustikaler Gastbetrieb oberhalb von **Laas** am Sonnenberg, idealer Ausgangspunkt für Wanderungen.
Tel. 0473 739977

PENSION DIETL ★ ★

Ruhige und doch zentral gelegene Frühstückspension in **Latsch**. Garten, Freischwimmbad mit Gegenstromanlage. Tel. 0473 623195, www.pensiondietl.it

GASTHOF GRÜNER BAUM ★ ★ ★

In **Glurns**, der kleinsten Stadt Tirols und Italiens, prägt den putzigen Stadtplatz die Fassade des Gasthofs Grüner Baum; der Besucher wird überrascht von der Synthese aus Tradition und modernsten Architekturelementen. Originelle Lösungen für Bäder, Treppen und Balkone. Tel. 0473 831206, www.gasthofgruenerbaum.it

---

Urlaub für Allergiker ❶

Aus der Abgeschiedenheit ihres Hochtales haben die findigen **Langtauferer** eine Tugend gemacht: Aufgrund der Höhenlage – die Streuhöfe von Langtaufers liegen zwischen 1500 und 1950 m Meereshöhe – kommt die Hausstaubmilbe nicht mehr vor, die Pollensituation ist wegen der kurzen Vegetationszeit für Allergiker sehr günstig, nebenbei wachsen viele Allergien auslösende Pflanzen nicht mehr in dieser Höhe. Das Trinkwasser ist unbehandelt und von geringer Härte: ein Vorteil für Neurodermitiker. Die Landwirtschaft ist naturnah, der Einsatz von Pestiziden wird vermieden. Die Bauern verarbeiten die Milch selbst zu Käse und Butter und vermarkten sie direkt. Die Luft ist sehr sauber, das Tal von Industrie und Durchzugsstraßen verschont. Für die Gäste wurden eigene allergikergerechte Wohnräume geschaffen, verputzt z. T. mit Kalk und Lehm, ausgestattet mit Türen, Fenstern und Böden aus Massivholz, mit Naturisolierungen und Latexmatratzen. Die Landesagentur für Umwelt und Arbeitsschutz überprüft laufend die Ferienunterkünfte, Innenraumluft und die Luft in der Umgebung. Infos: Tourismusverein Graun, Tel. 0473 634603, www.langtaufers.net

ESSEN UND TRINKEN

SCHLOSSBAR
Helmut Kuenrath ist geprüfter Wanderführer und kennt das Vinschgauer Oberland wie kaum ein zweiter. Am Abend bedient er im kleinen, gemütlichen Restaurant in **Burgeis** gekonnt seine Gäste. Zu empfehlen die Jausen, die hausgeräucherte Forelle oder die „Marende", ein Jausenteller, zu der ein Schnäpschen aus dem Holzfass serviert wird. Di Ruhetag, Tel. 0473 831559

WEISSES RÖSSL
Der historische Landgasthof (heute auch Hotel) blickt auf das 15. Jh. zurück. Ausgewählte Gerichte der lokalen und italienischen Küche werden in den Stuben oder im Sommer auf der Terrasse serviert. **Lichtenberg**, Marktweg 8, Mo und Di Mittag Ruhetag, Tel. 0473 618284, www.weisses-roessl.bz.it

LAMP'L
Von außen unscheinbares, aber innen gemütliches Dorfgasthaus mit mehreren Räumen in alten, teils niederen Gewölben. Schnelle, gute und preiswerte Tiroler Kost mit italienischem Einschlag und Pizzas. **Mals**, Do Ruhetag, Tel. 0473 831085

PIZZERIA CALVA
Die beste Pizza weit und breit gibt es hier in **Laatsch** bei Mals. Di Ruhetag, Tel. 0473 831109, www.calva.it

GALLIA
Das Restaurant mit gemütlichen Stuben ist in einem stilvollen Haus untergebracht, in dem kleine Details die Gastfreundschaft bekunden. Je nach Jahreszeit Wildspezialitäten, Fischgerichte, hausgemachte Nudeln u.v.m. **Stilfs/Gomagoi**, kein Ruhetag, Tel. 0473 611773, www.gasthof-gallia.com

ZUM DÜRREN AST
Ausflugsgasthaus mitten im Grünen auf der Aussichtsterrasse des Prader Bergs. Die Speisekarte des engagierten Kochs kennt vielfältige Gerichte, darunter auch Bio- und Naturkost; Terrasse, Gartengrill. **Prad**, Fr Ruhetag, Tel. 0473 616638

Gasthof Weißes Rössl

GASTHAUS ZUR KRONE
Das Gasthaus in **Laas** ist eine gelungene Mischung aus Locanda und Gasthaus, aus Tradition und Moderne. Beliebter Treffpunkt der Einheimischen: im Sommer draußen unter den Sonnenschirmen am Dorfplatz, im Winter um den Kachelofen in der Gaststube. Maridl Stieger, die Chefin, organisiert in den schönen Kellerlokalen Ausstellungen und Lesungen. Gute Kuchen, kleine Gerichte. Mo Ruhetag, Tel. 0473 626533, www.krone-laas.it

SONNE
Das alte Dorfgasthaus ist heute ein komfortables, gemütliches Hotel-Restaurant. Innenhof mit Garten, Tische auf dem Dorfplatz. **Laas**, So Ruhetag, Tel. 0473 626523

Törggelen

Die Vinschger haben das Törggelen gewiss nicht erfunden, trotzdem kann man im Herbst nach der Weinlese in einigen Bauernwirtschaften einkehren und die typischen Törggelegerichte genießen, vom Most und neuem Wein über deftige Schlachtplatten bis hin zu Krapfen und gebratenen Kastanien.

☞ Josef Ille, genannt Peppi, und seine reizende Frau würden am liebsten nur ihre Freunde bewirten. Kein Schild weist auf ihr gemütliches Lokal ♣ mit Garten in einer Neubauvilla hin, wo Insider Weine und Jausen vom Feinsten vorfinden: mehrere Käsesorten, hausgeräucherten Speck, selbst gemachte Würste, selbst Eingelegtes. **Schlanders**, **Vetzan**, Do Ruhetag, Tel. 0473 742542

☞ Der rustikale Obermoosburgkeller steht für mittelalterliche Rittergelage in gemütlichen Kellerlokalen; im Herbst werden außerdem die Zutaten für die urige „Ritterküche" feilgeboten; Bedienung in historischen Kostümen. **Goldrain**, Di Ruhetag, Gruppen auf Anfrage, Tel. 0473 742139

☞ Georg Ladurner vom Pfraumhof hat mit seinen Schafen fast mehr Freude als mit dem Weinanbau, trotzdem kredenzt er mehrere Sorten Weißwein und einen süffigen Vernatsch zur Hausmannskost. Die Stube ist klein; wenn es fürs Zechen auf dem großen Balkon und auf der Terrasse zu kühl ist, sollte man vorbestellen. **Kastelbell**, Mi Ruhetag, Tel. 0473 624220

☞ Angergutkeller. Rustikaler Kellerraum, durch bäuerliches Gerät an Decke und Wänden auf gemütlich getrimmt. Trotzdem: Essen und Trinken (roter Vernatsch sowie ein weißer Müller-Thurgau und Kerner) sind hervorragend, die Preise angemessen, die Bedienung ist sehr freundlich. **Marein** bei Kastelbell, So Ruhetag, Tel. 0473 624092

Peppi Ille prüft die Qualität des Specks.

SONNECK ö ö
Neues, von außen etwas steriles Haus mitten im Grünen, schöne Sonnenterrasse, herrliche Aussicht, hervorragende Küche, gute Weinauswahl. **Laas**, **Allitz**, Di Ruhetag, Tel. 0473 626589

GOLDENE ROSE ö ö
Traditionshaus im Dorfzentrum von **Schlanders**, Stammpublikum, gute Hausmannskost mit italienischen Variationen. So Ruhetag, Tel. 0473 730218

SPORTHOTEL ö ö ö
Top-Viersternehaus in sonniger Panoramalage in **Schlanders**, **Vetzan**, Wander- und Bikehotel, großzügige Wellnessabteilung, in der auch Einheimische herzlich willkommen sind. Gerne werden dort Hochzeiten, Taufen und andere Fa-

---

Wein und Keller

Im Vinschgau werden etwa 65 ha Rebfläche bewirtschaftet; eine Vermarktung auf breiterer Basis erlaubt die geringe Erntemenge nicht. Seit 1995 ist der Vinschgau als kleinstes DOC-Gebiet Europas ausgewiesen, ein Verdienst des Vinschgauer Weinbauvereins. Das Anbaugebiet der Mitgliedsbetriebe erstreckt sich im Südosten bis zur Töll oberhalb von Algund. Liebhaber und Kenner schätzen die Vinschgauer Weine: Die heißen, trockenen Sommer und die kühlen Nächte in dieser Höhenlage lassen fruchtige Weißweine und interessante Blauburgunder gedeihen. Man findet auch seltene Rebsorten wie Fraueler, aus der ein gehaltvoller, säurereicher Weißer hervorgeht, oder die Sorte Heunischer, die einen roséartigen, dem österreichischen Schilcher ähnlichen Wein ergibt, oder die weißen Partschinser-Trauben und die roten, farbstoffreichen Salzer (die italienische Negrara-Rebe). Auch etwas Zweigelt wird in Vetzan und Kortsch angebaut. Einige Adressen, wo Weinliebhaber fündig werden:

- Wein Plus. Neue, schöne, gut sortierte Vinothek. Weinberatung mit Verkostung. **Prad**, Tel. 0473 616012, www.weinplus.com
- Rudolf Alber produziert den angeblich besten Zweigelt. **Kortsch**, Tel. 0473 621298
- Franz Pratzner vom Hof Falkenstein bei **Naturns** produziert den anerkannt besten Riesling. Doch bei den geringen Mengen ist es schwierig, ein paar Flaschen zu ergattern. Schlossweg 15, Tel. 0473 666054
- Weingut Befehlhof (Fraueler), ● Oswald Schuster, **Schlanders**, **Vetzan**, Tel. 0473 742197
- Von den Gütern um Schloss Goldrain keltert Ernst Steinkeller einen preisgekrönten Blauburgunder, u. a. im Schloss erhältlich. **Goldrain**, Tel. 0473 742433
- Gustav Forcher vom Pinthof produziert aus alten Rebstöcken einen Vernatsch mit kleinen Anteilen von Lagrein und Blauburgunder. **Kastelbell**, Tel. 0473 624569
- Weinhof Köfelgut (Blauburgunder, Ruländer), Hubert Pohl, **Kastelbell**, Tel. 0473 624142
- Leo Forcher, Obmann vom Vinschgauer Weinbauverein, füllt auf seinem Rebhof einen beachtlichen Chardonnay und Blauburgunder sowie einen Vernatsch „Innerleiten" ab. **Kastellbell**, **Galsaun**, Tel. 0473 624558 oder Tel. 0473 624692
- Vom Unterortlhof kommt ein ausgezeichneter Blauburgunder und Riesling. **Naturns**, **Staben**, Tel. 0473 667580
- Baron Kripp von der Stachelburg produziert hervorragenden Weiß- und Blauburgunder. **Partschins**, Tel. 0473 968014

milienfeste gefeiert. Gute Küche und ausgesuchte Weinkarte, die Wirt Erhard Tschenett kompetent kommentiert. Tel. 0473 742525

STALLWIES

Im Martelltal lohnt der Abstecher auf der schmalen Straße zu einem der höchstgelegenen Höfe Südtirols, dem Gasthof Stallwies – nicht nur wegen der fantastischen Aussicht, sondern auch wegen der herzhaften Tiroler Hausmannskost (z. B. Lammbraten mit Knödeln). **Martell**, kein Ruhetag, Tel. 0473 744552

BIERKELLER

Gern besuchtes, rustikales Ausflugslokal unter schattigen Bäumen, direkt am Marein-Waalweg. Mit seinem Biergarten hat es eine über hundertjährige Tradition. Zum naturgekühlten Fassbier serviert Toni Rinner Brettljausen und zünftige Gerichte wie gebratene Schweinshaxen und Grillhähnchen. **Latsch**, Mo Ruhetag, Tel. 0473 623208

KUPPELRAIN

Topadresse mit Michelinstern! Die Wirtsleute bemühen sich mit den zur Jahreszeit passenden Spezialitäten, hausgemachten Nudelspeisen, Wild-, Spargel- und Fischgerichten sowie den liebevoll zusammengestellten Degustationsmenüs um das Wohl der Gäste. **Kastelbell**, So und Mo bis 17 Uhr Ruhetag, Tel. 0473 624103

SCHLOSSWIRT

Der ehemalige Bauernhof steht unterhalb von Schloss Juval; er gehört zum Schlossbesitz des Extrembergsteigers Reinhold Messner und wird als zünftige Schlosswirtschaft geführt. Urig das Ambiente: vor dem Haus grobe Steinplatten, innen alte Stuben und eine einfache Einrichtung, gespickt mit kuriosen Einzelstücken. Bei Voranmeldung Zufahrtserlaubnis. **Naturns**, **Staben**, Di abends und Mi Ruhetag, Tel. 0473 668056

EINKAUFEN UND HANDWERK

ALMKÄSE
In **Martell** wird auf der Lyfi-Alm (Tel. 0473 744708) nach altem Verfahren vollfetter Käse hergestellt. Ab den Parkplätzen beim Zufritthaus oder bei der Enzianhütte ca. 1 Stunde Gehzeit; Ausgangspunkt für lohnende Wanderungen.
Auf der **Latscher Alm** wird jeden zweiten Tag Käse gemacht. Der Hüttenwirt und seine Helfer verarbeiten die frisch gemolkene Milch zu Käselaiben, aus denen nach ein paar Monaten Reifezeit im eigenen Kaskeller schmackhafter Almkäse wird.

BROT
Die Vinschger Urpaarln, Sauerteigbrötchen aus heimischem Roggen, sind berühmt. Sehr schmackhaft sind auch die knusprigen Roggen-Fladenbrote, die sogenannten Schüttelbrote, oder die Roggenbrote mit Fruchtstückchen der einheimischen Pala-Birne. Früher standen Pala-Birnbäume in fast jedem Vinschger Garten; den lange lagerfähigen Früchten schreibt man fast schon wundertätige Eigenschaften zu. Stellvertretend für die vielen handwerklichen Bäckereien:
Schuster in **Laatsch**, Tel. 0473 831340,
Egger in **Latsch**, Tel. 0473 623366
Gander in **Prad**, Tel. 0473 616319

ERDBEEREN
Im **Martelltal** hat sich ein aufstrebender Beerenanbau entwickelt. Haben die traditionellen Lieferanten in Italien und Spanien ihre Erdbeeren längst geerntet und verkauft, finden die Marteller für ihre spät gereiften, köstlichen Beeren reißenden Absatz. Die Früchte werden im Gebäude der Erzeugergenossenschaft an der Marteller Talstraße und am Verkaufskiosk im Talschluss ab Juli auch sonntags zum Verkauf angeboten.
Infos: Tel. 0473 744700

FLEISCH UND WURST
Eine große Auswahl an Köstlichkeiten sowie lecker zubereitete Fleisch- und Wurstspezialitäten für ein gelungenes Grillfest führt der Feinkostladen Leggeri (Tel. 0473 732091) oder die Metzgerei Leggeri (Tel. 0473 730087) in **Schlanders**. Die Metzgerei Rinner in Latsch (Tel. 0473 623138) verkauft ausgezeichneten Speck.
Köstliche Tiroler Wurst- und Fleischprodukte bieten die Metzgerei Gruber & Telfser in **Prad**, Tel. 0473 616061, und die Metzgerei Tondelli in **Gomagoi**, Tel. 0473 611772.

GERBER
Michael Pobitzer betreibt in der Gerbergasse in **Mals** eine Werkstatt, in der er Felle gerbt. Beliebtes Mitbringsel sind die weichen Lammfelle. Tel. 0473 831421

HUFSCHMIED
Dem Schmied David Folie in **Reschen** kann man über die Schulter schauen, während er in seiner Werkstatt Pferde, aber auch Kühe, die auf den extrem steilen Hängen als Zugtiere eingesetzt werden, beschlägt. Tel. 0473 633221

VINSCHGER BAUERNLADEN
Kleine Produzenten haben sich zu einer Genossenschaft zusammengeschlossen und bieten im modernen Geschäft in Staben am Eingang des Schnalstals typische Produkte an: Obst je nach Jahreszeit – natürlich Aprikosen und die knackigen Vinschger Äpfel –, Destillate, Speck, Würste, Käse, Joghurt, Brot, Getreide, Säfte, Weine, Kräuter, Essig, Gemüse (Radicchio, Spargel, Karfiol ...), Trockenobst, Naturkosmetik, diverse Handwerkserzeugnisse. Tel. 0473 667723, www.bauernladen.it

Marmorbruch bei Laas

KRÄUTER

In **Goldrain**, an der Straße Richtung Martell, fällt ein zinnengeschmücktes, knallgelbes Haus auf – das Kräuterschlössl von Annemarie und Urban Gluderer. Bei der Führung durch die liebevoll angelegten Gärten werden Sie in das Geheimnis des biologischen Kräuteranbaus eingeführt, erleben Kräuter mit allen Sinnen und erfahren wertvolle Details über deren Verarbeitung und Veredelung. Der Erlebnisschaugarten sowie der Dachgarten mit seiner Kräutervielfalt und dem wunderbaren Ausblick werden Sie begeistern. Täglich geöffneter Hofladen mit Tees und Kräutermischungen, Kräutersalzen, Körperpflegemitteln. Hofführungen für Gruppen gegen Voranmeldung. Auf Anfrage servieren die Hausleute als Marende ein Kräutergericht mit einheimischen bäuerlichen Produkten. Tel. 0473 742367, www.kraeutergold.it

MARMORARBEITEN

In **Eyrs** fertigt und verkauft die Firma Lechner Brunnen, Säulen, Tische, Standuhren, Schüsseln und Vasen aus Laaser Marmor und Granit. Tel. 0473 739796

MOLKEREIPRODUKTE

Die Sennereigenossenschaft **Burgeis** hat sich noch nicht ganz in eine der marktbeherrschenden Molkereigenossenschaften nach EU-Vorbild gewandelt. Gott sei Dank! So bleibt ein wenig Individualität erhalten; produziert werden hervorragende Käsesorten wie der Stilfser, Ortler oder Vinschgauer Almkäse. Tel. 0473 831220

OBST UND GEMÜSE SOWIE HEIL- UND TEEKRÄUTER

Die Genossenschaft O.V.E.G. verkauft naturnah angebaute Produkte. Im Angebot sind – je nach Jahreszeit – Spargeln, Radieschen, Rettiche, Salate, Zucchini, Kür-

Laas, das Marmordorf

Vor allem Künstler schätzten früher den weißen, feinkörnigen, harten und deshalb besonders witterungsbeständigen Laaser Marmor, heute geht der größte Teil in die Bauindustrie oder wird zu Verkleidungsplatten bzw. zu Granulat verarbeitet. Durch Symposien, Tagungen, Ausstellungen und nicht zuletzt durch Marmorführungen versucht man, das Image des Laaser Marmors wieder aufzupolieren. Seit etlichen Jahren gibt es auch wieder eine Ausbildungsstätte für Steinmetze und Bildhauer. In den 1930er Jahren arbeiteten bis zu 600 Mann im Marmorwerk und im Bruch. Im Weißwasserbruch auf 1550 m Höhe entstanden im Untertagebau riesige Hallen von 100 m Länge, 30 m Breite und 40 m Höhe, ganze Hochhäuser könnte man da unterbringen. Die Marmorblöcke wurden mit Stahlseilen und mithilfe von Wasser und Quarzsand herausgeschnitten. Heute erfolgt der Marmorabbau mit Diamant-Sägeschnitt-Technik; es wird ganzjährig gearbeitet. Eine elektrische Schmalspurbahn bringt die Blöcke zum Bremsberg, der Bergstation einer Schrägseilwinde, die weithin sichtbar den Nördersberg hinabführt. Im Tal befördert eine Elektrolok das Gestein zu den Verarbeitungsstätten. Regelmäßig finden in Laas Veranstaltungen statt, bei denen Fachleute anhand von Großbildprojektionen alles Wissenswerte über Marmor erklären, anschließend werden die Werkstätten, die Fachschule, und die Marmorarbeiten im Dorf besichtigt. Treffpunkt im Sommer dienstags und donnerstags um 13.30 Uhr beim Josefshaus in **Laas.** Infos: Tel. 0473 626342 oder 0473 737050

Burgeis

bisse (darunter neuerdings im Herbst die Halloween-Kürbisse), Blumen- und Weißkohl, Lauch, Broccoli, Honig, Beeren- und Steinobst sowie Äpfel, die in diesen Höhenlagen einen besonders intensiven Geschmack entwickeln. Privatkunden finden die Produkte im genossenschaftseigenen Geschäft. **Eyrs**, Tel. 0473 739932

OBSTBRÄNDE

Berühmt sind die hochprozentigen Köstlichkeiten wie der „Marilleler" (Aprikosenbrand) oder der seltene Vogelbeerschnaps, der aus den kleinen Beeren der Eberesche gebrannt wird.

Die Familie Klotz betreibt auf dem Weberhof eine Schnapsbrennerei. **Galsaun**, Tel. 0473 624753, www.weberhof.bz

Auf dem Fohlenhof werden „Marilleler", Obstler, Zwetschken- und Birnenschnaps gebrannt. **Laas**, Tel. 0473 626501

Hubert Pohl vom Köfelgut stellt feine Obstbrände (aus Marillen, Äpfeln, Zwetschgen und Birnen) und ganz besondere Grappas (z. B. aus Blauburgundertrestern) her. **Kastelbell**, Tel. 0473 624142

Martin Aurich vom Unterortl-Hof bietet als Raritäten einen Kastanien- und Holunderschnaps an. Er bepflanzt dafür eigens 7000 m^2 mit Holunderbüschen. **Naturns**, **Staben**, Tel. 0473 667580

SAUERKRAUT

Früher ging der „Krautschneider" mit seinem Krauthobel im Herbst von Hof zu Hof, um die Krautköpfe, den „Kobis", zu verarbeiten. Heute stellt das Vinschger Bauern-Sauerkraut die Firma H. Lechner in **Laas** (Tel. 0473 626528) her; im Herbst wird es in vielen Lebensmittelgeschäften und Metzgereien frisch und offen verkauft.

WEBWAREN

Im Zentrum von **Mals** liegt die Werkstatt der Weberei Salutt (Tel. 0473 831316). Dort wird Wolle von heimischen Schafen zu Socken und Jankern, Loden und Teppichen verarbeitet. Hergestellt werden außerdem Tischdecken, Bettdecken, Diwandecken, Vorhangstoffe. Hinter den Verkaufsräumen kann man den Webern bei der Arbeit zuschauen.

AM ABEND

Das Angebot für Nachtschwärmer im Vinschgau ist recht bescheiden. Hauptsächlich trifft sich die Jugend in den paar Lokalen, die auch nach 22 Uhr offen halten.

DISCO ROYAL
Tanzwütige und Flirtwillige geben sich in **Reschen** in der Disco im Hotel Edelweiß die Klinke in die Hand. Im Winter sind die Gäste dort unternehmungslustiger als die Wanderer im Sommer. Tel. 0473 633142

ENZO
Hier, in der Taverne des Hotels Ortlerspitz in **St. Valentin auf der Haide**, trifft sich am Wochenende viel einheimisches Publikum zu Disco-Musik. Tel. 0473 634631

LADUM
In **Prad** hat sich die Diskothek im Hotel Prad zu einem beliebten Treffpunkt entwickelt, zum Tanzen, Spaß haben, Musik hören. Tel. 0473 616006, www.hotel-prad.it

BAR ILSE
Im Winter treffen sich die Jugend und die Junggebliebenen beim Aprés-Ski in der Ski-Alm neben der Seilbahn in **Sulden**. Tel. 0473 613171

KINO
Vorführungen des Filmclubs im Schönherr-Kino in **Schlanders**, Göflaner Str. 27b, mittwochs um 20.15 Uhr. Sommerpause von Mai bis August. Programm-Infos: Tel. 0471 974295

Die Vinschger Bahn

1906 feierlich eröffnet, 1991 stillgelegt, seit 2005 – rundum erneuert – ein Erfolgsmodell: Die Bahnstrecke Meran–Mals hat eine bewegte Geschichte hinter sich. Eine Fahrt mit dem hochmodernen, kleinen Zug durch die abwechslungsreiche Landschaft des Vinschgau ist für sich schon ein Erlebnis! Die Bahn hält an 18 – teils renovierten, teils neu errichteten – Bahnhöfen. So lässt sich der Vinschgau ganz bequem mit dem Zug erkunden. An einigen Bahnhöfen gibt es Fahrräder zu leihen. Infos: www.vinschgerbahn.it

Ansitz Mühlrain in Latsch

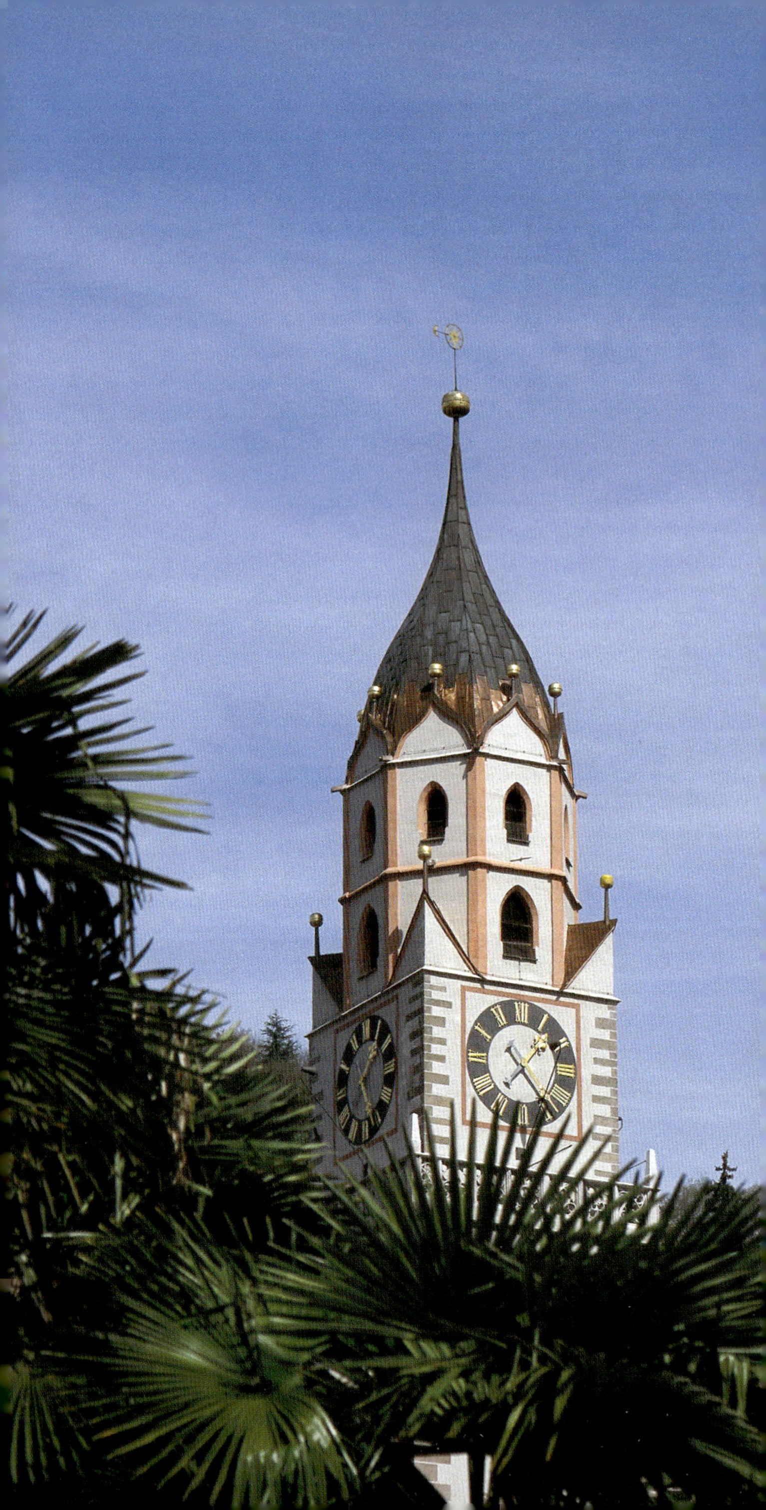

MERAN UND UMGEBUNG

„Wo der Adel gebaut hat, kann man sich getrost niederlassen. Ritter und Mönche haben immer gewusst, wo die Welt am schönsten ist", schrieb Kurt Tucholsky. Der Name Burggrafenamt für die Gegend um Meran kommt nicht von ungefähr. Die Schönheit der Landschaft im Meraner Talkessel zieht einen in ihren Bann. Wer vom Vinschgau kommend an der Töll, wo die Etsch in einer markanten Geländestufe auf 300 m Meereshöhe abfällt, über den Meraner Talkessel blickt, ist beeindruckt: Ein üppiges, sattgrünes Tal breitet sich aus, die Berge treten zurück, Weinberge, Obstgärten, Wiesen und Felder überziehen die Geländeterrassen, dazwischen liegen Dörfer, Weiler, einzelne Höfe, Kirchen, Burgen. Erst auf den zweiten Blick offenbart sich das nüchternere Gesicht des Etschtals: Der Talboden ist ein hochgezüchteter Obstgarten mit Monokulturen, soweit das Auge reicht. Da neben Obst- und Weinbau der Fremdenverkehr eine wichtige Rolle spielt, ist auch die Zersiedelung durch Hotels und Pensionen im bisweilen eintönigen Lederhosenstil unübersehbar.

Meran, mit seinen 35.000 Einwohnern zweitgrößte Stadt Südtirols, ist unbestritten der Renommierort des Tourismuslandes. Kaiser und Könige, Europas schwachbrüstiger Adel, Dichter und Denker haben in Meran (auf 324 m Meereshöhe gelegen) ihre Kuren genossen; alljährlich strömen Millionen von Urlaubern hierher. Kein Wunder also, dass die umliegenden Ortschaften bis hinauf nach **Naturns** touristisch im sogenannten „Meraner Land" ihre Heimat sehen.

So profitiert auch **Algund**, bedeutendes Obst- und Weindorf, vom Fremdenverkehr und seiner Nähe zu Meran. Von Schloss Tirol hat nicht nur das nahe Dorf, sondern auch das Land seinen Namen. **Dorf Tirol**, auf einem sonnigen Hügel im Nordwesten der Stadt gelegen, ist mit rund 4000 Hotelbetten das zweitgrößte Satellitendorf Merans. Den Rang läuft ihm nur **Schenna** am Fuß des Ifingers ab, eine der Hochburgen des bundesdeutschen Tourismus. **Lana** am westlichen Talboden und an der Auffahrt zum Gampenpass hat hingegen der Apfelanbau sichtbaren Wohlstand gebracht; es ist ein Zentrum der Südtiroler Obsterzeugung.

Stille Plätze findet man noch in der weiteren Umgebung Merans, im Mittelgebirge von **Tisens**, im **Schnals-, Ulten-** und **Passeiertal**, auf den Höhen des Tschöggelbergs, um **Hafling** und **Vöran**. Hinter dem Gampenpass, geografisch schon im Trentino, verwaltungsmäßig aber noch zu Südtirol gehörend, liegen die Enklaven des Deutschnonsbergs: die drei kleinen Ortschaften **Laurein**, **Proveis** und **St. Felix**. Weitab von Südtirol, ungeliebt von den Trentinern, wirtschaftlich unbedeutend, ohne Obst- und Weinbau, ohne laute Tourismusattraktionen, ohne Industrie – und gerade deshalb einen Besuch wert.

SCHNALSTAL

Bei Naturns mündet von Nordwesten ein enges Bergtal in den Vinschgau. **Schnals** hat sich von einem abgeschiedenen und einsamen Hochtal zu einem modernen und viel besuchten Fremdenverkehrsgebiet entwickelt. Im Sommer tummeln sich die Skifahrer auf dem Gletscher im Talschluss, im Winter führen die Pisten bis ins Tal. Unbezahlbar die Publicity, die „Ötzi" dem Tal einbrachte und einbringt: Am Rande des Similaungletschers im Schnalstal liegt der Fundort der weltbekannten Gletscherleiche.

PASSEIERTAL

Das Passeiertal zieht sich von Meran nach Norden hin, flankiert von den hohen Gipfeln der Texelgruppe im Westen und der Sarntaler Alpen im Osten. Gleich zwei Übergänge am Talende, das Timmelsjoch mit 2509 m (Achtung Wintersperre!) und der Jaufen mit 2094 m Höhe, ermöglichen die Verbindung zu den österreichischen Nachbarn im Ötztal und zum Sterzinger Gebiet. Trotz des relativ früh einsetzenden Fremdenverkehrs hat sich das Tal, verglichen mit den Tourismushochburgen der näheren Umgebung Merans, seine Ursprünglichkeit erhalten.

ULTENTAL

Südlich von Meran, an der Westseite des breiten Etschtals, mündet bei Lana das Ultental, von den hohen Bergen des Ortlers kommend. Ein munterer Bach, die Falschauer, entspringt am Weissbrunner Ferner und durcheilt alle Vegetationszonen vom Gletscher bis zu den Weingärten in Lana. Der Mensch hat sich den Wasserreichtum zunutze gemacht: Fünf Stauseen speichern die weiße Kohle, erzeugen pro Jahr ca. 400 Mio. kW Energie; vor der Schönheit der klaren, türkisblauen Gebirgsseen vergisst man, dass dafür die schönsten Wiesengründe und Gehöfte im Talgrund überflutet und geopfert wurden. Die schmucken Dörfer liegen großteils im Talboden und sind alle nach Heiligen benannt: **St. Gertraud, St. Nikolaus, St. Walburg** und **St. Pankraz**. Die Sage weiß, dass im Tal einst so viele Geister und Teufel ihr Unwesen trieben, dass die Ortschaften himmlischer Schutzmächte bedurften.

ETWAS ZUR GESCHICHTE

Klimatisch bevorzugt, weil durch hohe Berge gegen den kalten Norden geschützt, war das Gebiet schon seit alters her relativ dicht besiedelt. Die römische Militärstraße, die Via Claudia Augusta, verlief durch das Etschtal, wahrscheinlich bestand ein Stützpunkt (Maia) an der Stelle des heutigen Meran. Im Mittelalter nannte man das Gebiet, das von den Grafen von Tirol von ihrer Stammburg Schloss Tirol aus beherrscht wurde, das Burggrafenamt. Für etwa 100 Jahre, bis 1363, war Meran die Hauptstadt der Grafschaft Tirol – seine bedeutendste Zeit. Die letzte Herrin von Tirol, Fürstin Margarethe, blieb ohne Nachfolger und übergab das Land „an der Etsch und im Gebirge" dem Habsburger Rudolf IV. Daraufhin wurde Innsbruck Hauptstadt, die Münzprägestätte wurde nach Hall in Tirol verlegt, es begann der Abstieg Merans zur verschlafenen Provinzstadt. Über 500 Jahre sollten vergehen, bis die „Kuh-Stadt" zur Kurstadt wurde und Meran die ungekrönte Hauptstadt des Tourismus von europäischem Rang werden sollte.

Die touristische Entwicklung wurde 1914, mit dem Beginn des Ersten Weltkriegs, jäh gebremst. Nach der Annexion Südtirols durch Italien blieben die Gäste aus dem Norden aus. Die Italiener, die Sonne, Wärme und Mittelmeervegetation im Überfluss besitzen, fanden an Meran nichts Besuchenswertes. Erst nach dem Zweiten Weltkrieg verspürte Meran wieder Aufwind; es hatte als Lazarettstadt kaum Kriegsschäden davongetragen. Heute hat die Passerstadt ihre Anziehungskraft als Thermal- und Luftkurort wiedergefunden, man feilt am Erscheinungsbild, will vom Image der Rentnerkurstadt wegkommen und mit mediterranem Flair, schicker Mode, gepflegter Gastronomie und edlen Weinen, vielen Sportmöglichkeiten und einem breiten Kulturangebot eine elegante, jüngere Besucherschicht ansprechen und beim europäischen Städtetourismus ein gewichtiges Wort mitreden. Es scheint zu gelingen!

Schloss Lebenberg bei Marling

Italienisierungspolitik

Die faschistischen Machthaber ließen in der Zwischenkriegszeit in **Sinich**, dem südlichen Vorort Merans, ein Chemiewerk und eine Wohnsiedlung für die neu zugezogenen italienischen Arbeiter und ihre Familien aus dem Boden stampfen. Zurückgeblieben von diesem Italienisierungsversuch sind die Altlasten der aufgelassenen Fabrikgelände und die sozialen und ethnischen Spannungen zwischen der deutschen und der italienischen Bevölkerung von Meran, die keine eindeutigen politischen Mehrheiten zulassen.

SEHENSWERTES

MERAN

BÜRGERSAAL, EHEMALS KURMITTELHAUS

Bereits Ende des 19. Jh. ließ die Stadt eine Thermenanlage bauen, die den gestiegenen Ansprüchen der noblen Kundschaft Rechnung tragen sollte. Max Langheinrich, Architekt der Münchner Gruppe, plante den Komplex mit den ersten Thermalbädern und Kureinrichtungen und versah ihn mit Jugendstilelementen und einer imposanten Kuppel. Heute dient das Gebäude in der Freiheitsstraße als Kindergarten und Bürohaus.

HEILIGGEISTKIRCHE

Meinhard II. ließ 1271 vor der Stadt (bei der Postbrücke) ein Spital mit dazugehörender Kirche bauen. Bei einem Hochwasser zerstört, wurde die Kirche 1483 prächtig wiedererrichtet. Schönes Portal mit reichem Skulpturenschmuck. Im Inneren an der Südseite Fresken, die die Überschwemmung der Kirche durch die reißende Passer dokumentieren.

JUGENDSTILBAUTEN ★

Die Bedeutung, die Meran als mondäne Kurstadt um 1900 hatte, kommt in den Monumentalbauten jener Zeit gut zum Ausdruck. Einige Beispiele: Das über 100 m lange Bahnhofsgebäude, das den Wiener Verkehrsbauten Otto Wagners nachempfunden wurde, das ehemalige Hotel Emma in Bahnhofsnähe, das Stadttheater oder die Wandelhalle an der Winterpromenade, deren Stahlkonstruktion die Formen der Wiener und Pariser Stadtbahn- und Metrohaltestellen vorwegnahm.

KURHAUS

Das grandiose, kuppelgekrönte Gebäude mit dem im Jahre 1914 eröffneten Kursaal zählt zu den ansehnlichsten Jugendstilbauten der Alpen. Geplant wurde die Erweiterung des neoklassizistischen Gebäudeteils von 1874 vom berühmten Wiener Architekten Friedrich Ohmann. Im Stadtzentrum gelegen, aufwändig und stilgerecht renoviert, ist es Sitz der Kurverwaltung und Austragungsort von publikumswirksamen Veranstaltungen. Freiheitsstr. 27

Das Meraner Kurhaus

> **Stadtführungen**
>
> Am schnellsten lernt man Meran bei einer (kostenlosen) Stadtführung kennen. Dauer 2 Stunden. Treffpunkt von Ostern bis Allerheiligen jeden Dienstag und Donnerstag um 10 Uhr im Büro der Kurverwaltung (Freiheitsstr. 45, Tel. 0473 272000).

LAUBEN UND ALTSTADT ⭐

Der historische Stadtkern gruppiert sich um den Dom und die Lauben. Die Laubengasse, die den Pfarrplatz mit dem Kornplatz verbindet, entstand bereits in der Mitte des 13. Jh. Unter den Lauben spielte sich das Geschäftsleben ab, da wurde gehandelt und getauscht, Handwerker hatten hier ihre Werkstätten und Händler ihre Läden. Die Fassaden sind teilweise reich verziert und häufig mit Erkern ausgestattet. Die nördlichen, dem Berg zugewandten, Lauben nennt man die Berglauben, die gegenüber, auf der Seite der Passer liegenden die Wasserlauben. Von den vier Stadttoren, über die man früher in die Stadt gelangte, sind heute noch drei, das Passeirer, das Bozner und das Vinschger Tor erhalten. Beim Passeirer Tor stehen noch Reste der alten Stadtmauer; das Bozner Tor am Sandplatz mit seinem steilen Dach und den Relief-Wappen von Österreich, Tirol und Meran ist sicherlich das schönste.

MARIA TROST IN UNTERMAIS

An der Kreuzung Romstraße–Schafferstraße in Untermais liegt die alte Pfarrkirche Maria Trost, die bereits ab dem 13. Jh. zur Stamser Zisterzienserabtei gehörte. Reicher Freskenschmuck aus verschiedenen Stilepochen. Sehenswert sind besonders die Freskenreste im Langhaus aus der Zeit um 1220 im byzantinischen Stil, mit der Darstellung vom Tod Marias und mit einem Mäanderband mit Löwenabbildungen.

PFARRKIRCHE ZUM HL. NIKOLAUS

Der achteckige Kirchturm – vor dem Hintergrund schneebedeckter Berge, mit Palmen und blühenden Magnolien im Vordergrund – schmückt Postkarten, Kataloge und Plakate. Die Kirche am Pfarrplatz ist ein prächtiger gotischer Bau, 1465 fertig gestellt. Eine schöne Skulptur des hl. Nikolaus, Fresken in der Turmhalle, Altartafeln des berühmten Martin Knoller, gotische Altäre, neugotische und z. T. sehr alte bunte Glasfenster sind beachtenswert.

PFERDERENNPLATZ

In der Zwischenkriegszeit wurde im typischen Stil der faschistischen Monumentalarchitektur der Hippodrom errichtet, auf dem Pferderennen von hohem Niveau ausgetragen werden. Die Tribünen bieten Platz für 15.000 Personen. Wer außerhalb des Rennbetriebes hierher (Gampenstr.) kommt, um Pferde zu sehen, wird enttäuscht sein, wer aber im Schatten der alten, hohen Pappeln spazieren will, soll sich getrost auf das Gelände wagen.

POSTBRÜCKE UND SANDPLATZ

Sie ist die schönste Brücke von Meran, gebaut im reinsten Jugendstil, aus Schmiedeeisen, geschmückt mit Wappenmosaiken und Vergoldungen. Zwischen der Postbrücke und dem Bozner Tor liegt der Sandplatz, um den sich einige be-

SCHLOSS LABERS

Wunderbares Schlosshotel und Restaurant inmitten eines alten Parks. Während des Zweiten Weltkriegs war in dem Gebäude aus dem 11. Jh. ein Umschlagplatz der Geldfälscherwerkstatt des Admirals Canaris untergebracht, der Pfund- und Dollarblüten drucken ließ. Laberserstr. 25, Tel. 0473 234484

STADTTHEATER

Eine Staatsoper en miniature, ein Kleinod seiner Art, im frühen Jugendstil nach Plänen von Martin Dülfner (er realisierte auch die Theaterbauten von Dortmund, Lübeck und Sofia) und Wilhelm Kürschner erbaut, aufwändig renoviert. Mit rotem Samt, Vergoldungen, Kristall, Messing, Schmiedeeisen und Marmor so richtig schwülstig und intim. Theaterplatz 2, Tel. 0473 233422

Fresko in der Prokulus-Kirche in Naturns

UMGEBUNG VON MERAN

ARCHEOPARC

„Ötzi", der Mann aus dem Eis, wurde in den Schnalser Bergen gefunden. In Unserer Frau befindet sich ein Museum mit Schauräumen und Freigelände, das anhand von rekonstruierten Gebäuden aus der Jungsteinzeit die Lebensweise der damaligen Menschen vermittelt. Museumspädagogische Aktionen und Workshops ergänzen das Programm. **Unsere liebe Frau in Schnals**, Tel. 0473 676020, www.archeoparc.it

KARTHAUS

Was sich heute als ein Haufendorf präsentiert, war früher eine Klosteranlage von Karthäusermönchen, die sich in die Abgeschiedenheit des **Schnalser** Hochtales zurückgezogen hatten. 1782 wurde das Kloster aufgelassen, prompt nahmen die Bauern der Gegend von den leer stehenden Gebäuden Besitz. 1924 brannte das Dorf ab, wurde aber wiederaufgebaut. Bauteile des ehemaligen Klosters sind gut zu erkennen, so Teile der Ringmauern, des Kreuzganges und der Mönchszellen. Infos: Tel. 0473 679148

PROKULUS-KIRCHE UND MUSEUM ⭐

Das Kirchlein bei **Naturns** beherbergt vorkarolingische Fresken aus der Zeit um 700, die ältesten des deutschen Sprachraums, und gehört damit zu den bedeutendsten kunsthistorischen Sehenswürdigkeiten Südtirols. Bekannt ist die Darstellung des hl. Prokulus, der mittels einer Art Schaukel über die Stadtmauer flieht. Das unterirdische Museum neben der Kirche macht 1500 Jahre Geschichte durch Exponate und Videoprojektionen lebendig. 🕒 Di–So, 9.30–12 u. 15.30–17.30 Uhr. Kombikarte Museum und Kirche: 5 €. Infos: Tel. 0473 666077

PLAUSER TOTENTANZ

Die Totentanzszenen an der Friedhofsmauer von **Plaus** vollendete der Vinschger Künstler Luis Stefan Stecher 2001.

Der Vogeldoktor von Tirol

Unterhalb von Schloss Tirol, mit Zugang über das Schlossgasthaus, befindet sich in herrlicher Aussichtslage ein Pflegezentrum für Vögel. Verletzte Wildvögel werden hier gesund gepflegt. Solange ein „Patient" zu schwach für die Rückkehr in die freie Wildbahn ist, bleibt er in einer der über zwanzig Volieren, wo man viele einheimische Greifvögel besuchen kann. Täglich Flugvorführungen. **Dorf Tirol**, Tel. 0473 221500

Der „Vogeldoktor"

Bäuerliche Geschichte, Lebensfreude und Lebensweisheit spiegeln sich in diesem modernen Danse macabre.

BRAUEREI FORST

Das Unternehmen Forst ist eine der bedeutendsten Bierbrauereien Italiens und die einzige nennenswerte Brauerei Südtirols. Die imposante, schlossähnliche Anlage entpuppt sich bei ihrer Besichtigung als moderner Produktionsbetrieb, der auch ein Symbol für Tradition und Naturverbundenheit ist. Führungen möglich. **Algund**, **Forst**, Tel. 0473 260111

SCHLOSS THURNSTEIN

Das gut erhaltene Schloss aus dem 13. Jh. liegt am Hang im Nordwesten Merans und beherbergt eine beliebte Gastwirtschaft, die durch den roten Napoleonwein Bekanntheit erlangte. Als Napoleon III. bei Sedan in Gefangenschaft geriet, hat man einen besonderen Tropfen nach dieser Begebenheit benannt, eben den Napoleonwein. **Dorf Tirol**, **St. Peter**, Tel. 0473 220255

ST. PETER ✤

Das uralte Kirchlein bei **Dorf Tirol**, **Gratsch**, aus dem 9. Jh. mit bedeutsamen Fresken ist eine richtige Mini-Pfarrkirche mit Friedhof, Beinhaus und Kapelle, in der jeden Sonntag die Messe gelesen und das Allerheiligste aufbewahrt wird. Auch als Hochzeitskirche ist sie wegen ihrer romantischen Lage zwischen Weinbergen sehr beliebt. Kurioserweise gehört St. Peter auch heute noch kirchenrechtlich zum österreichischen Stams.

Schildh
in Salta

ST. GEORGEN

Die romanische Rundkirche aus dem 12. Jh. befindet sich im Oberdorf von **Schenna**. Die Kuppel ruht auf einem einzigen zentralen Rundpfeiler. Sie ist vollständig mit gotischen Fresken geschmückt (Georgslegende mit Drachenkampf und Martyrium, Abbildung der bärtigen Vierundzwanzig Ältesten aus der Apokalypse) und mit einem Flügelaltar ausgestattet. Zugänglich Mo–Fr 10–12 und 14–17 Uhr, So und feiertags geschlossen

MAUSOLEUM

In unmittelbarer Nähe von Schloss **Schenna** steht das Mausoleum von Erzherzog Johann, ein auffälliges Gebäude im neugotischen Stil aus rotem Sandstein und eines der seltenen Gesamtkunstwerke des Historismus in Südtirol. Hier liegen der Erzherzog Johann von Österreich und seine Familie begraben. Johann hatte gegen den Widerstand der habsburgischen Kaiserfamilie ein Mädchen aus dem Volk, die Postmeistertochter Anna Plochl, geheiratet und verzichtete damit auf viele dynastische Rechte. Infos: Tel. 0473 945630

STIEBER WASSERFALL

Beinahe am Talschluss des Passeiertals und kurz vor seiner Einmündung in die Passer stürzt sich der Pfelderer Bach tosend und schäumend über zwei Geländestufen. Die sprühende Gischt lieferte sinnigerweise den Namen für den Wasserfall, da spritzt bzw. – im urigen Pseirer Dialekt – „stiebt" es. Von der Straße zwischen **Moos** und **Platt** führt ein ausgeschilderter Steig zur Plattform mit beeindruckendem Blick auf den Stieber Wasserfall.

SCHILDHÖFE

Einige Bauern im Passeiertal erwarben sich im 13. und 14. Jh. besondere Rechte wie Steuerfreiheit und das Recht Waffen zu tragen. Dafür mussten sich diese Bauernadeligen verpflichten, im Kriegsfall mit Pferden ausgerüstet dem Lehensherrn zu dienen. Elf Schildhöfe gibt es im Passeiertal, einige davon, etwa jene in **Saltaus** und **Steinhaus**, haben Schloss- bzw. Burgencharakter. Bei festlichen Anlässen treten die Schildhofbauern noch heute mit einer besonderen Tracht auf.

WALLFAHRTSKIRCHE IN RIFFIAN

Riffian ist bekannt wegen seiner stattlichen Wallfahrtskirche zur Schmerzhaften Muttergottes. Die Kirche gotischen Ursprungs wurde 1671 barockisiert. Der Hochaltar gilt als besonderes Meisterwerk unter den Altären Tirols. Die Pietà und der Taufstein stammen aus der Zeit um 1400. In der Gnadenkapelle neben der

---

„Tuiflloch"

Im Passeiertal erzählte man sich früher folgende Geschichte: Die Bauern aus der Meraner Gegend hatten einst im hintersten Tal ausgedehnte Weiderechte. Als einmal ein Pseirer und ein Schennaer Bauer über die Rechtmäßigkeit eines Besitzes in Streit gerieten, tat letzterer in trickreicher Weise einen Schwur: Er stehe hier in Passeier auf seinem Grund und Boden, so wahr er einen Schöpfer, Gott, über sich habe. Dabei hatte er sich Erde von seinem Schennaer Grundbesitz in die Schuhe gestreut und einen Schöpflöffel im Hut versteckt. Zur Strafe für diesen Schwindel und das niederträchtige Wortspiel holte ihn sich der Teufel, fuhr mit ihm durch die Lüfte und warf den Bauern mit solcher Gewalt gegen den Berg, dass sich ein Loch auftat: das „Tuiflloch". Man sieht es noch heute bei der Weißspitz oberhalb von **Moos**. Sogar einen Fußabdruck des Teufels kann man in den Felsen erkennen ...

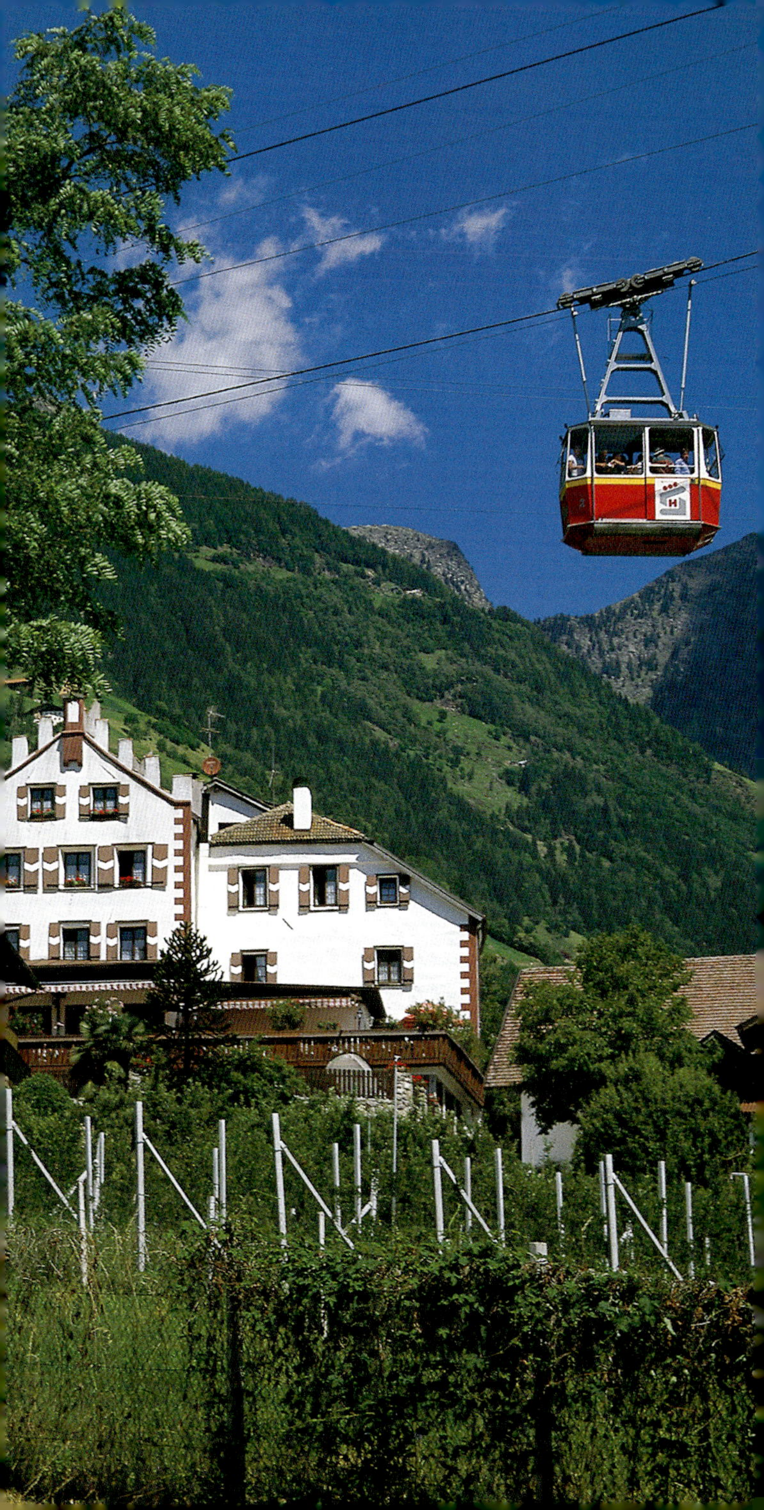

Wallfahrtskirche befinden sich bedeutende gotische Fresken im „Höfischen Stil" des 15. Jh. von außergewöhnlicher Qualität, sie stammen vom Meister „Wenzel", dem auch die berühmten Fresken mit den Monatszyklen in der Trienter fürstbischöflichen Residenz zugeschrieben werden.

SCHLOSS LEBENBERG

Etwas südlich von **Marling** thront auf einem Geländevorsprung Schloss Lebenberg, weithin erkennbar am hohen Bergfried und an den prachtvollen Zypressen, die es umgeben. Es war über Jahrhunderte im Besitz der Herren Fuchs von Fuchsberg. Ihr Wappentier, der Fuchs, ging auch auf das Wappen der Gemeinde Tscherms über. Heute ist die Burg im Besitz der holländischen Familie van Rossem. Der malerische Innenhof, der Ziergarten, der Spiegelsaal, der Rittersaal mit dem Figurenstammbaum, die Bauernzimmer mit dem spätgotischen Mobiliar und der Waffensaal können besichtigt werden. ⏰ Ostern–Oktober, Mo-Sa 10.30–12.30, 14–16.30 Uhr, Tel. 0473 561425

PFARRKIRCHE NIEDERLANA

1492 wurde das gotische Gotteshaus als Pfarrkirche in **Niederlana** eingeweiht. Heute ist es weit über die Grenzen des Landes hinaus wegen des rund 14 m hohen und ungewöhnlich reich mit Figuren ausgestatteten gotischen Flügelaltars bekannt. Das Kunstwerk schuf der schwäbische Meister Hans Schnatterpeck. Regelmäßige Führungen an Wochentagen (Mo–Sa); Altar in der Fastenzeit geschlossen. Tel. 0473 562037

ST. MARGARETH

Kleine romanische Kirche auf einer Anhöhe westlich der Pfarrkirche in **Niederlana** mit drei vollständig mit Fresken ausgestatteten Rundapsiden. Besichtigungsmöglichkeit im Rahmen von organisierten Führungen. Tel. 0473 561770

URLÄRCHEN

Am Talschluss von Ulten, nahe **St. Gertraud**, stehen einige mächtige, uralte Baumriesen. Diese Urlärchen mit einem Alter von rund 2000 Jahren und einem vermuteten unglaublichen Umfang von 6 bzw. 8 m sind in 10 Minuten Wanderung über die Zufahrt zu den Lahnerhöfen bequem zu erreichen.

HÄUSL AM STEIN

Im Ultental steht auf einem Felsen das sogenannte Häusl am Stein. Die Legende besagt, dass das Haus bei einem Berg-

Häusl am Stein in St. Pankraz

rutsch auf den Felsen geschoben wurde. Tatsächlich wurde der Felsen auf dem es steht, 1882 von einem Hochwasser der Falschauer freigeschwemmt. Ausgehend vom Sportplatz **St. Pankraz** ist das kuriose Bauwerk in wenigen Minuten Fußweg erreichbar.

PFARRKIRCHE ZU MARIA HIMMELFAHRT

Der Baumeister des Bozner Doms, Hans Lutz von Schussenried, soll an der Kirche von **Tisens**, einem Meisterwerk der späten Gotik, gearbeitet haben. Erwähnenswert sind auch die Glasfenster eines Augsburger Meisters, eine Seltenheit in Südtirol, die Christi Geburt, Kirchenpatrone und die adeligen Stifter darstellen. In der Michaelskapelle im Friedhof hochgotische Fresken, in der Gruft gestapelte Gebeine.

FAHLBURG

Das Renaissanceschloss – einst „Turm zu Vall" – in **Prissian** diente eine Zeit lang auch als Gefängnis des Minnesängers Oswald von Wolkenstein. Seine Widersacherin (oder war es seine Geliebte?) Barbara Jäger hielt ihn wegen Erbstreitigkeiten fest. Die Fahlburg ist heute im Besitz der Grafen Brandis, die sie als Gästehaus und Schlossrestaurant führen. Infos: Tel. 0473 920930, www.fahlburg.com

SCHLOSS KATZENZUNGEN

Die würfelförmige Burganlage erhebt sich auf einem Hügel südlich von **Prissian**. Das Gebäude kann für Kurse, Ausstellungen und Feiern gemietet werden. Am Fuß der Burg wächst die nachweislich größte und wohl älteste Rebe der Welt; sie trägt ca. 100 kg einer seltenen weißen Traubensorte („Versoaln"). Tel. 0473 927018, www.castel.katzenzungen.com

KNOTTENKINO 📣

Das originellste „Kino" Südtirols steht auf der Kuppe des 1465 m hohen Rotensteins (die Einheimischen sagen Rotstoan) in Vöran: freier Eintritt, keine Popcorn knabbernden Besucher, keine Leinwand, aber rund um die Uhr Programm mit wechselnden, vom Wetter abhängigen Nuancen: ein fantastischer Blick über das Etschtal zu den Ultner Bergen und zum Ortlermassiv. Auf dem Felsplateau, dem Knotten, platzierte der Künstler Günther Messner unter freiem Himmel 30 Sessel für das Knottenkino.
40 Minuten Fußweg ab Gasthof Alpenrose nahe der Straße Hafling–Vöran oder in $1^1/_2$ Stunden ab dem Parkplatz beim Gasthof Grüner Baum oberhalb von Vöran.

Knottenkino bei Vöran

MUSEEN UND AUSSTELLUNGEN

MERAN

FRAUENMUSEUM „EVELYN ORTNER"
Unter den Meraner Lauben präsentiert das Museum Europas größte und vollständigste Sammlung von Frauenmode und Accessoires aus den vergangenen 200 Jahren. Nicht nur lehrreich, sondern auch äußerst unterhaltsam.
Lauben 68, Januar–Oktober, Mo–Fr 10–12 und 14–17 Uhr, Sa 10–12.30 Uhr, November–Dezember, Fr, Sa, So 10–17 Uhr, Tel. 0473 231216, www.museia.org

GÄRTEN VON SCHLOSS TRAUTTMANSDORFF UND TOURISEUM
An einem sonnigen Hang im Südosten Merans breitet sich ein weitläufiger botanischer Garten mit verschiedenen Themengärten, künstlerisch gestalteten Pavillons, Café und Restaurant aus. Eine der bekanntesten Attraktionen Südtirols! 2005 wurden die Gärten zum „schönsten Garten Italiens", 2006 zu „Europas Garten Nr. 6" gekürt. Angelegt ist der Garten rund um Schloss Trauttmansdorff, das um 1850 aus mittelalterlichen Ruinen wieder errichtet wurde. 1870 bezog Kaiserin Sisi von Österreich hier erstmals ihr Meraner Winterdomizil; eine marmorne Parkbank erinnert an den prominenten Gast. Im Schloss ist das Südtiroler Tourismusmuseum, das „Touriseum", untergebracht; es erzählt von 200 Jahren bewegter Tiroler Tourismusgeschichte.
St.-Valentin-Str. 51a, Anfang April–15. November, tgl. 9–18 Uhr, 15. Mai–15. September, tgl. 9–21 Uhr, Tel. 0473 235730, www.trauttmansdorff.it, www.touriseum.it

JÜDISCHES MUSEUM
Synagoge, Kultusgegenstände und Dokumente zeugen von der Bedeutung der jüdischen Kultusgemeinde, die sich um die Jahrhundertwende in Meran konstituiert hat und hier verschiedene Infrastrukturen entstehen ließ: den jüdischen Friedhof, das Sanatorium für mittellose, an Tuberkulose erkrankte Juden, die Synagoge und koschere Hotels. Schillerstr. 14, Di–Mi 15–18, Do 9–12, Fr 9–12 Uhr, Tel. 0473 236127; Vormerkungen unter Tel. 0473 443554

KUNST MERAN IM HAUS DER SPARKASSE
Ein absoluter Höhepunkt der zeitgenössischen Kunstszene im Lande. Untergebracht in einem denkmalgeschützten Haus unter den Lauben und mit modernsten Architekturelementen bestückt, präsentiert sich der Kunst- und Kulturtreff auf drei Geschossen und 500 m^2 Ausstellungsfläche. Das Haus bietet einen Galerieshop, ein Café und natürlich ein Ausstellungsprogramm von hohem Niveau zu Themen der bildenden Kunst, der neuen Medien, zu Architektur, Literatur, Musik und Tanz.
Lauben 168, Di–So 10–18 Uhr (Juli/August 11–19 Uhr), Tel. 0473 212643, www.kunstmeranoarte.com

LANDESFÜRSTLICHE BURG
Vor 100 Jahren wollte man das heruntergekommene, 1470 erbaute Gebäude schon abreißen, als sich ein Komitee dafür stark machte, es vor der Zerstörung bewahrte und für eine mustergültige Restaurierung sorgte. Die Burg ist seit jener Zeit ein Anziehungspunkt für Einheimische und Gäste. Das ehemalige Quartier der Tiroler Landesfürsten beherbergt in zehn Räumen Inventar und Einrichtungsgegenstände aus der Gotik und Renaissance, Waffen, prachtvolle Kachelöfen, Bilder und eine beachtenswerte Sammlung historischer Musikinstrumente.
Galilei-Str., März–Dezember, Di–Sa 10–17, So und Feiertage 10–13 Uhr, Tel. 0473 250329

DIE GÄRTEN VON
SCHLOSS TRAUTTMANSDORFF

ITALIENS SCHÖNSTER GARTEN 2005
&
EUROPAS GARTEN NR. 6 2006

www.trauttmansdorff.it • Tel. +39 0473 235 730 • Meran | Südtirol | Italien • TÄGLICH GEÖFFNET: 1. April – 15. November

Schloss Tirol

RUSSISCH-ORTHODOXE GEDENKSTÄTTE NADEZDA BORODINA ❶

Es handelt sich um eine Sammlung von Kultusobjekten, Dokumenten und Büchern der russisch-orthodoxen Gemeinschaft, die sich um die Jahrhundertwende zur Kur in Meran aufhielt. Dank einer großzügigen Hinterlassenschaft der Moskauerin N. Ivanova Borodin entstand das Ensemble aus eleganten Häusern und Nikolauskirche nach Plänen von Tobias Brenner. Der Russkij Dom (das Russenhaus) wurde in den vergangenen Jahren renoviert und beherbergt heute, neben einem Altersheim, auch die Bibliothek mit dem Restbestand von über 1300 Büchern der russischen Gemeinde.

St. Nikolaus, Schafferstr. 21, ⏰ außer Weihnachten und Ostern, jeden ersten und dritten Sa im Monat von 9–13 Uhr oder nach Anmeldung, Tel. 0471 979328

STADTMUSEUM MERAN

Derzeit provisorisch im ehemaligen Gasthof Roter Adler untergebracht (der neue Sitz entsteht am Pfarrplatz), drängen sich auf kleiner Fläche Sammlungen von bedeutenden gotischen Skulpturen und barocken Gemälden, heimische Funde der Urgeschichte und Exponate der Volkskunst. Als Kuriosa findet man eine antike Passionskrippe mit beweglichen Figuren sowie die Totenmaske des französischen Kaisers Napoleon I.

Rennweg 42a, ⏰ ganzjährig geöffnet, Di–Sa 10–17, So und Feiertage 10–13 Uhr, Tel. 0473 236015

UMGEBUNG VON MERAN

SCHREIBMASCHINENMUSEUM „PETER MITTERHOFER"

Die Gemeinde Partschins hat ihrem großen Sohn und Erfinder der Schreibmaschine, Peter Mitterhofer, ein eigenes Museum gewidmet. Neben der Nachbildung der ersten Schreibmaschine aus dem Jahr 1864 sind rund 300 wertvolle Exponate ausgestellt, die einen umfassenden Einblick in die über hundertjährige Entwicklungsgeschichte der Schreibmaschine vermitteln – die mit dem Computerzeitalter schon wieder ihr Ende gefunden hat. **Partschins**, Kirchplatz 10, ⏰ April–Oktober, Mo, Fr 15–18, Di–Do 10–12, 15–18, Sa 10–12 Uhr, November–März, Di 10–12, Tel. 0473 967581, www.typewritermuseum.com

SÜDTIROLER LANDESMUSEUM FÜR KULTUR- UND LANDESGESCHICHTE – SCHLOSS TIROL ⭐

Das Stammschloss der Grafen von Tirol entstand schon im 11. Jh. auf einem das Meraner Becken beherrschenden Moränenhügel. Durch Neu- und Zubauten wurde die Burg laufend vergrößert – sie ist heute die bedeutendste und größte Burganlage von ganz Tirol. Als 1363 das Land Tirol an die Habsburger übertragen und Innsbruck Meran als Landeshauptstadt ablöste, begann der langsame Abstieg. In den letzten Jahren wurde die Burg mustergültig restauriert, bei den Arbeiten kam eine Vielzahl von Schätzen zum Vorschein, u. a. Reste einer frühen

Basilika, Gräberfelder, Grabbeigaben, eine Reliquienschatulle, Münzen usw. Sehenswert sind die romanischen Portale mit den in ihrer Art einzigartigen Plastiken, die Rittersäle, die Burgkapelle mit der außergewöhnlichen Darstellung einer frühgotischen Kreuzigungsgruppe, mit gotischen Altären und romanischen Fresken. Von der Kapelle führt eine Treppe in einen Saal, wo sich die älteste farbige Darstellung des Landeswappens mit dem roten Tiroler Adler befindet. Der Schwerpunkt des im Schloss untergebrachten Museums liegt auf der Geschichte des Landes Tirol von den Anfängen bis in die heutige Zeit.

Dorf Tirol, Schlossweg 24, ⏰ Mitte März–Ende November, Di–So 10–17 Uhr (im August bis 18 Uhr), Tel. 0473 220221, www.schlosstirol.it

LANDWIRTSCHAFTSMUSEUM – BRUNNENBURG

Unterhalb von Schloss Tirol erhebt sich auf einem Moränenhügel in schönster Aussichtslage die Brunnenburg. Bereits im 13. Jh. errichtet, wurde sie mehrfach zerstört und wiederaufgebaut; um die Jahrhundertwende wurde sie im romantischen Stil renoviert und erweitert, wodurch die zinnengekrönte Burganlage ein sonderbares Aussehen erhielt. Über Jahre Wohnsitz des berühmten Dichters Ezra Pound, beherbergt die Burg heute ein landwirtschaftliches Museum. Ausgestellt sind landwirtschaftliche Geräte und Werkzeuge, eine Sammlung alter Waffen sowie Interessantes zu Ethnologie und Volkskunst. Foto- und Filmvorführungen.
Dorf Tirol, Schlossweg 17, ⏰ April–Allerheiligen tgl. 10–17 Uhr, Fr und Sa Ruhetag, Tel. 0473 923533

SCHLOSS SCHENNA

Erzherzog Johann von Österreich, ein Spross des Kaiserhauses, dem Tirol und besonders Meran ans Herz gewachsen war, erwarb 1844 die Anlage in prächtiger Aussichtsposition aus dem 14. Jh. Heute ist das Schloss der Geschichte Habsburgs und Tirols mit den Themenschwerpunkten Erzherzog Johann und Andreas Hofer gewidmet. Gezeigt werden Waffen, Möbel und Gemälde. In der warmen Jahreszeit dient der romantische Innenhof als festlicher Rahmen für kulturelle Veranstaltungen.

Schenna, Schlossweg 14, nur mit Führung zu besichtigen, Ostern–Allerheiligen, Mo–Sa um 10.30, 11.30, 14, 15 Uhr, Tel. 0473 945630

MUSEUM PASSEIER

Im Sandhof des zu Berühmtheit gelangten Wirts Andreas Hofer in St. Leonhard in Passeier ist heute das Museum Passeier untergebracht, das vor allem das Leben und die Zeit des legendären Anführers des Tiroler Landsturms von 1809 dokumentiert – z. B. anhand eines etwa

---

Andreas Hofer

Andreas Hofer, Sandwirt in **Passeier**, wurde zum Volksheld, als er im Jahr 1809 den Tiroler Freiheitskampf gegen die Soldaten Napoleons organisierte und als Anführer der Aufständigen Landeshauptmann in Innsbruck wurde. Nach dem Zusammenbruch des Volkssturms geriet Hofer in französische Gefangenschaft und wurde 1810 in Mantua erschossen. Die schillernde und tragische Persönlichkeit aus dem Volke wurde zum Mythos für Aufrichtigkeit, Tapferkeit und Obrigkeitstreue. Bücher, Lieder und Gedichte ranken sich um Andreas Hofer, mehrere Filme erzählen von seinem Leben, in Meran steht in der Nähe des Bahnhofs ein großes Bronzedenkmal, in fast allen Städten und Dörfern Tirols ist eine Straße nach ihm benannt. Die Gedenkfeiern zu seinem Todestag polarisieren noch immer die politischen Kräfte.

St. Leonhard in Passeier, v. l. die Jaufenburg

zwanzigminütigen Films. Das angeschlossene Volkskundemuseum mit Freilichtbereich schildert die Wohn- und Lebenssituation auf den Bergbauernhöfen des Passeiertals. Zu sehen gibt es eine umfangreiche Sammlung zu Brauchtum, Kunst, Handel und Handwerk, zu hören Musik, Sagen und Erzählungen. Der Franzosenfriedhof und die Jaufenburg in St. Leonhard sowie das Alm-Museum in Pfistrad (zu Fuß in 1$^1/_2$ Stunden erreichbar, bewirtschaftet) gehören als Außenstellen ebenfalls zu diesem Museum.

St. Leonhard, Passeirer Str. 72, ⏱ Ostern–Allerheiligen, Di–So und an Feiertagen 10–18 Uhr, August und September tgl. 10–18 Uhr, Tel. 0473 659086, www.museum.passeier.it

OBSTBAUMUSEUM

Jeder zehnte Apfel, der in Europa gegessen wird, kommt aus Südtirol. Die Großgemeinde Lana steuert alleine 10 % der Südtiroler Apfelernte (ca. 70.000 Tonnen jährlich) bei. Im Ansitz Larchgut kann man nicht nur alte und neue Obstsorten kennen lernen, sondern auch Anbauformen, Schädlingsbekämpfung, Bewässerungsformen und landwirtschaftliche Geräte. Auf 2000 m² Ausstellungsfläche sind außerdem so kuriose Dinge wie Rauchöfen zur Frostbekämpfung und Raketen mit Silberjodid gegen Hagelschaden versammelt. **Lana**, Brandis-Waalweg 4, ⏱ April–Anfang November, Di–Sa 10–12, 14–17 Uhr, So und Feiertage 14–18 Uhr, Tel. 0473 564387

BAUERNMUSEUM

Das Nebengebäude des Widums in **Völlan** bei Lana ist voller Werkzeuge und Geräte für Acker und Feld, Haus und Hof – Zeugen ländlichen Lebens und Arbeitens in alter Zeit. Badlweg 2, ⏱ Ostern–Oktober, Di, Fr 14–17 Uhr, jederzeit Gruppen nach Voranmeldung, Tel. 0473 568050

ULTNER TALMUSEUM

Mit viel Mühe und Fleiß wurde in der alten, urigen Schule von **St. Nikolaus** eine umfangreiche Sammlung von Hausrat, bäuerlichem Gerät, Schriften, Bildern, Kuriosem und anderem mehr oder weniger Wertvollem aus dem Ultental zusammengetragen.

St. Nikolaus 107, ⏱ März, April, Oktober, So 10–12 Uhr, Mai–September So 10–12, 15–17 Uhr, Di, Fr 11–12, 15–17 Uhr, Tel. 0473 790147

Der Franzosenfriedhof

1809 wurde bei den Befreiungskriegen auch rund um **St. Leonhard** in Passeier hart und verlustreich gekämpft, 230 gefallene Franzosen blieben auf dem Schlachtfeld. Für sie wurde am westlichen Dorfrand ein eigener Friedhof angelegt. Nach dem Ersten Weltkrieg haben noch einige in Gefangenschaft verstorbene Russen hier ihre letzte Ruhestätte gefunden. Marmortafeln in drei Sprachen mahnen an den Frieden.

MÄRKTE, TERMINE, BRAUCHTUM

Informationen darüber, was in Meran wo und wann passiert, finden Sie auf der Internetseite: www.meran.eu oder www.eventguide.it

BAUERNMARKT
Samstags Vormittag in der Galileistraße in **Meran**; im Angebot finden sich Bio-Obst und -Gemüse, Eier sowie mancherlei Kurioses.

FLOHMARKT
Jeden letzten Samstag im Monat am Steinachplatz in der Altstadt von **Meran**.

KRÄMERMÄRKTE
In **Lana**, im Park beim Altenheim Lorenzerhof (nördlich des Raiffeisenhauses), wird freitags am Vormittag ein Krämermarkt abgehalten. Da jedoch gleichzeitig in **Meran** der große Wochenmarkt in Bahnhofsnähe durchgeführt wird, hat man nur dort das wirklich große Wühlerlebnis.

NEUJAHRSKONZERT
Hörenswert ist das klassische Neujahrskonzert im **Meraner** Kursaal mit hochkarätigen Dirigenten und Interpreten.
1. Januar, 17 Uhr. Tel. 0473 272000

HAFLINGER-GALOPPRENNEN ❗
Die Pferderennsaison beginnt traditionell mit den Rennen der Haflinger-Pferde am Ostermontag. Am Vormittag vor dem Wettkampf traben die herausgeputzten Rosse mit ihren nicht minder stolzen Reitern durch **Meran**, am Nachmittag lassen sich die Reiter in ihrer farbenfrohen Tracht am Pferderennplatz bewundern. Wer sein Glück versuchen will, kann auch Wetten abschließen. Infos zum Rennkalender erhalten Sie bei der Kurverwaltung, Tel. 0473 272000

BLÜTENFEST
In der ersten Aprilhälfte begrüßt man in **Lana** den Frühling mit einem Festprogramm: Polenta-Essen in der blühenden Apfelwiese, Frühschoppen, bunter Abend und weitere Fröhlichkeiten. Infos: Tel. 0473 561770

MERANER HALBMARATHON
Am letzten Aprilsonntag wartet auf Langstreckenläufer die sportliche Herausforderung: 21,5 Kilometer von **Meran** nach **Algund** durch die Altstadt von Meran und durch blühende Obstanlagen.
Infos: Sportclub Meran, Tel. 0473 232126

MERANFLORA
Alle zwei Jahre findet in **Meran** Anfang Mai die große Blumenschau statt. Viele Gärtnereien aus dem In- und Ausland liefern sich einen blühenden Wettstreit. Infos: Kurverwaltung, Tel. 272000, www.meran.eu

GOMPMALMFEST ❗ 🚩
Auf der urigen, in Holzblockbau errichteten Alm im Hochwald oberhalb von **Saltaus**, im vorderen Passeiertal, mischt sich seit Jahren die Tiroler Almatmosphäre mit der modernen einheimischen Musikszene zu einem skurrilen Riesenfest: Von Mai bis Ende September gibt's an fast jedem Wochenende Jazz, Blues,

Feststimmung auf der „Gompmalm"

Rock, Soul, Kirchtagsfeste mit Preiswatten, Fisch- und Wildessen, Kinderfeste. Tel. 0473 949544, www.gompmalm.it

JOHANNES-NEPOMUK-PROZESSION ❗

Der hl. Johannes Nepomuk war Beichtvater der böhmischen Königin. Der König Wenzel bedrängte ihn vergeblich mit den Sünden seiner Frau herauszurücken, ließ ihn foltern und in der Moldau ertränken. Man schrieb das Jahr 1393. Johannes Nepomuk wird in Tirol als Wasserheiliger verehrt, kaum eine Brücke, an der nicht eine Johanneskapelle oder Statue steht und vor Hochwasser schützen soll. Beim Fest des Heiligen Mitte Mai zieht die Bevölkerung von **Walten** im Passeiertal von der Kirche zum Waltenbach, wo sich dessen Statue befindet; sie wird anschließend in einer Prozession mehrmals über den Bach und anschließend zum Wannser Kirchlein getragen. Die kirchliche Feier endet schlussendlich mit einem irdischen Fest, die Musik spielt auf, für Speis und Trank ist gesorgt.

SOIREEN AUF SCHLOSS TIROL ♣

Das stimmungsvolle Schloss Tirol bei **Dorf Tirol** dient als Rahmen für ein Kulturerlebnis der besonderen Art: An mehreren Abenden von Ende Juni bis Ende Juli werden historische Musik und kulinarische Kostproben aus dem Mittelalter und der Renaissance dargeboten. Infos: Tel. 0473 923314

KNÖDELKOCHKURS ⭐

Im Sommer lässt sich die Bäuerin vom Lechnerhof in **Schenna** in die Töpfe gucken. Einmal im Monat organisiert sie für Einheimische und Gäste einen Knödelkochkurs. Infos: Tel. 0473 945669

LYRIKPREIS MERAN

Weltbekannte Autoren wie Christian Morgenstern, Franz Kafka, Ezra Pound, Gottfried Benn, Arthur Schnitzler hielten sich in Meran auf, diese Tradition verpflichtet: In geraden Jahren Mitte Mai finden im Rahmen der Verleihung des Lyrikpreises der Stadt **Meran** im Kurhaus Lesungen und Vorträge statt.
Infos: Kreis Südtiroler Autorinnen und Autoren, Tel. 0471 977037

OLDTIMER-TREFFEN

Anfang Juli treffen sich in **Schenna** Oldtimer-Fans. Ein Festival der ausladenden Kurven, von Chrom und Lack; eine feurige Mixtur aus schönsten Autos, sonniger Landschaft und sympathischen Menschen. Sieben Tage Programm, von Rundfahrten bis zu Kulturveranstaltungen. Infos: Tel. 0473 945669,
www.suedtirolclassic.com

INTERNATIONALER HUMORSOMMER „NATURNS LACHT"

Abendveranstaltungen mit Kabarett und anderen Fröhlichkeiten Mitte August im heimeligen Freilichtspielplatz im Gemeindehof von **Naturns**. Tel. 0473 666077, www.naturnslacht.com

---

Urlaub und Bildung

Die **Meraner** Lessing-Hochschule organisiert akademische Studiengänge und unterstützt Forschungsaktivitäten; Zielgruppe sind Pensionisten und „jüngere Ältere", ältere Menschen, die noch im Berufsleben stehen. Das Studium setzt sich aus sechs Trimestern Grundstudium und weiteren sechs Trimestern in fünf verschiedenen natur- und geisteswissenschaftlichen Studiengängen zusammen. Fernstudienangebote und Blockveranstaltungen erleichtern die Teilnahme. Wie wär's also mal mit einem Bildungsurlaub für geistigen Schwung in reizvoller Landschaft? Tel. 0473 270402, www.lessing-uni.net

STADTFEST

In geraden Jahren bietet das **Meraner** Stadtfest an einem Wochenende im August Unterhaltung, gastronomische Spezialitäten und Folklore. In den alten Gassen stehen Tische und Bänke zum ausgiebigen Feiern bereit.

SCHENNAER MARKT

Beliebtes und viel besuchtes Dorffest am 20. August (wenn dieser auf einen Sonntag fällt, einen Tag davor oder danach) in **Schenna**. Sie finden Waren- und Gastronomie-Stände auf Straßen und Plätzen, Handwerker und Könner zeigen alte Fertigkeiten, Musikgruppen spielen auf. Infos: Tel. 0473 945669

MERANER MUSIKWOCHEN ⭐

Das internationale Musikfestival findet im **Meraner** Kursaal von Ende August bis Ende September statt und zählt zu Europas bedeutendsten Festivals für klassische Musik. Seit Jahren verpflichtet es erstklassige Ensembles und Interpreten aus aller Welt. Infos: Tel. 0473 212520, www.meranofestival.com

KUPPELWIESER MARKT

Am 22. September (fällt dieser Tag auf einen Sonntag, findet der Markt am Samstag statt) ist **St. Walburg-Kuppelwies** Schauplatz eines großen Vieh- und Krämermarkts. Das ganze Tal strömt zusammen. Krämer bauen ihre Stände auf, Touristen mischen sich unter das bunte Volk, Bauern feilschen um Schafe, die Musik spielt auf, fürs leibliche Wohl ist gesorgt – ein richtiges Volksfest. Bleibt nur zu wünschen, dass künftig ein bisschen mehr „Hausgemachtes" angeboten wird – allen voran die Ultner Handarbeiten.

Auf dem Kuppelwieser Markt

DER GROSSE PREIS VON MERAN

Verpassen Sie Ende September nicht eines der größten Pferdegaloprennen Europas – den Großen Preis von **Meran**! Sie können auch auf eines der edlen Tiere wetten (und eine ansehnliche Summe gewinnen). Infos: Tel. 0473 272000

TRAUBENFEST

Zum Abschluss der Traubenernte feiert man in **Meran** am dritten Sonntag im Oktober ein Fest. Höhepunkt ist der Umzug der Musikkapellen, die in ihren Trachten defilieren, und der prächtig ge-

Wine-Festival im Kursaal von Meran

schmückte Zug der Festwagen, allen voran der Wagen mit der Riesentraube und jener mit der Apfelkrone.

VIERLÄNDER-RANGGELN ⭐

Das **Passeiertal** ist eine Hochburg des Ranggelns, einer bodenständigen Ringsportvariante. Die Ranggler veranstalten regelmäßige Treffen und Turniere, die Volksfestcharakter haben: Beim Vierländer-Ranggeln messen sich Passeirer mit Bayern, Salzburgern und Tirolern, außerdem finden Wettkämpfe zwischen Mannschaften aus dem Sarntal und dem Ahrntal statt. Eine Wiese dient als Kampfplatz, die Ranggler treten sich barfuß und in weißem Hemd und Leinenhose gegenüber; verloren hat, wer mit beiden Schultern zu Boden gerungen wird. Ein großes Turnier gibt es am letzten Sonntag im Oktober. Infos: Gottfried Pichler, Tel. 0473 641248

KESCHTNRIGGL – KASTANIENTAGE

Kastanien heißen im Südtiroler Dialekt „Keschtn" und mithilfe des „Keschtnriggls", eines geflochtenen Korbs mit einfachem, aber ausgefeiltem Mechanismus, kann man von den gerösteten Kastanien bequem die Schale entfernen. Der Name des Festes ist Programm – doch außer kiloweise köstlicher Kastanien gibt's im Rahmen der Kastanientage in **Völlan**, **Tisens** und **Lana** Wanderungen und Informationsveranstaltungen rund um die Frucht. Infos: Tel. 0473 561770

WINEFESTIVAL ⭐

Ein Muss für alle Weinliebhaber. Anfang November präsentieren Winzer – sie müssen persönlich anwesend sein – im **Meraner** Kursaal das Beste aus europäischen Kellern: edle rote Weine aus Bordeaux, der Toskana, dem Piemont, anderen italienischen Regionen und selbstverständlich aus Südtirol, feine Weiße aus dem Elsass, dem Rheinland, dem Burgenland, aus der Südsteiermark, der Wachau oder eben aus Südtirol. Tel. 0473 210011, www.meranowinefestival.com

MERANER ADVENT

In der Adventszeit findet in **Meran**, auf der Kurpromenade, ein gut besuchter und im Vergleich zu ähnlichen Veranstaltungen in Südtirol fast schon gemütlicher Weihnachtsmarkt statt.

FREIZEIT IM SOMMER

BADEN
🏊 Erlebnisbad **Naturns**. Empfehlens- und besuchenswerte Anlage mit Hallen- und Freibad sowie vielen Attraktionen; Saunalandschaft. Ganzjährig geöffnet. Tel. 0473 668036, www.erlebnisbad.it

🏊 **Schenna**. ✤ Eines der am schönsten gelegenen Schwimmbäder Südtirols mit einmaliger Aussichtsterrasse und jeglichem nur denkbarem Komfort sowie Bar, Restaurant, Kegelbahn, Tennisplatz und großer, gepflegter Liegewiese. Tel. 0473 234903

🏊 **St. Leonhard** in Passeier. Großzügiges Freibad mit langer Rutsche, Whirlpoolbecken und Gegenstromanlage; große Liegewiese und Bar. Tel. 0473 656911

🏊 **Meran**. Freischwimmbad mit mehreren Becken, Springturm, Rutschen, großzügigen Liegewiesen mit altem Baumbestand, Bar und Restaurant, Tel. 0473 447651

🏊 **Meran**. Ganzjährig geöffnetes Hallenbad mit olympischen Ausmaßen in der „Meranarena", in der Gampenstraße nahe dem Pferderennplatz.
Tel. 0473 236982 oder Tel. 0473 236975, www.meranarena.it

🏊 **Lana**. Freibad, Restaurant, Pizzeria und Bar. Tel. 0473 564288

BOGENSCHIESSEN
In **Kurzras** im Schnalstal finden Bogenschützen im Sommer ihr Paradies: Jagd- und Feldparcours, Kurse, Verleih von Bogen. Anmeldungen im Tourismusbüro Schnals, Tel. 0473 679148

Mit dem Bus übers Land

🚌 Südtirol Express: Von Ende März bis November jeden Samstag direkte Busverbindung Meran–St. Gallen–Winterthur–Zürich–Sargans–Meran. Infos: Südtirol Express, Tel. 0041 (0)71 2981111

🚌 Der Meraner-Land-Express fährt samstags Meran–München–Meran, mit Zubringerdienst in fast alle Orte der Umgebung. Infos: Kurverwaltung Meran, Tel. 0473 272000

Freibad von St. Leonhard

GOLF

🦋 Der Golf Club Passeier-Meran betreibt in der Kellerlahn, auf dem Gemeindegebiet von **St. Leonhard** in Passeier, einen großzügig angelegten 18-Loch-Platz. Modernes Clubhaus, Shop, Golfschule, gutes Restaurant, von Februar bis Dezember bespielbar. Tel. 0473 641488, www.golfclubpasseier.com

🦋 4-Loch-Anlage mit Driving Range und Putting Green beim Hotel Quellenhof in **St. Martin** in Passeier, Tel 0473 645474

🦋 Golfclub Gutshof Brandis in **Lana**. 9-Loch-Anlage, schönes weites Gelände, ganzjährig bespielbar, Restaurant. Tel. 0473 564696, www.golfclublana.it

🦋 Golfclub Dolomiti von **Sarnonico**: eine 18-Loch-Anlage, 900 Meter hoch und 34 km von Lana entfernt in der Nachbarprovinz Trentino gelegen, www.dolomitigolf.it

KEGELN

🦋 Eine Naturkegelbahn wurde beim Gasthof Mair am Turm in **Dorf Tirol** angelegt. Tel. 0473 923307

🦋 Automatische Kegelbahnen hingegen finden Sie im Vereinshaus von **Dorf Tirol**. Tel. 0473 923140

🦋 Beim Schmiedlhof ✤ in **Grissian** oberhalb von Tisens lässt sich's auf der überdachten Naturkegelbahn trefflich kegeln. Tel. 0473 920993

KLETTERN

Klettern Sie selbst? Oder sehen Sie lieber mit sicherem Boden unter den Füßen den Sportlern bei ihren waghalsigen Übungen zu?

🦋 Zum Beispiel in der Kletterhalle Rockarena (Meranarena) in **Meran**. Infos: Tel. 0473 234619

🦋 Im Süd-Osten **Merans** befindet sich der Frei-Klettergarten Schloss Fragsburg, der mit Bohr- und Abseilhaken sowie Stahlseilen gesichert ist.

🦋 Oder im Klettergarten in **Pfelders** im Passeiertal. Die Brücke beim Gasthof Bergkristall führt zu den dahinter liegenden Felsen, wo mehrere Routen angelegt sind.

PARAGLEITEN, DRACHENFLIEGEN

Beliebte Startplätze befinden sich an der steilen Bergflanke der **Mutspitze**, beim Hochmuter (Seilbahn ab Dorf Tirol) sowie im **Hirzergebiet** (erreichbar von Saltaus in Passeier). Im Winter heben Paragleiter und Drachenflieger auch von **Meran 2000** ab. Infos über Startplätze, Tandemflüge und Flugbedingungen beim Fliegerclub „Adlerhorst" in Dorf Tirol, Tel. 335 6766891, beim Tourismusbüro Dorf Tirol, Tel. 0473 923314, oder beim Tandem Club Ifinger, Tel. 339 7631715.

RADWANDERN, MOUNTAINBIKEN

🦋 **Am Tor zum Vinschgau.** Ausgangspunkt ist der Parkplatz bei der Seilbahn Aschbach bei Rabland. Auf dem Radweg Richtung Plaus, nach 1,5 km links ab und einem Asphaltweg folgend steil und kurvenreich Richtung Pirchhof. Nach 6,3 km rechts ab zur Jausenstation Brandhof auf 1044 m. Auf Steig (Markierung 16) westwärts, dann leicht abwärts zum Steilhof, nochmals kurzer Anstieg (höchster Punkt 1100 m) bis zur Kreuzung mit dem Zufahrtsweg zur Naturnser

MERAN UND UMGEBUNG 67

Plan 3

Alm, auf dem Sie abwärts bis zum Naturnser Sportplatz sausen. Von hier auf dem Radweg angenehm zurück zum Ausgangspunkt. 22 km, 600 Höhenmeter, mittelschwere Tour, teilweise recht steil. (Vgl. Plan 3; Mapgraphic Wanderkarte Nr. 6 – mit Radwanderwegen)

🚲 **Von Meran über Gratsch nach Dorf Tirol.** Eine Tour durch südländisch anmutende Landschaft, an Schlössern und verlockenden Einkehrstätten vorbei, mit beeindruckender Aussicht auf Meran und das Etschtal! Abfahrt in der Meraner Karl-Wolf-Straße, nach Gratsch und recht steil hinauf zum Schloss Thurnstein (hervorragende Einkehrmöglichkeit), weiter zum Gasthof Schattmair und nach Dorf Tirol, nach dem Dorf rechts in den Gnaidweg, der gemütlich immer leicht abwärts den Hang quert, bis er den Aufstiegsweg beim Vögeleturm kreuzt, anschließend zum Ausgangspunkt zurück. 13 km, 270 Höhenmeter, leichte Tour. (Mapgraphic Wanderkarte Nr. 6 – mit Radwanderwegen)

🚲 **Rundtour mit schönen Ausblicken auf Meran.** Ausgangspunkt ist der Parkplatz beim Schießstand (313 m) zwischen Untermais und Sinich. Auf der Straße nach Freiberg, weiter zum Schloss Katzenstein, zum Hotel Fragsburg und immer stramm aufwärts zum Gasthof und Familienbrauhaus Greiter auf 957 m Höhe, dem höchsten Punkt der Tour. Gleicher Rückweg über die Fragsburg (dort kurzer Abstecher zu Fuß zum schönen Fragsburger Wasserfall), aber nicht mehr links hinunter nach Katzenstein, sondern den Hang Richtung Norden querend bis Schloss Rametz, über die Kreuzung in die Schennastraße und sofort links hinein in den Kastanienweg und zurück zum Schießstand. 18 km, 640 Höhenmeter, mittelschwere Tour. (Vgl. Plan 5, S. 71; Mapgraphic Wanderkarte Nr. 6 oder Nr. 7 – mit Radwanderwegen)

🚲 **Von Schenna zum Gsteier.** Ausgangspunkt ist Schenna (584 m). Von der Schennastraße in die St.-Georg-Straße, bis diese bei einer Bushaltestelle eine scharfe Linkskurve macht. Dort geradeaus weiter auf den Gsteierweg und immer aufwärts in vielen Serpentinen bis zum Gasthof Gsteier auf 1370 m. Wem nicht schon die Puste ausgegangen ist, der kann noch den Hang bis zum Ausflugsgasthof Schnugger queren, eine empfehlenswerte Adresse! Vom Schnugger geht es in rasanter Fahrt über Hasenegg, vorbei an der Talstation der Taser-Seilbahn, zurück zum Ausgangspunkt. 19 km, 780 Höhenmeter, anspruchsvolle Tour. (Vgl. Plan 5, S. 71; Mapgraphic Wanderkarte Nr. 6 – mit Radwanderwegen)

🚲 **Passerradweg.** Dieser Radweg zwischen St. Leonhard in Passeier und Meran ist einer der wenigen, gut ausgebauten und beschilderten Radwege in

---

Geführte Radtouren

🚲 **Meran.** Jeden Mittwoch bietet die Bergsteigerschule geführte Touren an, Tel. 348 2600813
🚲 **Lana.** Hikbik hat Leihräder sowie geführte Touren mit Bustransfer im Angebot. Tel. 0473 550355, www.radverleih.it bzw. www.hikbik.com

Radtour im Paseiertal

Südtirol. Jede Menge Einkehr- und Rastmöglichkeiten entlang der Strecke laden zum Verweilen ein. Beste Zeit für die Radwanderung – die auch ohne Mountainbike und für die ganze Familie machbar ist – ist die Obstblüte im Frühjahr. Wenn Sie hin und zurück mit dem Rad fahren möchten, starten Sie am besten in Meran, auf dem Rückweg geht es dann angenehm leicht abwärts. Start am Flussbett der Passer auf halbem Weg zwischen der Passerbrücke und der Abzweigung nach Dorf Tirol (Parkplatz). Meran–St. Leonhard 18 km, 350 Höhenmeter, leichte Tour.

Von Lana nach Völlan. Schöne Mittelgebirgstour, gerade richtig für einen warmen Frühlings- oder einen lauen Herbsttag: Start in Oberlana an der Falschauerbrücke, Richtung Gampenpass nach wenigen Minuten rechts ab in den Weg zum Runggöglhof, einer bekannten Jausenstation. An der zweiten Kehre links ab und immer zügig aufwärts nach Völlan. Nach dem Dorfzentrum kurz abwärts hinunter zur Talmühle, über die sogenannte Römerbrücke und aufwärts auf Weg 8 bis zum Obermair auf 712 m Höhe, dem höchsten Punkt der Tour. Dann am Narauner- oder Hippolytweiher vorbei auf Weg 8, die Gampenstraße querend, zum Gruberkeller (Einkehr), der am Hang unter der Gampenstraße liegt. Bleibt nur mehr die rasante Abfahrt über den Weiler Ackpfeif, unterhalb der Leonburg und der Ruine Brandis vorbei nach Niederlana und zum Ausgangspunkt zurück. 16 km, 400 Höhenmeter, mittelschwere Tour. (Vgl. Plan 4; Mapgraphic Wanderkarte Nr. 28 – mit Radwanderwegen)

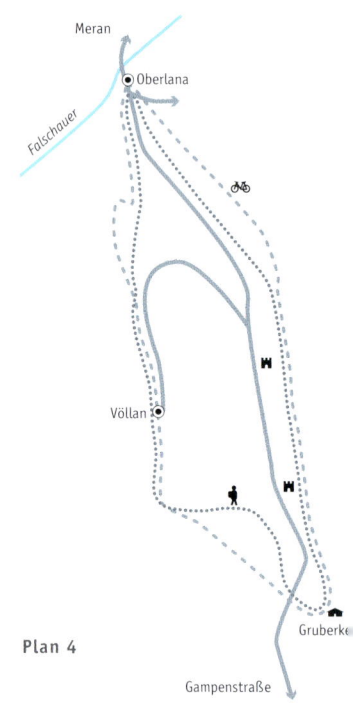

Plan 4

Radverleih und Reparaturservice

☞ **Naturns.** Zweirad-Center Karl Höllrigl, Tel. 0473 667778, www.hoellrigl-2rad.net, und Karl Zischg, Tel. 0473 667811
☞ **Rabland.** Fischerstube, Tel. 0473 968205
☞ **Meran.** Städtischer Radverleih (Citybikes) am Bahnhof, in der Tennisstraße und in der Galileistraße (April–Oktober, 9–19 Uhr)
☞ **Meran.** Gruber, das alteingesessene Radgeschäft unter den Lauben 337, Tel. 0473 237733, verleiht vollgefederte Mountainbikes für Anspruchsvolle und führt Reparaturen durch.
☞ **St. Leonhard in Passeier.** Radverleih durch das Tourismusbüro, Tel. 0473 656188
☞ **St. Martin in Passeier.** Bike Shop, Tel. 349 6238430
☞ **Lana.** „Rent a Radl" beim Hotel Theiss, Tel. 0473 561101
☞ **Burgstall** und **Gargazon.** Citybike-Verleih durch das Tourismusbüro, Tel. 0473 561770

☞ **Ultenrunde.** Eine bequeme Runde auf asphaltierter Straße führt von St. Pankraz (730 m) nach St. Walburg (1150 m), dann rechts ab und stetig leicht ansteigend zu den Kaserbachhöfen auf 1451 m. Von dort geht's abwärts, unterhalb des Helener Pichls vorbei in das Kirchbachtal und talauswärts wieder nach St. Pankraz zurück. 24 km, 720 Höhenmeter, mittelschwere Tour. (Mapgraphic Wanderkarte Nr. 28 – mit Radwanderwegen)

REITEN

☞ Am Sandhof, neben dem Gasthof Sandwirt, in **St. Leonhard** in Passeier werden Kutschfahrten und Tagesritte angeboten, außerdem gibt es eine Reitbahn. Wer mit seinem eigenen Pferd in den Urlaub reitet, kann sein edles Tier in der Pferdepension mit geräumigen Boxen unterbringen. Sie selbst übernachten im angrenzenden Hotel Klotz. Tel. 0473 656272

☞ Im Top-Komplex Sporthotel Quellenhof in **St. Martin** in Passeier finden Sportsfreunde einen Golfplatz, Freibäder, Hallenbäder und 12 Tennisplätze – außerdem Haflinger und andere Pferde; Reitlehrer. Tel. 0473 645474

☞ Die blondmähnigen Haflinger-Pferde tragen ihren Namen nach dem Dorf **Hafling**, das auf 1290 m im Südosten des Meraner Talkessels liegt. Beim Gasthof Sulfner in Hafling stehen einige der gutmütigen Tiere zum Ausreiten bereit. Tel. 0473 279424, www.sulfner.com

☞ Beim Reitstall „Theissstadel" in **Kuppelwies** in Ulten können Sie Reitunterricht nehmen oder Ausritte in die Umgebung unternehmen. Als Besonderheit werden dreitägige Ritte auf Almen und ein siebentägiges Trekking von München nach Meran angeboten! Tel. 0473 799011

☞ Bei Schloss Baslan in **Tscherms** befindet sich eine großzügige Anlage mit einem Bestand von 30 Pferden unterschiedlicher Rassen. Reitschule, Longenunterricht, Spring-, Dressurreiten, Betriebsführungen. Tel. 0473 565109

SCHIESSSTAND

Meran verfügt im Osten der Stadt, in der Katzensteinstr. 31, über einen großzügigen Schießstand, der ganzjährig geöffnet ist. Geschossen wird mit Luftdruckwaffen über Pistolen, Großkaliber und Kleinkaliber hin zu Jagdwaffen und Schrotflinten. Infos: Tel. 0473 237466

TENNIS

☞ In **Naturns** finden Sie ein ganzjährig geöffnetes Tenniscamp, mit vier Feldern in der Halle und fünf Sandplätzen im Freien. Tel. 0473 668366

Naturnser Alm

🕿 Tennis hat in **Meran** eine lange Tradition, entsprechend gut ist auch das Angebot an Anlagen: In der Piavestraße befindet sich eine Tennishalle mit neun Sandplätzen. Im Freien liegen elf Felder, darunter zwei Hartplätze. Einzeltraining, Gruppentraining, Kinderkurse. Tel. 0473 236550

🕿 **St. Leonhard:** Tennishalle mit zwei ganzjährig bespielbaren Plätzen, im Freien weitere drei Plätze mit rotem Sand; Tennisbar. Tel. 0473 656911

🕿 In der Sportzone Falschauer „LanArena" in **Lana** liegen fünf Tennisplätze. Mehrzweckhalle mit drei Plätzen. Nebenan Reitpark Lana mit Reithalle und Reitplatz. Tel. 0473 563535

🕿 Familiäres Ambiente mit gutem Service bietet die Flutlichtanlage in **Tscherms:** Schlägerverleih, Bespann-Service, Tennis-Café Gerhard, Restaurant, im Sommer Grillabende. Tel. 0473 561625

🕿 Die schicke Gesellschaft spielt auf den öffentlichen Tennisplätzen im Sporthotel Muchele in **Burgstall**. Im Sommer finden wöchentlich Tanzabende statt. Tel. 0473 291135, www.muchele.com

🕿 In **Marling** liegt der von der nahen Schnellstraße MeBo gut abgeschirmte Tenniscamp mit Tennisschule, zwei Plätzen in der Halle und fünf Sandplätzen im Freien sowie schöner Terrasse und Café. Tel. 0473 449777

WANDERN

🕿 **Auf eine Hochalm im Schnalstal.** Ausgangspunkt ist Karthaus. Zuerst auf einer Höfezufahrt, dann auf einem Almweg stetig aufwärts ins Penaudtal. Nach ca. 2–3 Stunden erreicht man die bewirtschaftete Penauder Alm, die am Rande eines beeindruckenden, weiten Kessels liegt. Nach einer weiteren halben Stunde Gehzeit gelangt man zu zehn kleinen malerischen Seen auf einem Almboden. Rückweg über die Aufstiegsroute. Gehzeit ca. 5–6 Stunden, ca. 1000 m Höhenunterschied.

🕿 **Auf Ötzis Spuren.** Im Schnalstal und im österreichischen Ventertal wurden einmalige grenzüberschreitende archäologische Wanderwege angelegt, die an wichtigen archäologischen Fundstellen vorbeiführen. Die Wege sind extra markiert und die Fundstellen durch Kupferstelen kenntlich gemacht. Informationsmappen mit Karten etc. sind im Tourismusbüro und in den Geschäften der Täler erhältlich.

Die Bergführervereinigung Passeier-Schnals (Tel. 0473 656788) bietet geführte Touren zur Fundstelle von Ötzi am Tisenjoch an und stellt auch die entsprechende Ausrüstung zur Verfügung. Infos: Tourismusbüro Schnals, Tel. 0473 679148 bzw. www.oetzisworld.it

Plan 5

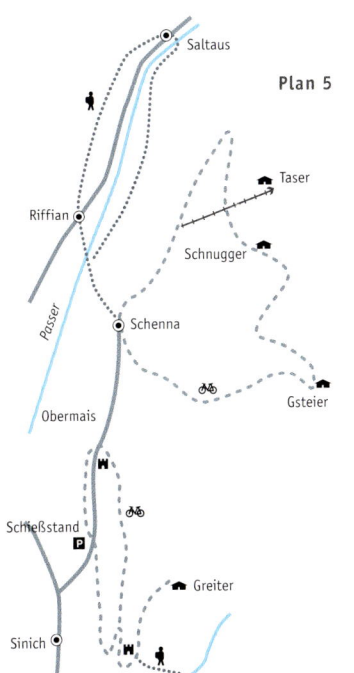

🔭 **Rundwanderung hoch über Aschbach.** 📣 Beim Weiler Saring in Rabland liegt die Talstation der Seilbahn (Tel. 0473 967198), die Sie in wenigen Minuten auf 1360 m Höhe nach Aschbach bringt. Weg 27 führt in 1½ Stunden zur Naturnser Alm (1922), nach einem kurzen Aufstieg auf den Kamm, der das Ultner Tal vom Vinschgau trennt, beginnt eine herrliche Höhenwanderung zum Vigiljoch (Weg 9); Weg 28 führt nach Aschbach zurück. Mehrere Einkehrmöglichkeiten, Gehzeit ca. 4 Stunden, ca. 630 m Höhenunterschied (Mapgraphic Wanderkarte Nr. 6)

🔭 **Zum Partschinser Wasserfall.** 🚶 Im Rücken von Partschins liegt das Zieltal. Der Zielbach stürzt als fast 100 m hohes Naturschauspiel in die Tiefe. Ausgehend von Partschins, erreichen Sie auf

Waalwege

Die Waalwege säumen die uralten Bewässerungskanäle, die das Wasser von den Bergbächen zu den Feldern leiten und die trockenen Hänge des Vinschgaus und der Meraner Gegend wie ein Netz überziehen. Es sind schöne ebene Spazierwege. Die bekanntesten sind der Algunder, Marlinger, Schenna-Verdinser, Riffianer, Partschinser, Maiser und Brandiser Waalweg. Sie sind in jeder guten Wanderkarte verzeichnet.

🔭 **Algunder Waalweg.** 📣 Ausgehend vom Parkplatz an der Straße nach Algund, nahe Töll (Bushaltestelle), wandern Sie durch Obstwiesen, Kastanien- und Föhrenwälder 5 km eben nach Gratsch, wo der Waalweg nach 1½ Stunden in den Tappeinerweg mündet. Die Ausblicke über das Etschtal und das Meraner Becken sind herrlich. Unbedeutender Höhenunterschied. (Mapgraphic Wanderkarte Nr. 6)

🔭 **Von Saltaus nach Schenna.** Einige der schönsten Waalwege befinden sich am Ausgang des Passeiertals. In 2 Stunden wandern Sie z. B. auf dem Maiser Waalweg von Saltaus nach Schenna. Unterwegs treffen Sie auf das Waalerhaus, in dem der Waaler, als Wasserwart zuständig für die Instandhaltung und die Kontrolle des Bewässerungskanales, noch vor wenigen Jahrzehnten hauste. Von Schenna gelangen Sie auf einem Steig ins Tal, überqueren auf dem Passersteg den Fluss und steigen kurz nach Riffian auf, um über den Rösslsteig 5A nach Saltaus zurückzuwandern. Gehzeit 2 Stunden, kaum Höhenunterschied. (Vgl. Plan 5; Mapgraphic Wanderkarte Nr. 6)

🔭 **Marlinger Waalweg.** Er führt von Töll, direkt beim Stauwehr der Etsch, (Parkplatz) über 13 km nach Lana. Am Waalweg findet sich eine Reihe von Einkehrlokalen. Tipp: Früh am Morgen oder außerhalb der Hochsaison ist der Spazierweg weniger begangen. Gehzeit 3 Stunden, geringer Höhenunterschied. (Mapgraphic Wanderkarte Nr. 6)

Aufstiegsanlagen

In der Gegend von Meran gibt eine unglaubliche Dichte von Aufstiegsanlagen, die die Wanderer umweltschonend, rasch und bequem in die Höhe bringen.

❧ Von Mitterplars bei Algund erreichen Sie mit dem Sessellift (Tel. 0473 448669) **Vellau** auf 906 m, von dort bringt Sie ein Gondellift (Tel. 0473 448660) zur **Leiteralm** auf rund 1500 m. Herrlicher Ausblick auf den Meraner Talkessel!

❧ Ein Sessellift (Tel. 0473 923105) schwebt vom Meraner Stadtzentrum (320 m) auf den Segenbühel bei **Dorf Tirol** (510 m), von wo man einen großartigen Blick auf die Stadt genießt. Ausgangspunkt für Spaziergänge nach Dorf Tirol und in dessen Umgebung.

❧ Am Nordostrand Merans, am Beginn des Naiftals, liegt die Talstation einer großen Kabinenseilbahn, die Sie nach **Meran 2000** bringt, mit Anschluss an das Ski- und Wandergebiet auf der Hochfläche von Falzeben. Tel. 0473 234821

❧ Der Gasthof **Klammeben** auf 1976 m im Hirzergebiet ist Ausgangspunkt für viele schöne Höhenwanderungen. Die Talstation der dorthin führenden Seilbahn liegt in Saltaus im Passeiertal. Tel. 0473 645498

❧ Am Beginn des Ultentals steht die Talstation einer kleinen Seilschwebebahn, die zum 1164 m hoch gelegenen Weiler **Pawigl** führt, einem idealen Ausgangspunkt für Wanderungen auf das nahe Vigiljoch. Tel. 0473 563252

❧ Eine der ältesten Seilbahnen Tirols, kürzlich umfassend modernisiert, erschließt von Lana aus das autofreie Wanderparadies **Vigiljoch**. Tel. 0473 561333

❧ Eine Seilbahn verbindet Burgstall im Etschtal mit dem Höhendorf Vöran und dem Wandergebiet auf dem Tschögglberg. Tel. 0473 278187

Weg 8 das Gasthaus Wasserfall. Von dort führt ein schmaler Fußweg zu einem Aussichtspunkt ganz in die Nähe der Kaskade, die mit ihren sprühenden, weißen Gischtfahnen zur Zeit der Schneeschmelze im Frühsommer am eindrucksvollsten ist. Gehzeit ca. 2 Stunden, 430 m Höhenunterschied. (Mapgraphic Wanderkarte Nr. 6)

❧ **Der Meraner Höhenweg.** In Etappen von rund 15 km umrundet der Wanderweg in 6–7 Tagen den Naturpark der Texelgruppe; er ist durchgehend mit der Nr. 24 markiert und verläuft teilweise auf schmalen Steigen und im alpinen Gelände. Er zählt sicherlich zu den schönsten Weitwanderwegen der Alpen, mit spektakulären Ausblicken, Durchschreitung verschiedener Vegetations- und Klimabereiche – von stadtnahen Landschaften um Meran bis zu einsamen Wegen in entlegenen Hochtälern. Nicht selten kann man Steinböcke, Gämsen, Steinadler, Murmeltiere und Rotwild beobachten. Ausführliche Weg- und Streckenbeschreibung, Unterkunftsverzeichnis und Kartenmaterial beim AVS Meran, Tel. 0473 237134, oder in den Tourismusbüros von Dorf Tirol, Algund, Partschins und Naturns. Im Sommer bietet die Bergsteigerschule Meran Alpin Wanderwochen am Meraner Höhenweg an, www.meranalpin.com, Tel. 348 2600813

❧ **Zu den Muthöfen.** 🐾 Im Nordwesten des Meraner Talkessels, auf den extrem steilen Hängen der Mutspitze, liegt eine herrliche Aussichtskanzel und ein beliebtes Ausflugsziel. Ausgangspunkt ist der Parkplatz beim Gasthof Tiroler Kreuz in Dorf Tirol – von hier führt der Muterweg (23) hinauf zum Talbauer und Weg 24 weiter zum Gasthof Steinegg auf 1410 m; wer's bequemer mag, überwindet den Höhenunterschied mit der Seilbahn ab Dorf Tirol. Auf Weg 24 geht es dann zur Leiteralm (Einkehr), von dort gelangt man mit dem Gondellift oder über einen Steig im Zickzackkurs hinunter nach Plars. Rückfahrt am besten mit dem Bus. Die Höhensteige sind teilweise ausgesetzt, Trittsicherheit und Schwindelfreiheit sind angeraten. Gehzeit 4–5 Stunden, 780 m Höhenunterschied. (Mapgraphic Wanderkarte Nr. 6)

☞ **Passeier Höhenweg.** Eine der schönsten Panoramawanderungen Südtirols. Ausgangspunkt ist an der Römerkehre der Jaufenstraße (hier fand man beim Straßenbau Reste der alten Römerstraße über den Jaufen), die man am besten mit dem Bus von St. Leonhard erreicht. Auf Steig 12 westwärts zum Gleitner Joch und hinauf zum hübschen Übelsee. Der Abstieg erfolgt taleinwärts auf Steig 15 zur Grubalm, über die Stuller Mahder und Hochegg nach Stuls im Hinterpasseier. Mit dem Bus nach St. Leonhard zurück. Die bewirtschaftete Fleckner Hütte und die Grubalm liegen als Einkehrstationen günstig am Weg, die Steigungen sind gering, meist geht's eben und abwärts. Gehzeit ca. 6–7 Stunden, ca. 300 m Aufstieg, ca. 900 m Abstieg.

☞ **Sommerwanderung auf Meran 2000.** Ausgangspunkt ist der Parkplatz bei der Talstation der Umlaufbahn Falzeben bei Hafling. Sie nehmen den Weg 14, der Sie zur Zuegghütte und weiter zur Rotwandhütte bringt. Immer eben geht es von hier oberhalb des Sinicher Baches den Hang entlang bis zur Meraner Hütte. Dort treffen Sie auf den Europäischen Fernwanderweg, dem Sie bis zum Kreuzjöchl folgen. Von dieser Kammlage schönste Ausblicke auf die Dolomiten, die Sarner Alpen, zu den Ultner Bergen und den 3000ern der Ortler- und der Texelgruppe! Der mit der Nr. 15 markierte Weg führt über die Maiser Alm und die Moschwalder Alm. Kurz danach geht's auf Weg 51 über den Sinicher Bach zurück nach Falzeben. Einkehrmöglichkeit in fast jeder Hütte und Alm; je weiter Sie sich vom Skigebiet Meran 2000 entfernen, desto ursprünglicher wird die Landschaft. Tagestour, 380 m Höhenunterschied. (Mapgraphic Wanderkarte Nr. 6 oder Nr. 7)

Faglsee im Passeiertal

Zum Bergwerk am Schneeberg 👫

Die inzwischen stillgelegten Erzgruben vom Schneeberg liegen zwar auf Passeirer Seite, der Abtransport des Erzes nach Mareit und der gesamte Bergbaubetrieb mit dem Einsatz von bis zu 1000 Knappen erfolgte aber jahrhundertelang von der Sterzinger Seite aus. Abraumhalden und Förderanlagen sind noch gut ersichtlich und als Teile des Bergbaumuseums zugänglich gemacht worden. Umfangreiches Besichtigungsprogramm, Stollenbegehungen, Fahrt mit der Grubenbahn. Stiefel, Regenmantel und Stirnlampen werden gestellt. Weglänge 16 km, Gehzeit 7 Stunden, Infos: Tourismusverein **St. Leonhard**, Tel. 0473 656188, www.schneeberg.org

Tappei-
nerweg
in Meran

Die Meraner Promenaden

Die Promenaden zählen zu den Wahrzeichen der Stadt. Die beliebten Spazierwege säumen den munteren Passerfluss oder ziehen sich sanft und ohne besondere Steigungen an den Hängen der nahen Berge und Hügel hin. Durch die sonnige und geschützte Lage sowie die geringe Luftfeuchtigkeit im Winter gedeiht entlang der Wege (von insgesamt 60 km Länge) eine mediterrane und exotische Vegetation mit immergrünen Eichen, Palmen und Bambusarten, Feigenkakteen, Agaven, Magnolien und Olivenbäumen. Die meisten Promenaden sind auch im Winter problemlos zu begehen – waren sie ja einst für Gäste gedacht, die sich vor allem im milden Winter in Meran aufhielten.

Kurpromenade, eine prächtige, breite Anlage am rechten Passerufer, im Zentrum der Stadt.

Passerpromenade, am rechten Passerufer von der Theater- bis zur Eisenbahnbrücke, vorbei an der neugotischen Evangelischen Kirche.

Sommerpromenade, von der Postbrücke, vorbei am Kaiserin-Sisi-Denkmal, flussaufwärts am schattigen linken Passerufer.

Winterpromenade, von der Postbrücke flussaufwärts am rechten Ufer, vorbei an einer Jugendstil-Wandelhalle zum Steinernen Steg und zur Gilfpromenade.

Gilfpromenade. Der von der Winterpromenade weiterführende Weg ist mit üppiger Mittelmeerflora bepflanzt, besonders an sonnigen Frühlingstagen ist hier das Flanieren ein Genuss.

Tappeinerweg. Dr. Franz Tappeiner, der angesehene Meraner Kurarzt, finanzierte den ersten Teil der Promenade im Jahr 1893 aus eigenen Mitteln. Der Weg umrundet auf einer Höhe von etwa 380 m in Ost-West-Richtung den Zenoberg, den Hügel, an den sich die Altstadt von Meran duckt und auf dem Dorf Tirol liegt. Er führt in 4 km von der Zenoburg bis nach Gratsch; immer wieder laden Cafés und Jausenstationen zum Verweilen ein. Im Osten geht der Tappeinerweg in die Gilfpromenade über, die in sanften Kehren in die Stadt zurückführt, an seinem westlichen Ende hat er Anschluss an den Algunder Waalweg. Einmalige Blicke über die verwinkelten Dächer der Altstadt und über das fruchtbare Burggrafenamt machen diesen Weg zu einem Höhepunkt der Meraner Spaziergänge.

> **Wandercamp** ❶
>
> Sie wandern gern? Im Frühjahr/Frühsommer organisieren Gastwirte aus Lana das „Wandercamp". Sie können, je nach Lust und Laune, pro Woche an bis zu vier leichteren oder anspruchsvolleren geführten Wanderungen teilnehmen. Erfahrene Bergführer der Meraner Bergsteigerschule begleiten Sie. Infos: Tel. 0473 561770

Von Hafling nach Falzeben. Ein schöner Sommerspazierweg führt von der Bergstation der alten, inzwischen aufgelassenen Haflinger-Seilbahn nach Falzeben. Der mit Nr. 50 markierte Weg verläuft großteils durch schattigen Wald, der Hochsommer eignet sich für die Wanderung am besten. Die Aussicht auf Meran und auf den Kranz der Berge im Westen ist beeindruckend. Gehzeit knapp 2 Stunden. 370 m Höhenunterschied.

Zum Fragsburger Wasserfall. Bei der Fragsburg oberhalb von Sinich zweigt ein großteils ebener, schattiger Weg durch Kastanien- und Nadelwald ab, auf dem man in 20 Minuten den Wasserfall erreicht, der mit 135 m Fallhöhe als der höchste ganz Südtirols gilt. Der Ausflug zu dieser wildromantischen Schlucht ist besonders im Hochsommer empfehlenswert, auch wenn im Frühjahr der Bach am meisten Wasser führt.

Zum Falkomaisee. Mit dem Auto von St. Pankraz im Ultental ins Kirchbachtal, Parkplatz beim Wegweiser zur Falkomaialm. Weg 3 führt von hier stetig aufwärts, an einem Bach entlang, durch Bergwiesen und später über Hochalmen zuerst zur Äußeren Falkomaialm (Einkehrmöglichkeit im Sommer), dann steil hinauf zum Falkomaisee. Der Rückweg erfolgt auf dem schönen Wald- und Wiesensteig Nr. 8, teils am Kamm entlang, teils dichten Wald querend; dann kurzer Aufstieg (50 Höhenmeter) zum gotischen Kirchlein St. Helena, das einsam auf einem bewaldeten Hügel thront. Hier gemütliches Berggasthaus „Helener Bichl", Tel. 0473 787138, Mo Ruhetag. Weg 6 führt zum Parkplatz zurück. Gehzeit 5-6 Stunden, 900 m Höhenunterschied. (Mapgraphic Wanderkarte Nr. 28)

Zum Felixer Weiher. Der Gantkofel, der zum Etschtal hin seine steil abfallende Felsnase zeigt, senkt sich zum Nonsberg hin in schönen Almen und stillen Wäldern ab. Ein lohnender Weg führt vom Weiler Tret, beim Gasthaus Le Ciaspole an der Nonsberger Straße, auf der Markierung 512 über Wiesen und durch schütteren Wald leicht aufwärts zum Almsee, dem Felixer Weiher bzw. „Lago di Tret", wie ihn die Einheimischen nennen. Rückkehr auf Weg 9, später 58. Gehzeit 2-3 Stunden, 400 m Höhenunterschied. (Mapgraphic Wanderkarte Nr. 28)

Tisner Mittelgebirge. Die lohnende Herbst- und Frühjahrswanderung über dem Etschtal beginnt in Oberlana. Von der Gampenstraße abzweigend, gelangen Sie auf dem alten Weg 8 nach Völlan (hier lohnt sich der Abstecher zum Bauernmuseum). Weiter auf Weg 8, vorbei an der Talmühle und über die Römerbrücke, zum Obermairhof. Links führt der Weg 5 zum Narauner Weiher, wegen des nahen Höhenkirchleins mit herrlicher Aussicht auch Hippolyt-Lacke genannt; dann queren Sie die Gampenstraße, und gelangen, vorbei am Buschenschank Gruberkeller, der trutzigen Leonburg und den Höfen von Ackpfeif zum Schloss Brandis. Der Brandiser Waalweg bringt Sie zum Ausgangspunkt zurück. Gehzeit 4-5 Stunden, 400 m Höhenunterschied. (Vgl. Plan 4, S. 68; Mapgraphic Wanderkarte Nr. 28)

Zur Leadner Alm bei Vöran. Den aussichtsreichen Ausflug für jede Jahreszeit auf der Sonnenseite des Tschögglbergs beginnt man am besten mit einer Seilbahnfahrt ab Burgstall und überwindet so den steilen Anstieg nach Vöran. Von dort führt der alte Weg 1 ansteigend

Naturparkwanderungen in der Texelgruppe

Die Texelgruppe, nordwestlich von Meran, wurde 1976 von der Südtiroler Landesregierung zum Naturpark erklärt. Das 33.400 ha große Gebiet verteilt sich auf die Gemeinden Schnals, Algund, Naturns, Partschins, Tirol, Riffian, St. Martin und Moos in Passeier. Der Naturpark durchläuft alle Vegetationsschichten, von Weinbergen bis zum Firn; auffallend ist der Wasserreichtum, der in beeindruckenden Wasserfällen oder in der hochalpinen Sproner Seenplatte offenkundig wird. Im Sommer werden mehrmals wöchentlich Tageswanderungen in den Naturpark Texelgruppe in Begleitung von Bergführern angeboten, Infos: Tel. 0473 666077. Das Naturparkhaus Texelgruppe in Naturns erklärt die Lebensräume – spielerisch für Kinder und informativ für Erwachsene. Tel. 0473 668201

zum Gasthaus Grüner Baum. Nun in nördlicher Richtung über den Schützenbründlweg bis zur Rückseite des Rotsteinkogels (Knottenkino), wo Sie auf Weg 11 stoßen, der zur Leadner Alm (1514 m), einem gut geführten und viel besuchten Landgasthof, führt. Zurück nach Vöran auf Weg 16. Gehzeit ca. 3½ Stunden, ca. 400 m Höhenunterschied. (Mapgraphic Wanderkarte Nr. 7)

WILDWASSER UND KANUSPORT

Die **Passer**, die das Passeiertal durcheilt und bei Meran in die Etsch mündet, hat viele Gesichter: Mal plätschert sie ruhig dahin, mal ist sie wild und schäumend – für Wassersportler, für Könner wie für Anfänger, ist der Fluss allemal ein beliebter Tummelplatz.

☛ Raftingboote können die Passer von St. Leonhard bis kurz vor Meran befahren, streckenweise eignet sich auch die Etsch für Wildwasserfahrten. Infos: Aquaterra Rafting und Kayak, Tel. 0473 720042

☛ Der Kanusport hat in Meran Tradition, auf der Passer werden regelmäßig internationale Wettkämpfe ausgetragen. Infos: SC Meran, Tel. 0473 232126

Proveis am Nonsberg

FREIZEIT IM WINTER

EIS LAUFEN

🐾 In **Unser Frau in Schnals** liegt am südlichen Dorfrand ein Natureisplatz, mit Flutlichtanlage, Schlittschuhverleih und Bar. Tel. 0473 669700

🐾 In der „Meranarena" in **Meran**, einer großen Anlage in der Gampenstraße nahe dem Pferderennplatz, werden in erster Linie Wettkämpfe und Veranstaltungen ausgerichtet. Im Hockeystadion spielt der Meraner Stadtclub, der in der obersten Liga Italiens mitmischt. Auch im Freien ist Platz für Publikumslauf. Tel. 0473 236975, www.meranarena.it

🐾 In **Kuppelwies** in Ulten, gegenüber dem Hotel Kuppelwies, liegt ein netter Natureislaufplatz (Schlittschuhverleih). Nebenan befindet sich ein kleiner, mit Flutlicht beleuchteter Eishockeyplatz; Möglichkeit zum Eisstockschießen. Tel. 0473 799052.

LANGLAUF

🐾 In **Schnals** finden die, die das Besondere suchen und in extremer Höhenlage trainieren wollen, Höhenloipen auf über 3000 Meter, teilweise am Gletscher. Auffahrt mit der Gletscherbahn, Tel. 0473 662171

🐾 Von **Pfelders** im Passeiertal führen sonnige, leichte bis mittelschwere Loipen zur bewirtschafteten und gemütlichen Lazinser Alm im Talschluss. Langlauflehrer, Verleih von Sportausrüstung. Infos: Tourismusbüro Hinterpasseier, Tel. 0473 643558, und Skischule Pfelders, Tel. 0473 646797

🐾 Von **St. Walburg** in Ulten führen Loipen mit leichtem bis mittlerem Schwierigkeitsgrad nach St. Gertraud im Talschluss. Da die Loipen sich nur in einer Höhe zwischen 1100 m und 1500 m befinden, ist es ratsam sich vorab über die Schneelage zu informieren (Tourismusverein Ulten, Tel. 0473 795387). Ausrüstungsverleih beim Albl-Lift in St. Nikolaus, Tel. 0473 790243 bzw. 333 1704059

RODELN

🐾 Eine Naturrodelbahn führt von der Jausenstation Mastaunalm (auch im Winter bewirtschaftet, gute Tiroler Küche, „Hüttenzauber") bei **Unser Frau in Schnals** talauswärts zum Mastaunhof. Eine Stunde Aufstieg auf der für Autos gesperrten Höfezufahrt. Tel. 0473 669702

🐾 Bequemere nehmen den Sessellift von **Kurzras** nach Lazaun (2400 m), von wo ein 3 km langer Rodelweg ins Tal führt. Einkehrmöglichkeiten. Tel. 0473 662171

🐾 Auch in **Pfelders** erleichtert ein Sessellift den Aufstieg zum Start der 3 km

---

Im Angesicht der Eisriesen

Wer mühelos ins Reich der Gletscher vordringen will, begibt sich am besten ins Schnalstal. In **Kurzras** im Talschluss befindet sich die höchstgelegene Seilbahn Südtirols. Die Schnalstaler Gletscherbahn (www.schnalstal.com, Tel. 0473 662171) führt in 6 Minuten auf 3212 m. Oben angelangt, muss man nicht unbedingt Ski fahren; man kann sich auch einfach faul auf der Terrasse in die Sonne setzen, sofern man Sonnencreme und (auch im Sommer!) einen warmen Pullover mit hat.
Wer mehr über die eisige Welt des ewigen Schnees erfahren will, kann mit dem Raupenfahrzeug der Schnalstaler Gletscherbahnen, dem „Ötzi-Express", zu den Gletscherbrüchen, Moränen und einer 50 m tiefen Eishöhle vordringen, wo Lichtspiele im blauen Eis Einblicke in die Entstehung der Gletscher vermitteln.

langen, unschwierigen Rodelbahn bei der Grünbodenhütte. Liftgesellschaft, Tel. 0473 646721

☞ Zwischen **Meran 2000** und Falzeben bei Hafling finden Rodelfreunde eine 2,5 km lange, leichte Bahn. Auffahrt mit Umlaufbahn, Einkehrmöglichkeit, Rodelverleih. Infos: Tel. 0473 279457

☞ Auf der Schwemmalm in **Ulten** gibt's für unermüdliche Freunde der schnellen Kufen eine 1,2 km lange, beleuchtete Piste für Nachtfahrten. An der Talstation, bei der Jausenstation Waldschenke (Tel. 0473 795097), Rodelverleih.

SKI FAHREN

☞ Das einzige Ganzjahresskigebiet Südtirols befindet sich im **Schnalstal**. Auf einer Höhe zwischen 2011 und 3212 m finden Sie anspruchsvolle Pisten und ein gutes Liftangebot. Infos: Tel. 0473 662171

☞ Ein kleines, gemütliches, preiswertes, kinderfreundliches und außergewöhnlich schneesicheres Skigebiet befindet sich in **Pfelders** im hinteren Passeiertal. Infos: Tel. 0473 646721

☞ **Meran 2000** – so nennt sich das Skigebiet im Nordosten Merans, ein kleineres, sonniges Gebiet für die Meraner, mit viel Sonntagsbetrieb, auch mit Seilbahn vom Stadtrand erreichbar. Infos: Tourismusverein Hafling, Tel. 0473 279457, oder Ifinger Seilbahnen AG, Tel. 0473 234821

☞ Das **Vigiljoch** ist eines der ältesten Skigebiete Südtirols, ein beschauliches Familienskigebiet mit schöner Rodelbahn in geringer Höhenlage. Infos: Tel. 0473 561333

☞ Ein weiteres kleines, aber lebhaftes Skigebiet finden Sie bei der Schwemmalm in **Ulten** auf 1500 bis 2500 m. Infos: Tel. 0473 795405

WELLNESS

HEILBAD

2 km oberhalb von **Völlan** liegt inmitten von Grün das Völlaner Badl, ein Gasthaus und Ausgangspunkt für Wanderungen ins umliegende Mittelgebirge, selbst beliebtes Ausflugsziel – und Kur-Badeanstalt. Der überaus mineralreichen Quelle beim Haus wird Heilkraft bei Gelenk- und Kreislaufbeschwerden zugeschrieben. Tel. 0473 568059

HEUBÄDER

Das wohltuende Bad im Heu wird beim Untersaltaushof-Marteller in **Saltaus** im Passeiertal angeboten. Der Bauernhof beherbergt außerdem Ferienwohnungen. Tel. 0473 645454.
Auf Heubäder spezialisiert ist auch ein Bauernhof und Buschenschank mit Ferienwohnungen in Walten bei **St. Leonhard** in Passeier: Heubad Linas Hofschenke. Tel. 0473 656381
Bergwiesenheu-Genossenschaft, Niedersteinhof, Schlattach 6, **St. Leonhard in Passeier**, www.bergwiesenheu.com

KUR

Wo sonst Körper und Seele baumeln lassen, wenn nicht in der traditionsreichen Kurstadt **Meran**? Die Kurverwaltung (Tel. 0473 272000) hält eine umfangreiche Dokumentation der verschiedenen Anwendungen und der entsprechenden Hotels bereit.
Öffentlich zugängig ist außerdem die wirklich großzügige Wellness Spa-Abteilung im Hotel Lindenhof in **Naturns**, die

Zur Kur in Meran ❶

Die reine Luft und das milde Winterklima überzeugten so manchen berühmten Gast schon früh von Merans Kurstadtqualitäten. 1837 veröffentlichte der Wiener Leibarzt der Gräfin Schwarzenberg, Dr. J. Huber, eine Studie über „die Stadt Meran in Tirol, ihre Umgebung und ihr Klima, nebst Bemerkungen über Milch-, Molke- und Traubenkuren und nahe Mineralquellen". 1845 ließ sich Erzherzog Johann in Schenna nieder und brachte viele aristokratische Besucher mit. Als Kaiserin Sisi 1870 und 1872 für mehrere Monate mit Gefolge in Meran weilte und hier die Gesundheit ihrer Tochter Valerie große Fortschritte machte, war der Aufstieg Merans zu einem Kurort von europäischem Ruf eingeläutet. Im Gegensatz zu Arco und Davos wollte man nicht eine Sanatoriumsstadt für die unheilbaren Tuberkulosekranken werden, sondern die Leidenden (bekanntester Gast ist wohl Franz Kafka) durch die sonnigen, nebelfreien und regenarmen Wintermonate von ihren Depressionen und Schwächen heilen. Die entgiftende und entschlackende Traubenkur half und hilft noch immer bei Nieren-, Magen- und Darmproblemen. Die süße, saftige, dünnschalige rote Vernatschtraube wird im Herbst täglich reif und frisch geerntet; vor dem Frühstück und am Nachmittag die Beeren kauen und samt Schalen und Kernen essen, etwa 300 bis 1000 Gramm am Tag.

Die Badekuren gehen auf Studien der Wiener Akademie vom Anfang des 19. Jh. zurück, deren Ziel es war zu erforschen, warum viele Mittelmeerpflanzen in Meran gedeihen und den durchaus nicht frostfreien Winter überdauern. Man glaubte, das Phänomen auf radioaktive Quellen zurückführen zu können. Doch erst um 1930 entdeckte ein Trentiner Arzt die Quellen am Vigiljoch bei Bärenbad. Die radonhaltigen Wasser versorgen noch heute den Kurbetrieb in den Meraner Thermen. Sie werden erfolgreich zur Linderung von Beschwerden für Kreislauf- und Gelenkserkrankungen eingesetzt. Auch bei Tiefbohrungen nach heißem Thermalwasser wurde man fündig. Das solehaltige Schwefelwasser wird aus 2350 m Tiefe in die Therme Meran geleitet, die sich seit 2005 in gänzlich neuem Kleid zeigt. Die Therme Meran, eine architektonisch bemerkenswerte Anlage, lockt mit 25 Innen- und Außenbecken, einer vielfältigen Saunalandschaft und einem teilweise frei zugänglichen Park.

Thermenplatz 9, Tel. 0473 252000, www.thermemeran.it, 🕒 tgl. 9–22 Uhr

---

selbst verwöhnte Gäste zufriedenstellt. Tel. 0473 666242

Auch das öffentliche Erlebnisbad von **Naturns** punktet mit einer einmaligen Wohlfühlabteilung, allein die Saunalandschaft dehnt sich über 550 m² aus. Tel. 0473 668036

Im Hotel Palace kann man für gutes Geld beim Kurpapst Henri Chenot nach dem „Integrale Programm" abspecken. Das „Espace Henri Chenot" wird als die Nr. 1 unter den Kurzentren Italiens bezeichnet, Prominenz aus Sport und Showbusiness geben sich die Klinke in die Hand. Tel. 0473 271000, www.palace.it

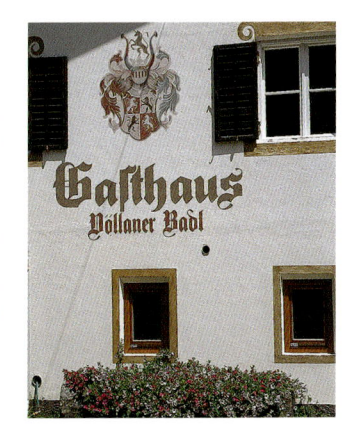

ÜBERNACHTEN

MERAN

BAVARIA ★ ★ ★ ★ 💰 💰 💰
Ein architektonisches Juwel der Jahrhundertwende, Komfort eines Viersternehauses mit dem besonderen Flair der Belle Époque, schöner Park mit alten Zedern und Palmen. Nahe den Promenaden an der Passer. Kirchsteig 15, Tel. 0473 236375, www.bavaria.it

GARNI HEIDI ★ ★ 💰 💰
Sehr zentral gelegene, nette, aber kleine Pension, mit Garten und Parkplatz. Ugo-Foscolo-Str. 50, Tel. 0473 449594, www.heidi-meran.com

LANDHAUS WEGER ★ ★ 💰
Kleines, nettes Haus am Stadtrand, im Grünen am Hang, mit schöner Aussicht über das Burggrafenamt. Freibad, Liegewiese. Laberserstr. 35, Tel. 0473 234760, www.landhausweger.com

MEISTERS
HOTEL IRMA ★ ★ ★ ★ S 💰 💰 💰
Eine der ersten Adressen Merans. Herrlicher Park, Spitzenküche, unglaubliches Angebot an Attraktionen, Wellnessparadies mit 4 Pools, 6 Saunas, Fangokur, Massage- und Fitnessräumen, Kosmetiksalon. Schönblickstr. 17, Tel. 0473 212000, www.hotel-irma.com

St. Magdalena in Gratsch

OTTMANNGUT * ő
Schönes, altes Haus, einfach (Etagenduschen), etwas altmodisch aber stilvoll, liebevoll gepflegt, viele Antiquitäten, mit großem Garten und Parkplatz, zentrumsnah. Verdi-Str. 18, Tel. 0473 449656

JUGENDHERBERGE ő
Nahe dem Bahnhof. Keine Altersbegrenzung. Auch Einzel- und Doppelzimmer. Carduccistraße 77, Tel. 0473 201475, www.meran.jugendherberge.it

UMGEBUNG VON MERAN

GASTHOF FALKENSTEIN * ő
Etwas oberhalb von **Naturns** gelegen, ruhig und in schöner Aussichtslage, aber trotzdem nur wenige Minuten vom Dorf entfernt. Gute Hausmannsküche, angenehmer Gastgarten. Tel. 0473 667321, www.gasthof-falkenstein.com

STEFANSHOF * * * ő ő
Das stilvoll modernisierte Haus mit gutem Restaurant und großer Weinkarte liegt am Ortsrand von **Plaus**, mitten im Grünen. Tel. 0473 660085, www.stefanshof.com

HOCHLAND * * * ő ő 🚩
Beneidenswerte Lage über den Dächern von Meran, am Fuße des Küchelbergs. In wenigen Gehminuten gelangt man ins Stadtzentrum oder auf den Tappeinerweg, der Panoramapromenade von Meran. **Dorf Tirol**, Tel. 335 7438705, www.villahochland.com

SCHLOSS THURNSTEIN * * * ő ő 🚩
Beherbergt heute eine Schlossgaststätte, einmalig aussichtsreich und ruhig am Berghang westlich von Schloss Tirol gelegen. Das ehemalige Wirtschaftsgebäude nebenan ist ein kleines romantisches Hotel. Freibad. **Dorf Tirol**, Tel. 0473 220255, www.thurnstein.it

---

Urlaub auf dem Bauernhof
Weitere Infos: www.roterhahn.it

🐓 Oberhaslerhof
Obstbauernhof in **Schenna** bei Meran, Ferienwohnungen mit Frühstück in der Bauernstube oder auf Rädern; Herzstück ist der große Bauerngarten mit über 50 verschiedenen Kräutern, zahlreichen Gemüse- und alten Pflanzensorten. Fam. Weger, Tel. 0473 212396, www.oberhaslerhof.com

🐓 Rebmannhof
Traditionsreicher Obst- und Weinbauernhof, ruhig im Grünen gelegen und doch nahe beim Dorf. Gemütliche, moderne Ferienwohnungen, Liegewiese, hofeigene Produkte, Eigenbauweinverkostung, Grillabende, Parkplatz. **Lana**, Fam. Gamper-Fliri, Tel. 0473 561585, www.rebmannhof.com

🐓 Ansitz Helmsdorf
800 Jahre alter kleiner Landsitz, sehr ruhig am Hang bei Völlan gelegen. Ferienwohnungen, Buschenschank, etwas umständliche Zufahrt. **Völlan**, Fam. Santer, Tel. 0473 561283, www.helmsdorf.it

🐓 Häuselerhof
Typischer alter Ultner Bauernhof in herrlicher Lage, stilvoll umgebaut und modernisiert, viel Holz, Blumen am Balkon. **St. Walburg**, Fam. Paris, Tel. 0473 795278, www.uab.it/haeuselerhof

Campingplätze

⛺ Camping Bungalows Adler ★ ★ ★ ★
Gut geführte Anlage in **Naturns** mit viel Komfort; Hallenbad. Bungalows mit bis zu zwei Schlafzimmern, Zentralheizung und Kochnische. Im Winter geschlossen. Tel. 0473 667242, www.campingadler.com

⛺ Camping Meran/o ★ ★ ★
Liegt im Herzen der Stadt, direkt an die Grünanlagen des Pferderennplatzes angrenzend. Unmittelbar daneben Tennisplätze, Reitschule, Freibad, Restaurants, Einkaufsstraße. Tel. 0473 231249

⛺ Camping Lido ★ ★
Hübsche, kleine Anlage mit Freibad auf einer Geländeterrasse in **Völlan** oberhalb von Lana. Behindertengerecht. Im Winter geschlossen. Tel. 0473 568138, www.campinglido.net

PENSION LAURIN ★ ★ ★ 👶 👶
Die familiär geführte Pension in Schenna in freier Hanglage mitten in Wiesen und Obstgärten bietet eine fantastische Aussicht. Viele Produkte aus dem eigenen Garten, Träger des Umweltsiegels, Freibad, Kinderangebote. Tel. 0473 945719, www.laurin.schenna.com

SONNENHOF ★ ★ ★ 👶 👶
Traumhafte, ruhige Lage, dennoch nur wenige Schritte ins Dorf **St. Leonhard** in Passeier. Im „Tiroler Stil" mit viel Holz errichtet und mit Blumen am Balkon. Gartenterrasse, Freibad, weitere Annehmlichkeiten wie Sauna im Haupthaus „Christophorus" nebenan. Tel. 0473 656150 oder Tel. 0473 656303, www.hotel-christophorus.com

STEIGENBERGER
HOTEL THERME 👶 👶 👶
Im Herzen der Stadt Meran, in unmittelbarer Nähe der Passer und des Thermenparks, liegt das bis ins Detail vom Architekten Matteo Thun gestylte Steigenberger Hotel und bietet neben modernsten Tagungsräumen, À-la-carte-Restaurant und Bar mit Terrassenplätzen einen schönen Blick auf die umliegenden Berge. Vom hoteleigenen Wellness-Bereich führt ein Tunnel direkt zur neuen Therme Meran. Thermenplatz 1, Tel. 0473 259000, www.meran.steigenberger.it

TRAUBENWIRT ★ ★ ★ 👶 👶
Schön gelegenes Haus in **Marling** mit wunderbarer Aussicht über das Meraner Becken. Großer Garten, Frei- und Hallenbad, Sauna. Restaurant und Café, wo auch Einheimische gerne einkehren, Parkplatz, Garage. Tel. 0473 447216, www.traubenwirt.com

SCHLOSS WEHRBURG ★ ★ ★ 👶 👶 🔭
Wohnen wie ein Fürst in einem der schönsten Schlösser Südtirols, mitten in der üppigen Obst- und Weingegend des Mittelgebirges von **Tisens-Prissian**! Stilvolles historisches Ambiente, moderner Komfort, herrliche Aussicht, Freibad. Tel. 0473 920934, www.wehrburg.com

UNTERSTEIN ★ ★ ★ 👶 👶
Tscherms liegt nur wenige Kilometer von Meran entfernt. Das Haus befindet sich in herrlicher, ruhiger Panoramalage, verfügt über Terrasse, Garten, Pool. Tel. 0473 561730, www.unterstein.com

PENSION CHRISTINE ★ ★ 👶
Süße, kleine Pension im Süden Merans, in Gargazon. Behindertengerechte Einrichtung, Freibad. Tel. 0473 291464, www.pension-christine.com

ESSEN UND TRINKEN

MERAN

CAFÉ DARLING 👛 ❗
Hier trifft sich man sich zum Plausch, zum Sehen und Gesehenwerden. Bei schönem Wetter sitzt man an den Tischen im Freien. Bis spät nachts geöffnet, viele Zeitungen. Winterpromenade 5/9, kein Ruhetag, Tel. 0473 237221

RESTAURANT PIZZERIA KIRCHER 👛 👛
Das beliebte Ausflugslokal liegt in **Gratsch** am Beginn des Tappeinerwegs, neben dem romantischen Kirchlein St. Magdalena. Gute bürgerliche Küche. Schöner Gastgarten. Laurinstr. 113, Mo Ruhetag, Tel. 0473 443140

HELLWEGER'S 👛
Café-Restaurant-Bistro, schnelle gute Küche, abends bis 22 Uhr. Tische im Freien. Pfarrplatz 30, So Ruhetag, Tel. 0473 212581

KONDITOREI KÖNIG
Das Kaffeehaus von Meran. Familie König führt es seit Generationen. Probieren Sie, neben den Torten und exzellenten Kuchen, auch die hausgemachten Pralinen. Freiheitsstr. 168, So Ruhetag, Tel. 0473 237162

LALESSANDRA 👛 👛
Speiselokal mit guter italienischer Küche. Die überschwängliche südländische Freundlichkeit übertüncht manch kleinen Mangel. Kasernenweg 7, So Ruhetag, Tel. 0473 236278

PIZZERIA TANNER 👛
Empfehlenswerte Pizzas und einfache Gerichte. Dantestr. 77, Di Ruhetag, Tel. 0473 236558

RAINER 👛 👛
Trotz großem Ansturm bemüht man sich erfolgreich um gutes Essen und stilvolles, bodenständiges Ambiente zu angemessenen Preisen. Lauben 266, So Ruhetag, Tel. 0473 236149

SANTER KLAUSE 👛 👛
Wirtshaus in der Altstadt, unmittelbar am Passeirer Tor, mit alter Gaststube aus dem 16. Jh. und schönem Gastgarten. Traditionelle Tiroler Küche. Passeirer Gasse 34, Do Ruhetag, Tel. 0473 234086

Flecknerhütte im Passeiertal

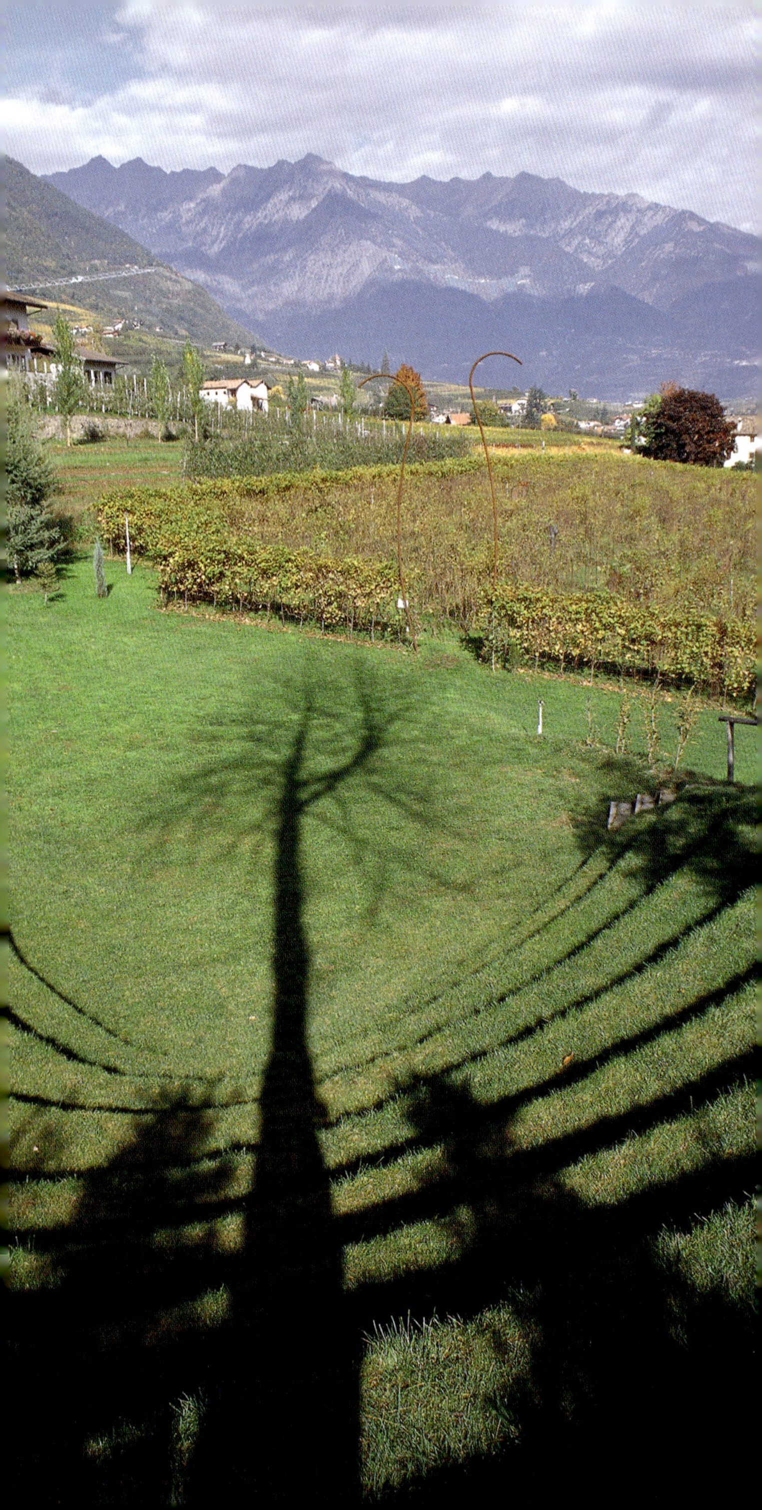

benlabyrinth beim
nsitz Kränzel, Tscherms

> ### Wein und Keller
>
> Weinbeißer aufgepasst: Eine Reihe von Kellereien bieten ihre Weine im Direktverkauf an, außerdem kann man an organisierten Verkostungen und Kellerführungen teilnehmen und so den Gaumen trainieren. Meist wird dafür ein Unkostenbeitrag berechnet. Spaß und ein kleiner Schwips sind vorprogrammiert, also lassen Sie das Auto am besten stehen.
>
> - Vinum. Die Vinothek ist ein Ableger der rührigen Bozner Weinfirma, mit professionell geführtem Sortiment. **Algund**, Tel. 0473 440050
> - Meraner Kellereigenossenschaft. **Meran**, St.-Markus-Str. 11, Tel. 0473 235544
> - Meraner Weinhaus. Vinothek. **Meran**, Romstr. 76, Tel. 0473 232253
> - Enotrade bei Andrea Vanni. In seinem Weinladen steckt die ganze Erfahrung aus vielen Jahren Mitarbeit am renommierten Meraner WineFestival. **Meran**, Romstr. 187, Tel. 0473 235265
> - Nicht nur feine Lebensmittel, sondern auch ein gutes Weinsortiment bietet Seibstock. **Meran**, Lauben 227, Tel. 0473 237107
> - Weinkellerei Schloss Rametz. Weinmuseum, Weinbar, Restaurant-Bistro. **Meran**, Labers-Str. 4, Tel. 0473 211011, www.rametz.com
> - Vinothek Relax. Wein und Feinkost in einem kleinen Lokal neben dem Ansitz Rosengarten. **Lana**, Tel. 0473 550380
> - Burggräfler Kellerei. **Marling**, Tel. 0473 447137, www.burggraefler.it
> - Ansitz Kränzel. **Tscherms**, Tel. 0473 564549, (toller Labyrinthgarten!), www.labyrinth.bz

RESTAURANT THERME
Die besten Nudelgerichte. Kühles, wenig ansprechendes Ambiente, wagen Sie sich trotzdem hinein! Piavestr. 2, Mi Ruhetag, Tel. 0473 210455

SISSI ⭐
Der Chef Andrea Fenoglio bereitet auserlesene Speisen mit piemontesischem Akzent, die seine Frau außerordentlich fürsorglich und liebenswert serviert. Dazu kredenzt er hervorragende Weine aus dem wohlgefüllten Keller. Hohes Leistungsniveau bei angemessenen Preisen. Gallileistr. 44, Mo Ruhetag, Tel. 0473 231062, www.sissi.andreafenoglio.com

UMGEBUNG VON MERAN

RESTAURANT GRÜNER
Im historischen Zentrum des ehemaligen Karthäuserklosters kocht der Chef selbst. Erwin Grüner serviert am liebsten heimische Kost, Wildgerichte, Lamm und alte Schnalstaler Rezepte, modern variiert. Auf der Karte finden Sie z. B. als Süßspeise Schneemilch. Woraus die besteht? Aus Brotstückchen mit Sultaninen, Rum, süßer Sahne, alles mit Schlagrahm bedeckt und mit Zimt und Zucker bestreut. **Karthaus** im Schnalstal, Do Ruhetag, Tel. 0473 679104

HANSWIRT
Über Jahrhunderte war der Hanswirt Gasthaus, Rast- und Einkehrstation für Fuhrleute; heute finden Sie hier neben einem exzellenten Restaurant auch einen Viersterne-Hotelbetrieb mit jedem erdenklichen Komfort. Nicht nur die Küche des historischen Gasthofs versetzt in Staunen, auch die hölzerne Fassade der großen Scheune mit dem riesigen Kruzifix und den rot-weißen Fensterläden ist beeindruckend. Alte Bauernstube; den Speisesaal schmückt ein Fresko aus dem 16. Jh., das die Belagerung der Graubündner Burg Tarasp darstellt. Auf der

Speisekarte stehen zünftige regionale Spezialitäten neben erlesenen Gerichten der internationalen Küche; gut sortierte Weinkarte. **Rabland**, Mi Ruhetag, Tel. 0473 967148, www.hanswirt.com

MUSEUMSTUBEN
ONKEL TAA BAD EGART ⚭ ⚭ ★

Im Lokal geben sich Altes, Skurriles und Sonderbares aus verschiedenen Zeit- und Stilepochen ein solch wunderliches Stelldichein, dass es gerade deshalb sehenswert ist. Sie finden Historisches um Sisi, eine „Ötzi"-Nachbildung oder gleich die Rekonstruktion eines ganzen „Ötzi"-Dorfes. Im Angebot steht die Verkostung von verschiedenen Quellwassern; eine Spezialität auf der Speisekarte sind u. a. die Schnecken aus eigener Zucht, aber auch herkömmliche Gerichte werden zubereitet. Nichts für alle Tage, aber ausgefallenes Ambiente für besondere Anlässe. **Partschins**, **Töll**, Mo Ruhetag, Tel. 0473 967342

OBERLECHNER ⚭ ⚭ ♣

Neben der Kirche von **Vellau**, oberhalb von Algund, schmiegt sich das Gasthaus Oberlechner an den Hang, ein gemütliches Ausflugsgasthaus. Gediegene Hausmannskost, Wild-, Pilz- und Nudelgerichte. Mehrere Stuben, windgeschützte Terrasse mit wunderbarem Blick über das Etschtal und zu den fernen Dolomiten. Mi Ruhetag, Tel. 0473 448350

Schloss Thurnstein in Dorf Tirol

Ultner Lammwochen 🟢

Die Schafzucht ist in **Ulten** nach wie vor ein wichtiger Erwerbszweig der Landwirtschaft. Mitte bis Ende September servieren verschiedene Ultner Gastbetriebe Lammspezialitäten. Außerdem wartet Ulten mit einem Rahmenprogramm auf, wie geführten Almen- oder Mühlenwanderungen, der Vorführung von Schafwollverarbeitung oder dem Hirtenball. Infos: Tel. 0473 795387

LEITER AM WAAL 👃 👃

Das Gasthaus am viel begangenen Algunder Waalweg ist eine beliebte Einkehrstation. Familienbetrieb mit guter und verfeinerter Tiroler Küche; beliebt sind die Marillenknödel, im Frühjahr die Spargel-, im Sommer die Pilzgerichte, selbst gekochter Schinken und weitere Köstlichkeiten. **Algund**, **Mitterplars**, Mo abends und Di Ruhetag, Tel. 0473 448716

GSTÖR 👃

Im Zentrum von **Algund**, an der alten Landstraße, liegt das Gasthaus Gstör, das sich zu einem ansehnlichen Komplex aus Restaurant, Pizzeria, Gartencafé, Hotel und einer großen Metzgerei entwickelt hat (man produziert neben Wurstwaren und Hausschinken auch Speck nach den Kriterien des Original Südtiroler Markenspecks). Geblieben sind der persönliche Einsatz der Familie Tschenett und die bekannt gute Küche ohne viel Schnickschnack. Kein Ruhetag, Tel. 0473 448555, www.gstoer.com

BRÄUSTÜBERL FORST 👃

Zur Brauerei Forst in Algund, einer der größten Bierbrauereien Italiens, gehört auch eine braueigene Gaststätte, das „Bräustüberl Forst" und ein gern besuchter „Braugarten", wo Sie neben typischen Südtiroler Gerichten hervorragende Bierspezialitäten genießen können. **Algund**, **Forst**, Bräustüberl: Mi Ruhetag, Tel. 0473 221887; Braugarten: kein Ruhetag, Tel. 0473 447727

GASTHAUS SONNE 👃 👃

Das Restaurant mit alter Stube und neu ausgebauten Räumen befindet sich im Ortskern von **Dorf Tirol**. Es bietet internationale Gerichte und gutbügerliche Küche zu vernünftigen Preisen. Das Gasthaus ist auch im Spätherbst noch geöffnet, wenn in Meran die Betriebe schon in „Winterstarre" verfallen sind. Mi Ruhetag, Tel. 0473 923329

THURNERHOF 👃 👃 ✿

„Köstlich einfach" – so die Devise des Hauses. Das zeigt sich auch an der Inneneinrichtung, die dem Flair des jahrhundertealten Bauernhofs angepasst ist. Kein Schnickschnack und überflüssiger Lederhosenbarock. Gaumenfreuden mit alpenländischen Spezialitäten; im Thurnerhof lässt sich's auch Törggelen. Herrliche Lage im Grünen, schöner Gastgarten. **Schenna**, Mo Ruhetag, Tel. 0473 945702, www.thurnerhof.com

CAFÉ RESTAURANT NEUHAUS 👃 👃

Schnörkelloses Lokal, traditionelle einheimische Küche; schöne Terasse. Gutes Preis-Leistungs-Verhältnis. Am Dorfplatz in **Marling**, Sa Ruhetag, Tel. 0473 490408

HIDALGO 👃 👃

An der dank Schnellstraße ruhiger gewordenen alten Staatsstraße nach Meran gelegen. Der Name und das modern gestaltete Gebäude spielen auf südländische Kochkünste an. Professionelle Führung, gute Weinkarte, großzügige Räume, Garten, Parkplatz. **Burgstall**, Mo Mittag und So geschlossen, Tel. 0473 292292

GASTHOF EGGWIRT 👃 👃

Schon der englische „Pfeifenkönig" Dunhill schätzte in den dreißiger Jahren diesen ehrwürdigen Gasthof. Hier wird Tiroler Hausmannskost und italienische Küche in einer sehenswerten alten Stube serviert. Terrasse mit schöner Aussicht. **St. Walburg** in Ulten, Di Ruhetag, Tel. 0473 795319, www.eggwirt.it

ZUM LÖWEN 👃 👃 👃 ★

Im alten Dorfgasthaus im historischen Ortskern von **Tisens** hat sich ein Gourmettempel etabliert, der weit über die Grenzen Südtirols hinaus bekannt ist. Neue, kreative Küche auf hohem Niveau. Mitglied bei der internationalen Kette „Jeunes Restaurateurs d'Europe". Mo Mittag und So geschlossen, Tel. 0473 920927

Im Glögglkeller
in Lana

Törggelen in Meran?

Die richtige Törggelekultur mit Verkostung des neuen Weins in den alten Bauernstuben, mit gebratenen Kastanien, Nüssen und Speck, findet man in der Umgebung von Bozen und im Eisacktal. In der Gegend von Meran sieht alles ein wenig nach Nachahmung aus. Darum an dieser Stelle einige Buschenschänken, Jausenstationen und Weinkeller, wo sich das Einkehren auf alle Fälle lohnt, auch wenn man an die originale Törggelekultur einige Abstriche machen muss. Viele der angegebenen Adressen haben allerdings im Winter geschlossen und öffnen oft erst wieder im Frühjahr.

☞ Der Wiedenplatzer Keller am Hang bei **Naturns** ist ein guter Tipp; man tischt vorzügliche, typische einheimische Speisen und Grillgerichte auf. Di Ruhetag, Tel. 0473 673280, www.wiedenplatzerkeller.it

☞ Zmailerhof. 🐄 Eine Anfahrt auf schmaler, steiler Straße, die sich garantiert lohnt: Der Zmailer in Schennaberg tischt sehr gute, einfache Küche auf; im Herbst kann man auch zum Törggelen einkehren. Herrlich die Terrasse, auf der man die Aussicht so richtig genießen kann. Trotz großem Andrang eine empfehlenswerte Adresse. **Schenna**, geöffnet Anfang April bis Ende November, im Juli und August Fr Ruhetag, Tel. 0473 945881

☞ Nicht sehr ursprünglich und original, aber originell und liebenswert ist der Pfefferlechner: Es gibt einen Keller zum Anstoßen und Feiern, einen Biergarten, eine Naturkegelbahn, einen Kinderspielplatz, sogar ein Indianerland. Jeden ersten Dienstag im Monat wird Schnaps gebrannt. Kurios: Von einem Fenster im Gastlokal genießt man auch einen Blick in den Kuhstall. **Lana**, Mi Ruhetag, Tel. 0473 562521

☞ Der Glögglhof am Waalweg Lana-Forst empfiehlt sich des gemütlichen Kellers und des schönes Gastgartens wegen. **Lana**, Mo Ruhetag, Tel. 0473 561785

☞ Richtig schön schlemmert's sich im urigen Untermöslkeller, mit Garten und toller Aussicht sowie einem Kinderspielplatz. **Lana**, Di Ruhetag, Tel. 0473 561659

☞ Gemütlich geht's im Alten Brandiser Weinkeller in Niederlana, Nähe Golfplatz, zu. **Lana**, Di Ruhetag. Tel. 0473 561303

☞ In einer mittelalterlichen Mühle befindet sich das wohl originellste Lokal der Umgebung, Kuckuck, mit Weinausschank und Südtiroler Bauernkost. **Tscherms**, Mo und Di bis 17 Uhr Ruhetag, Tel. 335 8333909

☞ Ein einfaches Lokal und zugleich der schönste Aussichtsplatz mit Blick auf Meran ist der Haidenhof neben Schloss Lebenberg. 🐄 Gastgarten, Eigenbauwein. **Tscherms**, von Juni bis August So Ruhetag, Tel. 0473 562392

☞ Hecherhof. Restaurant-Buschenschank oberhalb von Burgstall in schöner Aussichtslage. Erreichbar ab Sinich, Richtung **Freiberg-Fragsburg**. Di Ruhetag, Tel. 0473 244086

EINKAUFEN UND HANDWERK

ALLERLEI AUS BÄUERLICHER PRODUKTION

Schnalstaler Bauernhöfe bieten im Direktverkauf originelle und praktische Produkte an. Kräutertee, Fichtenhonig, eingekochte Preiselbeeren, Johannisöl, Arnika- und Mutterkrautschnaps können Sie beim Obernieder Hof in **Unser Frau in Schnals** erwerben, Tel. 0473 669685, www.oberniederhof.com.

Familie Kofler vom Vorderkaser Hof/Jägerrast im **Pfossental** stellt würzigen Käse und Joghurt her, Tel. 0473 679230, www.jaegerrast.com

BLOCKHÄUSCHEN

Ein Häuschen aus Holz ist kein Mitbringsel, das in den Koffer passt. Trotzdem, die Zimmerei Marth in **St. Leonhard** in Passeier baut formschöne Blockhäuser, die Sie je nach Bedarf als Gartenhäuschen, Verkaufskiosk oder Spielhäuschen für Kinder verwenden können. Raimund Marth, Tel. 0473 656261, www.zimmerei-marth.it

BÜCHER

Ein breites und aktuelles Sortiment führt die Alte Mühle, Buchgemeinschaft Meran, dessen rühriger Inhaber laufend Lesungen, Buchvorstellungen und andere Veranstaltungen organisiert. **Meran**, Sparkassenstr. 11a, Tel. 0473 274444, www.buchnet.com

Das Geschäft des großen Medienunternehmens Athesia hat außer Büchern auch Papierwaren und Geschenksartikel im Angebot. **Meran**, Lauben 186, Tel. 0473 231444

Pötzelberger ist das Meraner Traditionshaus mit italienischen und deutschen Büchern, Papier- und feiner Schreibware im Sortiment. **Meran**, Pfarrplatz 1, Tel. 0473 237 445

Antiquarisches und Kunst finden Sie bei Unterberger, ❶ dem stimmungsvoll-sinnlichen Hinterhof-Laden. **Meran**, Lauben 229, Tel. 0473 237220

Ein guter Platz zum Schmökern ist der kleine Buchladen Lana. **Lana**, Tel. 0473 561615, www.buchladen.it

Beginn der Meraner Passerpromenade

„Goaßl-schnöller"

DELIKATESSEN

Im Feinkostladen Seibstock ● in **Meran** bleiben keine Wünsche offen: italienische und Tiroler Spezialitäten, von Käse über Wein zu Speck. Hier werden auch vorzügliche kleine Gerichte zubereitet und gereicht. Lauben 227, Tel. 0473 237107, www.seibstock.com

Mannis Weinladen (Tel. 0473 923244) in **Dorf Tirol** verkauft nicht nur eine große Auswahl an Weinen, sondern ist ein Lebensmittelsouvenirladen par excellence: Speck, Kaminwurzen, hausgemachte Hirsch- und Knoblauchsalami, Olivenöle, Balsamico-Essig, Pilze, Nudelspezialitäten, Honig usw.

DESTILLATE

Die Brennerei Pircher in **Lana** (Tel. 0473 561188) ist als Erzeuger von Schnäpsen und Fruchtbränden bekannt. Probieren Sie unbedingt den Williams-Birnenbrand in der dicken Flasche. Hier finden Sie außerdem eine ansprechende und sehr gut sortierte Önothek mit Olivenölen, Balsamico-Essig und eingelegten Delikatessen im Angebot. www.pircher.it

Der Lahnerhof (Tel. 0473 447256) ist ein alter Weinbauernhof in **Marling**; einen Namen machte er sich durch die Schnapsbrennerei des Bauern und Politikers Seppl Lamprecht. Hier dürfen Sie das Hochprozentige nicht nur verkosten, sondern lernen bei einer Besichtigung auch die einzelnen Arbeitsschritte der Schnapsherstellung kennen.

Das Weingut Falkenstein ● in **Naturns** stellt preisgekrönte Fruchtdestillate her – berühmt ist der „Marilleler", ein Aprikosenbrand. Kellerbesichtigungen und Verkostungen. Tel. 0473 666054

DRECHSLER

In seiner Werkstatt, Rennweg 61 in **Meran**, zeigt und verkauft der Kunstdrechsler Joachim Ladurner (Tel. 0473 211290) Werkstücke aus Holz: Haus-Zierrat, Teller und Schüsseln aus wohlriechendem Zirbelkieferholz, Uhren.

In Aschl bei **Vöran** lebt Karl Duregger (Tel. 0473 278041); er drechselt und schnitzt Spinnräder, Kleiderständer, Teller, Schüsseln, Buttermodeln, Brot-Grammeln (Zerkleinerungsvorrichtung für Hartbrot) und Kumpfe (Behälter, in dem der Sensenwetzstein aufbewahrt wird).

FLEISCH- UND WURSTWAREN

Wenn Sie Wert auf qualitätsvolle Ware legen, dann ist die Metzgerei Siebenförcher in **Meran**, Lauben 168, Tel. 0473 236274, die richtige Adresse.

Franz Hofer (Tel. 0473 643524), der Metzger in **Moos** in Passeier, verkauft in seinem Laden Würste, Speck, Kaminwurzen und Schafffleisch, die allesamt eine Sünde wert sind.

GEIGEN

In **St. Martin** in Passeier lebt und arbeitet der „zartbesaitete" Alois Wank; er ist Hobby-Geigenbauer. Interessierte melden sich unter Tel. 0473 641852 an.

HUTMACHER

Hinter dem modernen Sport- und Bekleidungsgeschäft Hutter unter den **Meraner** Lauben, Nr. 95, verbirgt sich ein traditionsreiches Hutgeschäft. So finden Sie auch heute noch – neben Freizeitmode, Jagdbekleidung und Schuhen – Kopfbedeckungen in großer Auswahl und Trachtenhüte, die so unterschiedlich sind wie die Täler, aus denen die Trachten stammen. Tel. 0473 210176

MILCHPRODUKTE

Die kleine, feine Molkerei von **Algund** behauptet sich höchst erfolgreich gegen die großen Milchverarbeitungsbetriebe. So gibt es neben nicht homogenisierter Frischmilch in Mehrwegflaschen 18 Käse-Variationen! Detailgeschäft in der Sennereigenossenschaft Algund, Tel. 0473 448710, www.sennereialgund.it

NUDELSPEZIALITÄTEN

Im Pasta House in Lana (Tel. 0473 561849) produziert Familie Schwingshackl nach Hausmanns- und Hausfrauenart Tagliatelle, Lasagne, Ravioli, Tortellini, Gnocchi, Cannelloni u. v. m.

PEITSCHEN

„A Goaß zan Schnöllen", eine Peitsche zum Knallen, ist ein kleines Kunstwerk. Stefan Pixner (Tel. 0473 656643) aus **St. Leonhard** in Passeier ist ein „Goaßlstricker". Er verarbeitet die Riemen zu der immer dünner auslaufenden Peitschenschnur und fertigt dazu auch die kunstvoll geflochtenen Holzstiele an.

Ultner Handwerk

Im Ultental hat sich allerlei altes Handwerk erhalten. Meist sind es Bauern, die sich mit dem Verkauf von Handarbeit einen Zuerwerb sichern, denn weder von der Landwirtschaft noch vom traditionellen Handwerk allein lässt es sich heute gut leben.

- Erhard Paris (Tel. 0473 790330) vom Oberhof in St. Nikolaus macht **Flecht-** und **Drechselarbeiten.**
- Die rührige Traudl Schwienbacher vom Wegleithof in St. Walburg (Tel. 0473 795386) baut zum einen **Heilkräuter** ⭐ an, zum anderen webt sie schöne Stoffe für Tischtücher, Vorhänge und andere **Heimtextilien.** Flachs und Wolle werden mit Naturfarbstoffen aus Wurzeln, Rinden und Flechten gefärbt.
- **Turbinen** und komplette kleine Elektrowerke baut Matthias Preims (Tel. 0473 787148) in St. Pankraz. Über 50 private E-Werke nutzen im Ultental die Wasserkraft der vielen Bäche zur Stromerzeugung.
- Max Renner aus St. Pankraz ist ein tüchtiger **Holzschnitzer**, neben Skulpturen drechselt oder schnitzt er so ziemlich alles! Tel. 339 8496212
- In St. Nikolaus bzw. St. Walburg fertigen die Schwestern Dorothea und Klara Egger (Tel. 0473 975519) Spielsachen und Strickwaren aus **Wolle** an. Die beiden spinnen und färben Wolle auch selbst.
- Priska Schweigl (Tel. 0473 795312) aus St. Walburg beherrscht das **Filzen von Wolle** meisterlich, das Herstellen von nützlichen und schönen Dingen (Pantoffeln, Hüte, Teddybären usw.) aus Filz. Interessierte können ihr dabei über die Schulter schauen.
- Kreativ-Urlaub im Hotel Landhaus Schweigl mit **Kursen übers Filzen** und die liebevolle Verarbeitung von Naturmaterialien. www.hotelschweigl.it

TRACHTENMODE

Trachtenschmuck, Dirndln und Zubehör sowie Sport- und Wanderbekleidung in reicher Auswahl finden Sie bei Runggaldier in **Meran**, Lauben 276, Tel. 0473 237454.
Oder in der Dirndlstube Praxmarer in **St. Leonhard** in Passeier, Kirchweg 10, Tel. 0473 656201

WAFFELN ●

Meran hat eine süße Spezialität zu bieten: die Pfitscher oder Meraner Törtchen, süße, feine, knusprige, schokoladenüberzogene Waffeln in mehreren Geschmacksrichtungen und Größen. Geburtsort dieser Schleckerei ist die Confiserie Pfitscher (Freiheitsstr. 80, Tel. 0473 236254), aber auch andere gute Konditoreien oder Feinkostgeschäfte führen sie in ihrem Angebot.

WOLL-HANDARBEITEN

In der Textilwerkstatt von Franz Haller & Co (Tel. 0473 656192) in **St. Leonhard** in Passeier werden Handschuhe, Socken, Hüte, Janker, Decken, Flachbetten, Teppiche, Matratzen usw. in Handarbeit gefertigt.
Pantoffeln, Fäustlinge, Teddybären, Filzunterlagen, Rucksäcke und sogar Theaterfiguren für Kasperletheater stellt Helga Zenker (Tel. 0473 949594) in **Schenna**, **Verdins**, her.

AM ABEND

Nach Südtirol fährt sicher niemand des aufregenden Nachtlebens wegen. Einige der Lokale halten nur am Wochenende oder an gewissen Tagen der Woche offen. Wenn Sie zu den Nachtschwärmern gehören, informieren Sie sich also am besten vorab, ob Sie dann, wenn Sie sich die Nacht um die Ohren schlagen wollen, tatsächlich Musik und Drinks geboten kriegen.

MERAN

AERA-RAFFLKELLER

Hier trifft sich vor allem viel Jugend; im Herbst treten Blues- und Jazz-Musiker auf. In den Sommermonaten von Juni bis August ist das Disco-Pub geschlossen. Pfarrplatz 32, Tel. 0473 232825

PICCOLO

Im meist proppenvollen und lauten Musik-Café trifft sich die Meraner Jugend. Im Sommer spielen Südtiroler Gruppen Live-Musik. Untertags gibt's kleine Imbisse. Freiheitsstr. 5, Tel. 0473 236765

ROSSINI

Cocktailbar im Parterre des Kurhauses, gleich neben dem „Piccolo", platzt ebenso gerne aus den Nähten, wenn sich Meran nachts auf der Freiheitsstraße trifft. Freiheitsstr. 18, Tel. 0473 491085, www.rossini-bar.it

SKETCH

Clublounge an der Passerpromenade beim Hotel Aurora. Fr und Sa bis 3 Uhr geöffnet. Monatliche Themenveranstaltungen. Tel. 0473 211800, www.sketch.bz

SIEBEN

Das Café, Bistro und Restaurant unter den Lauben 232 ist bis 1 Uhr geöffnet. Tel. 0473 210636, www.bistrosieben.it

Theater und Kino
🕭 Stadttheater „Puccini" In der „Ministaatsoper" am Theaterplatz in **Meran** gastieren Tourneebühnen und finden regelmäßig Aufführungen von einheimischen Bühnen statt, seltener Kabarett, Operetten und Musicals. Infos: Kurverwaltung, Tel. 0473 272000; Theaterkassa, Tel. 0473 233422. Informationen über das italienischsprachige Programm erhalten Sie von Loris Frazza von der Vereinigung UILT, Tel. 335 8265937. **🕭 Theater in der Altstadt** Das Haus in der Freiheitsstr. 27 in **Meran** beherbergt ein engagiertes, kleines Kellertheater, in dem Theater und Kabarett geboten wird. Tel. 0473 211623, www.tida.it **🕭 Kino** Das Apollo-Kino in der Matteottistr. 22 in **Meran** (Tel. 0473 237526) zeigt Mainstream-Filme. Programmkino im Filmclub im Bürgersaal, Otto-Huber-Str. 2 in **Meran**, Oktober–Mai Di 20.30 Uhr (Programm: www.filmclub.it)

UMGEBUNG VON MERAN

COCKTAILBAR TREFF
In alten Gemäuern und stilvollem Ambiente kommen im Zentrum von **Dorf Tirol** Cocktail-Genießer und Weinkenner auf ihre Kosten. Hauptstr. 30/N, Mo Ruhetag, Tel. 0473 923298, www.cocktail-treff.com

RÖMERKELLER
Restaurant-Pizzeria und Pub in **Algund**, beliebt bei der einheimischen Landbevölkerung, aber nicht unbedingt etwas für Schickimickis und Leute, die sich zur In-Szene zählen. Tel. 0473 448385, Pub am Mo Ruhetag. www.roemerkeller.com

DANCING CLUB EXCLUSIV
Die viel besuchte Disco liegt am Nordrand von **Lana**, an der Meraner Straße. Tel. 0473 561711

NÖRDER MUSIKSTADEL
Der Name ist Programm – das Lokal in **Marling** ist immer gut besucht. Tel. 0473 447000

APRES CLUB
Der Dauerbrenner an der Staatstraße bei **Gargazon**, das große Tanzlokal für Jung und Alt. Tel. 0473 292304

Disco-Tanzfieber

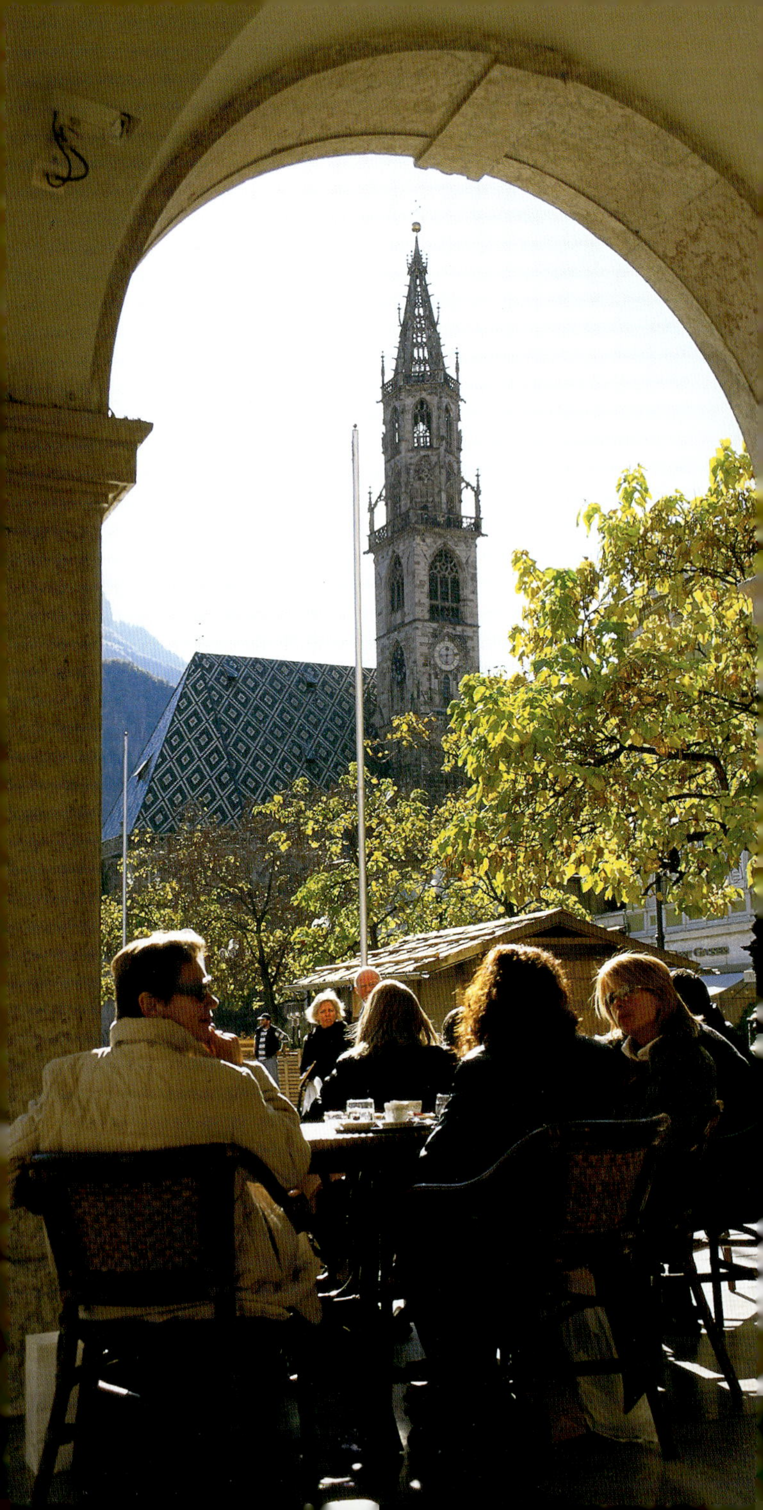

von einem Café
Waltherplatz
den Bozner Dom

BOZEN UND UMGEBUNG

Wer von Norden oder Süden kommend in Bozen eintrifft, egal ob mit dem Auto oder mit der Bahn, den empfangen zunächst Gewerbe- und Industriezonen, die in Bozen auch nicht viel einladender sind als in anderen Städten. Doch wer dann durch die Altstadt mit ihrer intakten Architektur und den malerischen Winkeln bummelt oder in einem Straßencafé seinen Espresso schlürft, wird einräumen: Die Stadt hat Flair. Es sind die Gegensätze, die den Charme von Bozen ausmachen: Nord trifft auf Süd, das Italienische mischt sich mit dem Deutschen, das Mediterrane mit dem Reiz von jenseits des Brenners.

Bozen liegt in einem fruchtbaren, nach Süden hin offenen Talkessel am Zusammenfluss von Eisack, Etsch und Talfer, umgeben von ausgedehnten Obstkulturen bzw. sorgfältig mit Reben bepflanzten Hängen. Blickt man über die gotischen Dächer und Türme nach Osten, grüßen die Felswände des Rosengartens, des Wahrzeichens von Bozen, herüber. Im Westen breitet sich die moderne Neustadt immer weiter aus und frisst sich in die Obstgärten und Weinberge hinein. Alt und Neu wird durch einen kleinen Fluss, die Talfer, getrennt; sein Uferbereich bildet die grüne Ader der Stadt. Im Südosten begrenzt ein dunkler, bewaldeter Buckelberg den Bozner Talkessel: der **Kohlerer Berg**. Seit 1908 führt eine Seilbahn hinauf nach Kohlern, das mit seinen Sommerfrischhäusern, einem Kirchlein und Gasthöfen seit jeher Naherholungsgebiet der Bozner ist.

Bozen

ETSCHTAL UND TSCHÖGGLBERG

Nordwestlich von Bozen, Richtung Meran, liegt inmitten von Obst- und Rebanlagen eine Reihe von Dörfern beidseitig der Etsch: **Vilpian**, **Nals**, **Terlan** und **Andrian**. Wehrhafte Burgen an den Berghängen zeugen von der Bedeutung des fruchtbaren Gebiets und der Durchzugsstraße, die es zu verteidigen galt. Obst-, Weinanbau und der Tourismus sind der Grundstock des neuen Wohlstands.

Von Vilpian und von Bozen aus führen Seilschwebebahnen hinauf auf den Tschögglberg, den klassischen Wanderberg der „Stadtler" aus Bozen. Er ist ein sonniger, bewaldeter Mittelgebirgsrücken, im Osten durch das Sarntal und die Talfer, im Westen durch das Etschtal, im Norden durch die Sarner und Haflinger Berge und im Süden durch den Bozner Talkessel begrenzt. Die Siedlungen, etwa die Dörfer **Mölten** und **Jenesien**, liegen auf etwa 1100 m.

SARNTAL

Auf einer kurven- und tunnelreichen Straße erreicht man von Bozen in 20 Minuten Fahrt **Sarnthein**, den auf rund 1000 m Meereshöhe gelegenen Hauptort des Sarntals. Hier weitet sich die abenteuerlich enge Sarner Schlucht zu einem weiten Tal, das im Norden von einer hufeisenförmigen Bergkette abgeschlossen wird. Das Sarntal liegt im Herzen Südtirols. Der Reiz des Tals liegt in seiner (relativen) Unberührtheit – fernab der großen Durchzugsrouten erschließen es weder Auto- noch Eisenbahn. Wenn es ihn also noch gibt, den kaum mehr erfüllbaren Traum von Landschaft, dann finden Sie ihn hier, im Talkessel, bei den weitläufigen Weiden und stillen Weilern, wo sich auch ein noch ausgeprägter Dialekt erhalten hat.

RITTEN

Der Ritten liegt als breiter Gebirgsrücken zwischen dem tief eingeschnittenen Sarntal im Westen und dem nur wenig breiteren unteren Eisacktal im Osten. Die großen Orte des Ritten, wie **Klobenstein**, **Oberbozen** und **Unterinn**, liegen im Schnitt auf 1000 m Meereshöhe. Das angenehme Klima, die wunderbare freie Rundsicht und die sonnige Lage machten den Ritten seit alters her zur Sommerfrische der Bozner und zum beliebten Reiseziel für Feriengäste. Eine Seilbahn führt von Bozen auf das Hochplateau, eine historische Schmalspurbahn weiter nach Klobenstein – aber auch die Rittner Straße ist wegen ihres unglaublichen Panoramas eine Fahrt wert.

ROSENGARTEN-LATEMAR-GEBIET

Östlich von Bozen, zu Füßen der Dolomitenzacken von Rosengarten und Latemar, liegen stattliche Dörfer: **Deutschnofen**, **Welschnofen**, **Steinegg** und **Karneid**. Bei **Kardaun** mündet die beeindruckend enge Felsschlucht des Eggentaler Baches, bei Blumau beginnt das **Tierser Tal**, das sich parallel zum Eggental bis zu den Felsen des Rosengartens erstreckt. Tiers ist zwar das kleinste und kürzeste der Dolomitentäler, die zwischen Bozen und Brixen in das Eisacktal münden, aber mit Sicherheit eines der schönsten.

ETWAS ZUR GESCHICHTE

Das Gebiet um Bozen ist ältestes Siedlungsgebiet, was Urzeitsiedlungen und Wallburgen auf strategisch günstigen Höhenkuppen belegen. Um 15. v. Chr. eroberten die Römer unter dem Feldherrn Drusus das Gebiet des heutigen Tirol und unterwarfen die hier ansässige Bevölkerung, die sie Räter nannten. Im Bozner Talbecken entstand ein wichtiger Brückenkopf über den Eisack. Nach dem Zerfall des Römerreiches besiedelten die Bajuwaren von Norden aus das Land. Um 1200 umschließen Stadtmauern die damals noch sehr kleine Marktsiedlung um die Laubengasse. Im 14. Jh. wird Tirol und damit Bozen Teil des Habsburgerreichs und entfaltet sich seit dem 15. Jh., von den Landesfürsten kräftig gefördert, zum wichtigen politischen und ökonomischen Zentrum des mittleren Alpenraums.

Um das Jahr 1000 setzte jener friedliche Handelsverkehr ein, der aus Bozen eine bedeutende Handelsstadt machte. In Bozen wurden Waren zwischengelagert, umgeladen und eingelagert. Aus dem Norden kamen feine Stoffe, Felle, Papier, Waffen, Zinn, aus dem Süden Gewürze, Safran, Mandeln, Feigen, Südfrüchte, Kastanien, Weihrauch, Baumwolle, Seide, Öl, Wein. Es entstanden Wechselhäuser, Banken und Niederlassungen ausländischer Häuser; Verkaufsmessen und Märkte wurden abgehalten. Mit dem Niedergang Venedigs verliert auch Bozen ab dem ausgehenden 15. Jh. an Bedeutung. Nach dem Ersten Weltkrieg, der Teilung Tirols und der Angliederung Südtirols an Italien wurden von den neuen faschistischen Machthabern große Anstrengungen unternommen, Südtirol zu italienisieren. Vor allem in Bozen wurden Industriebetriebe errichtet und Arbeitskräfte aus anderen Provinzen Italiens angesiedelt – die Anzahl der italienischen Einwohner wuchs sprunghaft an. Zähe und langwierige Verhandlungen mit der römischen Zentralregierung brachten den Südtirolern weitreichende Autonomierechte und Finanzautonomie auf vielen Gebieten. Bozen mit seinen rund 97.000 Einwohnern ist heute der politische, kulturelle und wirtschaftliche Mittelpunkt Südtirols.

Das Wechselfieber

Bis zur endgültigen Regulierung der Etsch anlässlich des Bahnbaus 1881 war die Malaria (das Wechselfieber) im versumpften **Etschtal** weit verbreitet; viele Menschen starben daran. „Man kann diese fieberkranken Leute nicht ansehen, ohne mit ihnen Mitleid zu haben: Ihr blasses, mageres Aussehen, die tief liegenden Augen, die schwache Stimme, der schleppende Gang erwecken unser Mitleid. Diese armen Leute werden selten mehr als 45 Jahre alt, in diesem Alter löschen die meisten aus wie Lampen", schreibt ein französischer Ingenieur, der als Landvermesser in Tirol unterwegs war, 1775. In Unkenntnis über die wahre Übeltäterin, die Malariamücke, glaubte man, dass die Dünste der feuchten Niederungen, das Moor und dessen feuchte Luft die Krankheitsursachen waren. Wer konnte, zog im Sommer auf die umliegenden Berge, wo die Luft zum Atmen besser war.

SEHENSWERTES

BOZEN

ALTE GRIESER PFARRKIRCHE

Ganz in der Nähe des Grieser Platzes, auf einer kleinen Anhöhe, steht die gotische Grieser Pfarrkirche. Sie beherbergt zwei Kostbarkeiten: ein romanisches Kruzifix aus dem 13. Jahrhundert und einen Flügelaltar des berühmten Südtiroler Holzschnitzers Michael Pacher aus der Zeit um 1475. ◷ April–Oktober, Mo–Fr 10.30–12, 14.30–16 Uhr

Sparkassenstraße in Bozen

DOM ★

Zwischen Ulm und Mailand ist die Bozner Marienkirche das prächtigste Bauwerk der Gotik im Alpenraum. Die Bozner heißen den um 1500 in der heutigen Form aus heimischem rotem Sandstein erbauten Dom liebevoll die „Pfarrkirche". Der 62 m hohe, filigrane Turm des schwäbischen Baumeisters Hans Lutz von Schussenried ist das markante Wahrzeichen der Stadt. Im Zweiten Weltkrieg wurde er durch Bomben schwer beschädigt, nur der Turm blieb verschont – die Restaurierung gelang mustergültig. Im Inneren sind die prächtige, reich verzierte Kanzel von Hans Lutz von Schussenried, die Fresken an der Südwand und ein Kruzifix aus der Zeit um 1200 im Triumphbogen sehenswert sowie die Pietà aus Gussstein von Hans von Judenburg aus dem frühen 15. Jh. an der Nordseite des Chorumganges. ◷ Mo–Fr 10–12 und 14–17 Uhr, Sa 10–12 und 14–16 Uhr, So 13–17 Uhr

DOMINIKANERPLATZ UND -KIRCHE

In der zweiten Hälfte des 13. Jh. kamen Dominikanermönche nach Bozen und errichteten ein weitläufiges Kloster mit Kreuzgang und Kirche. In der Johanneskapelle befinden sich die bedeutendsten Fresken Bozens, die von italienischen Künstlern der Schule des Giotto stammen. Der gotische, freskengeschmückte Kreuzgang ist vom Dominikanerplatz her zugänglich. ◷ Mo–Sa 9.30–17 Uhr, So 13–17 Uhr

EURAC

Wer über die Drususbrücke fährt, dem fällt ein zielgelroter Bau auf. Es ist das ehemalige Gebäude der GIL (Gioventù Italiana del Littorio), das in der Zeit des Faschismus der „körperlichen und moralischen Ertüchtigung der weiblichen Jugend" diente. Es wurde 1934–1936 an strategisch wichtiger Stelle, als Übergang zur „Neustadt", errichtet und ist das wichtigste Bauwerk der rationalen Architektur in Bozen. In Südtirol wurde der moderne Baustil, den der Faschismus brachte, nie akzeptiert. Nachdem man lange Zeit einen Abbruch in Erwägung zog, wurde das Gebäude schließlich um-

Die italienische Neustadt

Während die Altstadt einen deutsch geprägten Eindruck hinterlässt, ändert sich dieses Bild, sobald man über die Talferbrücke geht und das Siegesdenkmal, das Armeekommando am 4.-November-Platz und die Freiheitsstraße vor sich hat. Bozen sollte nach der Annexion Südtirols an Italien durch Bauten der Stararchitekten des faschistischen Regimes ein italienisches Gesicht bekommen. Flachdächer, marmorverkleidete Fassaden und der monumentale Baustil bilden einen einschneidenden, aber auch spannenden Kontrast zur Altstadt. An der Front des Finanzgebäudes (Gerichtsplatz/Italienallee), das ebenfalls aus der Zwischenkriegszeit stammt, kann man im Zentrum eines 40 m breiten Reliefs das wohl einzige noch erhaltene Denkmal Mussolinis „bewundern". Hoch zu Ross, die Hand zum römischen Gruß erhoben, verkündet der Duce auf einer Tafel seinen Leitspruch: „credere, obbedire, combattere" (glauben, gehorchen, kämpfen). Doch nirgendwo sonst entzünden sich auch heute noch die Nationalismen beider Seiten heftiger als am sogenannten Siegesdenkmal mit seinen faschistischen Symbolen.

Freiheitsstraße in Bozen

fassend renoviert und mit neuen effektvollen Baukörpern des Grazer Architekten Klaus Kada ergänzt. Heute ist darin die Bildungs- und Forschungseinrichtung der Europäischen Akademie Bozen untergebracht.

FRANZISKANERKIRCHE UND -KREUZGANG ★

Im frühen 13. Jh. gründeten die Franziskaner in Bozen ihr erstes Ordenskloster im deutschen Sprachraum. Die Kirche wurde im Zweiten Weltkrieg arg beschädigt, der Freskenschmuck größtenteils zerstört, im linken Seitenschiff ist noch eine Galerie von berühmten Ordensleuten und am Hauptaltar ein Kleinod der gotischen Altar-Schnitzkunst zu bewundern: der Flügelaltar von Hans Klocker. Man nennt diesen Altar wegen der einfühlsamen Darstellung der Hl. Familie und der Geburt Christi auch den Weihnachtsaltar. Schön auch der von den Patres liebevoll gepflegte Garten mit Olivenbäumchen und Araukarien im Kreuzgang aus dem 14. Jh. ⏰ Mo–Sa 8.15–12 Uhr und 14.30–19 Uhr

KLOSTER MURI-GRIES

Gries im Westen Bozens war vor rund 80 Jahren noch eine eigene Gemeinde. Den ehemaligen Dorfplatz, den Grieser Platz, beherrscht die mächtige Anlage des Klosters Muri-Gries. Benediktinermönche aus dem Schweizer Kloster Muri übernahmen 1845 das frühere Augustiner Chorherrenstift, daher der Name. Die Stiftskirche aus dem Ende des 18. Jh. ist in reinem Barock erbaut und wurde von Martin Knoller prächtig ausgemalt. Im

> **Special guest**
>
> Der Vater des hl. Franz von Assisi war ein Kaufmann und hat – so erzählt die Legende – auf einer Geschäftsreise Bozen besucht; sein kleiner Sohn Franz begleitete ihn. In Bozen besuchten beide die Messe in der Erhardskapelle; dabei betätigte sich der kleine Franz als Ministrant. Deshalb wurde später an dieser Stelle das Franziskanerkloster gegründet; die Erhardskapelle steht immer noch, sie ist allerdings nicht öffentlich zugänglich.

Glockenturm, dem ehemaligen Bergfried einer alten Wehranlage, hängt mit über fünf Tonnen Gewicht die größte Kirchenglocke Südtirols. Zum Kloster gehören auch eine Gärtnerei und eine bekannte Weinkellerei.

LAUBENGASSE ★

Die Lauben mit ihren Wandel- oder Laubengängen sind Bozens „goldene Ader". Sie bilden den ältesten Stadtkern, sind seit über 800 Jahren das betriebsame Zentrum der Stadt und noch heute die zentrale Einkaufsstraße. Die schmalen Häuser stammen bis auf wenige Ausnahmen aus der späten Gotik. Sie sind überraschend tief, teils bis zu 50 m, und haben einen oder mehrere Lichthöfe. Im Inneren verbergen sie oft Erstaunliches: Gewölbe, steingefasste Bögen, schön geschmiedete oder kunstvoll gedrechselte Treppengeländer, geschnitzte oder bemalte Decken, Stuckaturen und Fresken.

MUSTERGASSE UND -PLATZ

Der Name der Gasse stammt vom italienischen „mostra", der Warenmesse, hier wurden früher Märkte und Messen abgehalten. Reiche Bozner bauten in dieser einst nobelsten Straße ihre Ansitze: das Palais Trapp, das Palais Campofranco an der Ecke zum Waltherplatz, gegenüber das Palais Menz mit einem Festsaal, den der Maler Carl Henrici mit Fresken ausschmückte, oder der Ansitz Pock, den der gleichnamige Kaufmann erbauen ließ und der später zum Hotel umgestaltet wurde. Gleich nebenan, im Haus mit dem kurzen Arkadengang, waren früher der Stadtkerker, die Folterkammer und der Gerichtssitz untergebracht.

OBSTPLATZ

Er ist eigentlich eine breite Straße, beidseitig gesäumt von Verkaufsständen, die von Obst und Gemüse überquellen. An der Ecke zur Museumstraße stand das

> **Laubenkönige**
>
> Den sagenhaften Reichtum und die Tüchtigkeit einiger Alt-Bozner veranschaulicht folgende Geschichte: Als Kaiser Franz I. sich 1765 in Bozen aufhielt, plagten ihn arge Geldnöte. Er ließ wissen, dass er Darlehen im Wert von 200.000 Gulden benötige, ein ungeheurer Betrag. Der Laubenkaufmann Johann Gummer richtete darauf an den Kaiser bloß die höfliche Frage, „in welcher Geldsorte Hochselbiger geruhe die Gnade zu haben, gedachte Summe in Empfang nehmen zu wollen", um ihm nach Eintreffen der Antwort noch am selben Tag das Geld in Dukaten auszuzahlen. Seither hat man den ungekrönten Herrschern der Stadt, den Kaufleuten unter den Lauben, den Titel „Laubenkönige" verliehen, den sie bis heute tragen und auf den sie gewiss stolz sind – wenngleich die alteingesessenen Besitzerfamilien unter den Lauben mittlerweile rar geworden und stark unter Druck von Benetton & Co geraten sind.

Hotel „Sonne", in dem u. a. Kaiser Joseph II., Herder und Goethe genächtigt haben. Gegenüber, wo heute der Neptunsbrunnen steht, stand früher der Pranger, an dem Missetäter dem Gespött der Leute ausgesetzt wurden.

SCHLOSS RUNKELSTEIN ★

Im Norden der Stadt, am Eingang zur Sarner Schlucht, thront auf einem Felsvorsprung Schloss Runkelstein. Es wurde um 1237 erbaut, im 14. Jh. umgebaut und mit berühmten Profanfresken ausgestattet. Die sogenannten Triaden stellen jeweils drei Helden, Frauen, Riesen und Könige dar. Einmalig auch die Szenen, die das ritterliche Leben thematisieren. Die umfassend renovierte Burganlage ist heute im Besitz der Stadt und präsentiert sich als glanzvolle höfische Wohnburg des Mittelalters und als Inbegriff einer romantischen Ritterburg auf einem uneinnehmbaren Felsen. Sie ist auf einem gemütlichen Fuß- und Radweg von der Stadt aus erreichbar; Bus 12 hält unterhalb des Schlosshügels. ⏲ Di–So 10–18 Uhr, Tel. 0471 329844

SCHLOSS MARETSCH

Inmitten von Weinreben, doch in wenigen Gehminuten ab dem Stadtzentrum erreichbar, steht das prächtige Schloss Maretsch mit den markanten Rund-Ecktürmen. Es wurde zum Kongresszentrum umgebaut und ist Austragungsort von Ausstellungen und Veranstaltungen verschiedenster Art, z. B. der Bozner Weinkost. Infos: Schloss Maretsch, Tel. 0471 976615

WALTHERPLATZ UND -DENKMAL

Gern bezeichnet man den weitläufigen Platz am Dom, belebt von geschäftig dahineilenden Einheimischen und flanierenden Touristen, als den „Freiluft-Salon" von Bozen. Angelegt 1808, als die Stadt unter Bayerns Herrschaft stand, wurde der Platz zu Ehren des Bayernkönigs Maximiliansplatz genannt, unter den Habsburgern hieß er Johannsplatz, in Zeiten des Faschismus erhielt er den Namen des italienischen Königs Vittorio Emanuele, nun heißt er wieder nach dem Minnesänger Walther von der Vogelweide, an den das um 1889 errichtete Marmorstandbild erinnert.

Schloss Runkelstein in Bozen

Der schiefe Turm von Terlan

Auf alten Bildern ist der Terlaner Kirchturm schief abgebildet. Tatsächlich senkte sich der Turm von Jahr zu Jahr mehr, bis er 1884 abgetragen und neu errichtet wurde. Darüber, wie es zur Neigung des Turms kam, erzählt man sich mehrere Geschichten: Einmal gingen drei Jungfrauen zur gleichen Zeit an der Kirche vorbei. Soviel Tugend und Reinheit beeindruckte den Kirchturm dermaßen, dass er sich vor den Mädchen verneigte. In dieser Stellung verharrte er und wollte sich erst wieder aufrichten, wenn wiederum drei Jungfrauen gleichzeitig an ihm vorbeigingen – er wartete anscheinend vergebens. Andere wollen wissen, dass der Kirchturm sich bückte, um den Kellermeistern bei der Weinarbeit zuzusehen. Als er bemerkte, wie heftig gepanscht wurde, erschrak er darüber so sehr, dass er vergaß, sich wieder aufzurichten.

UMGEBUNG VON BOZEN

SCHWANBURG

Mitte des 16. Jh. ließ sich in **Nals** ein vermögender Abkömmling der Familie Payersberg-Boymont einen prächtigen Ansitz samt Weinhof und Keller bauen. Schloss Schwanburg ging im Laufe der Zeit an die Grafen Trapp und schließlich an die Familie Carli über, die noch immer hier wohnt und eine renommierte Weinkellerei mit Direktverkauf betreibt.

BURG NEUHAUS

Auf einem Felssporn hoch über **Terlan** stehen die mächtigen Überreste der Burg Neuhaus, im Volksmund Schloss Maultasch genannt. Margarethe, die letzte Landesherrin von Tirol, hatte den Beinamen Maultasch, weil sie – wie böse Zungen behaupten – eine große Unterlippe, zumindest aber ein loses Mundwerk hatte. Wahrscheinlicher ist jedoch, dass vielmehr sie den Namen nach dem Schloss Maultasch trug, auf dem sie öfter verweilte. Die Ruine ist zu Fuß von Terlan aus zu erreichen.

PFARRKIRCHE ZUR HIMMELFAHRT MARIÄ

Die Pfarrkirche von **Terlan** ist ein Meisterstück der Hochgotik, ein kunsthistorisch höchst interessanter Baukomplex. Der Seitenturm ist der älteste Teil der Kirche, er wurde um 1300 im romanischen Stil erbaut. Das Innere wurde um 1400 mit qualitätsvollen Fresken der Bozner Schule ausgestattet. Bemerkenswert auch die bunt glasierten Dachziegel sowie etliche Grabmäler adeliger Herren.

MÜHLE

Beim „Klaus in der Mühl", einem Bauern- und Weinhof in **Terlan**, steht eine alte, restaurierte Kornmühle. Das Tourismusbüro Terlan organisiert Führungen, bei denen Sie die Funktionsweise der Mühle kennen lernen. April–Oktober jeden zweiten und vierten Di im Monat um 10 Uhr Führung. Infos und Vormerkungen: Tel. 0471 257165

SCHLOSS GREIFENSTEIN

Man erzählt, die bedrängten Schlossinsassen hätten bei einer Belagerung trickreich ihre allerletzte Sau über die Burgmauern geworfen, um vorzutäuschen, dass man noch Nahrung im Überfluss habe. Daher wird die Ruine im Volksmund „Sauschloss" genannt. Sie liegt auf einem Felszacken hoch über dem Etschtal, oberhalb von **Terlan**, **Siebeneich**. Ein Steig führt in $1\frac{1}{2}$ Stunden hinauf; bequemer und weit kürzer ist der Weg vom Gasthof „Noafer" bei Glaning aus; der Zugang ist allerdings nur Trittsicheren zu empfehlen.

BURG FESTENSTEIN

Beim Anblick dieser kleinen Felsenfestung oberhalb von **Andrian** schlägt das

zyklus aus dem Jahre 1430. Dargestellt sind die Christuspassion sowie die Vitus- und Nikolauslegende. Die Fresken sind wahrscheinlich von den Bozner Franziskanermönchen gestiftet worden, sie bezogen nämlich ihre Fastenspeise – Fisch – aus dem Durnholzer See. Besuchenswert ist der Friedhof, auf dem fast alle Gräber mit Edelweiß geschmückt sind.

Ruine Greifenstein oberhalb von Siebeneich

ST.-CYPRIAN-KIRCHLEIN
Das unscheinbare Kirchlein in **Sarnthein** ist mit sehenswerten spätgotischen Fresken der Bozner Schule ausgestattet.

RITTNER ERDPYRAMIDEN ★
Regen, Wind, Frost und Schmelzwasser haben in jahrelanger Erosion bis zu 30 m hohe Säulen aus dem Moränenschutt der Eiszeitgletscher herausgewaschen. Wie ein Hut sitzt auf den meisten Säulen ein Stein, der das lehmhaltige Material darunter vor allzu schnellem Abtragen schützt. Erdpyramiden sind am Ritten an mehreren Stellen anzutreffen: bei **Oberbozen**, in der Gegend von **Unterinn** – wo sie grau sind – und bei **Lengmoos**. Letztere kann man besonders gut aus der Nähe betrachten. Ein ebener und aussichtsreicher Spazierweg mit hölzernen Stegen und Brücken quert den Hang oberhalb der Pyramiden. Im Wallfahrtskirchlein Maria Saal auf der gegenüberliegenden Talseite entdecken Sie ein Kuriosum: eine moderne Darstellung der Gottesmutter mit Regenschirm.

KOMMENDE LENGMOOS
Im Mittelalter erlangte der Ritten einige Bedeutung: Aufgrund der Enge der Eisackschlucht führte die Straße, die Kaiser und päpstliche Gesandte bei ihren Reisen von Nord nach Süd und umgekehrt benutzten, über die sichere Anhöhe. An dem Heeres- und Pilgerweg wurde in **Lengmoos** ein Hospiz errichtet, dessen Führung man dem Deutschen Ritterorden anvertraute. Im 16. Jh. wurde es in der heutigen Form umgebaut und prächtig ausgestattet. Der stimmungs-

Herz eines jeden Burgenromantikers höher. Auf einem senkrechten, unnahbaren Felszahn erbaut, ist sie perfekt dem Gelände angepasst und durch die natürliche Tarnung bis zuletzt kaum sichtbar. Die Burg ist auf einem steilen Steig (Nr. 15) ab Andrian zu erreichen, kann aber nicht besichtigt werden.

STEIFLER STUBE
Oberhalb von **Glaning** bei Jenesien, auf dem Höhenrücken des Altenbergs, liegt der historische Steifler Hof mit einem wehrhaften Wohnturm. Hier befindet sich eine der ältesten Stuben Südtirols – ausgestattet mit einem gotischen Tonnengewölbe. Der Steifler Bauer sperrt die Stube bei freundlicher Nachfrage gerne auf und zeigt sie interessierten Besuchern.

DURNHOLZER KIRCHE
Die Kirche in **Durnholz** beherbergt einen bemerkenswerten gotischen Fresken-

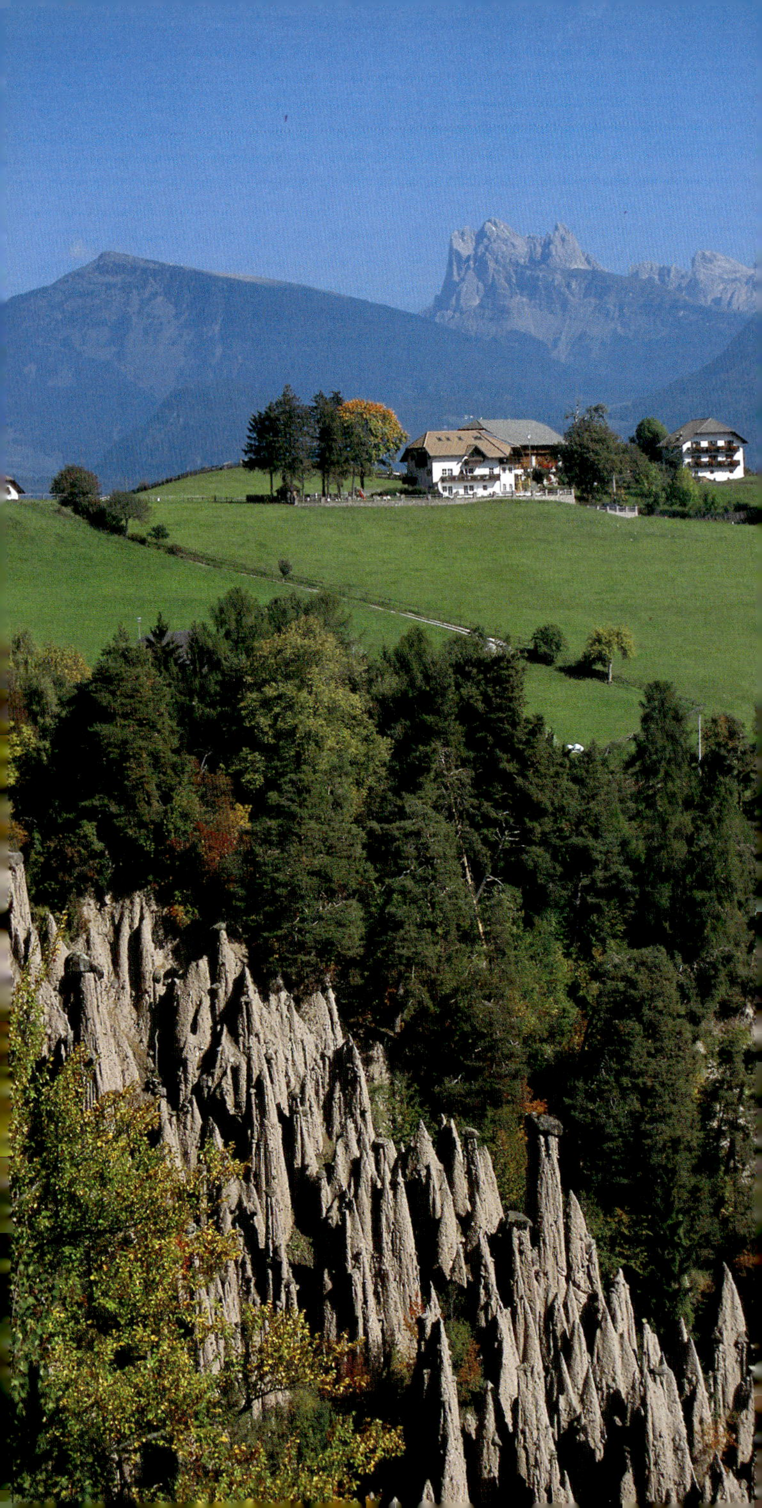

Acht Seligkeiten

... machten laut Karl Theodor Hoeniger, dem Verfasser des populären „Altbozner Bilderbuchs", früher das Glück und den Stolz jedes „richtigen" **Bozners** aus, womit er durchaus treffend den Bozner Bürgersinn charakterisierte: Ein Haus unter den Lauben, im Keller Wein von den eigenen Gütern, ein Sommerfrischhaus auf dem kühlen Ritten, der private Kirchenstuhl und – als weltliches Pendant – eine Loge im Stadttheater, ein Familiengrab unter den Friedhofsarkaden, so viel Wäsche, um nur alle halbe Jahre waschen zu müssen und als Abrundung des Glücks die Ehe mit einer Boznerin.

---

volle Innenhof wird seit Jahren als Austragungsort für Veranstaltungen genutzt. Sehenswert auch die schönen Stuckdecken, Malereien, Öfen und Tapeten.

HEILIG-KREUZ-KIRCHLEIN

Obwohl das Kirchlein erst im 19. Jh. errichtet wurde, ist seine Entstehungsgeschichte interessant: Dem adeligen Bauherrn gefiel die Walpurgis-Kirche in Göflan bei Schlanders so gut, dass er sie neben seinem Sommersitz in Kematen bei **Klobenstein** im verkleinerten Maßstab nachbauen ließ. Heute werden in dem Kirchlein gerne Hochzeiten gefeiert. Der Gutshof Kematen ist über 750 Jahre alt, ein vorzügliches Restaurant mit Terrassencafé. Tel. 0471 356356

HIMMELFAHRT

In Himmelfahrt, 15 Minuten zu Fuß von **Oberbozen** entfernt, hatten betuchte Bozner Kaufleute und adelige Herren ihre Sommerresidenz und vergnügten sich u. a. am Schießstand. Prächtige Schießscheiben zeugen noch heute von diesem Zeitvertreib. Zu besichtigen sind sie nur bei besonderen Anlässen, z.B. bei der Prozession zu Maria-Himmelfahrt am 15. August. Empfehlenswert ist die Einkehr beim Gasthof Schluff in Maria Himmelfahrt (☺ ☺, Do Ruhetag, Tel. 0471 345139, www.gasthof-schluff.com)

RITTNER BAHN

1907 wurde eine Zahnradbahn von **Bozen** nach **Maria Himmelfahrt** erbaut. In den 60er Jahren ersetzte man sie durch eine Seilbahn. Die Schmalspurbahn auf der 4,6 km langen Strecke Oberbozen-Klobenstein blieb allen Modernisierungs- und Rationalisierungstrends zum Trotz erhalten und fährt zur Freude der Einheimischen und Gäste immer noch. Die rund einhundertjährigen Garnituren werden allerdings nur an den Wochenenden und im Sommer bei Schönwetter eingesetzt.

BURG KARNEID

Über der Eggentaler Schlucht steht imposant die Burg Karneid, das Wahrzeichen der Gemeinde. Sie wurde um 1200 von den Herren Greifenstein erbaut und zählt zu Südtirols schönsten Anlagen. Malerisch ist der Hof mit Brunnen, Freitreppen und einer zweigeschossigen Loggia. Führungen: April, Mai, Juni, September und Oktober, Fr um 15 und 16.30 Uhr. Voranmeldung bis Do bei der Gemeinde **Karneid**, Tel. 0471 361300

MARIA WEISSENSTEIN

Oberhalb von **Petersberg** bei Deutschnofen liegt Südtirols berühmtester Wallfahrtsort. Die frommen Pilger marschierten früher zu Fuß von Leifers durch das Brandental nach Weißenstein, heute kürzt mancher die Pilgerstrecke mit dem Auto ab; Papst Johannes Paul II., der vor Jahren Weißenstein besuchte, flog gar mit dem Hubschrauber ein. In der Kirche erzählen unzählige Votivtafeln und Dutzende Krücken von wundersamen Heilungen und Rettungen durch Maria.

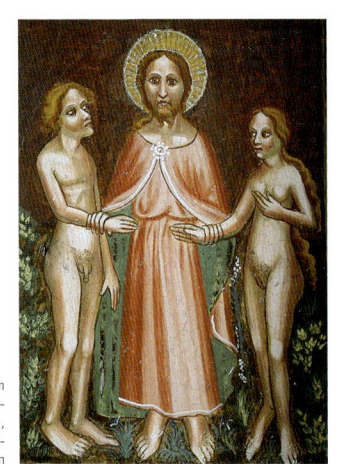

Fresko im Helena-Kirchlein, Deutschnofen

GRAND HOTEL AM KARERPASS

Der monumentale Hotelbau am **Karerpass** ist ein Denkmal der Architektur des ausgehenden 19. Jh. Gekrönte Häupter der Donaumonarchie, allen voran Kaiserin Sisi, aber auch Winston Churchill, verbrachten hier ihren Sommerurlaub.

KOSTBARKEITEN DER GOTIK

Die Pfarrkirche von **Deutschnofen** behütet einen wertvollen Kunstschatz: vier geschnitzte Relieftafeln des Meisters Hans von Judenburg aus der Steiermark. Er fertigte um 1400 einen gotischen Altar für die Bozner Pfarrkirche. 300 Jahre später kam der Barock in Mode und man schenkte das wertlos gewordene Stück den Deutschnofnern. Diese integrierten die Tafeln in einen neugotischen Schnitzaltar, der seither den Hochaltar schmückt.

STERNGUCKER

In **Obergummer** bei Steinegg, auf einer Anhöhe zwischen dem Eggental und dem Tierser Tal, verwirklichten Südtiroler Amateurastronomen ein ehrgeiziges Projekt: Es entstand die größte, mit modernster computergesteuerter Technik ausgestattete Volkssternwarte Italiens; besonders stolz ist man auf das Teleskop mit 80 cm Spiegeldurchmesser sowie ein Sonnenteleskop. Führungen jeden Donnerstag nach Einbruch der Dunkelheit bei klarem Himmel (Anmeldung empfohlen). Sonderführungen für das Sonnenteleskop sowie für Gruppen ab 6 Personen. Tel. 0471 361314, www.sternwarte.it

ST. KATHARINA

Das Kirchlein, das zwar dem **Tierser Tal** zugewandt ist, aber eigentlich noch auf Völser Gebiet liegt, ist wegen seiner leuchtenden Fresken an der Südfront sehenswert. Sie entstammen der sogenannten „Bozner Schule" um 1400 und zeigen in zehn Bildern das Leben verschiedener Heiliger. Als „Bozner Schule" wird jener Stil bezeichnet, bei dem heimische Maler Elemente der bisherigen Technik mit dem Stil der Kunstschule des Giotto di Bodone mischten.

ST. SEBASTIAN

Auf einer kleinen Hügelkuppe oberhalb von **Tiers**-Dorf liegt einsam das Sebastianskirchlein; es ist „nur" knapp 400 Jahre alt und den Hll. Sebastian und Rochus geweiht. Als im 17. Jh. die Pest ganz Südtirol heimsuchte, blieb Tiers verschont und man baute als Dank dafür dem Pestheiligen Rochus an der Stelle einer älteren romanischen Kapelle dieses Kirchlein.

NATURPARKHAUS SCHLERN

Ein jahrhundertealtes, wassergetriebenes Sägewerk und das dazugehörende Wohnhäuschen des Sägemüllers – hierzulande nennt man ihn Sagschneider – bilden den Sitz des Naturparkhauses Schlern. Es liegt am Eingang des überwältigend schönen Tschamintals, das von **Tiers** in die Dolomiten abzweigt. Eine kurze Videoschau, Karten, Bildtafeln und weitere Infomaterialien erzählen von Flora und Fauna, Land und Leuten, der Geologie des Schlerngebiets und vom kargen Leben des Sägemüllers; Infos: Tel. 0471 642196 oder 0471 642127. Gleich nebenan befindet sich der empfehlenswerte Gasthof Tschamin Schwaige. Tel. 0471 642010

MUSEEN UND AUSSTELLUNGEN

BOZEN

MERKANTILMUSEUM ❶
Im Prachtbau aus dem Jahre 1700, dem ehemaligen Gebäude des Merkantilmagistrats, wird die Tradition Bozens als internationale Handelsstadt dokumentiert. Sehenswert die barocke Architektur und die Einrichtung von Tischlermeister Anton Katzler, die Gemälde von Tiroler Barockmalern im berühmten Prunksaal, die Urkunden zur Regelung der Bozner Märkte und die Stoffmusterkataloge.
Silbergasse 6, ⏱ Mo–Sa 10–12.30 Uhr, nachmittags nach Voranmeldung, Tel. 0471 945702

MUSEION – MUSEUM FÜR MODERNE UND ZEITGENÖSSISCHE KUNST
Die Berliner Architekten Krüger, Schuberth Vandreike haben ein ausdrucksstarkes Gebäude geschaffen, dessen transparente Fassade visuell die Altstadt mit dem Talfergrün verbindet. Das nahe Atelier-Haus steht Künstlern als Kunstwerkstatt zur Verfügung. Das Museion zeigt zeitgenössische internationale Kunst unter Einbeziehung heimischer Künstler. Dantestraße 6, ⏱ täglich 10–20 Uhr, Do 10–22 Uhr, Tel. 0471 223411, www.museion.it

NATURMUSEUM SÜDTIROL 👫
Im ehemaligen gotischen Amtshaus Kaiser Maximilians I. erfahren Sie auf anspruchsvolle, aber unterhaltsame Weise, wie die typischen Südtiroler Lebensräume und Landschaften, z. B. die Dolomiten, entstanden sind. Hauptattraktion ist das Meerwasseraquarium. Im Erdgeschoss finden regelmäßig Wechselausstellungen statt. Bindergasse 1, ⏱ Di–So 10–18 Uhr, Tel. 0471 412960, www.naturmuseum.it

STADTMUSEUM BOZEN
Das älteste und traditionsreichste Museum Bozens wurde um die Jahrhundertwende erbaut. Die Bestände umfassen Zeugnisse mittelalterlicher, gotischer und barocker Kunst. Außerdem gibt es eine bedeutende Ausstellung von traditionellen Trachten und Objekten der Tiroler Volkskultur sowie sakraler Kunst, darunter wertvolle Holzskulpturen, Flügelaltäre und Gemälde. Berühmte Meister wie Michael Pacher, Hans Klocker, Franz von Defregger oder Albin Egger-Lienz sind mit Exponaten vertreten.
Sparkassenstr. 14, Wiedereröffnung 2009

Haus in der Museumstraße in Bozen

SÜDTIROLER ARCHÄOLOGIEMUSEUM ⭐ 👫
Das „Ötzi-Museum" ist ein Anziehungspunkt sondergleichen, an Schlechtwettertagen reicht die Warteschlange am Eingang schon mal bis in die Sparkassenstraße. Jährlich kommen Hunderttausende Besucher aus aller Welt nach Bozen, um die über 5000 Jahre alte, 1991 aufgefundene Gletschermumie, ihre vorbildlich restaurierte Original-Kleidung sowie ihre Ausrüstungsgegenstände zu bestaunen. Neben dem Fundkomplex „Mann aus dem Eis" dokumentiert das Museum die Ur- und Frühgeschichte Süd-

...für imme
ARUNDA

Sektkell
Mölten BZ (It

Tel. +39 0471 668
Fax +39 0471 668
info@arundavival
www.arundavival

tirols vom Ende der letzten Eiszeit (15.000 v. Chr.) bis zur Zeit Karls des Großen. Modelle, Rekonstruktionen, Raumbilder, Videos und interaktive Multimedia-Stationen geben Einblick in die Vergangenheit.
Museumstr. 43, Einlass: Di–So 10–17.30 Uhr, Juli, August und Dezember kein Ruhetag (ausgenommen Feiertage!), Tel. 0471 320100, www.iceman.it

MMM FIRMIAN
Das Bergmuseum von Reinhold Messner in der historischen und einmalig renovierten Anlage von Schloss Sigmundskron bei Bozen erzählt – entlang eines von Bildern, Fotos, Skulpturen und historischen Gegenständen gesäumten Parcours – vom Berg und den Menschen im Gebirge. Der „Weiße Turm" bringt die Geschichte Südtirols näher.
Sigmundskroner Str. 53, Di–So 10–18 Uhr (letzter Einlass: 17 Uhr), Tel. 0471 631264, www.messner-mountain-museum.it

UMGEBUNG VON BOZEN

IMKEREIMUSEUM PLATTNER – BIENENHOF
Nahe dem Wolfsgrubener See am Ritten liegt auf einer Wiesenkuppe und in schönster Aussichtsposition der Plattnerhof. Der über 500 Jahre alte Bauernhof beherbergt ein Bienenmuseum mit der größten Privatsammlung zur Südtiroler Imkerei. Da die originalen Feld- und Küchengeräte sowie die alte Einrichtung erhalten blieben, präsentiert sich der Hof außerdem als ein schönes Denkmal bäuerlicher Lebens- und Arbeitsweise früherer Zeiten. Kindergerechte Führungen. **Wolfsgruben** 15, Ostern–Oktober, Mo–So 10–18 Uhr, Tel. 0471 345350, www.museo-plattner.it

Im Bienenmuseum am Ritten

HEIMATMUSEUM STEINEGG
Unter dem Kirchenschiff der Pfarrkirche von **Steinegg** (Gemeinde Karneid) sind auf drei Stockwerken und 800 m² Ausstellungsfläche Alltagsgegenstände aus vergangenen Zeiten, religiöse und profane Volkskunst und lebensgroße Puppen in alten Trachten zu sehen. Palmsonntag–Allerheiligen Di–Fr 10 und 11 Uhr, Sa, So und feiertags 15 und 16 Uhr, zusätzliche Nachmittagsführungen im August und September (Di–So 15 Uhr), zusätzliche Abendführungen im Juli und August (Di 20.30 Uhr). Im Winter nur auf Anfrage! Tel. 0471 376518, www.steinegg.com

---

Galerien

⚜ Galerie Museum
Zeitgenössische, avantgardistische Kunst und Architektur. **Bozen**, Museumstr. 29, Di–Fr 10–13, 15–19 Uhr, Sa 10–13 Uhr, Tel. 0471 971601, www.argekunst.it

⚜ Stadtgalerie
Auf zwei Stockwerken im früheren Kloster der Dominikaner sind zeitgenössische Kunstwerke ausgestellt. **Bozen**, Dominikanerplatz 18, tgl. 10–12, 16–20 Uhr, Tel. 0471 977855 oder Tel. 0471 997697

MÄRKTE, TERMINE, BRAUCHTUM

BAUERNMÄRKTE

Feilgeboten werden Obst und Gemüse je nach Jahreszeit, Säfte, Honig, Eier, Kräuter und Blumen. Jeder Bauer hat sein Standl; ein Foto mit dem Namen des Hofs zeigt, wo die Ware herkommt. In **Bozen**: April–Dezember dienstags in der Europaallee und am Mazziniplatz, freitags am Rathausplatz und am Don-Bosco-Platz, samstags am Matteottiplatz.

Am Bauernmarkt in Bozen

FLOHMARKT

Eine Fülle an Kuriositäten, Raritäten, Trödel und Tand wird jeden ersten Samstag im Monat von 8 bis 17 Uhr auf der **Bozner** (ostseitigen) Wassermauerpromenade bei der Talferbrücke angeboten.

SAMSTAGSMARKT

Samstags müssen die Autos auf dem **Bozner** Siegesplatz einem großen Krämer- und Gemüsemarkt weichen. Wenn es Ihnen Spaß macht, an den Verkaufsständen herumzuwühlen und um die Preise der häufig mittelmäßigen Waren zu feilschen, dann nichts wie hin. Interessanter sind die Obst-, Gemüse- und Lebensmittelbereiche. Es werden Raritäten feilgeboten, die jenseits der Alpen kaum auf den Tisch kommen: Gemüsesorten wie Puntarelle, Cardi und Cime di rapa (Gemüse, Blatttriebe), Lampascioni (Wildzwiebeln), in Öl oder Salzlauge Eingelegtes, unglaublich viele Käsesorten. Wer den großen Samstagsmarkt versäumt: Donnerstags bauen dieselben Händler ihre Stände in der Rovigostraße und am Matteottiplatz auf.

BLUMENMARKT ❗

Am ersten Mai und an den Tagen davor und danach, je nachdem wie die Feiertage fallen, wird auf dem Waltherplatz und in der Mustergasse in **Bozen** ein großer Blumenmarkt abgehalten. Ein Meer von Blumen, Pflanzen und Sträuchern, in allen Farben und Duftnoten, wetteifert um den Käufer.

MESSEN

Anfang Mai organisiert die Messegesellschaft in den Hallen in **Bozen** Süd die Freizeitmesse; im September die Internationale Herbstmesse, wo von Kunsthandwerk über Lebensmittel, hin zu Möbeln und Haushaltsmaschinen alles angeboten wird. Infos über diese und andere Messen sowie Termine unter Tel. 0471 516000, www.messebozen.it

WEINKOST

In dem zum Kongresszentrum umgebauten Schloss Maretsch in **Bozen** werden im Mai die neuen Jahrgänge vorgestellt und verkostet. Tagsüber ist die Weinkost dem Fachpublikum vorbehalten, am Abend kann auch der „normalsterbliche" Weinliebhaber teilnehmen. Infos: Tel. 0471 975117, www.weinkost.it

Terlaner Spargelwochen

Im warmen, feinen Schwemmsand der Etsch gedeiht der Spargel besonders gut. Rührige Gastwirte und Landwirte aus Terlan haben die Tradition des Spargelanbaus wiederbelebt. Die Interessengemeinschaft zeichnet unter dem Namen „Margarete" – in Anlehnung an die letzte Landesfürstin von Tirol, Margarethe Maultasch, die auf der nahen Burg Neuhaus wohnte.

Heute hat das königliche Gemüse in Terlan von April bis Mai Hochsaison. Besondere Speisekarten, täglich frische Spargelmenüs in den Gastbetrieben – dazu wird ein erlesener Sauvignon kredenzt – sowie Rahmenveranstaltungen zum Thema kennzeichnen die „Spargelzeit". An der Spargelwanderung beispielsweise können bis zu 35 Personen teilnehmen. Das Programm beginnt um 9.30 Uhr am Dorfplatz, mit Aperitifs und Appetithäppchen, und setzt sich in Freskenbesichtigungen in der Pfarrkirche und einer kleinen Wanderung zu den Spargelfeldern, wo man beim Spargelstechen zuschauen kann, fort. Auch ein Mittagessen mit Spargelspezialitäten steht auf dem Programm. Abschließend Besichtigung der Kellereigenossenschaft, die sich um die Verarbeitung und Vermarktung des Gemüses kümmert, Weinverkostung und Überraschungsgeschenk. Infos: Tourismusbüro Terlan, Tel. 0471 257165

HERZ-JESU-FEUER

In Erinnerung an ein Gelübde zur Zeit der Franzosenkriege werden drei Wochen nach Ostern große Bergfeuer abgebrannt. Auf allen freistehenden Bergen lodern bei Einbruch der Dunkelheit helle Flammen in den Himmel. Vielerorts, etwa beim Restaurant Patscheiderhof in **Signat** am Rittner Berg, sind Zaungäste willkommen. Am Wendlandhof am **Virgl** oberhalb von Bozen hat das Ganze fast schon Volksfestcharakter.

TANZSOMMER BOZEN

Die zweite Julihälfte steht im Zeichen des Tanzes: Zwei Wochen lang gastieren in **Bozen** renommierte internationale Tanzgruppen und wird ein reichhaltiges Angebot an Kursen für Anfänger und Fortgeschrittene geboten. Das Festival begeistert Tänzer und Zuschauer gleichermaßen. Infos: Südtiroler Kulturinstitut, Tel. 0471 313800, www.tanzbozen.it

DOLOMITEN-RADRUNDFAHRT

Das traditionsreiche Radrennen wird Ende Juli bis Anfang August abgehalten. Hunderte von Fahrern aller Alters- und Leistungsklassen bevölkern die Strecke und mühen sich die Dolomitenpässe empor. An den Etappenzielen steigert sich die allgemeine Euphorie zu regelrechten Volksfesten. Start und Ziel sind in **Bozen**. Infos: Tel. 0471 272089, www.girodolomiti.com

> **Hexentreff und Kultort**
>
> Im Wald unweit der Wallfahrtskirche Maria Saal bei **Mittelberg** am Ritten kommt man auf Weg 35 zum sagenumwobenen Hexenbödele, einer einsamen Waldlichtung. Jetzt stehen hier bei einer alten Lärche ein Wegkreuz und eine Bank zum Ausruhen, in alten Zeiten sollen sich hier die Rittner Hexen und die Schlernhexen getroffen haben. Geheimnisumwittert ist auch der **Wolfgrubener** Opferstein, auf einer Kuppe nur wenige Minuten oberhalb des Sees, der zwei Jahrtausende lang – bis zur Christianisierung – Opferplatz und Kultort war.

LORENZI-NACHT

Bozen, drittgrößte Weinbaugemeinde Südtirols, steht am Tag des hl. Laurentius im August im Zeichen des Weines. Rund 20 Weinbaubetriebe präsentieren unter den Lauben ihre edlen Tropfen. Die tiefen Weinkeller der Laubenhäuser waren früher berühmt – man munkelte, dass Bozen auf Wein gebaut sei, so wie Venedig auf Wasser. Gemeinde Bozen, Tel. 0471 997691

BARTHLMASTAG ❶

Der Almabtrieb von den Almen am Rittner Horn ist ein besonderes Spektakel. Zum Fest des hl. Bartholomäus (24. August) kommen die Bauern aus der näheren und weiteren Umgebung, um das Vieh auf einer großen Almwiese oberhalb von **Pemmern** am Ritten zusammenzutreiben. Dann beginnt der Festbetrieb. Schon am Vormittag finden sich Tausende Schaulustige ein, die Musikkapelle spielt auf, es wird getanzt und gefeiert. Am Nachmittag geht das Volksfest in Pemmern weiter.

KONZERTREIHE

Ende August musizieren alljährlich das European Union Youth Orchestra und das Gustav Mahler Jugendorchester im Neuen **Bozner** Stadttheater und im Freien auf dem Dominikanerplatz. Infos: Tel. 0471 304130

PIANISTENWETTBEWERB „FERRUCCIO BUSONI"

Gut besuchter, nicht unumstrittener internationaler Musikerwettstreit. Er findet im 2-Jahres-Rhythmus (1. Jahr: Vorausscheidungen und Festival, 2. Jahr: Finalphase) im August im Musikkonservatorium am Dominikanerplatz in **Bozen** statt. Die Abschlusskonzerte der Preisträger im Haydnsaal sind öffentlich zugänglich. Infos: Tel. 0471 976568, www.concorsobusoni.it

SARNER KIRCHTAG ★

Das größte Fest im Sarntal wird am ersten Wochenende im September in **Sarnthein** abgehalten und dauert drei Tage; am Montag, dem letzten Tag, findet ein großer Vieh- und Krämermarkt statt. Alles, was Beine hat, ist dabei. Für Essen und Trinken, Musik und Folklore, derbe Späße (und mitunter eine kleine Rauferei) ist gesorgt. Ein richtiger Sarner macht an allen drei Tagen mit, am Samstag, Sonntag und Montag – deshalb nehmen die meisten jungen Sarner am Montag Urlaub, manche haben ihn auch noch am Dienstag nötig.

KÜRBISFEST

Anfang Oktober türmen sich für etwas mehr als eine Woche auf dem Waltherplatz in **Bozen** Kürbisse in allen Formen und Farben. Gleichzeitig gibt es kulinarische Köstlichkeiten aus Kürbis zu entdecken. Infos: Verkehrsamt Bozen, Tel. 0471 307000

KLÖCKLN ❶

Das „Klöckln" ist ein urtümlicher **Sarner** Brauch, in den alte Fruchtbarkeitsriten hineinspielen. „Klöckln" oder „Anklöpfeln" steht für das Anklopfen Josefs und Marias bei der Herbergssuche. Jeden

Donnerstag Abend im Advent ziehen Gruppen vermummter Sarner Burschen lärmend durch die Dorfgassen, von Weiler zu Weiler, von Hof zu Hof. Jede Gruppe schart sich um ein sogenanntes „Zusslmandl" und ein – ebenfalls von einem Burschen gemimtes – „Zusslweibele". Vor den Häusern singen sie das Klöckllied, tanzen und treiben Schabernack, anschließend gibt's für alle eine meist hochprozentige Stärkung.

BOZNER CHRISTKINDLMARKT

Keine andere Veranstaltung lockt solche Menschenmassen aus Oberitalien nach **Bozen**. Die Italiener scheuen keine Mühen, um sich in der Adventszeit in das für sie ungewöhnliche Treiben am Waltherplatz, Rathausplatz und in der Mustergasse zu stürzen.

Klöckln im Sarntal

BOCLASSIC

Letztes Ereignis des Jahres ist der Internationale Silvesterlauf durch die Gassen von **Bozens** Altstadt: Er hat sich in den letzten 20 Jahren von einem sportlichen Volkslauf zu einem publikumswirksamen Ereignis mit Teilnehmern von internationaler Klasse gemausert.

Grenzgebiet Sarntal

Zur Zeit Napoleons, also vor mittlerweile fast 200 Jahren, zog sich sieben Jahre eine Grenze quer durch das **Sarntal** – nach verlorenen Kriegen musste Österreich Tirol abtreten. Etwas südlich von Bundschen begann das von Napoleon gewollte Königreich Italien, nördlich davon das Königreich Bayern, die Grenze bildeten zwei kleine Bäche. Nach 1817 kam Tirol wieder zu Österreich, die Grenze wurde abgeschafft und das Sarntal war wieder vereint.

FREIZEIT IM SOMMER

BADEN

🎺 Vor Jahren war das „Waldschwimmbad" in **Nals** mit seinen vielen Bäumen eines der größten und schönsten im Land; jetzt ist es drum herum etwas ruhiger geworden. Tel. 0471 678789

🎺 Das vor ein paar Jahren renovierte Freibad in **Terlan** ist klein, beschaulich und einfach, punktet aber mit einer schönen Liegewiese und alten Bäumen, unter denen man auch bei größter Hitze richtig faulenzen kann, ohne um jeden Quadratmeter Handtuchplatz kämpfen zu müssen.

🎺 Das städtische Schwimmbad in **Bozen**, Lido genannt, verfügt über großzügige Grünanlagen mit altem Baumbestand. Schwimmbecken unterschiedlicher Größe, eines sogar mit Olympiamaßen und mit 10 m hohem Sprungturm. Bar, Pizzeria, Restaurant. Trieststr. 21, Tel. 0471 911000

🎺 Das schöne Freibad in **Jenesien** 🚩 liegt in beherrschender Position auf der Kuppe eines freistehenden Hügels, nahe der Seilbahn Bozen–Jenesien.

BOCCIA

Das Bocciaspiel, eine Sportart aus dem Süden, ist besonders bei italienischen Alt-Herren beliebt. Das Spiel mit den Kugeln auf der Sandbahn braucht Zeit, da wird gezielt, Anlauf genommen, diskutiert. Beim Drusus-Stadion in der Trieststraße in **Bozen** gibt es einen Bocciaplatz.

GOLF

🎺 Die 18-Loch-Anlage auf dem Hochplateau in **Petersberg** ⭐ bietet ein beeindruckendes Panorama auf die umliegenden Berge. Golfschule, Clubhaus, Restaurant, Café, Bar, Shop – untergebracht im Steinacherhof, einem wunderschön restaurierten Bauernhof. Tel. 0471 615122, www.golfclubpetersberg.it

🎺 Ein 9-Loch-Platz befindet sich am **Karerpass**. 🚩 Die Lage ist ebenfalls prächtig: auf 1600 Höhenmetern (Achtung, in der dünnen Luft fliegen die Bälle weiter!), unterhalb der spektakulären Felskulisse der Rotwandspitze. Schon um 1908 spielte hier der europäische Hoch- und Geldadel auf einer 18-Loch-Anlage. Tel. 0471 612200, www.carezzagolf.com

HOCHSEILGARTEN

High Emotion Training Zone – kurz HETZ – nennt sich der ganzjährig begehbare Hochseilgarten in **Terlan**, nahe der MeBo-Ausfahrt. Auf Baumstämmen und Pfählen sind Plattformen montiert; zwischen den Bäumen verlaufen Hängebrücken, Seilschlingen und andere Hindernisse, die es unter professioneller Anweisung zu überwinden gilt. Die Sicherheitsausrüstung wird gestellt. Eine Attraktion ist Sensofit: ein sensomotorischer Barfußweg. Infos: Tel. 0471 257944, www.xsund.it

---

Friedhofsspaziergänge

Auch auf dem Städtischen Friedhof von **Bozen** lässt sich ein Stückchen Zeitgeschichte entdecken. So stößt man zum Beispiel auf das Grab von Ljubov' Dostoevkaja, der Tochter Dostojewskis, die 1926 im Grieser Hof verstarb. Der aufgelassene, schön gelegene Friedhof bei der Alten Grieser Pfarrkirche zeugt von Namen betuchter Bürger und Adeliger, die zur Zeit des Habsburgerreiches einen Bezug zu Bozen hatten. Der jüdische Friedhof in Oberau erinnert an die Präsenz des jüdischen Bürgertums in Bozen und Meran um 1900. Und auf dem evangelischen Friedhof in Bozen-Oberau ist u.a. Philipp Rosenthal bestattet. Unter dem Porzellankreuz findet sich die Aufschrift: „Sein Lebenswerk, sein Porzellan".

MINIGOLF

🞛 In **Nals**, in der Sportzone beim Schwimmbad am nördlichen Dorfrand, gibt's auch Gelegenheit zum Minigolf-Wettkampf. Tel. 0471 678789

🞛 In **Bozen** liegt der Minigolf-Platz an der Wassermauerpromenade schön und schattig. Tel. 340 7435003, Raimund Ille

KEGELN

🞛 Im Sommer, zur Zeit der Heuernte, kegeln die Bauern auf der Naturkegelbahn beim Gschnofer Stall um die Wette. Die Almwirtschaft am Salten auf dem **Tschögglberg** ist nur zu Fuß von Jenesien oder Mölten–Verschneid erreichbar und ein beliebtes Ausflugsziel. Speisekarte mit sehr guter Tiroler Kost; Spezialitäten sind das hausgemachte Brot, die handgestampfte Butter oder Rühreier mit Schafgarbe ...

PARAGLEITEN

🞛 Abzuheben, ohne Flugprofi zu sein und wieder heil auf sicherem Boden zu landen, gelingt mit der Mannschaft von Fly2, einer Gruppe Flugbegeisterter, die Passagierflüge (Tandemflüge) mit dem Gleitschirm anbietet. Startplätze befinden sich u.a. am **Rittner Horn**. Tel. 335 5716500, www.fly2.info

RADWANDERN, MOUNTAINBIKEN

🞛 **Durch die Obstgärten.** Die Obstwiesen im Etschtal durchzieht ein Netz von Wegen, die meist durch Schranken für den Autoverkehr gesperrt sind. Hier, zwischen den Apfelbäumen, gibt es unendlich viele Möglichkeiten für gemütliche Touren mit Kleinkindern, Omas und inlineskatenden Teenies – besonders schön zur Apfelblüte. Außerdem führen entlang des Etschdamms beschilderte Radwege, die die einzelnen Orte verbinden. Mehr über Radtouren und Kartenmaterial unter www.bikearena.it.

🞛 **Städtische Radtouren.** Es gibt mehrere Radwege in Bozen; der längste und schönste führt vom Parkplatz bei Schloss Runkelstein im Norden, die Talfer entlang bis zu deren Mündung in den Eisack. Von dort geht es entweder weiter bis zum südwestlichen Stadtrand, wo der Etschradweg ins Südtiroler Unterland beginnt, oder nach Osten, vorbei an der Altstadt, Richtung Eisacktal.

🞛 **Über den Salten.** ⭐ Wer Höhenmeter fressen will, radelt in Bozen los (275 m) – allen anderen sei angeraten, den Anstieg nach Jenesien mit der Seilbahn zu überwinden. Am nördlichen Dorfrand von Jenesien (1080 m) zweigt eine Asphaltstraße links ab zum Gasthof

Am Rittner Horn

Radverleih, Radreparaturen, Radtouren

- Verleih von Citybikes: in **Terlan** Tourismusverein, Tel. 0471 257165
- Städtischer Radverleih **Bozen**: Leihräder gegen geringe Gebühr gibt es in der Bahnhofsstraße (Nähe Waltherplatz) oder am Grieser Platz und beim Radverleih Verkehrsamt Bozen, Infobüro Waltherplatz 8, Citybikes gegen geringe Gebühr, Tel. 0471 307000
- In Pauls Radlwerkstatt von Paul Hofer in **Deutschnofen** bekommt man Mountainbikes, auch vollgefederte Räder zu leihen. Außerdem Abhol- und Zubringerdienst (Anhänger mit Platz für bis zu neun Rädern). Tel. 349 2821927
- Reparaturservice bei Novum in **Bozen**, Schlachthofstr. 49, Tel. (tagsüber) 0471 971713
- Geführte Mountainbike- und Rennradtouren: Krauti's Bike Academy, **Welschnofen**, Tel. 0471 613046, www.krauti.it

Locher (1271 m), von dort hinüber zum Wieser (1386 m), ab hier kurze Schiebestrecke bis auf einen ebenen, Weiden- und Wiesenboden, dann auf Weg 7, später 7A zur Almwirtschaft Gschnofer Stall (1435 m). Ein Forstweg bringt Sie über den Höhenrücken des Saltens unterhalb der Langfenn zum Schermoos auf rund 1450 m. Ab hier wieder Asphalt bis Flaas, über Steig 3 unterhalb der Asphaltstraße geht's zum Gasthof Tomanegger (1329 m), auf dem mit T markierten Steig nach Jenesien zurück. Wer Abfahrten liebt, saust bis Bozen. (Licht für Tunnels!) 26 km ab Jenesien, 700 m Höhenunterschied, leichte Tour. (Vgl. Plan 7, S. 119; Mapgraphic Wanderkarte Nr. 7 – mit Radwanderwegen)

- **Zu Füßen der Sarner Scharte**. Ausgangspunkt ist Sarnthein (974 m). Auf asphaltierter Straße geht es zum Berger Hof nach Unterreinswald, von dort 1,5 km auf Asphalt weiter, über eine Brücke, dann auf gutem Forstweg immer bergan bis unterhalb der Sarner Scharte. Hier, auf rund 1700 m, hat man den höchsten Punkt der Tour geschafft. Ein schöner Waldweg führt nun leicht abwärts zum Pichler Hof (1496 m), den man von weitem an einer Antennen- bzw. Reflektoranlage erkennt. Auf asphaltierter Straße geht's in steiler Abfahrt über Riedelsberg und Steet nach Sarnthein zurück. 25 km, 800 m Höhenunterschied, mittelschwere Tour. (Mapgraphic Wanderkarte Nr. 31 – mit Radwanderwegen)

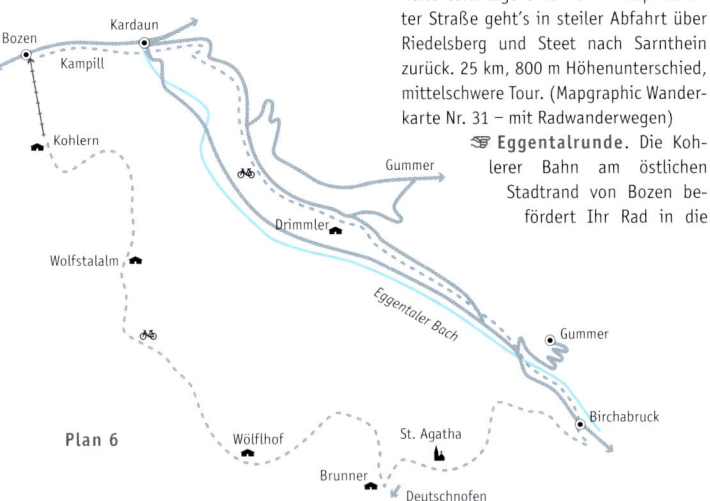

- **Eggentalrunde**. Die Kohlerer Bahn am östlichen Stadtrand von Bozen befördert Ihr Rad in die

Plan 6

Höhe. Von der Bergstation (ca. 1120 m) folgt man dem Europäischen Fernwanderweg (E5), fährt an der Wolfstalalm (1340 m) und am Toten Moos vorbei (1470 m) zur Einkehr Wölflhof (1290 m). Ab hier in östliche Richtung, an den Höfen Unter- und Oberkaplun vorbei, bis zur beschilderten Abzweigung zum St.-Agatha-Kirchlein; nun rasante Abfahrt auf gutem Feldweg nach Birchabruck (865 m). Ca. 3 km talauswärts auf der Straße durch das Eggental, gegen Ende einer langen Geraden zweigt rechts eine asphaltierte, leicht ansteigende Nebenstraße ab, die – gleich nach dem Drimmler Hof (976 m) – schließlich in die Straße nach Karneid mündet. Auf dieser (Mark. 1) abwärts bis Kardaun, auf dem Radweg am rechten Eisackufer nach Bozen zurück. 36 km, 500 m Höhenunterschied, lange, aber leichte Tour. (Vgl. Plan 6; Mapgraphic Wanderkarte Nr. 9 oder Nr. 10 – mit Radwanderwegen)

REITEN

☞ Beim Landgasthof Zum Hirschen – oder, wie die Einheimischen sagen, beim Unterwirt – in **Jenesien** befindet sich ein kleiner Reitplatz. Im Angebot: geführte Ausritte, Schnupperreiten und romantische Kutschfahrten mit den gutmütigen Haflinger-Pferden. Tel. 0471 354195, www.hirschenwirt.it

☞ Mitten im schönsten Reit- und Wandergebiet des Sarntals, hoch über **Sarnthein**, liegt das Berghotel Auener Hof.

Exzellentes Restaurant! Die Haflinger-Pferde im Reitstall stammen großteils aus eigener Zucht. Tel. 0471 623055, www.auenerhof.it

☞ Bad Siess ist ein schönes Ensemble aus Gasthaus, Kapelle und Bauernhof in **Mittelberg** am Ritten. Tel. 0471 356492

☞ Familie Seehauser bietet am Zyprianhof in **Welschnofen**, am Fuße des Rosengartens, viel Spaß bei Tagesausritten und Mehrtages-Abenteuerritten mit Übernachtung auf der Almhütte; Urlaub auf dem Bauernhof. Tel. 0471 613561, www.rolbox.it/zyprianhof

St. Magdalena bei Bozen

SKATEN

Skaten ist auf Straßen und Gehsteigen verboten. Inlineskater dürfen in **Bozen** die Radwege entlang der Flüsse Eisack, Talfer und Etsch benutzen; Skateboarder finden ein Übungsgelände mit Pipe, Schanzen und Hindernissen auf den Talferwiesen in Bozen (linkes Talferufer).

TENNIS

☞ Zwei Sandplätze, die zwar keine Top-Lage aufweisen, aber sehr gut geführt und besucht werden, befinden sich bei Pizzeria-Tennis-Camping Ganthaler in **Vilpian**; auch Irrgarten. Infos: Tel. 0471 678716

☞ In unmittelbarer Nähe des Schwimmbads von **Sarnthein** befinden sich vier Tennisplätze, die mit Kunstrasen-Quarzsand und Flutlichtanlage ausgestattet sind. Tel. 347 2224487, Georg Stauder

Hagner Alm bei Welschnofen

🐂 Die Tennisanlage von **Klobenstein** wurde in der Sportzone in schöner Panoramalage errichtet; Platzreservierungen bei der Tennisbar, Tel. 0471 357288

🐂 Auf zwei Sandplätzen neben der Seilbahnstation in **Oberbozen** können Sie sich in schönster Aussichtsposition und mit Flutlichtanlage einen Schlagabtausch liefern. Die öffentlich zugängliche Anlage gehört zum Parkhotel Holzner, Tel. 0471 345231

Promenaden in Bozen

🐂 **Heinrichspromenade**. Nahe der Alten Grieser Pfarrkirche schlängelt sich ein Serpentinenweg hinauf nach Guntschna. Benannt ist die Promenade nach dem Habsburger Erzherzog Heinrich; längs des Weges gedeihen mediterrane Pflanzen wie Olivenbaum, Lorbeer, Feigenkaktus, Agave, Korkeiche oder Palme. Bis zum höchsten Punkt beim Reichrieglerhof sind es 250 Höhenmeter, Gehzeit 45 Minuten. Abstieg über die Fagenschlucht

🐂 Die **Wassermauerpromenade** begleitet beidseitig das Flussbett der Talfer und nutzt dabei die ehemaligen Dammkronen. Ein 20-minütiger Spaziergang führt vom Café Theiner an der Talferbrücke zur St.-Anton-Brücke. Schöner Baumbestand, Blumenrabatte und Rosenbeete, weite Wiesen, herrlicher Blick zum Rosengarten und auf Schloss Maretsch.

🐂 Die **Oswaldpromenade** 🚩 quert den Berghang im Nord-Osten Bozens, sie verläuft – gesäumt von wärmeliebenden Pflanzen – von der St.-Anton-Brücke bis zum Weindorf St. Magdalena. Bänke laden zum Verweilen ein; die Ausblicke auf die Dächer von Bozen, den Talkessel und die Dolomiten sind beeindruckend. Vom Gasthof Eberle kurzer, steiler Abstieg nach Bozen und Rückkehr ins Zentrum mit Bus 1. Gehzeit 45 Minuten, 140 Höhenmeter.

🐂 Die Virgl-Promenade in **Bozen** ist von der St.-Gertraud-Kapelle in Haslach (Bushaltestelle), den Hinweisschildern folgend, in 30 Minuten erreicht. Sie bringt einen zur Haselburg, die – nach Jahrzehnten des Vergessens – zu einem Ausflugslokal und Veranstaltungszentrum umgebaut worden ist. Von der Haselburg führt ein Steig (Markierung 0) leicht ansteigend zu einem Forstweg, der nordwärts und dann wieder als Steig in 45 Minuten zum Ausflugsgasthaus Kohlerhof geht. Unterhalb des Hofs führt wieder der Promenadenweg zum Ausgangspunkt zurück.

Plan 7

Hochplateau liegt. Auf dem alten Montigler Fußweg gelangen Sie wieder nach Terlan. Gehzeit 2 Stunden (3 über Montigl), 120 Höhenmeter, (310 über Montigl). (Mapgraphic Wanderkarte Nr. 7)

☞ **Über die Lärchenwiesen des Salten.** Die klassische Wanderung im Frühling, wenn die buckeligen Almwiesen voll Blumen sind, oder im Spätherbst, wenn die Lärchen golden leuchten, ist der Weg E5 vom Gasthaus Edelweiß (Parkplatz) oberhalb von Jenesien zum Gasthaus Langfenn mit der Jakobskirche, die auf 1527 m, beherrschend auf dem höchsten Punkt des Salten, steht. Gehzeit 1½ Stunden, 200 Höhenmeter; Rückweg mit (beschildertem) Abstecher zur Almwirtschaft Gschnofer Stall unbedeutend länger. (Vgl. Plan 7; Mapgraphic Wanderkarte Nr. 7)

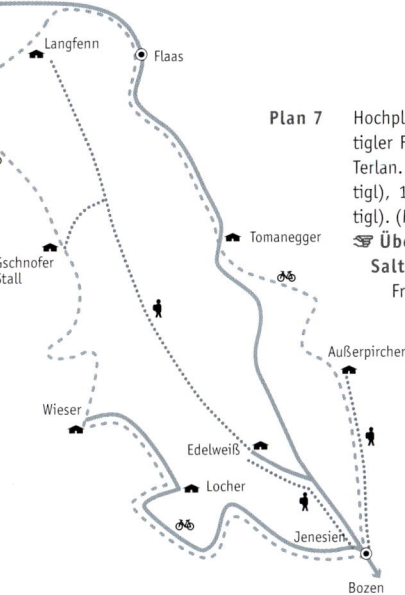

WANDERN

☞ **Burgenwanderung.** Ausgangspunkt ist die Pfarrkirche in Nals. Der Weg, vorbei an der Schwanburg, zum Bittner- und Regelehof ist leicht ansteigend. Weg R führt nun den Hang entlang bis zur Burg Wolfsthurn oberhalb von Andrian. Von dort steigen Sie ins Tal hinab und folgen dem Etschdamm-Wanderweg, der Sie nach Nals zurückbringt. Die gemütliche Familienwanderung kann das ganze Jahr über begangen werden. Gehzeit 2–3 Stunden, 300 Höhenmeter. (Mapgraphic Wanderkarte Nr. 7)

☞ **Margarethenpromenade.** Ein idealer Herbst- und Winterausflug; im Sommer sehr heiß: In Terlan startend, erreichen Sie über den durch Obst- und Weingärten leicht ansteigenden Silberleitenweg den promenadenartigen Steig. Er überquert die Möltner Straße und führt dann in südwestliche Richtung, den steilen Bergrücken querend, zur Ruine Neuhaus. Prächtiger Rundblick. Der Rückweg erfolgt entweder auf dem alten Burgsteig, der steil hinab zur Staatsstraße führt, oder Sie wandern auf einem schmalen Steig weiter aufwärts, an einem kleinen Tümpel vorbei, zum Weiler Montigl, der auf einem aussichtsreichen

☞ **Fische füttern in Jenesien.** Im Wald nördlich von Jenesien, an dem mit T markierten Wanderweg nach Flaas, Richtung Gasthof Tomanegger, liegt der Bauernhof Außerpircher. In seiner Nähe befindet sich ein romantischer Mühlenteich, der Pircher Weiher, der von kleinen Fischen nur so wimmelt. Wenn Sie mit Kindern unterwegs sind, nehmen Sie unbedingt altes Brot mit und beobachten Sie, wie sich die Fischlein um die Brotkrumen balgen! (Vgl. Plan 7; Mapgraphic Wanderkarte Nr. 7)

☞ **Die Sarntaler Hufeisentour.** Die Sarner haben sich für Wanderer etwas Besonderes ausgedacht: In einer Woche kann man die Berge, die das Sarntal wie ein Hufeisen umgeben, auf einem Höhen-Weitwanderweg erobern. Er führt durch alpines Gelände auf rund 2000 m Höhe, wobei bereits bestehende Wanderwege vernetzt, ergänzt, markiert und ausgeschildert wurden. Gefährliche oder besonders ausgesetzte Stellen gibt es keine, daher kann jeder gehtüchtige Wanderer die Hufeisentour bewältigen. Übernachtet wird in Hütten längs des Weges. Infos,

Wegbeschreibung und Hüttenverzeichnis im Tourismusbüro Sarnthein, Tel. 0471 623091. (Mapgraphic Wanderkarte Nr. 31)

≋ **Gipfelsturm ab Durnholzer See.** Vom Durnholzer See aus können Sie problemlos und ohne größere Orientierungsschwierigkeiten die umliegenden Berge – wie Kassianspitze, Schrotthorn, Jakobsspitze, Hörtlaner, Tagewaldhorn oder Karnspitze – erreichen. Die Gipfel liegen auf 2400 bis 2700 m und sind vom Durnholzer See in 3 bis 5 Stunden zu erzwingen. Bereits als Ziel oder bloß als Zwischenstation für den, der Gipfelbesteigungen sammelt, bietet sich die Flaggerschartenhütte (ehemals Marburger Hütte) an. In der Nähe liegt der Flaggersee. Zur Hütte (2481 m) schaffen Sie es bequem in ca. 2–3 Stunden (Mark. 16), dabei sind ca. 900 Höhenmeter zu überwinden. (Mapgraphic Wanderkarte Nr. 31)

≋ **Seespaziergang in Durnholz.** In einer Stunde umrundet ein fast ebener Weg den romantischen, tiefblauen, von Wald, Wiesen und Moor gesäumten Durnholzer See. Einkehrmöglichkeit beim Fischerwirt, einem einfachen Gasthaus am See, wo man bei schönem Wetter auch im Freien sitzen kann.

≋ **Zu den Stoanernen Mandln.** Beim Weiler Putzen am Westhang oberhalb von Sarnthein liegen, auf einer Lichtung im dichten Fichtenwald versteckt, eine kleine Kirche und das Gasthaus Putzenkreuz (1630 m, Tel. 0471 623813). Der mit P markierte Weg führt auf die 2003 m hohe Bergkuppe hinter dem Putzenkreuz, wo aus Steinplatten aufgeschichtete, übermannshohe Pyramiden stehen – die sogenannten „Stoanernen Mandln". Über ihre Entstehung und ihr Alter ist nichts bekannt. In grauer Vorzeit soll der markante Gipfel Treffpunkt für Hexen, Zauberer und Geister gewesen sein. (Mapgraphic Wanderkarte Nr. 31)

≋ **Ein Hauch von Abenteuer.** Eine wildromantische Landschaft, schroffe Felsen, Schluchten, eine für Südtirol seltene Hängebrücke – das bietet der Ausflug zum Johanniskofel in der Sarner Schlucht: Ungefähr 5 km nach Bozen, beim Tunnel Nummer 14 an der Sarntaler Straße, führt der gut markierte Steig 4 zunächst über die Hängebrücke über die Talfer, dann in steilen Serpentinen in die Höhe. Nach einer guten halben Stunde erreicht man den Buschenschank Steinmannhof (658 m; Tel. 0471 602042 am Ritten), wo auch der Schlüssel für das Kirchlein auf dem Johanniskofel aufbewahrt wird. Der kurze Weg zum Höhenkirchlein hat es in sich und Kinder sollten ihn nur in Begleitung trittsicherer Erwachsener gehen. Gleicher Rückweg. Gehzeit $1^1/_2$ Stunden, 200 Höhenmeter. (Mapgraphic Wanderkarte Nr. 31)

Aufstiegsanlagen

Drei Seilschwebebahnen bringen einen von Bozen schnell und umweltschonend auf die umliegenden aussichtsreichen Höhenrücken, die ein dichtes Netz von Wanderwegen überzieht.

≋ Die **Jenesier Bahn** startet am Nordrand der Stadt, am Eingang zum Sarntal, und bringt Sie in wenigen Minuten nach Jenesien. Rafensteiner Weg 15, Tel. 0471 978436, Bus 12 und – an Feiertagen – 14

≋ Die **Rittner Kabinenumlaufbahn** startet in Bahnhofsnähe und führt nach Oberbozen am Ritten. Dort besteht Anschluss an die historische Schmalspurbahn, die weiter bis nach Klobenstein fährt. Rittner Str. 12, Tel. 0471 978479, Bus 1 und 11.

≋ Die **Kohlerer Bahn** überwindet in 7 Minuten die 890 Höhenmeter auf den bewaldeten Kohlerer Berg. Die Talstation liegt im Osten der Stadt. Kampiller Weg 7, nahe der Kampiller Brücke, Tel. 0471 978545, Bus 11 und – an Feiertagen – 14

☞ **Rittner Themenweg.** Ein etwa zweistündiger Spazierweg verbindet neun Besonderheiten oder Themen, die für das Rittner Hochplateau von Bedeutung sind. Der gut beschilderte Weg (Mark. 23, blau) beginnt am Bahnhof in Oberbozen, führt an den Erdpyramiden von Oberbozen vorbei zum Kirchlein St. Jakob und über Maria Himmelfahrt zurück. Tafeln weisen auf die Themen hin – etwa auf die Geschichte der Rittner Bahn, den alten Kaiserweg, die Erdpyramiden, das typische rote Rittner Porphyrgestein, die Wasserarmut oder die alten Sommerfrischen der wohlhabenden Bozner. Nicht nur Touristen, auch Einheimische entdecken dabei Neues! Gehzeit 1½ Stunden, 200 Höhenmeter.

☞ **Zu Füßen des Rosengartens.** 👫 Eine Wanderung durch Wald und Wiesen unterhalb der schroffen Felswände der Laurinswand führt vom Nigerpass (1668 m) auf Weg Nr. 7 zur Baumannschwaige (1826 m) und zur Hanickerschwaige (1873 m) und auf gleichem Weg wieder zurück. Einmaliger Blick bis in den Talkessel von Bozen! Einkehrmöglichkeiten bieten der Nigerhütte und die Hanickerschwaige. Die mittelschwere Wanderung ist auch für wanderfreudige Familien mit Kindern geeignet. Gehzeit: 4 Stunden, 205 m Höhenunterschied. (Mapgraphic Wanderkarte Nr. 9 oder Nr. 10)

☞ **Für Blumenliebhaber.** ❶ Der Verkehrsverein Tiers organisiert geführte botanische Wanderungen. Auch wenn Sie sich bisher kaum mit der Pflanzenwelt beschäftigt haben, wird Ihnen der Ausflug in Begleitung eines Botanikers und eines Försters Spaß machen! Sie wandern über Forstwege, Steige und querfeldein unterhalb des Rosengartens, immer mit offenen Augen für seltene oder im Verborgenen blühende Pflanzen. Vormerkungen und Infos: Tourismusbüro Tiers, Tel. 0471 642127

Die Stoanernen Mandln im Sarntal

Aussichtsturm in Kohlern 👫 🚩

Nahe der Bergstation der Kohlerer Seilbahn in **Bozen** steht ein 37 m hoher, aus mächtigen Holzstämmen gezimmerter Aussichtsturm. Der Blick über die Baumwipfel hinweg und der Eindruck von der Weite der Landschaft und der Höhe der umliegenden Berge sind umwerfend: Im Osten ragen die bizarren Zacken der Dolomiten in den Himmel, im Norden erstreckt sich der Alpenhauptkamm, auf dessen Gipfeln noch im Sommer der Schnee funkelt, im Westen grüßt die Mendel herüber und unten im Tal liegt wie ein kleinteiliges Spielfeld Bozen.

FREIZEIT IM WINTER

EIS LAUFEN

Unmittelbar neben der Messe **Bozen** befindet sich die „Eiswelle", eine großzügige Eissporthalle. Am frühen Nachmittag gehört das Eis den Freizeit-Sportlern; am Abend werden oft Hockeyspiele ausgetragen. Galvanistr. 34, Tel. 0471 914937 oder Tel. 0471 914813

Im Norden von **Bozen**, in der Talferschlucht, liegt der Sportring Sill, eine überdachte Anlage. Schloss-Ried-Weg 26. Tel. 0471 329803

Wenn der Durnholzer See im **Sarntal** zufriert, ist das stattliche Gewässer ein beliebter Eislaufplatz für Familien. Der Fischerwirt am Seeufer lädt zur Einkehr und zum Aufwärmen ein. Tel. 0471 625326

Der „Eisring" ist ein professioneller Kunsteislaufring in **Klobenstein** am Ritten. Publikumslauf von Dezember bis Februar sonntags von 14 bis 16.30 Uhr. Im überdachten Eisstadion nebenan dürfen Freizeitsportler von November bis März samstags von 14 bis 16 Uhr Eis laufen. Schlittschuhverleih. Tel. 0471 356606

Der zugefrorene Wolfsgrubener See in **Wolfsgruben** am Ritten ist ein beliebter Eislaufplatz für die ganze Familie. Einkehr beim Hotel und Gasthof Wolfsgrubener See, Tel. 0471 345119.

LANGLAUF

Leichte bis mittelschwere 34 km lange Loipe im hinteren **Sarntal**, Einstieg beim Trappmannhüttl an der Penser Straße.

Ein Geheimtipp ist die wenig befahrene **Rittner-Horn-Loipe**. 🚩 Start ist beim Unterhornhaus (Nähe Bergstation der Kabinenumlaufbahn), die schneesichere 35 km lange, leichte Loipe führt am Rittner Horn vorbei zur Villanderer Alm. Herrliches Panorama!

Die Loipen auf **Jochgrimm** und am **Lavazé-Joch** sind beliebt und viel besucht – kein Wunder bei der landschaftlichen Schönheit, der durch die Höhenlage (1600–2000 m) bedingten Schneesicherheit und der abwechslungsreichen Streckenführung. Anfahrt am besten über das Eggental.

Bei Asten im Sarntal

Um den **Karerpass** und **Nigerpass** am Fuß des Rosengartens sind mehrere Loipenringe auf einer Höhe von ca. 1700 m gespurt. Skilehrer, Verleih von Ausrüstung. Infos: Tourismusbüro Welschnofen, Tel. 0471 613126

RODELN

In **Reinswald** ⭐ im Sarntal: Mit der Kabinenumlaufbahn geht's hinauf auf den Berg und auf einer rund 4,5 km langen Bahn wieder talwärts. An hellen Mondnächten wird der Bahnbetrieb auch abends fortgesetzt, um die vielen Mondscheinrodler zu befördern. Hochbetrieb in den Hütten und im „Musik-Iglu" an der Bergstation und längs der Bahn.

In **Pemmern** am Ritten bringt eine Kabinenbahn die Rodler zur Mittelstation, wo eine ansprechende 2,5 km lange Rodelbahn beginnt. 4,5 km lang ist der Rodelweg, wenn Sie bis zur Bergstation fahren. Einkehr bei der Bergstation oder im Gasthaus Pemmern bzw. Gasthof zum Zirm an der Talstation. Infos: Tourismusverein Ritten, Tel. 0471 356100

Rodelfans schätzen das Angebot bei **Obereggen**! Dienstags, donnerstags und freitags fährt die Kabinenumlaufbahn bis 22 Uhr. Die 2,5 km lange Rodelbahn über den alten Almweg von der Laner Alm nach Obereggen wird mit 60 Straßenlaternen beleuchtet. Für einen zünftigen Almzauber sorgen die Hüttenwirte!

Nachtrodeln in **Welschnofen** (500 m Piste), 3x die Woche, Infos: Tel. 0471 613126

In **Tiers** gibt's weder Skilifte noch Langlaufloipen – dafür eine steile Rodelbahn für flotte Flitzer und eine kürzere, zahmere Rodelbahn für Kinder und gemütlichere Sportler. Rodelverleih und Infos: Cyprianerhof (an der Straße zum Nigerpass), Tel. 0471 642143

Profis finden in **Deutschnofen** eine rasante 1,5 km lange Abfahrt von der Laab-Alm (gute Einkehrmöglichkeit) zum Bühlhof.

SKI FAHREN

Das einzige nennenswerte Skigebiet des Sarntals befindet sich in **Reinswald** und ist für Familien gerade richtig. Die Pisten liegen fast alle oberhalb der Waldgrenze. Infos: Tel. 0471 625132, www.reinswald.com

Ein kleines, sonniges und familienfreundliches Skigebiet – ideal auch für Snowboarder – liegt am Rittner Horn. Talstation in **Pemmern**, Tel. 0471 352993, www.rittnerhorn.com

Modern konzipiert und dank 100-prozentiger Beschneiung garantiert schneesicher ist das Ski Center **Latemar-Obereggen** (44 Pistenkilometer). ⭐ Die Aufstiegsanlagen sind gut aufeinander abgestimmt, die Pisten vernetzt; der Parkplatz, das Skipassbüro sowie der Start des Karussells liegen zentral. Halfpipe für Snowboarder; Skischaukel mit Predazzo und Pampeago im Trentiner Fleimstal. Beleuchtete Skipiste „Obereggen" für Nachtabfahrten. Infos: Tel. 0471 618200, www.obereggen.com

Ein einfaches, aber gemütliches Skigebiet mit viel freiem Gelände ist die Ski-Arena **Welschnofen-Karersee** mit „Brunoland" für Kinder und 30 Pistenkilometern. Infos: Tel. 0471 612527, www.carezza.it

Auf dem Salten

WELLNESS

FITNESSCENTER

In **Terlan**, direkt an der MeBo Ausfahrt, können Sie Ihren Körper im „X'sund" stählen. Der Wellness-Club bietet Kraft- und Ausdauertraining, Aerobic, Spinning, Pilates und mehr; Sie können sich aber auch nur in der Sauna oder im Solarium entspannen. Tel. 0471 257944, www.xsund.it

City Fitness, im Zentrum von **Bozen**, bietet auf zwei Stockwerken alles, was Ihren Körper fit und schön macht – Pilates, Step Aerobic, Sauna, Body Toning, Spinning, Solarium usw. Wangergasse 77, Tel. 0471 971300

Empfehlenswert ist auch das Schönheits- und Fitnesszentrum Eden 2000, ausgestattet mit Sauna und Dampfbad. **Bozen**, C.-Battisti-Str. 25, Tel. 0471 270049, www.eden-2000.it

HALLENBAD UND SAUNA

Das städtische Hallenbad **Bozen**, ausgestattet mit Sauna, Solarium und türkischem Dampfbad (Massagen auf Anfrage), ist nach dem Bozner Wassersportpionier Karl Dibiasi benannt und befindet sich in der Triestsstr. 21. Geöffnet Oktober–Mai, Schwimmbad: Mo-Fr 6.45–8 Uhr, 12.15–14.30 Uhr und 16.30–21 Uhr, Sa 14–21 Uhr, So 9–21 Uhr; Sauna: Mo–Sa 10–15.30 Uhr, So 10–23 Uhr; mittwochs Damensauna. Tel. 0471 911000

Centro Relax Rosengarten in **Bozen**: kleines, hübsches Hallenschwimmbad, türkische und finnische Sauna, Aromarium, Solarium. Cavourstr. 28, Tel. 0471 301010

HEIL- UND HEUBÄDER

Bei der Latschenöl-Brennerei Eschgfeller in **Unterreinswald** im Sarntal Badebetrieb, Sauna, Latschenkiefernbad, wobei das hauseigene Latschenöl Anwendung findet. Öffnungszeiten und weitere Informationen unter Tel. 0471 625138.

Bad Schörgau, ein altes Bauernbadl zwischen Bundschen und **Sarnthein** im Sarntal, wurde zu einem modernen Viersternehotel umgebaut, in dem Wohlfühlen und Entspannen an erster Stelle stehen: Latschenbadl, Wasserbäder, Sauna, Kneippbecken und Wohlfühlmassagen. Haubenrestaurant. Tel. 0471 623048

Das schön ausgebaute Berggasthaus **Jochgrimm** ✤ am gleichnamigen Pass hat eine über hundertjährige Heubadtradition. Außerdem Saunalandschaft mit Blockhaussauna sowie Kneippanwendungen unter professioneller Anleitung. Anfahrt am besten über das Eggental. Tel. 0471 887232

Tiers verfügt über Heilquellen, die seit Jahrhunderten genutzt werden. Beda Weber vermerkte 1838 in seiner Landesbeschreibung: „Die Heilquellen führen vorzüglich kohlensaure Soda und Eisen und äußern kräftige Wirksamkeit in Gliederkrankheiten und Bleichsuchten, bei Nervenschwäche und Verdorbenheit der Säfte." Badekuren mit der hauseigenen Mineralquelle, Heubäder und therapeutische Bäder, Kneippanwendungen, außerdem Hallen- und Freibad bietet das Hotel Weißlahnbad in Tiers. Tel. 0471 642126, www.weisslahnbad.com

Mehr BIO!

Es schmeckt einfach besser!

Wir bieten eine große Vielfalt an Samen, Kräutern und Gemüsepflanzen aus BIOlogischem Anbau.
Sie werden – dem Einfachen und Ursprünglichen auf der Spur – bei uns beinahe verloren gegangene Geschmackserlebnisse wiederentdecken und überrascht sein von den Vorzügen vergessener und verdrängter Sorten.
BIO-Gemüse bringt Farbe und gesunden Genuss auf Ihren Tisch.

SCHULLIAN
die Gärtnerei für drinnen und draußen
Meraner Str. 75. Bozen. T 0471 933006.
www.schullian.it info@schullian.it

Bioland
ÖKOLOGISCHER GARTENBAU

ÜBERNACHTEN

BOZEN

FEICHTER ★ ★ 💰
In der Fußgängerzone. Zufahrt für Hotelgäste erlaubt; in der Nähe hoteleigene Parkplätze. Zimmer teilweise mit Balkon und Dolomitenblick, preiswertes Restaurant im ersten Stock, gepflegte Hausmannskost (Sa abends, So Ruhetag). Im Erdgeschoss Weinstube, Stammtisch für Einheimische. Weintraubengasse 15, Tel. 0471 978768, www.hotelfeichter.it

FIGL ★ ★ ★ 💰 💰
Stilvoll renoviertes Haus im Herzen der Altstadt. Komfortable Zimmer und Suiten. 55 Betten. Kornplatz 9, Tel. 0471 978412, www.figl.net

GREIF ★ ★ ★ ★ ★ 💰 💰 💰 ♣
Absolut einmalig: Hinter der historischen Fassade steckt ein moderner Hotelbau; jedes der 33 Zimmer wurde individuell von einem anderen Künstler aus Italien, Österreich oder Deutschland nach dem Motto „Augenlust" gestaltet. Waltherplatz, Tel. 0471 318000, www.greif.it

HANNY ★ ★ ★ 💰 💰
Familiäres, kleines Hotel in den sonnigen Weingärten des Weilers St. Peter. Abendrestaurant (💰 💰, Mo, im Sommer So Ruhetag); der Besitzer steht selbst am Herd. Gute Eigenbauweine, Terrasse, Parkgarage. St. Peter 4, Tel. 0471 973498, www.hotelhanny.it

JUGENDHERBERGE ★ 💰
Die Jugendherberge mit komfortablen Zimmern liegt in Bozen ganz in der Nähe von Bahnhof und Altstadt. Rittner Str. 23, Tel. 0471 300865

KOLPINGHAUS ★ ★ 💰 💰
Von der Kirche getragene Einrichtung, ein Teil des Hauses wird als Hotel (150 Betten) geführt. Zentral bei der Uni gelegen; modern, unkonventionell, preiswert, viel junges Volk. Selbstbedienungsrestaurant, Seminar- und Versammlungsräume, Parkgaragen. A.-Kolping-Str. 3, Tel. 0471 308400, www.kolping.it/bz

LAURIN ★ ★ ★ ★ ★ S 💰 💰 💰
Unbestritten die Nr. 1 in Bozen. Das zentral gelegene, elegante Jugendstilhaus bietet jeglichen Komfort; die Zimmer sind mit originalen Kunstwerken ausgestattet. Restaurant, Bar, Garten, Pool, Garagen, Parkplatz. Laurinstr. 4, Tel. 0471 311000, www.laurin.it

MONDSCHEIN ★ ★ ★ ★ 💰 💰
Zentrales, historisches Haus, gründlich renoviert, 140 Betten, Parkgarage. Gastgarten und gemütliche, getäfelte Gaststube; Karl Unterhofer, ein Spitzenkoch, wartet mit Gaumenfreuden auf. Piavestr. 15, Tel. 0471 975642, www.hotel-luna.it

POST GRIES ★ ★ ★ 💰 💰
Zum Hotelkomplex gehört das ehemalige Dorfwirtshaus mit gemütlichen Stuben und Schankraum für Passanten und Landwirte aus der Umgebung. Komfortable Zimmer, Parkgarage, Busparkplatz. Freiheitsstraße 117, Tel. 0471 279000, www.hotel-post-gries.com

PREMSTALLERHOF ★ ★ ★ ★ 💰 💰
Am Stadtrand, mitten im Grünen, aber mit bestem Bus- und Bahnanschluss ins Zentrum. Viersternekomfort, Konferenzraum, Business-Corner mit Internet-PC, Sauna, Solarium, Parkgaragen. Ideal für Bus- und Geschäftsreisende.
Sigmundskroner Str. 27B, Tel. 0471 631166, www.hotel-premstaller.it

STADTHOTEL ★ ★ ★ 💰 💰
Im Besitz der Stadt, zentral gelegen, modernst ausgestattet. Restaurant, Bar, Parkmöglichkeit. Waltherplatz 21, Tel. 0471 975221, www.hotelcitta.info

> **Campingplätze**
>
> **Camping Moosbauer** ★ ★ ★ ★
> Kleine, aber sehr komfortable Anlage am westlichen Stadtrand von **Bozen**; Freischwimmbad, Restaurant. Ganzjährig geöffnet. Tel. 0471 918492, www.moosbauer.com

UMGEBUNG VON BOZEN

NEUHAUSMÜHLE ★ ★ ★ ȫ ȫ

Hotel in ausgesprochen ruhiger Lage in **Vilpian**, romantisch am Fuß des Berges neben einem Wasserfall gelegen. Park, Liegewiese, Freischwimmbad, Wintergarten, Kinderspielplatz und -zimmer, Parkplatz. Johann Oberhauser verwöhnt seine Gäste mit Tiroler und italienischer Küche. Tel. 0471 678882, www.neuhausmuehle.com

JÄGER ★ ★ ★ ȫ ȫ

Der familiär geführte Gasthof mit nur 15 Betten liegt in **Sirmian** bei Nals, in schönster Aussichtsposition über dem Etschtal. Beliebtes Ausflugslokal mit herrlichem Gastgarten, Zirbelstube.
Tel. 0471 678605, www.gasthof.jaeger.it

GREIFENSTEIN ★ ★ ★ ȫ ȫ

Kleines, gepflegtes Haus in **Siebeneich** bei Terlan – nahe an der Meraner Straße, aber trotzdem ruhig gelegen. Wunder-

Post in Atzwang

schönes Terrassencafé, herrliche Kuchen. Liegewiese, Freibad, Parkplatz, Garagen, behindertengerecht, kinderfreundlich. Tel. 0471 918451, www.greifenstein.it

KÖNIG LAURIN ★ ★ ★ 👍 👍

Vollständig erneuertes und familiär geführtes Haus in Panoramalage in **Jenesien**. Sonnenterrasse, Reitstall. Am Waldrand gelegen, kurze, steile Zufahrt. Tel. 0471 354157, www.hotel-koeniglaurin.com

FINK ★ ★ ★ 👍 👍

Das Hotel liegt zentral und dennoch sehr ruhig im kleinen Ortskern von **Oberbozen** am Ritten. Viel Grün, Caféterrasse. In nächster Nähe Seilbahnstation, Schwimmbad. Guter Ausgangspunkt für Wanderungen. Tel. 0471 345340

HOLZNER ★ ★ ★ ★ 👍 👍 👍

1907, gleichzeitig mit der Fertigstellung der Zahnradbahn, von der altösterreichischen Südbahngesellschaft erbaut. Schönes Jugendstilambiente mit Park, Bocciabahn und Tennisplätzen in **Oberbozen**. Sehr kinderfreundlich ausgerichtet, mit Streichelzoo und Spielwiese mit Spielgeräten. Tel. 0471 345231, www.parkhotel-holzner.com

WEISSENSTEIN ★ ★ 👍

Nicht nur Pilger, auch „normale" Touristen sind im modern ausgestatteten Haus neben der Wallfahrtskirche Maria Weißenstein bei **Petersberg** willkommen. Geführt wird der Beherbergungsbetrieb von einer kirchlichen Gesellschaft. Er liegt am Europäischen Fernwanderweg E5. Selbstbedienungsrestaurant, Küche für Selbstversorger, Kiosk, Sauna, Hunde erlaubt. 120 Betten, Parkplatz. Tel. 0471 615124, www.weissenstein-pietralba.it

ROSENGARTEN ★ ★ ★ ★ ★ S 👍 👍 👍

Das kleine Hotel in **Welschnofen** liegt am Waldrand, wenige Schritte vom Sessellift ins Rosengartengebiet entfernt.

Schutzhütten

Wenn Sie Ihren Aktiv-Urlaub mitten im herrlichen Rosengartengebiet verbringen möchten, sind folgende Schutzhütten empfehlenswert:

🔭 **Grasleitenhütte:** ♣ Urige, schön altmodische Hütte, direkt unterhalb der Grasleitenspitze zwischen Schlern und Rosengartengruppe. Tel. 0471 642103

🔭 **Schlernhaus:** 📣 Beliebtes Ausflugsziel auf dem Buckel des Schlern. Infos: Tel. 0471 612024

🔭 **Tierser-Alpl-Hütte:** Viel besuchte Hütte am Südhang der Rosszähne; nach steilem Aufstieg von Tiers oder bequemer über die Seiser Alm zu erreichen. Infos: Tel. 0471 727958

Der Chef kocht selbst: Heimische Küche, Wild-, aber auch Fischgerichte werden in den gemütlichen Gaststuben serviert; das Restaurant wird auch von Tagesgästen gerne besucht. Behindertengerecht, Sauna, Solarium, Parkplatz. Tel. 0471 613262, www.hotelrosengarten.it

STEINEGGER HOF ★ ★ ★ ȯ ȯ
Der Steinegger Hof in **Steinegg** ist ein Bike-Hotel – der ideale Urlaubsort für alle Montainbiker! Kurt Resch, der sportliche Chef, führt die Gäste persönlich durch das traumhafte Dolomitengebiet, er weiß unglaublich viele Tourenvorschläge und händigt exzellentes Kartenmaterial aus. Er führt außerdem eine Werkstatt im Haus, verleiht Räder der Spitzenklasse und als Draufgabe brennt er für alle, die bei einer Tour dabei waren, eine CD mit Bildern – als Erinnerung und um zu Hause ordentlich Eindruck zu schinden! Tel. 0471 376573, www.steineggerhof.com

PLAFÖTSCH ★ ȯ 🚩
Ohne Übertreibung einer der schönsten Plätze Südtirols! Das Haus mit 13 Betten ist eine Almhütte und nur zu Fuß erreichbar. Sie liegt in **Tiers**, zu Füßen des Rosengartens auf 1570 m. Nehmen Sie Ihre Lieblingsbücher und Wanderschuhe mit! Gepäck- und Personenbeförderung nach Voranmeldung. Etagenduschen. Ein Traum sind die hausgemachten Säfte und Mehlspeisen, Grillabende. Tel. 347 4627329, www.plafoetsch.com

POST IN ATZWANG ȯ
Stilvoll renoviertes Haus, mit jahrhundertealter Tradition, im Volksmund „Mitterstieler" genannt. Es liegt an der alten Brennerstraße bei **Atzwang**; die riesigen Pferdeställe und die kleine Kirche lassen erahnen, wie wichtig dieses Gasthaus als Poststation und für den Pferdewechsel früher einmal war. Gemütliche getäfelte Gaststuben mit wertvollen alten Kachelöfen, gute Küche, schöne Zimmer. Ideal für Geschäftsreisende oder Städtetouristen. Tel. 0471 353229

Urlaub auf dem Bauernhof
Weitere Infos: www.roterhahn.it

🐓 Burg Wolfsthurn ✤
Hier schlagen Sie gleich zwei Fliegen mit einer Klappe: Sie erleben Ritterromantik in einer Burg aus dem 13. Jh. und familienfreundliche Bio-Bauernhofidylle auf dem Wein- und Obsthof mit vielen Haustieren. **Andrian**, Fam. Kripp, Tel. 0471 510071, www.burgwolfsthurn.it

🐓 Krösshof
Auf diesem urigen alten Bauernhof in hintersten Sarntal scheint die Zeit stehen geblieben zu sein. Herzliche Bauersleute, einfaches Wohnen, nur essenzieller Komfort, alte Stube mit Ofenbank, viel Hausgemachtes – ideal für naturverbundene Aussteiger. **Durnholz**, Fam. Premstaller, Tel. 0471 625207

🐓 Weidacher Hof
Die Bauersleute locken die Gäste mit einem ganz besonderen Genuss: Sie baden in Molke, die bei der Milchverarbeitung entsteht. Ein solches Bad verspricht Entspannung und wahre Wunder für die Haut. **Klobenstein/Ritten**, Fam. Rottensteiner, Tel. 0471 356691, www.weidacherhof.com

🐓 Karerhof
Besonders ruhig gelegen auf 1450 m Höhe mit freiem Blick auf Rosengarten und Latemar, Wildbeobachtung im Frühjahr und Herbst. **Welschnofen**, Fam. Pardeller, Tel. 0471 612224

ESSEN UND TRINKEN

BOZEN

AL BOCCIODROMO 💰💰
Der Name lehnt sich an das Boccia-Spiel an, dem man ganz in der Nähe frönt. Hier essen Sie herzhaft und preiswert, wie bei „Mamma". Beliebt sind die Muschelgerichte und die Spaghetti nach Meeresart. Trieststr. 17, So abends, Mo Ruhetag, Tel. 0471 917105

ANITA 💰
Freundliches Lokal mit dem Flair und Stil eines alten „Beisl". Anita Prousch & Co führen die am Obstplatz gelegene Wirtschaft. Gemischtes Publikum aus Studenten, Geschäftsleuten und Angestellten. Preiswerte und schnelle Küche mit einheimischen und italienischen Speisen. Obstplatz 5, Sa abends und So Ruhetag, Tel. 0471 973760

BAD ISIDOR 💰
Im Wald, am Abhang des Kohlerer Berges, liegt das alte Bauernbadl St. Isidor, das früher wegen seiner eisenhaltigen Quellen berühmt war. Heute ist es ein beliebtes Ausflugsgasthaus, in dem einfache, gute Kost aufgetischt wird. Zimmer, Schwimmbad mit Liegewiese. Kampenner Weg 31, Mo Ruhetag, Tel. 0471 365263

CASCADE 💰
Als ehemaliges Motel nutzt das moderne und große Haus immer noch die Vorzüge einer optimalen Verkehrsanbindung und guter Parkmöglichkeiten. Schnelle, preiswerte, vielfältige und trotzdem gepflegte Küche bis 24 Uhr, Bar-Café. Kampiller Weg 11, kein Ruhetag, Tel. 0471 970593

LAURIN BELLE EPOQUE 💰💰💰
Ohne Zweifel ist das Hotelrestaurant eine der besten Adressen des Landes, dem Standard eines First-Class-Hauses angemessen. Im Sommer wird im Park unter alten Bäumen serviert, trotz der zentralen Lage eine Oase der Ruhe. Bestens sortierte Weinkarte. Laurinstr. 4, So Mittag Ruhetag, Tel. 0471 311000

BATZENHÄUSL 💰
Traditionsreiches Wirtshaus in der Altstadt, mit Weinstube und alten Stuben auf mehreren Etagen. Andreas-Hofer-Str. 30, kein Ruhetag, Tel. 0471 050950

TORGGLHAUS 💰
Restaurant und Pizzeria befinden sich im ersten Stock eines historischen Geschäftshauses. Zu Mittag werden die Tische im verwinkelten, getäfelten Gastlokal von Angestellten und Beamten gestürmt, dann sind freie Plätze rar. Museumstr. 2a, Sa Ruhetag (Oktober–April kein Ruhetag), Tel. 0471 978109

VÖGELE 💰💰 ♣
Gutes, traditionsreiches Wirtshaus-Restaurant, vormals Roter Adler, mit getäfelter Stube und einem Schankraum, an dessen Theke sich gerne die Kaufleute und Wirtschaftstreibenden der umliegenden Geschäfte zu einem Plausch treffen. Gute Auswahl an Südtiroler und italieni-

Für den kleinen Hunger und Durst

Die neue Variante der italienischen Straßencafés sind „Paninoteche" und „Bruschetterie" sowie die „Enoteche", wo es neben Espresso und einer mehr oder weniger großen Auswahl an Weinen noch verschiedenste „panini" (belegte Brötchen), „tramezzini" (weiche Toastbrotscheiben, meist mit russischem Salat, Mayonnaise, Salatblättern, Tomatenscheiben, Mozzarella, Thunfischcreme oder Ähnlichem belegt), „focacce" (gefüllte Fladenbrote) oder „bruschette" (geröstete und mit Knoblauch, Olivenöl, Tomatenmark, Oregano oder Fisch belegte Weißbrotscheiben) gibt.

Fischbänke, Doctor Streiter's Winegarden. Sicherlich die originellste Kneipe: bei den Marmortischen der ehemaligen Fischverkaufsstände. Außer Sonnenschirmen gibt's kein Dach über dem Kopf, daher tischt Cobo, Lebenskünstler, Maler und Gastronom, nur von Mitte April bis Mitte Oktober auf. Dr.-Streiter-Gasse 28, Sa abends und So Ruhetag, Tel. 0471 971714

Il Baccaro. Das kleine originelle Weinlokal befindet sich im Innenhof eines alten Gebäudes in der Altstadt. Außer einer Vielzahl von offenen Flaschenweinen serviert der Wirt Brötchen und Appetithäppchen. Silbergasse 17, So Ruhetag, Tel. 0471 971421

Walther's. Unter dem Motto „Das Leben ist schön" lassen sich in der interessanten Bar am Waltherplatz Sekt, manchmal Austern, delikate Appetithäppchen und guter Kaffee genießen. Waltherplatz 7, kein Ruhetag, Tel. 0471 324022

schen Weinen, die auch glasweise serviert werden. Goethestr. 3, So Ruhetag, Tel. 0471 973938

WEISSES RÖSSL

Der Bozner Gasthof! Bodenständige Tiroler Küche zu günstigen Preisen. In diesem Traditionslokal treffen sich Alt und Jung, Städter und Bauern, Yuppies und Arbeiter, Angestellte und Intellektuelle. Warme Küche bis 23 Uhr. Bindergasse 6, Sa abends und So Ruhetag, Tel. 0471 973267

ZENZERO

Sympathisches Lokal in der Fußgängerzone von Bozen, gelungene Mischung von leichter mediterraner und asiatischer Kost. Kleine Terrasse, mittags Buffet für Eilige. So Ruhetag, Museumstraße 15, Tel. 0471 301966

ZUR KAISERKRON

Im ehemaligen Patrizierpalast gibt es feine Küche auf hohem Niveau. Im Sommer werden die Tische auf den kleinen Musterplatz gestellt. Musterplatz 37, Sa abends und So Ruhetag, Tel. 0471 303233, www.kaiserkron.it

UMGEBUNG VON BOZEN

WALDINGER

Chef Erich Tinkhauser bietet eine gute Mischung von internationalen Kreationen und verfeinerten einheimischen Gerichten, die auch verwöhnte Gaumen zufrieden stellen. Beachtliche Weinkarte. **Vilpian**, Mo Ruhetag. Tel. 0471 678956

GASTHOF ST. ULRICH

Auf einem aussichtsreichen Hügel bei **Mölten**, gleich neben dem alten Kirchlein zum hl. Ulrich steht ein nettes Gasthaus mit Kinderspielplatz, Kegelbahn und Sonnenterrasse. Einfache gute Hausmannskost, mit Produkten aus eigenem Anbau. Besonders zu empfehlen der Apfelstrudel. Mo Ruhetag, Tel. 0471 668056

> ### Silberleiten
>
> Im Mittelalter war der Bergbau ein bedeutender Einkommenszweig für **Terlan** und **Nals**. Aus den abgebauten Erzen wurde Silber gewonnen. Zur Blütezeit, Mitte des 16. Jh., waren bis zu 1000 Knappen beschäftigt. Mit dem Import von billigem Silber aus Amerika geriet der Bergbau in eine schwere Krise; schließlich kam er gänzlich zum Erliegen. Um 1900 versuchte man in Terlan erneut sein Glück, worauf bis in die 50er Jahre zwei Stollen in Betrieb waren. Auf dem Berghang, den Silberleiten, wächst der beste Terlaner Rote, eben der „Silberleiten". Die Wurzeln der Reben sollen bis zum Silbererz der alten Stollen reichen und für den Glanz und das Funkeln des Weines verantwortlich sein.

WEINGARTEN

Das erste Haus in **Terlan**: verfeinerte Südtiroler Küche und italienische Spezialitäten; gemütliche Stube, Gastgarten. Manchmal führt der Wirt Helmut Huber seine Gäste auf die hauseigenen Spargelfelder, wo man die zarten Spargelstangen selbst stechen kann, die dann im Restaurant meisterhaft zubereitet werden. Dazu wird ein edler Sauvignon aus der Terlaner Kellerei gereicht. Kein Ruhetag, Tel. 0471 257888, www.hotel-weingarten.com

UNTERWEG

Einfaches Haus, schöne getäfelte Zirbelstube, große Terrasse, z.T. unter Weinreben. Vorzügliche Hausmannskost! Nach dem Motto „alte Bauernkuchl" werden mit viel Liebe auch die einfachsten Speisen zubereitet. Tipp: Im Hochsommer jeden Donnerstag Grillabende. Einige Gästezimmer. **Jenesien**, Afingerweg 9, Mi Ruhetag, Tel. 0471 354273

SCHÖNBLICK

Der Name sagt's schon: Auf der Aussichtsterrasse des Gasthofs liegen einem die Stadt und das Etschtal zu Füßen. Gepflegte einheimische und italienische Gerichte. **Jenesien** (neben dem öffentlichen Schwimmbad), Do Ruhetag, Tel. 0471 354127

BAD SCHÖRGAU

Gourmet-Lokal und Wohlfühl-Hotel 1 km vor **Sarnthein**, direkt am Berghang und Waldrand ganz nah an der Talfer. Gregor Wenter regiert in der Küche, Mutter Rosi sorgt für die Lokalbetreuung. Auf der

Speisekarte stehen mit Fantasie angereicherte heimische Spezialitäten und italienische Gerichte. Große Weinkarte. Komfortable Zimmer mit modernem Design in neuem Trakt. Mo und Di Mittag Ruhetag, Tel. 0471 623048, www.bad-schoergau.com

SCHWAIGER 👑 👑

Im uralten Richterhaus an der alten Kaiserstraße in **Lengstein** am Ritten ist ein gepflegtes Gasthaus untergebracht; urgemütlich, mit breiten Gängen, Gewölben und einer getäfelten Stube mit Erker. Eigene Landwirtschaft. Do Ruhetag, Tel. 0471 349049

PATSCHEIDER 👑 👑

Der Weinhof am Berghang von Ritten bei **Signat** ist nicht nur eines der ältesten und angesehensten Törggelelokale, sondern auch ein hervorragendes Restaurant. Zu empfehlen die verschiedenen Vorspeisen mit Nocken, als Hauptgang das Spanferkel vom Rohr und als Dessert der Karotten- oder Mohnkuchen. Di Ruhetag, Tel. 0471 365267

MARXNKELLER 👑 👑

Bekannt für zünftige und originell zubereitete Grillgerichte und gute Pizzas, die in der gemütlichen, rustikalen, holzgetäfelten Stube serviert werden. **Obereggen**, **Rauth**, Do Ruhetag, Tel. 0471 615717

GASSERHOF 👑

Das Gasthaus in **Eggen** ist beliebt bei Einheimischen und Touristen! Gemütliche Bauernstube und Selchkuchl zum Törggelen, Südtiroler Spezialitäten und Gourmetküche. Mi Ruhetag, Tel. 0471 615882, www.gasserhof.it

---

Wein und Keller

Bozen und Umgebung ist das größte Weinanbaugebiet des Landes. Die Süd- und Westflanke des Tschöggelbergs, der Rittner Südhang, Virgl und Kampenn sind hervorragende Anbaugebiete in besten Lagen. Hauptdarsteller sind der süffige rote St. Magdalener aus der Vernatschtraube und der dunkle, kräftige, gehaltvolle Lagrein.

🍷 Schlosskellerei Schwanburg. Eine der Renommierkellereien Italiens. **Nals**, Tel. 0471 678622, www.schwanburg.com

🍷 Kellereigenossenschaft **Terlan**. Terlan ist seit alters her ein berühmtes Anbaugebiet für Weißweine. Im Sommer regelmäßige Führungen (Do 17 Uhr oder nach tel. Vereinbarung) mit Verkostung gegen einen kleinen Unkostenbeitrag. Tel. 0471 257135, www.kellerei-terlan.com

🍷 Arunda. ✣ Höchste Sektkellerei Europas auf 1150 m in **Mölten** oberhalb von Terlan. Sekte der Spitzenklasse. Tel. 0471 668033, www.arundavivaldi.it

🍷 Enovit. Önothek in stilvoll renovierten und eingerichteten Gewölben. Auch Destillate, Olivenöl. **Bozen**, Dr.-Streiter-Gasse 30, Tel. 0471 970460

🍷 Vinoteque im Hof der Weinkellerei Malojer, Gummerhof. Südtiroler Weine, z. T. aus eigenen Weingütern, kleines Restaurant mit Bozner Spezialitäten. Sa und So Ruhetag. **Bozen**, Weggensteinstr. 36, Tel. 0471 972885, www.malojer.it

🍷 GiDi. Winziger Weinladen. Gutes Preis-Leistungsverhältnis; geradezu stolz verweisen die Inhaber auf weniger bekannte Anbieter mit Schnäppchenpreisen; vielfältiges Angebot an in- und ausländischen Weinen und Whiskys. **Bozen**, Gaismairstr. 20D, Tel. 0471 270456

🍷 Franz Gojer, Glögglhof, im Weindorf St. Magdalena, ist der Guru des Magdaleners. **Bozen**, Rivelaunweg 1, Tel. 0471 978775, www.gojer.it

🍴 Georg Mumelter vom Griesbauerhof produziert einen Spitzen-Lagrein und einen hervorragenden Magdalener. **Bozen**, Rentsch 66, Tel. 0471 973090

🍴 Kellerei Bozen. Spezialitäten sind der Magdalener, der Lagrein und Merlot. Eigener Weinladen und Kellerführungen nach Vereinbarung. **Bozen**, Grieser Platz 2, Tel. 0471 270909; Verkaufsstelle auch in der Brennerstr. 15, Tel. 0471 972944

🍴 Klosterkellerei Muri-Gries. Hervorzuheben der Lagrein Dunkel und die Variante Lagrein Kretzer Rosé aus den um das Kloster gelegenen Weingütern. **Bozen**, Grieser Platz 21, Tel. 0471 282287

🍴 Thurnhof. Eigenbaukellerei von Hans und Andreas Berger. Hervorzuheben der Cabernet-Sauvignon. **Bozen**, Kuepachweg 7, Tel. 0471 288460

🍴 Enoteca Masera. Gute Auswahl an italienischen Weinen, Verkostung, kleine Imbisse. **Bozen**, Quireiner Str. 54, Tel. 0471 400046

🍴 Vinum. ⭐ Topadresse. Große Auswahl, reichhaltiges Zubehör, Destillate. **Bozen**, Brennerstr. 28, Tel. 0471 981666

🍴 Der Schwarhof 🟢 von Hayo Loacker liegt am Rittner Hang. Breite Palette hervorragender Weine, die nach biologischen Anbaumethoden produziert werden. Auch Güter im Brunello-Gebiet in der Toskana! **Bozen**, St.-Justina-Weg 3, Tel. 0471 365125

🍴 Ebnerhof. 🟢 Wunderbar gelegener, schöner alter Weinhof in **Unterinn**, **Unterplatten** am Ritten. Tel. 0471 365120, www.ebnerhof.it

🍴 Josephus Mayr vom Unterganznerhof ist ein Aufsteiger in der Weinszene. Top der Lagrein Dunkel und der Magdalener. **Kardaun**, Kampiller Weg 15, Tel. 0471 365582

Weinverkostung beim Unterganzner in Kardaun

Törggelen

Törggelen, das herbstliche Wandern von Weinhof zu Weinhof, ist auch in der Bozner Gegend heimisch. Das echte Törggelen der guten alten Zeit, wo die Bauern und die wenigen Einheimischen unter sich waren, ist vorbei – es hat auch wenig Sinn, dem nachzutrauern. Auch gab es damals noch keine so üppigen Speisekarten, zum oftmals sauren und schlechten Wein wurden Nüsse und Brot, manchmal gebratene Kastanien und wenn's hoch herging, eine Hauswurst serviert. Ein guter Buschenschank muss heutzutage auch Gutes aus der Küche bieten: hausgemachte Schlutzkrapfen, Knödel mit Käse und Spinat, die gebratenen Rippchen nicht zu fett, die Hauswürste selbst gemacht! Und selbstverständlich braucht's eine schöne alte Stube und für die Bequemlichkeit einen großen Parkplatz vor dem Haus.

Oberschol. Neues, aber stimmig eingerichtetes Haus oberhalb von Vilpian. Stube, Terrasse, schöne Aussicht. Zufahrt westlich von Terlan, bei der Terlaner Weinstube. **Mölten**, Di Ruhetag, Tel. 0471 678966

Unterlegar. Der urige, altmodische Buschenschank ohne modernen Schnickschnack liegt an der Straße von **Terlan** nach Mölten, Möltner Str. 1, kein Ruhetag, Tel. 0471 678143

Steidlerhof. Weinhof in Panoramalage in der besten Weingegend Südtirols; auf der Terrasse liegt Ihnen Bozen zu Füßen. Im Herbst und Frühjahr Buschenschank. Ferienwohnungen. **Bozen**, Obermagdalena 1, Tel. 0471 973196, www.steidlerhof.bz

Föhrner Hof. Der alte Weinhof inmitten schönster Rebanlagen in Guntschna wurde komplett saniert und umgebaut. Neue, aber stilvoll ausgestattete Stuben. **Bozen**, Glaninger Weg 19, Mo–Mi Ruhetag, Tel. 0471 287181

Graf. Probieren Sie neben der sehr guten üblichen Tiroler Kost auch die Knieküchel, süße in Schmalz gebackene Leckereien! Vorzüglicher Müller-Thurgau. **Bozen**, an der Straße nach Kohlern, Mo Ruhetag, Tel. 0471 365102

Haselburg. Die Burgruine, die auf einer Felsterrasse im Südosten von Bozen thront, wurde renoviert und erstrahlt nun in neuem Glanz. Burgschänke zum Törggelen sowie gepflegte Küche. Für Tagungen und Feiern kann das Schloss gemietet werden. **Bozen**, Haslach, Mo Ruhetag, Tel. 0471 402130, www.haselburg.it

Kohlerhof. Auf der verglasten, sonnigen Veranda kann man trotz der Stadtnähe bei Kastanien, Eigenbauweinen und zünftiger Hausmannskost die typische Törggelestimmung schnuppern. **Bozen**, Virgl, Mo und Di Ruhetag, Tel. 0471 971432

Gasthof Messner. Idyllisch auf einer kleinen Hochfläche neben der Kirche zum hl. Martin gelegen – inmitten von Obstbäumen und alten Kastanienriesen. Reizvolle alte, verglaste Veranda. **Jenesien, Glaning**, Mo Ruhetag, Tel. 0471 281353

Gasthof Noafer. Traditionsreiche Adresse und beliebtes Ausflugslokal mit alter Stube. Von Juni bis September geschlossen. **Jenesien, Glaning**, Di Ruhetag, Tel. 0471 266539

Gasthof Rafenstein. Am nördlichen Berghang des Bozner Talkessels, neben der Ruine von Schloss Rafenstein. Treffpunkt sonnenhungriger Bozner im Frühjahr, im Herbst viel besuchtes Törggelelokal. **Bozen**, Rafensteiner Weg 38 (von der Straße nach Jenesien beschilderte Zufahrt zum Gasthof), Di Ruhetag, Tel. 0471 971697

Rielinger. Bekanntes Törggelelokal. Beim leutseligen Messner Heindl gibt's guten Eigenbauwein, Hausmannskost, Brettljausen, Speck, Pellkartoffeln, manchmal auch hausgemachten Käse. **Ritten, Siffian**, Mo Ruhetag, Tel. 0471 356274

Baumann. Mali, das immer fröhliche Original, führt hier mit ihrer Familie das Regiment. Die Stube ist klein, Sie sollten reservieren. **Ritten, Signat**, Mo Ruhetag, Tel. 0471 365206

EINKAUFEN UND HANDWERK

In der Altstadt von Bozen reiht sich ein Schaufenster an das andere – die Laubengasse scheint ein einziges Einkaufsparadies zu sein. Modeartikel, Bekleidung, Schuhe, Lederwaren, Loden, exklusiver Trachtenlook und modische Wollstoffe, italienisches Design bei Haushaltswaren und Möbeln, die Holzschnitzereien aus dem Grödner Tal und anderes Kunsthandwerk locken die Kunden.

Im Sarntal hingegen hat sich viel traditionelles Handwerk erhalten. Man kann die meisten Erzeugnisse bequem in spezialisierten Geschäften erstehen, viel unterhaltsamer, lehrreicher und sinnlicher ist es jedoch, den Sarner Handwerkern bei ihrer Arbeit über die Schulter zu schauen.

Drechsler aus dem Sarntal

ANTIQUITÄTEN

Stöbern Sie auch gerne bei Antiquitätenhändlern herum, immer auf der Suche nach dem unerkannten kostbaren Schatz?

Dann klopfen Sie in **Bozen** am besten folgende drei Adressen ab: Finstermacher in der Weintraubengasse 20, Onas in der Rauschertorgasse 30 und Zanella in der Bindergasse 14.

BLUMEN, PFLANZEN

Auch mediterrane Planzen sind ein schönes Südtirol-Mitbringsel. Zypressen, Oliven- und Granatapfelbäume, Palmen für den Wintergarten, Duft- und Gewürzkräuter sowie ein breites Angebot an Topf- und Staudenpflanzen und Gehölzen findet man in der Gärtnerei Schullian in **Bozen**, Meraner Str. 75.

BROT

Italiener sind überrascht, wenn sie die Fülle an Brotsorten sehen, die hierzulande feilgeboten wird. Eine Spezialität ist das Schüttelbrot, ein dünnes, knuspriges, haltbares Fladenbrot, oder das Vinschgerle, ein weiches, flaches Sauerteig-Roggenbrötchen. Eine reiche Auswahl an Brot finden Sie in der Franziskanerbäckerei in der Franziskanergasse 3 in **Bozen** oder in den Filialen in der Museumstraße 10, in der Bindergasse 9 oder in der Weintraubengasse 44.

Hackhofer, der Dorfbäcker in **Oberbozen** am Ritten, hat sich bis in die Stadt vorgewagt und verkauft auch in der Bozner Delaistr. 1A.

Die erste Bio-Brotbäckerei Südtirols heißt Patauner und ist in **Siebeneich** bei **Terlan** angesiedelt.

BÜCHER

Buchläden gibt's nur in **Bozen**: Der lokale Platzhirsch der Branche ist Athesia unter den Lauben, mit besonders vielen Tirolensien und eigenem Verlagsprogramm. Ko-Libri, Raingasse 17, ist klein, kritisch, zeitgemäß und führt Literatur in beiden Landessprachen. Libreria Capelli, Siegesplatz 41, ist die große italienische Buchhandlung. Die Stärken der Südtiroler Buchhandlung, Goethestr. 34, liegen in der Bergliteratur und im Kartenmaterial. Mardi Gras, Andreas-Hofer-Str. 4, hat eine breite Comic-Abteilung und ein ausgewähltes Sortiment in den Bereichen Kunst, Architektur und Design.

Handwerk im Sarntal 🛈

🦋 Kennen Sie „Toppar"? Im Sarntal werden **Filzpantoffeln** so genannt, die hier mit viel Geschick genäht werden. Die Steifheit des Obermaterials erhalten die Pantoffeln durch einen Kleister aus Roggenmehl – also Vorsicht, nicht waschen, sonst verlieren sie ihre Fasson! Lina Obertimpfler in Sarnthein, Tel. 0471 622624, Anna Premstaller und ihre Schwiegertochter Maria vom Krösshof in Durnholz, Tel. 0471 625207.

🦋 Die **Federkielstickerei** ist ein urtypisches Sarner Handwerk. Zu vielen Tiroler Trachten trägt Mann gestickte breite Hosenträger und Gürtel. Das weiße Muster bilden Fäden aus gespaltenen Pfauenfederkielen. Inzwischen bestickt man auch Kleinlederwaren wie Geldbörsen, Schlüssel- und Handtaschen, auf Wunsch mit Monogrammen oder Wappen. Luis Thaler, Tel. 0471 623011, oder Johann Thaler, Tel. 0471 623258, beide aus Sarnthein.

🦋 **Reggele- und Besteckmacher:** Das „Reggele" ist eine Kurzpfeife mit einem schön gearbeiteten Pfeifenkopf aus Wurzelholz und Metall, mit einem ziselierten Metalldeckel und einem kurzen Stiel aus einem sehr harten Zweig des „Poanriatls", auf gut Deutsch des Hartriegls.
Das Sarner Essbesteck mit dem runden, geschmiedeten Löffel, den fein verzierten Messerklingen und den mit Messing, Kupfer und Eisen eingelegten Holzgriffen, ist eine teure und seltene Kostbarkeit: Josef Premstaller in Sarnthein, Tel. 0471 622235, Peter Ainhauser in Nordheim, Tel. 0471 623307, Paul Kofler in Nordheim, Tel. 0471 623301.

🦋 Die „Koschpn" sind erstaunlich bequeme und warme Holzschuhe. Bei den Frauenkoschpn ist das Oberleder schön gestickt und mit einer lila Schleife gebunden. **Koschpnmacher** ist Gottfried Premstaller, Durnholz, Tel. 0471 625207.

🦋 Einen richtigen „Sarnerjangger" – eine **gestrickte Jacke** aus handgesponnener, naturbrauner Wolle, am Hals mit einem Kettchen zusammengehalten, mit engen Ärmeln, gefüttertem Vorderteil, ohne Knöpfe, nur mit Metallhaken zu schließen – den kann man nicht im Laden kaufen. Der Urahne aller Trachtenjanker und Walker, hierzulande einfach „Sarner" genannt, kommt jedenfalls aus dem Sarntal. Anna Locher, Sarnthein, Tel. 0471 623650, Klara Ebnicher, Sarnthein, Tel. 0471 623333, oder Sarner Handweberei, Albert Unterweger, Steet, Tel. 0471 622660

🦋 Durch Destillation wird aus den Nadeln der alpinen Krummkiefer **Latschenkiefernöl** gewonnen. Das ätherische Öl wird zu Bade- und Duschschaum, Saunazusätzen, Salben, Lotionen, Hustenbonbons, zur Produktlinie Trehs und anderem mehr verarbeitet.
Latschenbrennerei Eschgfeller in Unterreinswald, Tel. 0471 625138, oder Latschenbrennerei Thaler in Unterreinswald, Tel. 0471 625106.

🦋 Es gibt mit Sicherheit im ganzen Alpenraum kein Gebiet, wo die **Tracht** noch mit dieser Natürlichkeit und diesem Selbstbewusstsein von Jung und Alt getragen wird wie im Sarntal: beim Kirchgang, zur Hochzeit, zum Ball, beim Dorffest. Deshalb verstehen sich auch noch viele Frauen darauf, die Trachten selbst zu nähen. Karolina Stofner in Reinswald, Tel. 0471 625105, Anna und Maria Premstaller in Durnholz-Kröss, Tel. 0471 625207.

Federkielstickerei

Lina Obertimpfler beim „Toppar"-Fertigen

> ☞ In Sarnthein arbeitet Albert Unterweger an seinem Handwebstuhl und fertigt **Teppiche** in den warmen Farben der Naturwolle. Sarnthein-Steet 26, Tel. 0471 622660
>
> ☞ Der **Drechsler** dreht Spinnräder, Teller, Speckbrettln und Schüsseln aus harzig duftendem Zirbelholz. Eduard Spögler, Sarnthein, Tel. 0471 623001, Josef Oberhöller, Reinswald, Tel. 0471 625115, Fritz Unterkalmsteiner, Steet, Tel. 0471 623313.
>
> ☞ Jakob Thaler wohnt im Sommer in Auen am „Bienenhof", im Winter im Dorf Sarnthein. Er ist ein vielseitiger Mann und weitum bekannt als **Bienenzüchter**, der Königinnen züchtet und auch Honig verkauft. Besucher melden sich im Sommer unter Tel. 0471 623176 und im Winter unter Tel. 0471 622081 an.

Feinkostgeschäft Seibstock in Bozen

DELIKATESSEN
Lebensmittelspezialitäten sind mehr als Souvenirs. In **Bozen** gibt's dafür als Top-Adresse: Seibstock ⭐ unter den Lauben, ein wahrer Tempel der Köstlichkeiten mit den ausgefallensten Delikatessen Italiens und anderer Länder.

FASSBINDEREI MITTELBERGER
In der Sigmundskroner Straße, bei der Etschbrücke nahe **Sigmundskron**, hat der Fassbinder Mittelberger seine Werkstatt. Da werden nach alter Tradition Weinfässer, Bottiche und Blumentöpfe aus Eichen- und Kastanienholz gefertigt. Tel. 0471 633374

GLAS-HANDARBEITEN
Bei Ambient' Ali, in der Piavestr. 28 in **Bozen**, fertigen junge Handwerker eingelegte Spiegel, Rahmen, Fenster, Vasen und Schalen. Die großen Glasschmelzöfen stehen mitten in der Werkstatt.
Auch das Ehepaar Prader gestaltet in ihrem Geschäft mit angeschlossener Werkstatt in der **Bozner** Rauschertorgasse 13 Schmuck und Ziergegenstände aus Glas.

HEIMISCHES HANDWERK
Handwerk aus Südtirol sowie moderne Geschenkartikel aus aller Welt führt Marketti auf zwei Etagen, Lauben 36/38 in **Bozen**.
Holz, Keramik, Textilien, Mode- und Trachtenschmuck und folkloristisches Kunsthandwerk verkaufen die Südtiroler Werkstätten im Merkantilgebäude in **Bozen**, Lauben 39. Grödner Holzschnitzereien in großer Auswahl gibt's bei Tschager in **Bozen**, Rathausplatz 7.

HÜTE UND SCHUHE
Rizzolli, Lauben 60, **Bozen**, hat die einst berühmte Hutabteilung, in den oberen Stock verlegt. Das alte, typische Laubenhaus wurde von den kunstsinnigen Besitzern liebevoll restauriert und kann bei Voranmeldung besichtigt werden.

KÄSE 🍏

Josef Lobis, der Bauer vom Erschbaumerhof in **Unterinn** am Ritten achtet auf die Milchqualität und auf das Futter, das er seinen Kühen gibt. Er verarbeitet die Milch zu Schnittkäse, Rahmkäse, Joghurt, Ricotta, Magerkäse, Sauerrahmbutter und Weichkäse, die er mit Kräutern oder Gewürzen anmacht, in Blätter wickelt oder in Öl einlegt. Tel. 0471 359117

KERAMIK

Die berühmten pausbäckigen „Bozner Engel" der Firma Thun sind urheberrechtlich geschützt. Außerdem fertigt die Firma aus Keramik Vasen, handglasierte Ofenkacheln, komplette Kachelöfen und Porzellangeschirr. Ab-Werk-Verkauf im Thuniversum in der Galvanistr. 29 in **Bozen**, www.thun.it

Zeitgemäße und traditionelle Kunstkeramik verschiedener Werkstätten, darunter auch einiger einheimischer Töpfer erstehen Sie im Tonhaus in der Rauschertorgasse 28 in **Bozen**.

KUCHEN UND TORTEN

In **Bozen** ist der altösterreichische Einfluss noch spürbar: Hefekuchen duften aus der Konditorei Lintner in der Leonardo-da-Vinci-Str. 8; Vollkornkuchen und andere „gesunde" Köstlichkeiten lachen einen am Grieser Platz, in der Konditorei Menz an. Kuchen und mit Kastaniencreme gefüllte Tortenherzen bei Konditorei Peter unter den Lauben 10.

LEDERWAREN

Im kleinen Werkstatt-Geschäft Il Gufo in **Bozen** werden aus Leder Hand- und Geldtaschen, Gürtel sowie Kleinlederwaren aller Art hergestellt. Rauschertorgasse 6.

LODEN & WALK

Herren- und Damenbekleidung, Loden und modische Wollstoffe bei Moessmer, **Bozen**, Mustergasse 16.

Das elegante Kleiderhaus Oberrauch-Zitt führt auch exklusiven Trachtenlook, **Bozen**, Lauben 67.

WALKER

Seit jeher kennt die Bergbevölkerung strapazierfähige, wasserabweisende und warme Loden- und Walkbekleidung. Wollstrick wird heiß gewaschen, verfilzt, geschnitten und verarbeitet. Peter Kaufmann stellt in Jenesien in Handarbeit diese traditionellen Jacken her. Werksverkauf Mo–Fr 9–12 und 14–17 Uhr. Strickerei Kaufmann, **Jenesien**, Dorf 3, Tel. 0471 354595, www.kaufmannwalker.it

Sägewerk in Welschnofen

WASSERMÜHLE

Seit der Entstehungszeit des Ortes **Tiers** wurde mit diesen von Wasser angetriebenen Mühlen das Korn gemahlen. Heute ist die alte Mühle wieder funktionsfähig. Infos: Gemeinde Tiers, Tel. 0471 642123

SPECK UND FLEISCHWAREN

Mit Speck meinen die Südtiroler die Tiroler Spezialität aus der Schweinehälfte, dem Mezet. Als Zugeständnis an ernährungsbewusste Konsumenten werden heute vorwiegend magere Schinkenteile verwendet, die schonend gepökelt, geräuchert und luftgetrocknet werden. Ein schmackhafter Speck sollte trotzdem eine ordentliche Fettschicht aufweisen; er ist gut abgelagert (etwa 6 Monate), nicht zu weich und nicht zu stark gesalzen. Das Konsortium der Speckhersteller (www.speck.org) garantiert unter dem Markenzeichen des grünen Hosenträgerstegs die Qualität des Südtiroler Markenspecks. Ein seriöser Metzger wird Sie bei der Auswahl bestimmt gut beraten. Wurstwaren machen die meisten Fleischhauer selber. Bekannt sind die Kaminwurzen, das sind angeräucherte, dünne Trockenwürste.

Die Kunden der Metzgerei Nigg in **Terlan** kommen von weit her – sie schwören auf die Qualität der Fleisch- und Wurstwaren! In **Bozen**: Metzgerei Egger, Obstplatz 7; Metzgerei Grünberger, Vittorio-Veneto-Str. 8 in Gries oder Rathausplatz 3; Metzgerei Schrott, Runkelsteiner Str. 27; Feinkost Seibstock, Lauben 50.

SPORTARTIKEL UND SPORTMODE

Große Auswahl auf mehreren Stockwerken und in zwei Geschäften bei Sportler, **Bozen**, Lauben 37 und Lauben 1.

Kleiner, exklusiv und gute Beratung bei Sport Reinstaller, **Bozen**, Lauben 23.

AM ABEND

Vor wenigen Jahren war die **Bozner** Altstadt nach 20 Uhr wie ausgestorben. Inzwischen hat sich das gründlich geändert: Im Zentrum, im Bereich Obstplatz, Goethestraße, Erbsengasse, Kornplatz und in den umliegenden Gassen haben sich eine Reihe von Wein- und Bierlokalen etabliert, wo sich abends und vor allem am Wochenende die Nachtschwärmer treffen. Antwort auf die Frage „Was in Bozen los ist" erhalten Sie im Internet auf der Seite www.inside.bz.it.

CAFÈ BOULEVARD

Das Lokal im Altstadtzentrum ist Pub und Bistro in einem, Aperitifs von 18–20 Uhr, auf Vorbestellung Fisch-Gerichte. Manchmal abends Live-Musik. Mo–So 18–1 Uhr, Goethestr. 20, Tel. 0471 300415

CAFÉ LATINO
Eines der ersten Lokale dieser Art. Laute Musik, dicht gedrängte jugendliche Besucher beider Sprachgruppen. Marconistr. 25, Tel. 0471 323921

CASANOVA
Die Gewölbe fassen mehr (junge) Leute, als man von außen vermuten möchte. Erbsengasse 8, Tel. 0471 301897

HOPFEN & CO
Bozens einzige Gasthofbrauerei, schnelle Küche mit Tellergerichten und kleinen Schmankerln bis spät abends. Regelmäßig buntes Live-Musikprogramm, das Jung und Alt anzieht. Obstplatz 17, Tel. 0471 300788

LAURIN, PIANOBAR
Schöner, gepflegter Rahmen. Freitag abends Live-Musik. Laurinstr 4, Tel. 0471 311000

LOUNGE EXIL
Beliebter, turbulenter Schüler- und Studententreff. Kornplatz 2, Tel. 0471 971814

NADAMAS
Großer Schankraum und Speiseräume; quillt am Abend vor Ausgehfreudigen über. Laut, dennoch gemütlich. Einfache italienische Gerichte, immer auch etwas für Vegetarier. Obstplatz 44, Tel. 0471 980684

NEW-PUB
Pub voller junger Italiener. Laute, moderne Hintergrundmusik. Pizzeria, Imbiss, auch mittags geöffnet, Ecke Mazziniplatz-Freiheitsstr. 54, Tel. 0471 263695

OKAY
Moderne Musik mit DJ und Tanz. Gilmstr. 7, Tel. 0471 970224

Theater, Film, Kabarett

☞ Carambolage
Kellertheater, Kabarett, Musik. Treffpunkt für junge Leute und Junggebliebene. Reichhaltiges, vielfältiges Programm, im Hochsommer geschlossen. Bozen, Silbergasse 19, Tel. 0471 324129 oder Tel. 0471 981790, www.carambolage.org

☞ Filmclub, Capitol Kino
Drei Säle, in denen neue Produktionen, regelmäßig Retrospektiven sowie anspruchsvolle Filme gezeigt werden. Bar. Bozen, Dr.-Streiter-Gasse 8d, Tel. 0471 974295, www.filmclub.it

☞ Neues Bozner Stadttheater
Das Stadttheater (www.ntbz.net) am Verdiplatz nimmt das italienische Teatro Stabile (Tel. 0471 301566) sowie die deutschen Vereinigten Bühnen Bozen (Tel. 0471 981777, www.theater-bozen.it) auf. Auch das Konzerthaus „Joseph Haydn" in der Dantestr. 15 wird von der Stiftung Neues Stadttheater und dem Landesauditorium Bozen verwaltet. Außerdem organisiert die Stiftung ein eigenes Musik-Programm mit Opern, Operetten, Musicals und Tanz (Tanzsaison, Tanzsommer Bozen). Tel. 0471 304130

☞ Waltherhaus Bozen
Regelmäßig Theatergastspiele und anspruchsvolle Konzerte. Wichtigster Veranstalter ist das Südtiroler Kulturinstitut. Bozen, Schlernstr. 1, Tel. 0471 313800, www.suedtiroler.kulturinstitut.org

ÜBERETSCH UND UNTERLAND

Im Südwesten von Bozen erhebt sich aus der breiten Sohle des Etschtals der Höhenrücken des Mitterbergs. Zwischen diesem und der Mendel liegt das Überetsch, eine von der Natur überreich ausgestattete und vom Menschen nachhaltig geprägte Landschaft: Endlose Reihen von Obstbäumen und Weinreben bestimmen das Bild, schöne alte Dörfer mit engen Gassen und stattlichen Häusern, dazwischen liegen zusammenhängende Wälder, in denen die Montiggler Seen und der Kalterer See eingebettet sind. Zahlreiche Burgen, herrschaftliche Ansitze und Schlösser zeugen davon, dass man die Schönheit und die Fruchtbarkeit dieses Landstrichs schon früh zu schätzen wusste. Zwei große Gemeinden, **Kaltern** und **Eppan**, mit den Fraktionen St. Michael, St. Pauls, Girlan, Montiggl und Missian, prägen das Überetsch, für die – neben dem Obst- und Weinanbau – der Tourismus die Haupteinnahmequelle ist.

Im Süden geht das Überetsch sanft in das Unterland über. Die „Unterlandler" wollen auf keinen Fall mit den Überetschern in einen Topf geworfen werden – und sie unterscheiden genau zwischen den Ortschaften links und rechts der Etsch. Auf der rechten Talseite liegen die überwiegend deutschsprachigen, bekannten Weindörfer **Tramin**, **Kurtatsch** und **Margreid**. **Kurtinig** breitet sich als einziges in der Talmitte aus. **Salurn** ist das südlichste Dorf Südtirols; hier, wo die Salurner Klause das breite Trogtal abschließt, liegt nicht nur die Verwaltungsgrenze zum Trentino, sondern auch die Sprachgrenze. **Neumarkt**, das wie die anderen Ortschaften links der Etsch einen beträchtlichen italienischen Bevölkerungsanteil aufweist, buhlt mit **Auer** um die Vormachtstellung im Unterland. Neumarkt ist ein schöner, alter Marktflecken mit mittelalterlichen Laubengängen und behäbigen, verschachtelten Häusern mit großen Innenhöfen, Torbogen und Erkern. Von Auer führt die Straße zu den Dörfern **Aldein**, **Truden** und **Altrei** und weiter über den niedrigen Lugano-Pass ins Trentiner Fleimstal. Das Unterland endet bzw. beginnt im Norden mit **Leifers**, der jüngsten Stadt Südtirols, die immer mehr mit der südlich von Bozen liegenden Gewerbe- und Industriezone zusammenwächst.

Blick Richtung Norden über das gesamte Unterland

ETWAS ZUR GESCHICHTE

Die Gegend war nicht nur aufgrund ihrer günstigen geografischen Lage an der Nord-Süd-Achse, sondern auch wegen ihres Klimas schon in Urzeiten besiedelt. Wallburgen, vorrömische Gräberfelder in Pfatten und der Depotfund von Bronzegerät am Mitterberg belegen dies. Unter den Römern wurde hier die bedeutende Heer- und Handelsstraße Via Claudia Augusta angelegt. Gegen Ende des 13. Jh., nach einem jahrhundertelangen Machtgerangel zwischen Geistlichkeit und Adel, fielen das Überetsch und das gesamte Unterland an die Grafen von Tirol. Als Margarethe Maultasch, die letzte Gräfin von Tirol, abdankte, kam das Gebiet zum Habsburgerreich. Rund 500 Jahre, bis zum Ende des Ersten Weltkriegs, waren das Überetsch und Unterland Teil der Donaumonarchie. Im Überetsch, in der klimatisch bevorzugten Weinbaugegend, entstanden unzählige Burgen, Schlösser und Ansitze. Die meisten wurden im 17. Jh. um- bzw. ausgebaut und erhielten ihre heutige Gestalt. Damals – die Bürger hatten einen beträchtlichen Wohlstand erlangt – muss ein wahrer Bauboom ausgebrochen sein. Viele der historischen Bauten sind inzwischen zu Hotels und Pensionen umfunktioniert; jetzt ist der Feriengast König (oder genießt zumindest Adelsprivilegien auf Zeit).

Dachlandschaft in St. Pauls

Warum Girlan Cornaiano und Kurtatsch Cortaccia heißen

In **Montan** oberhalb von Neumarkt liegt die Grabstätte jenes Mannes, der ein unerfreuliches Kapitel in der Geschichte Südtirols mitgeschrieben hat: Ettore Tolomei. Schon vor dem Ersten Weltkrieg setzte sich der überzeugte italienische Nationalist mit fanatischem Eifer für die Italienisierung Südtirols ein. Er übersetzte 20.000 deutsche Orts- und Flurnamen meist völlig willkürlich ins Italienische, die von den faschistischen Machthabern übernommen wurden und bis heute als amtliche Namen angewandt werden. Zur Zeit der politischen Spannungen in den 60er Jahren war Tolomeis Grabstätte mehrmals Ziel von Sprengstoffanschlägen.

SEHENSWERTES

BURG HOCHEPPAN ♣ 🚩

Eine der wuchtigsten Burganlagen des Landes, von der aus man das Etschtal von Meran bis Bozen sowie das gesamte Überetsch überblickt. In der Schlosskapelle befindet sich ein bekannter romanischer Freskenzyklus von 1130, der zum ersten Mal die Tiroler Nationalspeise – Knödel – darstellt: Gleich unter der Muttergottes verschlingt eine Magd die runden Dinger, während sie mit der linken Hand eine volle Knödelpfanne umklammert. Die Burg ist nur zu Fuß in einer halbstündigen Wanderung von einem Parkplatz oberhalb von **Missian** aus zu erreichen. Gemütliche Schlosswirtschaft mit Tischen im Freien, im Schutz der alten Gemäuer und unter Weinlauben. ⏱ Mitte März–Anfang November 10–18 Uhr. Mi Ruhetag; Mitte September–Oktober kein Ruhetag, Führungen 10.30–17.30 Uhr, Tel. 0471 636081

PFARRKIRCHE ST. PAULS

Der so genannte Dom auf dem Lande ist ein prächtiges Werk der späten Gotik. Zur Zeit seiner Erbauung um die Mitte des 16. Jh. war **St. Pauls/Eppan** die reichste Kirchengemeinde des ganzen Landes. Trotzdem ging beim Turmbau, als man in rund 50 m Höhe angelangt war, das Geld aus. Erst nach 100 Jahren wurde der Turm im barocken Stil vollendet und bekam seine weithin sichtbare Zwiebelhaube aufgesetzt.

ST. NIKOLAUS

In Bozen lebte um 1600 Bartlmä Dill Riemenschneider, Sohn des berühmten Bildhauers Tilman Riemenschneider aus Würzburg. Er schuf die dekorativen Fresken in der gotischen Kirche von St. Nikolaus, einem Ortsteil der Gemeinde **Kaltern**.

Paulsner Friedhofsgeschichten ❗

Wenn Sie das schöne alte Weindorf **St. Pauls/Eppan** besuchen, sollten Sie einen Abstecher zum Friedhof machen. In der südwestlichen Ecke, vor dem Arkadengrab der adeligen Familie Heufler-Hohenbühl, steht ein alter, mächtiger, großblättriger Trompetenbaum. Neben dem Stamm steckt in der Erde eine mannshohe, schmiedeeiserne Stange mit einer beweglichen, eisernen Fahne. Darüber erzählt man sich eine seltsame Geschichte: Vor langer Zeit, als man nach einem neuen, größeren Grundstück für den Friedhof suchte, war keiner der reichen Bürger gewillt, Boden abzutreten oder günstig zu verkaufen. Nur ein wohlhabender Jude, der in der Gegend wohnte, war bereit, der Gemeinde ein schönes, großes Grundstück zu schenken. Als der Jude starb, wurde er nach seinem Wunsch in einer nicht geweihten Ecke des Friedhofs beerdigt. Um den Platz zu kennzeichnen (ein christliches Kreuz konnte man unmöglich aufstellen), wurde eine eiserne Fahne eingesetzt. Sollte nach seinem Ableben etwas Auffälliges aus der Erde wachsen – meinte der Jude vor seinem Tod –, wäre das als Zeichen zu verstehen, dass er in den Himmel aufgenommen worden sei. Und siehe da, aus der Erde wuchs ein Rosenstock. Jetzt steht an seiner Stelle der alte Baum und im Volksmund nennt man die Fahne noch heute das „Judenfahndl".
Weil wir schon auf dem Paulsner Friedhof sind: An der Südmauer befindet sich ein Gedenkstein für jene Südtiroler, die in den 1960er Jahren im Zusammenhang mit politisch motivierten Attentaten ihr Leben verloren. Der 8. Dezember ist alljährlich Anlass zu Gedenkfeiern mit reger Beteiligung patriotisch gesinnter Südtiroler.

ST. PETER ♣

Auf einer Felskuppe hoch über dem Kalterer See, die dem Örtchen **Altenburg** vorgelagert ist, liegen die Ruinen von St. Peter, der wohl ältesten Kirchenanlage Südtirols. Vermutlich befand sich hier eine vorchristliche Kultstätte, auf der später eine christliche Glaubensstätte entstand; der Name St. Peter weist auf eine frühe Gründung hin. Im Felsen neben der Kirchenruine ist eine längliche Vertiefung zu erkennen: vielleicht ein spätantikes Grab, das in der Frühzeit des Christentums als Taufbecken diente. In der Nähe sind schalenförmige Löcher in den Felsen gemeißelt. Mittelalterliche Mauerreste einer Befestigungsanlage verstärken die besondere Atmosphäre dieses Ortes, den Sie von der Altenburger Kirche aus auf einem Steig in wenigen Minuten erreichen.

DER KALTERER SEE

Inmitten der Rebenlandschaft südlich von **Kaltern** breitet sich der Kalterer See aus: Mit 147 ha Fläche ist er das größte natürliche Gewässer Südtirols und mit einer Temperatur von bis zu 28 °C einer der wärmsten Seen der Alpen. Das Wasser ist immer leicht trübe. Das rührt vielleicht daher, dass der See nicht sehr tief ist und die starken, regelmäßigen Winde das Wasser und den schlammigen Untergrund aufwühlen – wenn es nach dem Fischreichtum geht, dann hat die Klarheit des Wassers sowieso wenig mit

---

Die Südtiroler Weinstraße

Diese älteste Weinstraße Italiens verbindet die Stadt Bozen und über ein Dutzend schöner, historischer Dörfer im südlichen Teil Südtirols – darunter **Nals**, **Terlan**, **Eppan**, **Kaltern**, **Tramin**, **Kurtatsch**, **Margreid** und **Montan**; sie verläuft durch eine malerische, von über 2000 Jahren Weinbau geprägte Kulturlandschaft. Weinberge überziehen die sonnigen Hügel, so weit das Auge reicht; schlanke Zypressen, vereinzelt Palmen und Olivenbäume verströmen mediterranes Flair; die stattlichen Weinhöfe und Ansitze sind so ganz anders als die typischen Tiroler Bergbauernhöfe. Entlang der Route erfahren Weinliebhaber bei Kellerführungen und Weinverkostungen viel über die autochthonen Sorten Lagrein, Gewürztraminer und Vernatsch. Die Übersicht über den Streckenverlauf, Wissenswertes über die einzelnen Dörfer, Hinweise auf Weinveranstaltungen und vor allem Infos über die Weine finden Sie unter www.suedtiroler-weinstraße.it.

Kalterer See

seiner biologischen Qualität zu tun. Wen wundert's, dass der See von April bis Oktober ein wahrer Magnet für Touristen wie Einheimische ist. Im Norden gibt es öffentliche Badeanstalten; etwas markanter ragt das neue Lido hervor. Wie ein Schiff wirkt das über der Liegewiese schwebende Sonnendeck mit Schwimmbecken, Liegebereichen und der Tribüne für Sonnenanbeter; im Süden steht der See unter besonderem Naturschutz.

RUINE LEUCHTENBURG UND WARMLÖCHER ❗

Die Ruine erhebt sich auf dem Buckel des Mitterbergs (576 m), der das Etschtal vom Überetsch trennt. Der Zugang zur Burg, die schon seit 1600 verfallen ist, erfolgt vom Kreither Sattel (382 m) nahe dem **Kalterer See** aus über einen breiten, teils gepflasterten Weg. Abenteuerlicher ist die Wanderung vom Weiler Gmund am südlichen Fuß des Mitterbergs aus. Ein markierter Steig (Nr. 13) führt zunächst an den Rosszähnen, eigenartigen Felsformationen aus rotem Porphyr, und dann an Felsspalten vorbei, aus denen im Winter ein fühlbar warmer Lufthauch aufsteigt.

ST. JAKOB IN KASTELAZ

Ein kunsthistorischer Leckerbissen sind die Malereien im Kirchlein von St. Jakob in Kastelaz, das auf einem Geländevorsprung nördlich von **Tramin** sitzt. In der Apsis befinden sich merkwürdige Fresken aus dem frühen 13. Jh., die kämpfende Gestalten, halb Mensch, halb Ungeheuer, mit Fischleibern, Schwänzen und Hörnern, darstellen. Die sogenannten Bestiarien sind einzigartig und faszinieren Fachleute wie Laien. Infos im Tourismusverein Tramin, Tel. 0471 860131

LANGLEBIGE REBE

In der Nähe des Dorfplatzes von Margreid, in der Grafengasse, wächst eine der ältesten Reben Südtirols. Laut einer steinernen Tafel ist sie schon um 1601 gepflanzt worden. Der ausladende, liebevoll gepflegte Rebstock klettert an einem Holzgerüst an der Hausmauer empor und trägt rote Trauben.

Fresko in St. Jakob in Kastelaz

GETREIDEMÜHLE UND HAMMERSCHMIEDE

In **Buchholz** bei Salurn trieb früher der Mühlbach mehrere Getreidemühlen, ein Sägewerk und eine Hammerschmiede an. Die Hammerschmiede war bis vor kurzem im Betrieb; Bauern aus der Gegend und aus dem nahen Cembratal benutzen noch heute Geräte, in die „AI", die Initialen von Antoniazzi Isidor, dem Buchholzer Schmied, eingehämmert sind. In den Mühlen wurden hauptsächlich Maiskörner zu Polentamehl vermahlen – war doch Polentabrei das „tägliche Brot" der Unterlandler. Mit viel Zeitaufwand und Sachverstand hat der jetzige Mühlenbesitzer, Walter Eccli, eine Mühle rekonstruiert und die Hammerschmiede restauriert. Besichtigungen anmelden unter Tel. 0471 889161 oder 335 7822165

HADERBURG

Die Ruine sitzt auf einem unzugänglich scheinenden Felssporn oberhalb von **Salurn**. Einst war sie Sitz der Edlen von Salurn, dann gelangte die Burg in den Besitz der Grafen von Tirol. 1531 beher-

Porphyr, der rote Stein

Vor etwa 270 Millionen Jahren ereigneten sich ungeheure Vulkanausbrüche, die die Landschaft des heutigen Bozner Beckens und des Unterlands formten: Die säulenförmig erstarrte Lava flankiert das Etschtal bis **Tramin** und **Neumarkt**, dann senken sich die bis zu 2000 m mächtigen Gesteine unter die Talsohle ab, um erst im Trentino wieder an die Oberfläche zu kommen. Der Bozner Quarzporphyr stellt das größte vulkanische Ereignis im Bereich der Alpen dar. Das meist rote, extrem harte und abriebfeste Lavagestein, der Porphyr, wurde ab dem Ende des 19. Jh. in der Gegend um **Branzoll**, **Auer** und **Leifers** in großem Umfang abgebaut; an den Bergflanken erkennt man noch gut die Narben der riesigen Steinbrüche. Großteils wurden die Felsbrocken zu Pflastersteinen verarbeitet, viele Straßen in Europa sind mit Bozner Porphyr ausgelegt. Sogar der Rote Platz in Moskau soll – so wird erzählt – seinen Namen nicht der politischen Couleur der Machthaber verdanken, sondern der Farbe der Pflastersteine, die anscheinend die Firma Lentsch aus Branzoll lieferte. Im Cembratal, im angrenzenden Trentino, gibt es noch heute enorme Steinbrüche, aus denen Blöcke, Platten und Pflastersteine gewonnen und weltweit vertrieben werden; in der Gegend um Branzoll und Leifers wird nur mehr in kleingewerblichen Betrieben Porphyr abgebaut.

---

bergte sie gar Philipp Melanchton, den Mitstreiter Luthers. Ein breiter Fußweg führt vom südlichen Dorfrand zur Anlage und zur (im Winter geschlossenen) Jausenstation.

ST. FLORIAN

Am Fuß des Madrutbergs bei **Laag**, eingeklemmt zwischen dem Masten- und Drähtegewirr des E-Werks und der Staatsstraße, liegt das über 700 Jahre alte Hospiz St. Florian, im Volksmund Klösterle genannt. Der gesamte Nord-Süd-Verkehr zog seit alters her hier vorbei; Pilger, Landsknechte, Fürsten, Kaufleute und Abenteurer machten im Hospiz Rast und wechselten die Pferde. Wenn man im Hof des alten Gemäuers steht, kann man sich gut vorstellen, dass es hier über Jahrhunderte ähnlich zuging wie in einer orientalischen Karawanserei.

RUINE KALDIFF

Oberhalb von **Neumarkt**, auf der Anhöhe von Mazzon, stehen die Ruinen des einst mächtigen Schlosses. Im 12. Jh. erbaut, 1410 belagert und erobert, brannte es 1797 vollständig aus und ist seither dem Verfall preisgegeben. Von Neumarkt führt noch der alte, viel begangene, gepflasterte Weg zu den Überresten der Burg.

PINZON

Mitten in den Weingütern oberhalb von Neumarkt liegt das kleine verträumte Dörfchen **Pinzon**. Alte Bauernhäuser scharen sich um die gotische Kirche und den stimmungsvollen, mit Kastanienbäumen bestandenen Dorfplatz. Die um 1500 erbaute Kirche enthält einen von Meister Hans Klocker geschnitzten Flügelaltar, er ist einer der schönsten Südtirols. Den Schlüssel verwaltet der Mesner, Maximilian Guadagnini (Tel. 0471 812871). Am einfachsten ist die Besichtigung anlässlich der regelmäßigen Visiten des Geistlichen Anton Markart, Tel. 0471 820781.

SCHLOSS ENN

Mit Blick nach Süden, thront die prächtige Burg auf einem Hügel über dem Dorf **Montan**. Der Zutritt ist nicht gestattet, doch auch von Außen bietet die bestens erhaltene, turm- und zinnenbewehrte Anlage einen einmaligen Eindruck. Die verspielten Türmchen und Zinnen erhielt das Schloss erst 1880, als es im neugotischen Stil umgebaut wurde.

ST. DANIEL AM KICHELBERG

Das Interesse gilt hier nicht so sehr dem Kunsthistorischen, sondern dem harmonischen Gesamtbild: Wer von Auer ins Fleimstal fährt, sollte nach **Montan** in der Nähe der Kehre halten, um die herrliche Aussicht zu genießen. Unterhalb der roten Felswände ziehen ein Bauernhof und das St.-Daniel-Kirchlein, die in eine liebliche Reblandschaft eingebettet sind, alle Blicke auf sich.

CASTELFEDER ★

Castelfeder, der markante Hügel südlich von **Auer**, wird schwärmerisch das „Arkadien Tirols" genannt. Tatsächlich erinnert die Landschaft mit ihrer kargen Vegetation an Griechenland. Zwischen Flaumeichen und macchiaähnlichem Gebüsch breitet sich ein urzeitlicher Zauber aus: Die Mauerreste waren früher stolze Ringwälle und Wehrbauten. Die Überreste von Rundbögen erzählen von römischen Wehrmauern. Wahrscheinlich thronte auf Castelfeder auch die Burg Alt-Enn. Auf der Kuppe stehen die Ruinen der einstigen Barbara-Kapelle. Forscher haben auf dem Hügel geheimnisvolle Wohngruben entdeckt. Der Blick von Castelfeder geht weit über das Tal, zu den Meraner Bergen und bis hinauf nach Bozen.

NATURPARK TRUDNER HORN

Die Grenzen des südlichsten und kleinsten Naturparks Südtirols sind klar umrissen: Im Westen begrenzt ihn das Etschtal, im Südosten der Kamm des Cembratals und im Norden die Ausläufer des Fleimstals. Die Pflanzen- und Tierwelt, die man hier antrifft, ist unglaublich artenreich. Abseits der großen Touristenströme ist der Naturpark ein Paradies für Wanderer, die Ruhe und puren Naturgenuss suchen. Das Naturparkhaus ist in einer alten Mühle in **Truden** untergebracht und zeigt eine ausgesprochen informative und unterhaltsame Ausstellung über die unterschiedlichen Gesteinsvorkommen, über Flora und Fauna des Parks. Im Amphibienteich tummeln sich Frösche, Lurche, Wasserläufer und Libellen; unter Glas kann man einen lebenden Ameisenhaufen bestaunen. Der Naturparkhaus-Betreuer Ivan Plasinger demonstriert die Technik einer alten Elevatormühle, einer für Südtirol einzigartigen Konstruktion (alle 14 Tage wird samstags Korn gemahlen, an den anderen Samstagen Brot gebacken). ◷ Mitte April–Mitte November, Di–Sa 9–12, 15–18.30 Uhr, August und September auch So, Tel. 0471 869247

Castelfeder bei Auer

MUSEEN UND AUSSTELLUNGEN

SCHLOSS MOOS-SCHULTHAUS
Unter den vielen Adelssitzen im Überetsch ist Schloss Moos-Schulthaus wohl einer der interessantesten: ein einzigartiges Museum mittelalterlicher Südtiroler Wohnkultur. Sehenswert sind die Stuben, Balken- und Kassettendecken, die schönen Wandschränke, das zeitgenössische Mobiliar und die Fresken. Kurios ist die um 1400 entstandene Darstellung eines Zyklus aus der Fabel vom „Katzen-Mäuse-Krieg". Der Bozner Kaufmann und Kunstmäzen Walther Amonn überließ das Schloss und seine Gemäldesammlung der Öffentlichkeit; ausgestellt sind unter anderen Bilder von Defregger, Egger-Lienz und Stolz. **St. Michael/Eppan**, Schulthauser Weg 4, ⏰ Ostern–Allerheiligen, Di-Sa Führungen um 10, 11, 16, 17 Uhr, Tel. 0471 660139

Bletterbachschlucht

SÜDTIROLER WEINMUSEUM ★
Im Zentrum von Kaltern, im Zehentkeller des landesfürstlichen Pfleghauses, ist ein Landesmuseum eingerichtet, das die jahrhundertealte Weinbautradition des Landes dokumentiert. Auf 600 m^2 sind Geräte, Werkzeuge, Behälter und Gefäße aus Holz, Kupfer, Zinn und Glas ausgestellt – von der „Pergl" bis zur „Torggl" alles, was vom Arbeitsjahr des Weinbauern erzählt. Interessant ist ein Hausaltärchen, das zeigt, wie Christus symbolisch in der Weinpresse „ausgequetscht" wird; anstelle von Blut fließt Wein aus zwei Spunden. Das Werk wurde im Ausland für das Museum erworben, wird aber einem einheimischen Künstler zugeschrieben.
Kaltern, Goldgasse 1, ⏰ April–Mitte November, Di-Sa 10–17 Uhr, So und Feiertage 10–12 Uhr, Tel. 0471 963168, www.provinz.bz.it/volkskundemuseen

DORFMUSEUM TRAMIN
Das Museum, das in einem alten Kleinbauernhaus im Dorfzentrum von Tramin eingerichtet wurde, zeigt Handwerkszeug und bäuerliches Gerät, das man in früherer Zeit vor allem im Weinbau einsetzte. Außerdem gibt eine Ausstellung von Egetmann-Figuren Einblick in das Traminer Faschingstreiben.
Tramin, Rathausplatz 9, ⏰ Ostern–Allerheiligen, Di-Sa 10–12 Uhr, Di und Fr 16–18 Uhr; Führungen mit Hermann Toll: Mi 10 Uhr, Tel. 0471 860132

MUSEUM ZEITREISE MENSCH
Das Privatmuseum im „Ansitz am Orth" aus dem 15. Jh. in Kurtatsch dokumentiert anhand einer umfangreichen Sammlung die bäuerliche Kultur des Südtiroler

> **Kalterer Splitter**
>
> In **Kaltern**, an der Ecke Ambachgasse/A.-Hofer-Straße, steht ein Haus mit einer Aussparung im Hauseck. Der Besitzer des schräg gegenüberliegenden Gebäudes hatte durchgesetzt, dass sein Recht auf freie Sicht zur Kirchturmuhr auch mit dem Bau des Nachbarhauses gewahrt blieb. So kann er weiterhin auf eine Küchenuhr verzichten.
> Am Dach des Kirchturms sind wasserspeiende Figuren angebracht. Man erzählt, dass der Baumeister Differenzen mit den Bauherren hatte und aus Groll darüber einen der Wasserspeier so anbrachte, dass er das Nass mit dem Allerwertesten auf den Dorfplatz befördert.

Unterlandes von der Steinzeit bis in die jüngste Vergangenheit.
Kurtatsch, Botengasse 2, ⏱ November–August nach Voranmeldung beim Tourismusverein, Tel. 0471 880100, oder Siegmund Schweigl, Tel. 0471 880267, www.museumzeitreisemensch.it

MUSEUM FÜR ALLTAGSKULTUR

Der Sammelleidenschaft von Anna Grandi-Müller ist es zu verdanken, dass man in den Räumen eines Neumarkter Laubenhauses eine skurrile Anhäufung von Alltagsgegenständen des bürgerlichen Lebens besichtigen kann. Eingerichtet sind eine Küche samt Speisekammer, ein Schreib- und Schulzimmer, ein Herrschaftszimmer, ein Ankleideraum, ein Näh- und Bügelraum, ein Kinder- und Puppenzimmer sowie ein Raum mit Dokumenten der Volksreligiosität.
Neumarkt, Meister-Konrad-Durchgang 2 (ev. vorübergehend neue Adresse wg. Umbau), ⏱ Ostern–Oktober, So, Di 10–12 Uhr, Di–Fr 16–18 Uhr; Führungen nach Vereinbarung mit Frau Müller, Tel. 0471 812472, oder Frau Prast, Tel. 0471 812550

GEOPARC BLETTERBACH

In der gewaltigen Felsschlucht zwischen Aldein und **Radein** kann man wie in einem offenen Buch gleich mehrere Kapitel der Erdgeschichte „nachlesen", denn an den Wänden des Canyons sind die einzelnen Gesteinsschichten, die sich über Jahrmillionen hier abgelagert haben, sichtbar. Der Geo-Weg durch die Schlucht beginnt beim Besucherzentrum in Aldein oder beim Geomuseum Radein. Entlang des Weges informieren 16 Schautafeln über die Zusammensetzung der Schichten und wertvolle Funde.
www.bletterbach.info

DORFMUSEUM ALDEIN

Die Ausstellung, die im alten Schulhaus oberhalb der Raiffeisenkasse untergebracht ist, zeigt qualitätsvolle Bilder der Barock- und Rokokozeit sowie liturgische Gegenstände und Urkunden. An das Dorfmuseum angeschlossen ist das für Kinder lohnende Mühlenmuseum, wo restaurierte und rekonstruierte Getreidemühlen, eine Lodenstampfe, eine Hammerschmiede und eine „Schiasser"-Mühle (zum Herstellen von Murmeln) gezeigt werden.
Aldein, Dorf 41, ⏱ Ostern–Oktober, keine fixen Öffnungszeiten, Infos: Tourismusverein Aldein, Tel. 0471 886800, Josef Matzneller, Tel. 0471 886517, oder Reinhart Pichler, Tel. 0471 886619; Sonderführungen und Mühlenbesichtigung nach Vereinbarung,
www.museum-aldein.com

MÄRKTE, TERMINE, BRAUCHTUM

APFELSEMINARE
Wer alles rund um den Apfel wissen will, kann sich im Info-Haus in **Frangart** umfassend informieren. Freitags um 10 Uhr, von April bis Oktober, beginnt dort ein zweistündiges Programm, bei dem ein Lichtbildervortrag, die Besichtigung von Obstanlagen und – als Höhepunkt – der Besuch der Obstverarbeitungsgenossenschaft „Fruchthof Überetsch" angeboten werden. Dort werden die Äpfel mit modernsten Maschinen verarbeitet, elektronisch nach Volumen vermessen und nach Farbe sortiert, bevor sie versandfertig verpackt oder in die Lagerhäuser transportiert werden. Anmeldung und Infos: Tel. 0471 662206

EGETMANN-UMZUG
An ungeraden Jahren organisiert der **Traminer** Egetmannverein am Faschingsdienstag einen großen wüsten Faschingsumzug. Touristen sind um diese Zeit kaum im Dorf; es ist ein exzessives Fest der Einheimischen. Mit großem Trara ziehen Festwagen und verkleidete Gestalten durch das Dorf; die bekanntesten Figuren sind neben dem „Egetmann" und der „Braut" die „Schnappviecher", Männer in hölzernen Masken mit langem Schnabel und klapperndem Gebiss. Frauen sind zwar als Zuschauerinnen erwünscht, ihre Teilnahme an der Organisation und am Umzug ist aber strikt verboten. www.egetmann.com

KALTERER ORGELKONZERTE
1979, ein Jahr nachdem die große Pirchner Orgel fertig gestellt worden war, wurde das erste Kalterer Orgelkonzert abgehalten. Mittlerweile genießen die Konzerte internationalen Ruf; sie finden in der Zeit zwischen Ostern und Weihnachten statt. Infos: Tourismusbüro **Kaltern**, Tel. 0471 963169

MARKUSMARKT
Am 25. April, dem Staatsfeiertag und Fest des hl. Markus, findet in **Auer** ein großer Krämermarkt statt. An über 400 Ständen bieten fliegende Händler Waren aller Art feil. Für das leibliche Wohl sorgen die Mitglieder der lokalen Vereine.

VINO MIGLIA
Die Oldtimer-Rallye, die durch fünf Länder führt, findet alle zwei Jahre statt und verläuft in Südtirol entlang der **Weinstraße**. Ein Schauspektakel für alle Automobilfans. Infos: www.vino-miglia.de

INTERNATIONALE SÜDTIROLER BLAUBURGUNDER-TAGE
Die Veranstaltung Ende Mai gilt dem König der Weine: dem Blauburgunder. Eine internationale Jury besorgt die Vorverkostungen der Weine aus ganz Italien in der Landesversuchsanstalt Laimburg. Die 15 Siegerweine werden dann bei einem großen, dreitägigen Fest in **Neumarkt** vorgestellt und verkostet. Übrigens reifen die Trauben auf den tiefgründigen Kalkschotterböden in den Hügeln um

Kurtatsch

Mazzon oberhalb von Neumarkt besonders gut: intensive Sonneneinstrahlung bis in die Abendstunden, warme Winde tagsüber, nachts kühle Fallwinde vom Trudner Horn. Tel. 0471 810231

EPPANER BURGENRITT

Eppan, die burgenreichste Gemeinde des Alpenraums, bildet die Kulisse für den „Internationalen Eppaner Burgenritt". Das Freizeitreiter-Turnier wird auf einer Gesamtstrecke von rund 65 km ausgetragen und verspricht jährlich Ende Mai ein faszinierendes Schauspiel. Infos: Tourismusverein Eppan, Tel. 0471 662206, www.burgenritt.com

TORBOGENFEST

Auch die **Salurner** feiern am Pfingstwochenende ein Dorffest. Die italienischen und deutschen Dorfvereine richten Stände unter den Torbögen ein und laden zu Speis und Trank. Fast hat man den Eindruck, dass manche Organisation eigens für dieses Fest gegründet worden ist. Es wird gebrutzelt und gebraten, auf den Bänken sitzen friedlich vereint die Salurner beider Sprachgruppen. Infos: Tourismusbüro Salurn, Tel. 0471 884279

PETER-UND-PAUL-MARKT

Peter und Paul sind die Schutzheiligen der schönen, spätgotischen Kirche von Vill bei **Neumarkt**. Zu „Peter und Paul", dem 29. Juni, wird im verkehrsberuhigten Dorfzentrum von Neumarkt ein großer Krämermarkt abgehalten.

GEWÜRZTRAMINER-SYMPOSIUM ●

In **Tramin**, der Heimat des kräftigen, würzig-trockenen Gewürztraminers, hält man alle zwei Jahre im Juli eine Vergleichsverkostung ab, wobei eine internationale Fachjury die Weine aus aller Welt bewertet. Fachseminare und interessante Rahmenveranstaltungen (z. B. Weinbergwanderungen, kulinarische Seminare, Gewürztraminer-Länderkampf) runden das Symposion auf Schloss Rechtenthal ab. In den Zwischenjahren beschränkt sich die Veranstaltung „Gewürztraminer im Schloss" auf den Südtiroler Wein. Infos: Tourismusverein Tramin, Tel. 0471 860131, www.tramin.com

Egetmann-Umzug in Tramin

JAKOBIFEST
Am 25. Juli ist im **Traminer** Ortsteil St. Jakob in Kastelaz Kirchtag: Zu Ehren des Kirchenpatrons, des Apostels Jakob, wird vormittags ein Gottesdienst gefeiert, abends wird auf dem Kirchplatz in weltlicher Manier tüchtig auf die Pauke gehauen.

WEINRITT
Früher machten sich die Weinhändler zu Jakobi, Ende Juli, auf den Weg, um bei ihren Kunden das Geld für den gelieferten Wein einzufordern. Dieser „Weinritt" wurde von den Tourismusmanagern im Überetsch und Unterland in neuer Form wiederbelebt: An festen Terminen von April bis September begleitet ein sachkundiger Führer die interessierten Weinbeißer zu besonderen „Weinorten": Kellereien, historischen Weinhöfen, zu kunsthistorischen Kleinoden, ins Weinmuseum. Es werden Weine verkostet, Keller besichtigt, Gespräche mit Weinbauern, Kellermeistern und Fachleuten geführt. Ein mehrgängiges Menü beschließt den Tag. Infos und Anmeldung: Tourismusverband Südtirols Süden, Tel. 0471 633488

KALTERER WEINFEST
Seit über 30 Jahren organisiert die Bürgerkapelle Kaltern am Wochenende nach Maria Himmelfahrt (15. August) auf dem Gelände der Kalterer Kellereien ein Fest, wobei dem Namen „Weinfest" alle Ehre gemacht, aber auch für kulinarische Höhepunkte gesorgt wird. Infos: Tel. 0471 963169

LAUBENFEST
An drei Tagen im August feiern die **Neumarkter** ihr größtes Fest: das Laubenfest. Unter den mittelalterlichen Laubengängen und in den Höfen der historischen Häuser haben die Vereinsmitglieder Tische und Bänke aufgebaut; Bier und Wein fließen reichlich, Spiele und Musik sorgen für eine ausgelassene Stimmung. Infos: Tel. 0471 810231

KALTERER WEINTAGE
Seit 1985 findet eine Fachverkostung von Kalterer-See-Weinen statt. Als erster Südtiroler Wein erhielt der Kalterer das Prädikat der kontrollierten Ursprungsbezeichnung (DOC). Über 30 Weinbaubetriebe mit rund 60 Weinen stellen sich Anfang September in **Kaltern** dem Vergleich, was Gastwirte, Weinbauern und Konsumenten gleichermaßen zu schätzen wissen. Reichhaltiges Rahmenprogramm mit Weinbergführungen, Lesungen und Filmvorführungen. Infos: Tourismusverein Kaltern, Tel. 0471 963169

ST.-PAULSNER-DORFFEST
Am ersten Wochenende im September – aber nur in geraden Jahren – feiert **St. Pauls/Eppan** sein Dorffest. Eine unüberschaubare, ausgelassene Menschenmenge überschwemmt dann den Kirchplatz und die Dorfgassen. Wieder sind es die Mitglieder unterschiedlichster Vereine, die die Tische und Bänke in den Höfen, Dorfkellern und auf den Straßen aufbauen und Traditionelles sowie Eigenwilliges aus Küche und Keller servieren. Infos: Tel. 0471 662206

TRAMINER WEINGASSL
Vor der prächtigen Oktober-Herbstkulisse finden in **Tramin** eine Reihe weinseliger Veranstaltungen statt, die sich durch gute Musik und Kabarett in historischen Kellern von anderen Dorffesten unterscheiden. Die Gastwirte tischen Gerichte zum Thema Wein und Herbst auf; außerdem werden geführte Weinberg- und Erlebniswanderungen geboten.
Am letzten Samstag im Oktober organisieren die Traminer das „Weingassl": Traminer Spitzenweine wie der Gewürztraminer, Cabernet, Lagrein und Vernatsch werden in eigens dafür kreierten Weingläsern verkostet. Südtiroler Spezialitäten, wie gebratene Kastanien, Mohnkrapfen, Speck und Bergkäse, runden das kulinarische Angebot ab. Infos: Tourismusbüro Tramin, Tel. 0471 806131

MARTINI

Am 11. November, zum Fest des hl. Martin, nimmt der Kirchtag in **Girlan** Volksfestcharakter an. In **Kurtinig** geht es etwas beschaulicher zu: Scherenschnitte schmücken die Fenster und sorgen beim Laternenumzug am Abend für stimmungsvolle Atmosphäre. Natürlich wird auch in Kurtinig gefeiert – und es werden Wetten abgeschlossen, wessen Gans die schnellste beim Martini-Gänse-Wettrennen ist. Infos: Tourismusverein, Tel. 0471 880100

Laubenhäuser in Neumarkt

FREIZEIT IM SOMMER

BADEN

Was Badeseen betrifft, sind das Unterland und das Überetsch von der Natur bevorzugt: In den Föhrenwäldern des Mitterbergs sind wie zwei dunkle Augen der Kleine und der Große Montiggler See eingebettet, südlich von Kaltern liegt der bekannte Kalterer See, der Caldonazzo-, Terlago- und Levicosee befinden sich gleich um die Ecke im Trentino und zum Gardasee ist's auch nicht weit.

☞ Am **Kleinen** und am **Großen Montiggler See** 👫 sind öffentliche Badeanstalten eingerichtet. Der kleine See ist nur zu Fuß, in 20 Minuten ab dem Parkplatz bei Montiggl, erreichbar, darum geht es dort beschaulicher und naturbewusster zu. Viele kommen auch mit dem Bergrad. Am großen See gibt's neben Badesteg und Liegewiese auch ein modernes, großes, einladendes Freibad mit Wasserrutsche. Im Sommer Gratis-Seebus von St. Michael, St. Pauls und Girlan.

☞ Am **Kalterer See** gibt es seit Sommer 2006 ein neues Seebad. Architektonisch an die Landschaft angepasst, setzt es mit einer großzügigen Liegewiese und Bädern auf dem Sonnendeck auf Erholung pur. Aktive finden in einem überdachten Bereich Spiel-, Fitness- und Veranstaltungsflächen. Mai–Oktober 9–19 Uhr, www.kaltern.com

☞ Ein schönes Freischwimmbad finden Sie am Ostrand von **Tramin**, ausgestattet mit Whirlpool, Wildbach, Wasserfall, Kletterfelsen, Sprudelbecken, Unterwassermassagen, Gegenstromanlage, Kinderrutschen, Nichtschwimmerbecken, Bar und Restaurant. Die großzügigen Liegewiesen sind terrassenförmig angelegt. Tel. 0471 860823

☞ Auf der bezaubernden Hochfläche des **Fennbergs** oberhalb von Kurtatsch, neben dem Gasthaus Zur Kirche, liegt auf 1034 m ein kleiner, romantischer Badesee. Die Badestelle und die windgeschützte Liegewiese befinden sich am Westufer. Da der See inmitten einer sumpfigen Wiese, einem geschützten Biotop, liegt, ist das Wasser moorig-trüb,

Am Kalterer See

aber nicht schmutzig – auf jeden Fall nichts für Chlorbadfanatiker.

☞ Ein großzügiges, familienfreundliches Freibad finden Sie in **Auer**, in der Freizeitzone Schwarzenbach: Es gibt ein großes Becken, ein Kinderbecken, eine Wasserrutsche und einen Kinderspielplatz sowie eine weitläufige und teils schattige Liegewiese. Öffnungszeiten 9–19 Uhr. Tel. 0471 810063

FUSSBALL(-STARS) U. A. SPORT(-GRÖSSEN)

☞ In **Kaltern**, Richtung Altenburg, hat die Gemeinde eine großzügige Sportzone am Waldrand geschaffen, mit Tennis- und Fußballplätzen, Leichtathletikanlagen, Clubhäusern, Trimm-dich-Pfaden.
Im Sommer trainieren hier öfters große Fußballclubs, wie Roma, Torino, Fiorentina oder die deutsche Fußballnationalmannschaft. Auch Alberto Tomba, Italiens ehemaliger Ausnahmeskifahrer, hat in Kaltern werbewirksam Kondition getankt. Im Sommer kann man auf den Sportanlagen also mit etwas Glück illustre Gäste antreffen. Infos: Tel. 0471 963169

KEGELN, BOCCIA

☞ In **St. Michael/Eppan** gibt's im zentrumsnahen Restaurant-Pizzeria Meraner Gelegenheit zum Kegeln. Tel. 0471 664033
☞ Eine Naturkegelbahn befindet sich beim Gasthof Turmbach, einem beliebten Ausflugsgasthaus in **St. Michael/Eppan**. Tel. 0471 662339
☞ Die Einheimischen kehren gerne beim Gasthof Wieser in **Perdonig** bei Eppan ein und kegeln auf der Naturkegelbahn unter einem mächtigen Ahorn. Tel. 0471 662376
☞ Bei Fennhals auf dem **Fennberg** liegt nahe der Straße, aber sehr romantisch, die Waldschenke Boarnwald, mit Boccia- und Kegelbahnen, auf denen sowohl Einheimische als auch Trentiner sonntags ihr Geschick erproben. Tel. 0471 880585
☞ In **Gschnon** bei Montan kegelt man u. a. beim stilvoll umgebauten Bauerngasthof Dorfnerhof auf einer Naturkegelbahn. Gute Küche (Wildgerichte), schöne Terrasse. Tel. 0471 819798
☞ Möglichst alle Neune sollten Sie auch auf der Naturkegelbahn in **Auer** treffen. Im Erholungszentrum Schwarzenbach finden Sie außerdem noch andere Sport- und Freizeiteinrichtungen sowie ein gemütliches Gasthaus. Tel. 0471 810295
☞ Eine überdachte Naturkegelbahn sowie eine Bocciabahn hat die Jausenstation Bar Ebnerrast in der Sportzone von **Altrei** zu bieten. Im Herbst wird hier auch gerne zum Törggelen eingekehrt. Tel. 0471 882100
☞ In stimmungsvollem Ambiente kegelt es sich bei der ehemaligen Poststation und historischem Gasthof Pausa an der **Fleimstaler** Straße. Tel. 0471 887035
☞ Sportliche Kegelfreunde wandern von **Radein** auf die gemütliche Gurndin-Alm, kürzer ist der Weg ab Jochgrimm auf breiter, autofreier Straße. Tel. 0471 886745
☞ Ein nettes Landgasthaus ist der Nigglhof in **Radein**, wo man sich nach nerven- und kräftezehrendem Kegeln bei Kaffee und Kuchen auf der Sonnenterrasse erholen kann. Oberradein 3, Tel. 0471 887165
☞ Auf der Lahneralm lassen sich nicht nur die schönsten Kegelpartien austragen; die Almwirtschaft bei **Aldein** ist auch Ausgangspunkt für einen Ausflug in die nahe Bletterbachschlucht. Tel. 0471 886888
☞ Nahe der imposanten Bletterbachschlucht bei **Aldein** liegt auch die Schmiederalm, ein empfehlenswerter Gasthof mit Kegelbahn. Tel. 0471 886810
☞ Wer die Kegelpartie auf der Schmiederalm verloren hat, wandert am besten in 20 Minuten auf fast ebenem, breitem Weg zur Schönrastalm oberhalb von **Aldein**, um dort die Revanche einzufordern. Tel. 0471 886731

MINIGOLF

Auf der Minigolfanlage in **Tramin** wurden schon Europameisterschaften ausgetragen! Tel. 0471 860131

RADWANDERN, MOUNTAINBIKEN

Auf dem Etschradweg. Auf der Krone des Etschdamms verläuft ein beschilderter Radweg von Bozen nach Salurn. Der Weg ist verkehrsfrei und weist keine Steigung auf, es sind Rastplätze angelegt, in den Dörfern an der Strecke gibt's jede Menge Gaststätten zum Einkehren. 31 km, leichte Tour.

Von Bozen nach Kaltern. 👫 Noch vor rund 50 Jahren verkehrte eine Schmalspurbahn auf der Strecke von Bozen nach Kaltern, mit Anschluss an die Standseilbahn auf die Mendel. Auf der ehemaligen Trasse wurde nun ein Radweg angelegt, den auch Kinder locker bewältigen, da Schleifen und Kehren die geringe Steigung ausgleichen. Vom Ende des Eisackuferradwegs am südwestlichen Stadtrand von Bozen (bei der Kläranlage), gelangt man über Güterwege zum Überetscher Radweg mit Start in Frangart. Die Strecke von Eppan nach Kaltern ist ein beliebter Spazierweg für Familien – also Achtung auf Kinder! Entlang des Wegs gibt's Spielplätze, Tische und Bänke, in den nahen Ortschaften laden Gaststätten zum Einkehren ein. 14 km, 160 Höhenmeter, leichte Tour.

Kalterer Höhenweg. Ausgangspunkt ist St. Nikolaus (ca. 600 m) in Kaltern. Sie radeln auf breiter Asphaltstraße zunächst auf die Kalterer Höhe und dann kurz auf der Mendelstraße weiter bis zum Straßenwärterhaus; hier biegen Sie links in den breiten Forstweg ab. Von nun an folgt man immer der Markierung 9, die großteils auf Forststraßen, teilweise auf Steigen, den Mendelberg oberhalb von Kaltern und Altenburg quert. Vom Tal blitzt der Kalterer See herauf, die markanten Spitzen des Weiß- und Schwarzhorns grüßen von der gegenüberliegenden Seite, im Nordosten ragt der Rosengarten in den Himmel. Nach 7 km erreicht man den Ziegelstadel (732 m), eine Forsthütte auf ebenem Wiesengrund, mit Tischen, Bänken und Brunnen, also bestens für ein Picknick geeignet. Entweder kehren Sie nun auf einem Forstweg zur Sportzone Kaltern und zum Ausgangspunkt zurück oder Sie fahren weiter aufwärts (Mark. 9) zur Jausenstation Gummerer Hof (751 m). Über einen Forstweg gelangen Sie nach Altenburg, auf wenig befahrener Straße nach St. Anton und nach St. Nikolaus zurück. 20 km, bis Ziegelstadel 150 Höhenmeter,

Radtour auf dem Etschdamm

bis Gummerer Hof 250 Höhenmeter, mittelschwere Tour; teilweise schmaler Steig, kurze Schiebestrecke. (Vgl. Plan 8; Mapgraphic Wanderkarte Nr. 8 – mit Radwanderwegen)

Rund um den Kalterer See. Der Seeuferweg, ein durchgehend markierter Spazierweg, umrundet den Kalterer See. Parallel dazu oder in Teilabschnitten deckungsgleich, kann man den See auf Güterwegen und verkehrsarmen Nebenstraßen per Rad umrunden. Die Strecke führt durch Weingärten, durch Buschwald und vorbei an Sumpfgelände; im Süden des Sees, am Ende des unter Naturschutz stehenden Schilfgürtels, quert ein schnurgerader, für den Autoverkehr gesperrter Feldweg den Talboden. Ca. 8 km, keine nennenswerte Steigung, sehr leichte Tour.

Von Altenburg nach Fennberg. In Altenburg (614 m) beginnt eine lange Runde, die ohne extreme Steigungen auskommt, aber durch die stetig ansteigende Streckenführung einiges an Kondition abverlangt. Von Altenburg auf der Straße Richtung Tramin; kurz vor Söll zweigt rechts eine Forststraße ab, die durch Mischwald und über die Zoggler Wiesen (750 m; Rastplatz, Brunnen) oberhalb von Tramin zum herrlich gelegenen, romantisch versteckten Dörfchen Graun (823 m) führt. Ab hier auf asphaltierter Straße Richtung Fennberg – zur Rechten steigen steil die Felsen an, zur Linken genießt man Ausblicke auf Penon und das südliche Etschtal. Nach mäßiger Steigung erreichen Sie den Ansitz Fennhals auf der Anhöhe (1031 m), wo die Landschaft plötzlich ebener wird und Wiesen mit dichtem Mischwald wechseln. Nach einem letzten kurzen Anstieg (1163 m) fällt die Straße in Serpentinen über eine Felsstufe zum tiefer liegenden See (1052 m) ab. Zwei Gasthäuser laden zur Rast ein. Die Abfahrt nach Margreid (220 m) erfolgt auf dem alten Karrenweg 3, der verbreiterte, teilweise betonierte Fahrspuren aufweist. 37 km, 550 Höhenmeter im Anstieg, mittelschwere Tour. (Vgl. Plan 9; Mapgraphic Wanderkarte Nr. 8 und Nr. 14 – mit Radwanderwegen)

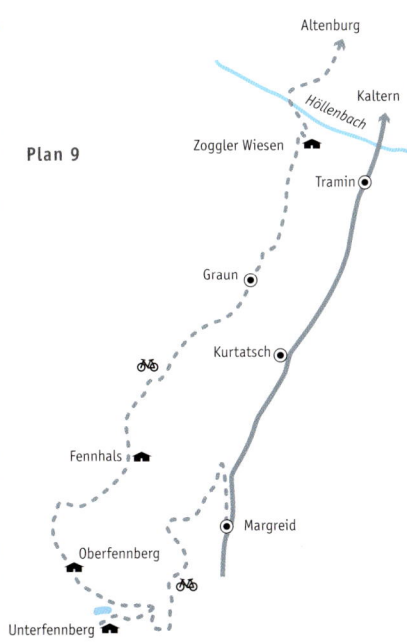

Radverleih, Radreparaturen, Radtouren

🚲 Die Firma Sanvit in **St. Michael/Eppan**, Bahnhofstraße 70, verleiht, verkauft und repariert Mountainbikes. Andreas Hofer ist Spezialist in Sachen Rad und kennt eine Menge Tourenvorschläge. Tel. 0471 660775, www.sanvit.com

🚲 **Kaltern**: Mountainbikeservice, -verleih und -reparatur bei Sarner Bike, Goldgasse 12c. Tel. 0471 964891

🚲 Verleih von Mountainbikes und Cityrädern in den Tourismusbüros von Auer, Tel. 0471 810231, und **Neumarkt**, Tel. 0471 812373.

🚲 **Von Tramin nach Kurtatsch.** Über den Wanderweg Kastelaz führt eine gemütliche Radtour von Tramin nach Kurtatsch. Der Weg beginnt im äußersten Westen des Dorfes, hinter dem Altersheim. Nach einem kurzen Anstieg durch Buschwald zieht er sich fast eben am Hang entlang und bietet schöne Ausblicke auf die tiefer liegenden Dörfer, Weiler und auf die Weinlandschaft. Auf dem Wanderweg, der etwas erhöht parallel zur Weinstraße verläuft, fahren Sie vorbei am Weiler Rungg und nach Tramin zurück. 8 km, 100 Höhenmeter, leichte Tour. (Mapgraphic Wanderkarte Nr. 14 – mit Radwanderwegen)

🚲 **Zum San-Lugano-Pass.** Ein Klassiker unter den Radtouren ist die Fahrt auf der alten Bahntrasse der Fleimstalbahn von Auer (244 m) über Montan (478 m) und Kaltenbrunn (1000 m) zum San-Lugano-Pass (1096 m). Die Trasse führt von Auer bis Montan durch das Biotop von Castelfeder, Rad fahren ist nicht gestattet: Entweder Sie schieben, weichen auf die Staatsstraße aus oder starten erst in Montan. Sobald man bei Schloss Enn ein Privatgrundstück umrundet hat, weicht man nicht mehr von der Streckenführung der ehemaligen Bahntrasse ab. Die Steigung ist mäßig, die Fahrt durch Buschwald, über Wiesen, Brücken und durch Tunnels abwechslungsreich. Wer den Autoverkehr nicht scheut und selbst gerne „Gas gibt", kann über die Fleimstaler Straße nach Auer zurückdüsen. Die an-

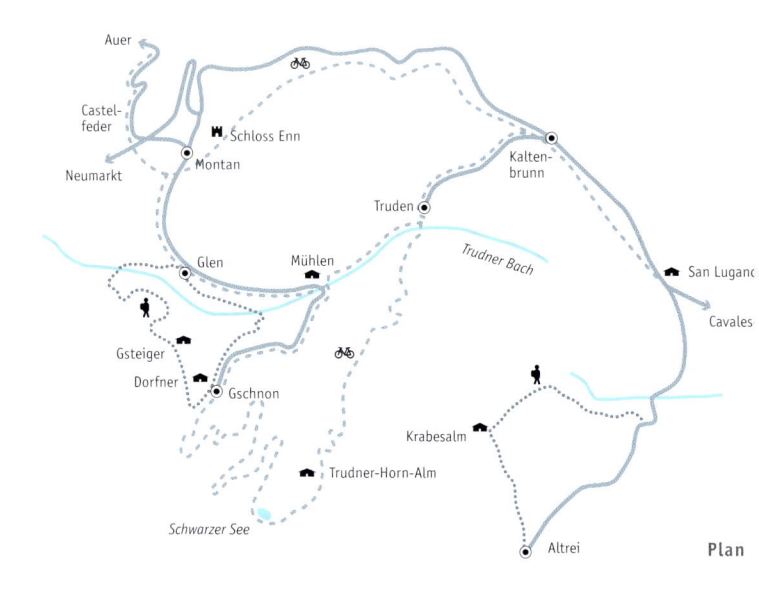

Plan

Von Seidenraupen und Maulbeerbäumen

Im 19. Jh. wurde in Kaltern intensiv Seidenraupenzucht betrieben. Da die Seidenraupen außer den Blättern des Maulbeerbaums jegliche Kost verschmähen, musste man diese Bäume in großer Zahl anpflanzen. Während die Raupenzucht seit über hundert Jahren eingestellt ist, kann man an manchen Stellen noch die stattlichen Maulbeerbäume entdecken, die im Herbst mit ihren brombeerartigen, essbaren Früchten die Straßen bekleckern und Vögel anlocken. Eine Reihe von Bäumen steht an der Kalterer-See-Straße, die unterhalb vom Weingut Manincor links zu den Liegewiesen am See abbiegt. Botanisch Interessierte entdecken noch weitere Kuriositäten der Mittelmeerflora in und um Kaltern: den Johannisbrotbaum, der harte, glänzend braune, süße Schoten („Bockshörndln" oder „Bockselen") hervorbringt, Öl- und Feigenbäume, Zypressen, Mammut-, Granatapfel-, Kaki- und Lorbeerbäume, Oleander, Araucarien und vieles mehr.

deren wählen die Rückfahrt über die Ortschaften Truden und Glen. 18 km bis San Lugano, 900 Höhenmeter, mittelschwere Tour. (Vgl. Plan 10; Mapgraphic Wanderkarte Nr. 13 oder Nr. 14)

☞ **Zur Trudner-Horn-Alm**. Ausgangspunkt ist der Parkplatz (952 m) am Ende der Straße von Montan nach Gschnon. Auf der Forststraße, die sich im Zickzack in Richtung Trudner Horn hinaufschraubt, überwinden Sie 700 Höhenmeter bis zum Kamm. Dann biegen Sie links ab, fahren am Schwarzen See vorbei, und nordostwärts zur Trudner-Horn-Alm (1710 m). Auf einer Forststraße steil abwärts gelangt man über den Ziss-Sattel hinunter nach Truden. Hier stoßen Sie auf die wenig befahrene Straße, die nach Montan führt; bei Mühlen biegen Sie links ab und fahren den Hang entlang nach Gschnon zurück.

26 km, 760 Höhenmeter, mittelschwere Tour. (Vgl. Plan 10; Mapgraphic Wanderkarte Nr. 13 oder Nr. 14)

REITEN

☞ An der Straße nach **Montiggl** liegt der Reitstall des Überetscher Reitvereins. Pferdebegeisterten wird gezeigt, wie man die Tiere richtig pflegt, man kann Gelände-, Dressur- und Westernreiten lernen oder Ausritte auf den gut markierten Wald- und Wiesensteigen durch den Montiggler Wald machen. In den Ställen werden auch Gasttiere untergebracht und versorgt. Wer einfach nur mal Pferde schauen will, ist ebenfalls willkommen. Infos: Evi Riffesser, Tel. 348 7494847

☞ Die Reitanlagen der Kalterer Freizeitreiter befinden sich in **Kaltern-Altenloch**, am Nordostrand des Dorfes. Geführte Ausritte, Wanderritte, Kurse für Anfänger und Fortgeschrittene. Infos und Vormerkungen bei Inge Pernstich, Tel. 339 6633266

☞ Beim Gasthof Schneiderwiesen am Kohlerer Berg in **Leifers-Seit** führt Georg Plattner einen Reitstall. Er bietet Tages- und Stundenritte an und freut sich auf den Besuch von Kindern. Ohnehin sind die kleinen Gäste auf den Schneiderwiesen, mit großer Spielwiese und Spielgeräten, sehr willkommen. Tel. 0471 250797 oder Tel. 348 8550799, www.schneiderwiesen.it

SCHIESSSTAND

☞ In der modernen Anlage in **Kaltern** trainierten bereits Olympiasieger und Weltmeister! Der Schießstand mit Clubhaus am Kalvarienberg ist das ganze Jahr über geöffnet. Gäste dürfen während der Sommersaison (April–Oktober) dienstags die Luftdruckwaffen ausprobieren. Tel. 0471 962315

SEGELN, SURFEN, TRETBOOT FAHREN

❦ Der **Kalterer See** bietet ideale Bedingungen für Segler und Surfer. Im Sommer entsteht bei Schönwetter um die Mittagszeit regelmäßig starke, südliche Thermik, die aber aufgrund der geringen Seeausdehnung keine großen Wellen aufkommen lässt. An solchen Schönwettertagen ist der See bunt mit Segeln gesprenkelt; Weltmeister und Olympiateilnehmer trainieren hier. Klaus Maran, ehemaliger Weltmeister und Olympiateilnehmer, führt im Restaurant Gretl am See einen Surfbetrieb mit Schule, Shop und Verleih (Tel. 0471 960055). Die Segler sind in Vereinen organisiert, Anlegestellen und Vereinshäuser liegen neben dem Lido an der Nordwestseite des Sees. Infos: Segelverein Kalterer See, Tel. 0471 960023, www.svks.it

❦ Tretboot fahren ist zwar kein Sport im engeren Sinn, aber Training für Bein- und Lachmuskeln allemal. Am **Kalterer See** gibt's Gelegenheit dazu. Da es in Kaltern am späten Nachmittag oft sehr windig ist, empfiehlt es sich am Vormittag in die Pedale zu treten.

TENNIS

❦ Eine der schönsten Tennisanlagen der Region liegt am Rande des Montiggler Waldes, in **Rungg**, im Osten von Eppan, eingerahmt von Föhren, Reben und Obstbäumen. Hier finden Sie ein gemütliches Clubhaus mit Restaurant und Bar, sieben Tennisplätze, vier davon im Winter überdacht. Über 500 Clubmitglieder sorgen für eine rege Vereinstätigkeit und viel Leben auf der Anlage. Tennislehrer leiten Kurse für Kinder, Jugendliche und Erwachsene und bilden im Einzel- und Gruppenunterricht aus. Infos: Tennis Club Rungg, Tel. 0471 663104

❦ Neben der Kirche in **Montiggl** liegt wunderschön zwischen Reben und Wald die kleine Tennisanlage Sparer. Gemütliche Tennisbar, wo man sich nach dem Sport bei Kuchen und Kaffee oder kleinen warmen Gerichten stärken kann. Infos: Tel. 0471 664657

❦ Auch in der Sportzone von **Kaltern** am Rande des Altenburger Waldes sind sechs Sandplätze, eine Ballonhalle für die kalten Monate sowie Café, Restaurant und Pizzeria eingerichtet. Kurse jeden Levels. Im Sommer auch Beach Volley. Infos: Tel. 0471 963482

❦ In **Tramin** finden Sie neben dem Schwimmbad vier Sandplätze, die mit Flutlicht und Trainingswand ausgestattet sind. Gepflegtes Clubhaus mit Café. Infos: Tel. 0471 860812

❦ Die Tennisplätze von **Neumarkt** – drei Sandplätze und ein Kunststoffplatz, Trainingswand – liegen in der oberen Vill; Bar. Tel. 0471 812438

❦ Vier Freiplätze und zwei Hallenplätze befinden sich in der Erholungszone Schwarzenbach in **Auer**, unterhalb des Felshügels von Castelfeder. Tennisclub mit Tennisbar. Tel. 0471 810272 (Restaurant Schwarzenbach) oder Tel. 0471 810398

WANDERN

❦ **Eppaner Burgenweg**. Ein Klassiker unter den Wanderwegen, der in einer Rundtour die Schlösser Korb, Hocheppan und Boymont verbindet. Überall Einkehrmöglichkeit. Ausgehend in Missian bei St. Pauls/Eppan, folgen Sie dem Wanderweg 9, auf dem Sie zuerst das Schlosshotel Korb erreichen, dann – vorbei an der Jausenstation Ebner und dem Kreidenturm – zur imposanten Ruine von Hocheppan gelangen. Auf einer Brücke überqueren Sie den Wieser Bach, dann geht es teilweise steil hinauf zur Burgruine Boymont. Von da wandert man wieder zurück zum Ausgangspunkt. Gehzeit 2 Stunden, 240 m Höhenunterschied. (Mapgraphic Wanderkarte Nr. 8)

❦ **Eppaner und Kalterer Höhenweg**. Auf halber Höhe des Mendelzugs, auf rund 1000 m, quert ein lohnender, mehr oder weniger ebener Weg den gesamten Berghang, zuerst als Eppaner, dann als Kalterer und schließlich als Traminer Höhenweg, durchgehend mit Nr. 9 markiert. Der Einstieg kann an mehreren Stellen erfolgen: beim Gasthaus Buchwald (980 m) bei Perdonig/Eppan; beim Gasthof Steinegger (629 m) oberhalb von St. Michael/Eppan, von wo man kurz auf Weg 540 zum Höhenweg aufsteigen muss; bei Matschatsch (882 m) an der Mendelstraße; in Kaltern-Altenburg (614 m), von wo Weg 9F zum Höhenweg führt, oder in Graun (823 m) oberhalb von Tramin. (Mapgraphic Wanderkarte Nr. 8)

Ins Frühlingstal. Vom malerischen Weiler Montiggl zieht sich ein kleines Tal durch den Mischwald in Richtung Kalterer See hinab: das Frühlingstal. Im März, sobald die erste Frühlingssonne den Boden wärmt, entfaltet sich hier eine wahre Blütenpracht: Millionen von Schneeglöckchen überziehen den Boden; aus dem Unterholz, neben noch kahlen Büschen, blitzen die Leberblümchen hervor und am Waldrand wachsen üppige rosa Polster des Heidekrauts. Durch dieses Blumenwunder zieht sich ein beschilderter Wanderweg, auf dem man in einer knappen halben Stunde ein Forsthäuschen mit Tischen, Bänken und einem Brunnen erreicht. Auf Weg 20 kann man die Wanderung bis zum Kalterer See aus-

In Altenburg bei Kaltern

Zu den Eislöchern

In einer Mulde oberhalb von Gand bei **St. Michael/Eppan**, kann man ein merkwürdiges Naturphänomen erleben: Zwischen Porphyrfelsen liegen Hohlräume, zum Teil richtige Grotten, in denen die Luft spürbar kälter ist als in der Umgebung; im Umkreis von wenigen Metern schwankt die Lufttemperatur um bis zu 35 Grad – auch im Spätfrühling bilden sich hier noch Eiszapfen. Während am Rande der Vertiefung wärmeliebende Pflanzen wachsen, gedeiht durch das eigenartige Mikroklima zwischen den Felsspalten alpines Gewächs, wie die Alpenrose, die Alpenhagrose oder Preiselbeeren. Botaniker haben hier auf engstem Raum etwa 600 verschiedene Pflanzenarten gezählt. Die Wanderung beginnt 100 m südlich des Hauptplatzes von St. Michael/Eppan. Auf Weg 7 zum Ortsteil Pigenó, an Schloss Gandegg mit den markanten Rundtürmen und am Stroblhof vorbei, dann links ab und auf Weg 15 in 45 Minuten zu den Eislöchern. Zurück auf Weg 7A zum Gasthof Steinegger, weiter auf Weg 540, vorbei an Schloss Moos. Wer's eiliger hat, erreicht die Eislöcher vom Gasthaus Stroblhof aus in einer knappen halben Stunde Gehzeit auf einem gut markierten Wanderweg. (Mapgraphic Wanderkarte Nr. 8)

> **Mendelbahn**
>
> Bereits seit 1903 verkehrt eine Standseilbahn zwischen **Kaltern-St. Anton** (513 m) und dem 1363 m hohen Mendelpass. Über 800 Höhenmeter überwindet die kleine Bahn mit einer Steigung von bis zu 60%. Am Mendelpass ziehen sich ausgedehnte Wiesen und Wälder hin, ein ideales Ausflugsziel, wenn man im Sommer der Hitze des Tals entkommen will. Tel. 0471 962610

dehnen; auf dem letzten Stück genießt man einen schönen Blick auf den See und die Überetscher Reblandschaft. Gehzeit 1½ Stunden, 330 m Höhenunterschied.

Vom Mendelpass zum Roen. Die nach Osten zum Etschtal hin bedrohlich abfallende Mendel neigt sich gegen Westen sanft dem Nonsberg zu und ist mit ausgedehnten Wäldern und Wiesen ein wunderbares Wandergebiet. Weg 521 führt längs des Höhenkammes von der Bergstation der Standseilbahn (1284 m), vorbei an der Enzianhütte (1409 m), zur Halbweghütte (1650 m). Nächste Etappe ist die 1768 m hoch gelegene Roen-Alm oder Malga di Romeno. Von hier erreicht man in einer ¾ Stunde den Gipfel des 2116 m hohen Roen, von dem man eine atemberaubende Rundsicht über die ganze Tiroler und Trentiner Bergwelt genießt. Rückweg evtl. über einen Klettersteig und die Überetscher Hütte. Gehzeit 5–6 Stunden, 800 m Höhenunterschied, mehrere Einkehrmöglichkeiten. (Mapgraphic Wanderkarte Nr. 8)

Von Kaltern über Altenburg zum Kalterer See. Die erlebnisreiche Wanderung beginnt in der Sportzone südöstlich von Kaltern. Von hier führt Weg 11 parallel zur wenig befahrenen Autostraße durch schönen Mischwald nach Altenburg. Unweit der Ruine von St. Peter, die der Ortschaft vorgelagert ist, beginnt der gut markierte Weg durch die wildromantische Rastenbachklamm. Im Bachgrund finden sich Knappenlöcher, Einstiege in die ehemaligen Bergwerksstollen, in denen sich Spinnen und Fledermäuse tummeln. Auf gut gesicherten schmalen Steigen, über Leitern und Stiegen geht es flott hinab zum Kalterer See. Rückfahrt nach Kaltern-Dorf bzw. in die Nähe der Talstation der Mendelbahn im Sommer mit dem kostenlosen See-Bus. Gehzeit 2½ Stunden, kaum Höhenunterschied zwischen Kaltern und Altenburg, 400 m Abstieg zum See. (Mapgraphic Wanderkarte Nr. 8)

Naturerlebnisweg Kalterer See. Der Kalterer See und ein Großteil seines Ufergebiets sind als Biotop ausgewiesen. Auf dem 7,5 km langen, gut markierten Seerundweg kann das gesamte Ufer in etwa zwei Stunden erwandert werden. Entlang des Wegs erklären über ein Dutzend Informationstafeln die Besonderheiten der Tier- und Pflanzenwelt. Besonders interessant ist der Abschnitt am Südufer, wo ein Lehrpfad auf Bohlen durch Schilf, über Tümpel und durch Feuchtgebiete führt. Das Teilstück zwischen Klughammer und St. Josef ist auch nachts beleuchtet, 70 Lichtpunkte wurden installiert.

Auf den Monte di Mezzocorona. Südlich der Salurner Klause im Trentino weitet sich das Etschtal zu einem breiten Talkessel, der „Piana Rotaliana". Hier liegt das Dorf Mezzocorona am Fuß senkrecht aufragender Felsen. Hoch oben auf diesen Felsen liegt auf einer Kanzel – wie ein Adlerhorst – der Weiler Monte di Mezzocorona, mit zwei Gasthäusern, Tennisplätzen und ein paar Sommerfrischhäusern. Eine Seilbahn führt von Mezzocorona dermaßen steil und ohne Stützen zur Bergstation, dass man glaubt, mit einem Aufzug in die Höhe zu fahren. An der Talstation (250 m) beginnt auch ein Steig, der nach Monte (891 m) führt, das letzte Stück ist steil und exponiert, aber mit Geländern gut gesichert und mit Stufen ausgebaut. Die Ausblicke auf das tief unten liegende Etschtal und auf Trient sind beeindruckend. Gehzeit 1½ Stunden, 640 m Höhenunterschied.

Auch über den leichten Burrone-Klettersteig kann man Monte erklimmen. 1 km westlich von Mezzocorona, am Fuße des Bergs (240 m), beginnt der viel begangene, gut markierte und gesicherte Steig 505 durch die wildromantische Schlucht, der nur schwindelfreien und trittsicheren Wanderern anzuraten ist. Über Leitern und Stufen, vorbei an Wasserfällen und unter ständigem Queren des Baches klettert man rapide in die Höhe. Oben wandert man noch eine gute halbe Stunde eben bis auf die Hochfläche von Monte. Gehzeit 2 Stunden, 700 m Höhenunterschied. (Mapgraphic Wanderkarte Nr. 14)

Nach Faedo im Trentino.

Idealer Ausflug für Frühling, Herbst und schneearme Winter. Sie parken das Auto 3 km südlich von Salurn (gleich nach einem Autohändler) bei einem ausgedehnten Weinberg. Hier (212 m) beginnt die Wanderung durch Weinberge und Buschwald auf dem markierten, schmalen Steig 408. Im Wald fallen einige ungewöhnlich große Eiben auf – der immergrüne Nadelbaum ist hierzulande selten. In einer knappen Stunde gelangen Sie nach Cadino Alto, einer Hochfläche mit alten Rebanlagen, Kirsch- und Feigenbäumen und einem schönen, unbewohnten Bauernhaus (527 m). Eine mystische Stimmung legt sich über diesen einsamen, vom Tal nicht einsehbaren Ort. Hinter der Hofstelle beginnt ein Forstweg, dem Sie kurz folgen, dann aber bei einer neuen Rebanlage rechts verlassen. Der markierte Steig umrundet auf einem Felsband fast eben den Bergvorsprung und erlaubt atemberaubende Ausblicke ins Etschtal, Richtung Bozen und auf die gegenüberliegende Talseite. Hinter dem Berg stoßen Sie wieder auf die Forststraße, auf der Sie über einen niederen Bergsattel das Dorf Faedo (690 m) erreichen. Bei der Bauernwirtschaft Agritur Maso Nello kann man hervorragend einkehren und Trentiner Spezialitäten verkosten, etwa Carne salada (gepökeltes, dünn geschnittenes Rindfleisch mit Bohnen), Lucaniche (Würste), Polenta, und dazu einen Müller-Thurgau trinken. Vom Maso Nello führt der Weg nach Süd-Westen durch die Weinberge (nicht ins Dorf absteigen) über das Schloss Monte Reale mit seinen wunderbaren Rebanlagen zurück ins Etschtal. Die letzten 1,5 km müssen Sie leider auf der Staatsstraße zum Auto zurückwandern. Gehzeit 3–4 Stunden, 480 m Höhenunterschied. (Mapgraphic Wanderkarte Nr. 14)

Auf dem Wandersteig nach Faedo

Auf den Spuren von Albrecht Dürer

1494 zog der junge Albrecht Dürer das erste Mal von Nürnberg nach Italien. Auf dieser Reise entstand eine Reihe von Zeichnungen und Aquarellen, die man ihm erst seit 1935 zuordnen kann. Bei den berühmten Bildern „Wehlsch Pirg" (also italienische Berge) „Ain welsch schlos" und „Wasserschloss" handelt es sich um eine Gebirgslandschaft und um das Schloss von Segonzano im Trentiner Cembratal. Wie Dürer ins entlegene Tal kam? Nun, den Chroniken zufolge war das Etschtal 1494 nach längeren Regenfällen wieder einmal unpassierbar; Dürer musste also bei seinem Weg in den Süden über die Berge ausweichen. Ein anderes Bild zeigt eine Mühle, vor der ein Zeichner auf einem großen, markanten, runden Stein sitzt. Eine solche Mühle war im Unterland, in Buchholz bei Salurn, noch lange Zeit in Betrieb; der abgebildete Stein ist vermutlich jener, der irgendwann in einem Graben in Laag landete. Heute steht er in Laag, neben dem Dorfbrunnen. Den Weg, den Albrecht Dürer seinerzeit wählte, kann man in sieben kurzen Wander-Etappen nachvollziehen. Der Weg ist mit AD, dem Signet des Künstlers, markiert. Ausgangspunkt ist das uralte Hospiz St. Florian, das Klösterle, bei **Laag** (217 m). Die Wanderung führt am Fuße des Madrutbergs zum Laukus-Bach, den man über die gewaltige steinerne „Römerbrücke" quert, weiter nach Buchholz (ca. 500 m) und über den 946 m hohen Sauch-Sattel zum Heiligen See (1196 m). Dann senkt sich der Weg über die Trentiner Ortschaften Cembra, Faver und Segonzano wieder ins Tal. Von hier kann man mit dem Bus nach Trient und Laag zurückkehren. Übernachtungsmöglichkeit in den einzelnen Etappenzielen. Infos: Tourismusverein Castelfeder, Tel. 0471 810231, www.castelfeder.info, www.durerweg.it

Von Neumarkt nach Mazzon. Von Neumarkt (218 m) aus führt ein Spazierweg auf den Weinhügel von Mazzon, ins Herz des Anbaugebiets des Südtiroler Blauburgunders. Folgen Sie zunächst dem sogenannten Banklweg (Markierung 8) und biegen dann bei der Kreuzung mit Weg 2/3 links in diesen ein. Sie gelangen nach Mazzon (368 m); etwas oberhalb des Weilers liegt die Jausenstation-Pizzeria Kollerhof (403 m; Tel. 0471 813381). Nach einer Stärkung geht es zurück nach Mazzon und rechts hinüber zur Ruine Kaldiff (350 m). Von hier führt ein Steig direkt hinunter zur Straße und Weg 3 zurück nach Neumarkt. Gehzeit 1 Stunde, 150 m Höhenunterschied. (Mapgraphic Wanderkarte Nr. 14)

Über die Katzenleiter. In der Sportzone Schwarzenbach bei Auer (300 m) beginnt eine erlebnisreiche Wanderung zum Karnolhof, die vor allem Kinder begeistert. Markierung 2 führt im Zickzack über zahlreiche Treppen und streckenweise entlang der alten Druckleitung, vorbei an der Ruine Leiter, zum Karnolhof (652 m) am Schlossberg. Herrliche Weitsicht. Auf dem alten, teilweise gepflasterten Weg 1 gelangt man durch Laub- und Buschwald in die Gewerbezone in der Talsohle nördlich von Auer. Aufstieg ca. 1 Stunde, Abstieg $^3/_4$ Stunde, 350 m Höhenunterschied. (Mapgraphic Wanderkarte Nr. 8)

Von Glen nach Gschnon. Abwechslungsreiche Wanderung, ideal für Frühsommer und Herbst. Mit dem Auto nach Unterglen (546 m), oberhalb von Montan. Auf Weg 4 leicht ansteigend zum Trudener Bach, der eine tiefe Schlucht in die vielfarbigen Mergelschichten des Bergs gegraben hat. Sie überqueren den Bach und gelangen auf dem alten Karrenweg (Mark. 4) durch Wald in die Höhe, bis Sie unvermittelt auf eine freie, ebene Wiese stoßen, wo sich das Sommerkloster der Neumarkter Kapuziner (948 m) ausbreitet. Auf der kaum befahrenen

Straße in wenigen Minuten zum Gasthaus Dorfnerhof (gute Einkehr, Januar geschlossen, Mo Ruhetag, Tel. 04/1 819798). Weiter auf Weg 3, zunächst steil die Wiesen hinab und dann auf den gegenüberliegenden Hang, zum Gasthaus Gsteiger (889 m, Tel. 0471 819803). Anschließend mit beeindruckenden Talblicken steil zwischen Felsen hinab zum Bach, den Sie auf einer Holzbrücke bei der Lochmühle queren. Kurzer Anstieg und auf Weg 4 zurück nach Unterglen. Gehzeit ca. 3–4 Stunden, 500 m Höhenunterschied. (Vgl. Plan 10, S. 160; Mapgraphic Wanderkarte Nr. 13 oder Nr. 14)

Nach Altrei zur Krabesalm. Schöne Wanderung über Hochmoore, einsame Almen und durch Lärchenwälder an der Grenze zum Fleimstal. Der Ausgangspunkt liegt an der Straße von San Lugano nach Altrei; das Auto parken Sie bei einer Bushaltestelle (1252 m), auf die Sie in einer Linkskehre nach Überqueren des Bachs treffen. Hier geht rechts ein Forstweg ab, dem Sie folgen. Vorbei an der Baumschule führt Weg 9 sanft in die Höhe, bis Sie die Almwiesen beim Langmoos erreichen; im Herbst, wenn die Wiesen gemäht sind, ist das ein idealer Ort zum Herumtollen mit Kindern. Weiter auf Weg 9 und hinauf zur Krabesalm (1540 m; Tourismusverein Truden, Tel. 0471 869078), wo Sie unbedingt die Polenta und die Grillwürste probieren sollten. Abstieg nach Altrei auf Weg 6 durch das Hölltal. In Altrei genießen Sie vom Kirchhügel einen herrlichen Ausblick auf das Cembratal, zu den Gipfeln des Cermis, Lagorai und Pasubio. Gehzeit 3–4 Stunden, 400 m Höhenunterschied. (Vgl. Plan 10, S. 160; Mapgraphic Wanderkarte Nr. 13 oder Nr. 14)

Die Gurndin-Alm bei Radein

FREIZEIT IM WINTER

EIS LAUFEN

Kunsteisstadion in **St. Michael/Eppan** in der Kapuzinerstr. 23. Tel. 0471 660080

Reger Eislaufbetrieb herrscht auf den **Montiggler Seen**. An schönen, klaren Wintertagen fühlt man sich bei so vielen flinken Schlittschuhläufern an Breughelsche Winterbilder erinnert.

Auch der **Kalterer See** friert in kalten Wintern zu; allerdings bleiben aufgrund mehrerer unterirdischer Quellen mit erhöhter Wassertemperatur einige – gut sichtbare – Randstellen im Norden und bei St. Josef eisfrei.

In **Kaltern**, in der Sportzone Richtung Altenburg, gibt's ein Kunsteisstadion mit Clubhaus. Tel. 0471 963482

Eine Eisbahn für Eisstockschießen wird im Winter auf der **Kalterer Höhe**, oberhalb von St. Nikolaus, angelegt; im Sommer kann auf vier Asphaltbahnen gespielt werden. Infos: Franz Morandell, Jugendnationaltrainer und Vereinsfaktotum, Tel. 0471 961007, oder Gasthof Kalterer Höhe, Tel. 0471 963357

SKI FAHREN

Auf der **Mendel** befindet sich ein kleines angenehmes Familien-Skigebiet mit kürzlich modernisierten Anlagen.

Eisläufer auf dem Kalterer See

ASSICONSULT

Gregor Stimpfl - CEO

Übergeben Sie uns Ihr Risiko...
wir kümmern uns darum.

Affidateci i Vostri rischi...
la nostra professione è gestirli.

ASSICONSULT®
GmbH S.r.l.

INTERNATIONAL INSURANCE BROKER
BOZEN - MILANO - INNSBRUCK

consult GmbH-Srl | Esperantostraße 1 Via Esperanto | 39100 Bozen-Bolzano
lien-Italia | Tel. +39 0471 06 99 00 | www.assiconsult.com

WELLNESS

HALLENBAD UND SAUNA

Im Hotel Weinegg, einem Vier-Sterne-Haus in **Girlan**, können Sie den öffentlich zugänglichen Wellnessbereich nutzen: große, gepflegte und weitläufige Anlage mit mehreren Saunen, Hallenbad, Whirlpool im Freien, Restaurant und Bar. Lammweg 22, Tel. 0471 662511, www.weinegg.com.

Im Hotel Stroblhof in **St. Michael/Eppan** ist ein öffentliches Hallenbad mit Sauna eingerichtet, das auch bei Einheimischen regen Zuspruch findet. Allerdings locken die Versuchungen aus Küche und Keller dermaßen, dass Sie die abgeschwitzten Kilos vermutlich gleich wieder zurückgewinnen. Tel. 0471 662250, www.stroblhof.it

Das Vier-Sterne-Hotel Seeleiten in **Kaltern-St. Josef am See** wartet mit Beauty-Center, Hallenbad sowie einer Saunalandschaft mit finnischer, türkischer und Bio-Sauna auf. Tel. 0471 960200, www.seeleiten.it

HEUBÄDER
UND KNEIPPANLAGEN ♣

Familie Busin hat neben ihrem Stegerhof im Dorfkern von **Truden** eine „Naturoase" eingerichtet. Geboten werden Heubäder mit Almheu, Bauernsauna, „Kraxenofen" (Ganzkörperheubad oder Teilbad), Kneippanwendungen, Sandbäder, Algenpackungen, Pflegebäder in der Whirlpoolwanne – alles urgemütlich und blitzsauber. Frau Busin kennt die richtige Kur für jeden ihrer Gäste. In der netten Stube kann man in Zeitungen schmökern oder den Flüssigkeitshaushalt des Körpers mit Säften und Tee regenerieren. Infos und Vormerkung: Tel. 0471 869211, www.naturoase-stegerhof.com

Am Fennberg

ÜBERNACHTEN

TURMBACH ★ ★ ★ 💰 💰 ♣
Gemütlicher Landgasthof im Grünen, am Ortsrand von **St. Michael/Eppan**, mit 30 Betten, Freibad, Spielplatz und Parkgarage. Das Restaurant wird auch von Einheimischen gerne besucht, beliebt sind die Forellen aus dem Kalter und der Eigenbauweißwein. Turmbachweg 4, Tel. 0471 662339, www.turmbach.com

WEINGUT STROBLHOF ★ ★ ★ ★ ★ 💰 💰 💰
Im Laufe der Jahre ist der Stroblhof von einem Dorfgasthaus zu einem modernen Hotelbetrieb mit 60 Betten gewachsen, in dem man Erfahrung und Tradition noch überall spürt. Hallenbad, Naturbadeteich, Saunalandschaft, zwei Tennisplätze, Kinderspielplatz. Gutes Restaurant, Qualitätsweine vom eigenen Weingut, Vinothek-Bistro. **St. Michael/Eppan**, inmitten von Obst- und Weingütern, im Ortsteil Pigenò, Tel. 0471 662250, www.stroblhof.it

UNTERHABSBERGERHOF ★ ★ ★ 💰 💰
Die über 350 Jahre alte, stilvoll renovierte Frühstückspension liegt absolut ruhig mitten im Naturschutzgebiet von **Montiggl**. Großzügige Zimmer, 16 Betten, schöne Gartenanlage. In zehn Minuten erreicht man zu Fuß den Großen Montiggler See. Tel. 0471 664529, www.unterhabsbergerhof.com

FELDERERHOF ★ ★ ★ 💰 💰
Sympathischer Familienbetrieb (Frühstückspension) mit 25 Betten in schöner Lage in **Kaltern**, **Prey-Klavenz**, zentrumsnah, viel Grün drumherum, Freischwimmbad mit großer Liegewiese. Die Chefin ist immer elegant gekleidet, ihr Mann, der Toni, wäre am liebsten Bauer und trägt auch in der Stadt stolz seine blaue Schürze. Saltnerweg 4, Tel. 0471 962545, www.feldererhof.com

FRANZISKANERKLOSTER 💰 ♣
Wer sich für spirituellen Urlaub interessiert, für den bietet das Franziskanerkloster in **Kaltern** im Rahmen des Projekts „Tau" Unterkunft. Auf Wunsch kann man an Meditation, Eucharistiefeier, Abendbetrachtung und Gesprächen teilnehmen. Rottenburgplatz 3, Tel. 0471 964178, www.zentrum-tau.it

GOLDENER STERN ★ ★ ★ 💰 💰
Gemütlicher, neu umgebauter Dorfgasthof im Zentrum von **Kaltern** mit 62 Betten. Der junge Chef kocht selbst; Sonnenterrasse, Parkplatz. A.-Hofer-Str. 28, Tel. 0471 963153, www.goldener-stern.it

SONNE ★ ★ ★ 💰 💰
Wunderbare Frühstückspension in einmaliger Aussichtslage in **Kaltern**, inmitten von Rebanlagen, zehn Gehminuten vom Dorfkern entfernt. Hallenbad, Solarium, Parkgarage, schöne Liegewiese, Terrasse.

Hausfassade in Eppan

Als Besonderheit werden Weinverkostungen und Weinbergwanderungen geboten. Kaltern, Barleitenweg 7, Tel. 0471 963241, www.pensionsonne.it

HOTEL BADL * * * * ŏ
Traditionsreiches Hotel in **Kaltern** nahe der Talstation der Mendelbahn. Zimmer mit allen Annehmlichkeiten, 48 Betten, Gastgarten, Terrasse, Saunalandschaft und Hallenbad. Das bekannte, gutbürgerliche Restaurant wird auch von Einheimischen gerne besucht. Pfuss 34, Tel. 0471 963305, www.hotelbadl.com

TRAMINER HOF * * * ŏ ŏ
Komfortables Haus im Weindorf **Tramin**. Erlebnishallenbad mit Saunalandschaft und Fitnessraum, Freischwimmbad mit Liegewiese, Spielplatz, Gartenterrasse, Parkgarage, Kinderspielzimmer, Verleih von Tourenrädern und Mountainbikes. Armin Pomella, der Juniorchef, serviert nicht nur gekonnt die Spezialitäten des Hauses, sondern ist auch ein verlässlicher Bike-Guide. Weinstr. 43, Tel. 0471 860384, www.hotel-traminerhof.it

ANDREAS HOFER * * * ŏ ŏ
Interessantes Haus in der historischen und malerischen Laubengasse von **Neumarkt**. Freischwimmbad, Parkplatz, Garten, gutes Restaurant. Die Bar ist Treffpunkt der Einheimischen. Tel. 0471 812653, www.hotelandreashofer.com

---

Campingplätze

⛺ Camping St. Josef am Kalterer See * * *
Mit eigenem Badesteg; viel Komfort. Im Winter geschlossen. **Kaltern**, **St. Josef**, Tel. 0471 960170, www.camping-kalterersee.com

⛺ Camping Wasserfall * * *
Kleine, familiär geführte Anlage in **Auer**, mit Freibad und Kinderplanschbecken. Ganz in der Nähe befindet sich die großzügige öffentliche Freizeitanlage Schwarzenbach. Im Winter geschlossen. Tel. 0471 810519

⛺ Camping Steiner * * *
Zweieinhalb Hektar große Anlage in **Leifers** mit Stellplätzen unter Weinlauben und Ulmen. Viel Komfort, z. B. Hallen- und Freibad; behindertengerecht. Im Winter geschlossen. Tel. 0471 950105, www.campingsteiner.com

Kaltern

ÜBERETSCH UND UNTERLAND 173

Urlaub auf dem Bauernhof
Weitere Infos: www.roterhahn.it

Quellenhof
Typischer Obst- und Weinbauernhof mit schönem Panoramablick, idealer Ausgangspunkt für leichte Radtouren, herzliche Bauersleute. **Eppan-Unterrain**, Fam. Pertoll, Tel. 0471 637001, www.fewo-quellenhof.it

Gasshuberhof
Wunderbarer alter Weinhof mit ausladendem Dach, dicken Mauern, Erkern und einer 400 Jahre alten Stube in **St. Pauls/Eppan**. Hofeigene Produkte, geführte Wanderungen, Eigenbauweinverkostung. Fam. Mauracher, Tel. 0471 662667

Weidlhof
Sonniger Weinhof mit Schwimmbad und Garten im idyllischen Dörfchen **Oberplanitzing** auf 450 m Höhe. Kaltern, Fam. Wolkan, Tel. 0471 669179, www.weidlhof.it

Dominikus Morandell
Der Hof in **Kaltern, St. Josef**, liegt inmitten schöner Reblandschaft und nahe am Kalterer See. Der Besitzer, ein begeisterter Weinbauer, hat einen tiefen Keller für seine Weine gegraben. Sonnenterrasse, Garten. Fam. Morandell, Tel. 0471 960250

Feldhof
Neu erbautes Weinbauernhaus inmitten von Weinbergen, mit schöner Aussicht, am Dorfrand von **Tramin**. Geräumige, komfortable Ferienwohnungen, großer Kinderspielplatz. Fam. Rellich, Tel. 0471 860956, www.feldhof-tramin.com

Mandlhof
Obst- und Weinhof in **Tramin**, den Familie Marmsoler liebevoll und engagiert als Gästehaus führt. Zentrumsnah, schöner, ruhiger Garten. Tel. 0471 860523, www.mandlhof.com

Wastlhof
Herrlich einsam gelegener Bauernhof in **Radein**, auf dem einem Frau Rier mütterlich bekocht. Prachtpanorama, gemütliche Stube. Fam. Rier, Tel. 0471 887168

GOLDENER LÖWE * * ö
Traditionsreicher, sehr familiär geführter Gasthof mit 20 Betten am Kirchplatz von **Montan**. Der Chef kocht selbst und tischt einfache gute Südtiroler und italienische Küche auf.
Tel. 0471 819844, www.goldenerloewe.it

AMADEUS * * * ö ö
Schönes Hotel mit Freibad, Parkgarage am südlichen Dorfrand von **Auer**. Der kunstsinnige Besitzer weiß viel über Geschichte, Land und Leute zu erzählen.
Tel. 0471 810053

KRONE * * ö ö
Um den Kirchplatz von **Aldein** scharen sich das Pfarrhaus, die alte Schule, die Raiffeisenbank und das traditionsreiche Gasthaus Krone, das seit Jahrhunderten in Familienbesitz ist. 16 stilvoll eingerichtete Zimmer, getäfelte Stuben, alte Gewölbe, Terrasse. Fleisch und Gemüse kommen aus der eigenen Landwirtschaft oder von Bauernhöfen der Umgebung, große Weinkarte.
Tel. 0471 886825, www.gasthof-krone.it

ZIRMERHOF * * * ö ö
Historisches Hotel in **Radein**, inmitten von Wiesen auf 1500 m gelegen, umgeben von lichten Lärchenwäldern. Teilweise antikes Mobiliar und Marmorbäder, stimmungsvolle Bibliothek, Schwimm-, Sauna- und Wellnessbereich, Café und Restaurant, Garage. Hervorragende Küche, wohlsortierter Weinkeller. Tel. 0471 887215, www.zirmerhof.com

ESSEN UND TRINKEN

MARKLHOF
Das Restaurant besticht durch sein gepflegtes Ambiente und die exzellente mediterrane und alpenländische Küche. Der historische Ansitz liegt inmitten von Weinreben auf der Kuppe eines Hügels – im Sommer genießen Sie von der Terrasse einen fantastischen Ausblick. **Girlan**, So abends und Mo Ruhetag, Tel. 0471 662407, www.eppan.com/marklhof

RESTAURANT-PIZZERIA MERANER
Bei den Einheimischen beliebtes Restaurant mit guter bürgerlicher Küche und Pizzas zu vernünftigen Preisen.
St. Michael/Eppan, Mo Ruhetag, Tel. 0471 664033, www.meraner.it

SCHÖNEGG
Im Dorfzentrum von **St. Michael/Eppan** liegt an der Bahnhofstraße ein unscheinbares Lokal. Familie Senoner hat es dank exzellenter einheimischer Küche zu neuer Blüte geführt. So Ruhetag, Tel. 0471 663687

ZUR ROSE
Das Gourmetlokal ist die Vorzeigeadresse von **St. Michael/Eppan**; Chef Herbert Hintner bereitet auf hohem Niveau Gerichte der italienischen und verfeinerten einheimischen Küche. Gut sortierte Weinkarte, der Klasse angemessene Preise. Mo Mittag sowie So Ruhetag, Tel. 0471 662249, www.zur-rose.com

LIPP
Oberhalb von Eppan, nördlich des Weilers **Perdonig**, lädt der Gasthof Lipp zu einer Einkehr und Jause ein. Unglaubliche Aussicht auf Bozen, das darunter liegende Etschtal und die Dolomiten. Mo Ruhetag, Tel. 0471 662517

WIESER
Der Weiler **Perdonig** oberhalb von St. Michael/Eppan besteht aus nur wenigen Häusern, einer kleinen Kirche und dem Gasthof Wieser, einem ursprünglichen Landgasthaus, in das auch die Einheimischen gern einkehren. Von der Terrasse hat man unvermutet einen schönen Ausblick auf das Überetsch und die umlie-

Gasthof Wieser in Perdonig

genden Berge. Auf den Tisch kommt gute Hausmannskost mit italienischem Einschlag. Eine besondere Spezialität sind die Lamm- und Hammelbraten von Schafen aus eigener Aufzucht. Mi Ruhetag, Tel. 0471 662376

ANSITZ WINDEGG 👛
Der historische Ansitz im Zentrum von **Kaltern** ist im Besitz der Familie der Kellerei Josef Brigl und beherbergt eine Jausenstation. Brettljausen und geschmackvolle, warme kleine Gerichte, dazu erlesene Weine; Weinverkauf.
Von 17–1 Uhr geöffnet, So Ruhetag, Tel. 0471 965113

SIEGI'S 👛 👛
Zu den wenigen Häusern, die sich um den Kirchplatz von Oberplanitzing scharen, gehört auch das „Siegi's", ein Wein- und Esslokal. In den zwei kleinen Räumen ist nicht viel Platz, besser vorbestellen! Bruschette, kleine Gerichte, ein täglich wechselnder Tagesteller. Mo und Di mittags Ruhetag. **Kaltern**, Oberplanitzing 56, Tel. 0471 665721

CASTEL RINGBERG 👛 👛 👛
Im schönen Ambiente des Renaissanceansitzes verwöhnen Claudia Pitscheider und Stefan Unterkircher die Gäste mit abwechslungsreicher, moderner mediterraner und heimischer Küche. Im Café genießt man köstliche Kuchen aus der hauseigenen Konditorei. Terrasse mit herrlichem Seeblick, am Abend stimmungsvolle Beleuchtung. **Kaltern, St. Josef am See**, Di Ruhetag Tel. 0471 960010, www.castel-ringberg.com

GRETL AM SEE 👛 👛
Trotz großem Andrang in der Hochsaison isst man im Restaurant direkt am Kalterer See gepflegt, vorzüglich und zu vernünftigen Preisen. Bemerkenswerte Weinauswahl. Unter demselben Dach Badeanstalt, Surf-Schule, Sportgeschäft, Hotel, Eisdiele, Café. **Kaltern, St. Josef am See**, Mo Ruhetag, Tel. 0471 960273

KELLER AM KEIL 👛
Direkt an der Zufahrt zu den Badeanstalten am Kalterer See liegt der schöne alte Weinhof Panholzer. Er wird als zünftiger Buschenschank geführt, aufgeschenkt werden offener roter Eigenbauwein, auf Wunsch auch Spezialabfüllungen der echten Kalterer-See-Auslese! In den Weingütern rund um den historischen Hof wächst der berühmte „Keil"-Kalterer. **Kaltern, St. Josef am See**, So Ruhetag, Tel. 0471 960259, www.keil.it

BÜRGERSTUBE 👛
Von außen ist das Bürgerhaus im Dorfkern von **Tramin** wenig einladend, aber das darin untergebrachte Restaurant mit Pizzeria ist gut besucht. Die Räume sind gemütlich und gediegen eingerichtet, die teils selbst gemachten Nudelgerichte und Vorspeisen sind empfehlenswert, die Portionen riesig. Parkplatz. Mo Ruhetag, Tel. 0471 860963

PLATTENHOF 👛
Der Plattenhof in Söll, einem Aussichtsbalkon oberhalb von **Tramin**, ist ein viel besuchtes Ausflugslokal. Lange bevor sich die umliegenden Ortschaften zu Tourismushochburgen entwickelten, strahlte der Ruf des Plattenhofs dank seines Eigenbau-Gewürztraminers über die Dorfgrenzen hinaus. Der Wein ist immer noch hervorragend, der Service tadellos, das Speiseangebot umfangreich und die Aussicht beneidenswert. Mo Ruhetag, Tel. 0471 860162

ZUR ROSE 👛 👛 👛
Das bekannte Gourmetlokal in **Kurtatsch** ist ein Muss für Freunde des edlen Tropfens und für Liebhaber hoher Küchenkunst. Zwei antike Stuben – eine spätgotisch, die andere aus der Renaissancezeit – schöne Kachelöfen, Marmortreppen und geschmackvolle Details machen das besondere Flair aus. September und Oktober So sowie Mo Mittag Ruhetag, das restliche Jahr So und Mo ganztägig, zu, Tel. 0471 880116

> ### Perkeo
>
> Aus der **Salurner** Gegend stammte eine seltsame Person, die vor Jahrhunderten in Deutschland zu Ehren kam: Clemens Perkeo. Er war um 1730 der zwergwüchsige Hofnarr und Fasswächter unter Kurfürst Karl Philipp. Seine Statue steht im Keller des Heidelberger Schlosses gegenüber dem 195.000 Liter fassenden, größten Holz-Weinfass der Welt. Berühmt wurde Perkeo durch seine große Schlagfertigkeit, Intelligenz und Trinkfestigkeit. Immer wenn man ihn fragte, ob er einen Schoppen Wein möchte, so antwortete er auf Italienisch: Perché no? (Warum nicht?), woraus sich sein Name ableitet. Man sagt, Perkeo sei verstorben, nachdem er einmal statt Wein ein Glas Wasser getrunken hatte.

SCHLOSSKELLEREI TIEFENBRUNNER ♣

In der Jausenstation des großen alten Weinhofs in **Entiklar** bei Kurtatsch werden leckere Brotzeiten und erlesene Weine serviert. Gemütliche Stuben, schöner Schlossgarten. Nach Vereinbarung Führungen durch den Keller und den „Märchengarten". So Ruhetag, Tel. 0471 880122

Eine der ältesten Reben Südtirols; Margreid

PLATTENHOF

Das Ausflugsgasthaus liegt auf der Hochfläche des Fennbergs, in der Nähe des Fenner Sees. Die Spezialität des Hauses sind die üppigen Grillgerichte, allen voran die deftigen Schweinshaxen und die knusprigen Hähnchen. Ideal für Kinder, die auf dem Spielplatz vor dem Haus und auf einer kuriosen Bärenfigur aus Zement herumtollen können. **Unterfennberg**, Di Ruhetag, Tel. 0471 880356

FICHTENHOF

Die wenigen Häuser von **Gfrill** scharen sich um eine kleine Kirche und das Gasthaus Fichtenhof. Von der verglasten Veranda aus hat man einen herrlichen Blick auf die Berge des Trentino. Wer an den Sommerwochenenden zu Mittag noch etwas von der frischen Polenta aus dem Kupferkessel und dem Hirschgulasch oder dem Hasenbraten ergattern will, sollte rechtzeitig reservieren. Ein absoluter Leckerbissen sind die selbst gemachten Würste nach Trentiner Art; ausgezeichnet auch die hausgemachten Vorspeisen, wie Schlutzkrapfen und Knödel und das selbst gebackene Brot. Zufahrt über Salurn-Buchholz, Mo Ruhetag, Tel. 0471 889028

BAITA GARBA

Das viel besuchte Ausflugslokal liegt zwischen Laag und Salurn am linksseitigen Berghang. Die Spezialität des Hauses sind die frischen Forellen aus dem hauseigenen Fischteich; beliebt sind aber

In der Brennerei
Roner in Tramin

auch die Fleischgerichte vom Grill, Hasenbraten, Schweinshaxen und Polenta mit Pilzen oder Gorgonzola. Besonders romantisch ist es an lauen Sommerabenden an den langen Holztischen unter den Bäumen und Pergolen. **Salurn**, Di Ruhetag, Tel. 0471 884492

ENGELKELLER 💰 💰

In **Neumarkt**, am südlichen Dorfrand, hat sich ein Lokal einen guten Namen gemacht: der Engelkeller. Es handelt sich nicht um einen urigen Weinkeller, sondern um ein gut besuchtes Restaurant, wo man gepflegt der mediterranen Küche frönen kann. Beliebt sind die hausgemachten italienischen Nudelgerichte. Schöner, ruhiger Gastgarten. Tel. 0471 821598

JOHNSON & DIPOLI 💰 💰 💰

Der Name ist für Südtirol außergewöhnlich, ebenso der Ruf: In sämtlichen Gourmetführern erwähnt, serviert Chef Enzo Degasperi in dem winzigen Lokal unter den Lauben in **Neumarkt** erstklassige Weine und Gerichte. Der Schwerpunkt liegt sicherlich auf den Weinen, die man auch glasweise verkosten kann. Essen nur nach vorheriger Reservierung. Kein Ruhetag, Tel. 0471 820323

KOFLHOF 💰 ♣

Die einfache, aber empfehlenswerte und gemütliche Bauernwirtschaft liegt in **Aldein**, auf einer sanften Felskuppe, umgeben von Wiesen, Wald und Obstgärten. Es wird viel Hausgemachtes serviert: vom Speck über die Würste zum Sauerkraut; warmes Essen nur auf Vorbestellung. Sehr zur Freude der kleinen Besucher tummeln sich am uralten Hof Schafe, Esel, Pferde und Kühe. Hauseigener Badeweiher. Kein Ruhetag. Tel. 0471 886932

Törggelen

Wohl sind das Überetsch und das Unterland die Hochburgen des Südtiroler Weines, aber das Törggelen hat im Eisacktal und in der Bozner Gegend seinen Ursprung. Oft werden Kellergewölbe auf alt getrimmt, ein altes Wagenrad oder ein hölzernes Ochsenjoch unter die Decke gehängt, der Servierkraft eine blaue Schürze umgebunden – und schon wird „getörggelet". Das will nicht heißen, dass es im Süden Südtirols keine originellen und gemütlichen Zech- und Kellerlokale gibt:

🍷 Paulsner Dorfkeller in der alten Dorfgasse von **St. Pauls/Eppan**. Mo Ruhetag, Tel. 0471 664300

🍷 Kellerromantik im Buschenschank Gamper, einem alten Weinhof in **Tramin**. Mo Ruhetag, Tel. 0471 861222, www.buschenschank.it

🍷 In **Penon**, oberhalb von Kurtatsch, liegt in wunderbarer Aussichtsposition der Buschenschank Santlhof. Hofstatt 7, Tel. 0471 880700

🍷 In **Montan-Glen** werden im Buschenschank Wasserfall Speck, Käse, Strauben, Polenta oder Knödel serviert. Mo und Di Ruhetag, Tel. 0471 819625

🍷 Gute Brettljausen und Eigenbauweine gibt's im jahrhundertealten, gemütlichen Tschurtschkeller am Kirchplatz in **Auer**. Ganzjährig geöffnet, Mi Ruhetag, Tel. 0471 810648, Tel. 336 793363

Wein und Keller

Das Überetsch ist Südtirols größtes Weinbaugebiet und der Wein ein Motor für den Tourismus: Sogenannte Weinwege sind ausgeschildert, Kellereien und Weinproduzenten kooperieren mit der Werbegemeinschaft und den Tourismusverbänden. Nachdem in den sechziger Jahren der Kalterer-See-Wein zu einem billigen Konsumwein verkommen war, schwärmt man heute in höchsten Tönen vom jungen, frischen, lebhaften und spritzigen Tropfen. Berühmt ist auch der Gewürztraminer aus Tramin, bekannt die kräftigen Roten wie Merlot und Cabernet aus Kurtatsch oder der herausragende Blauburgunder aus Montan und Mazzon. Große Kellereigenossenschaften, die mit modernsten Methoden und viel Fachwissen hervorragende Weine keltern, wetteifern mit traditionsreichen Familienbetrieben um die Gunst der immer anspruchsvolleren Kunden. Wer sich nicht zu den Weinkennern zählt, geht am besten in eine gut sortierte Vinothek und lässt sich eine Weinfolge zusammenstellen.

- Josef Niedermayr in **Girlan** wartet neben den gängigen Sorten mit einem ungewöhnlichen Lagrein Dunkel auf. Tel. 0471 662451, www.niedermayr.it
- Die Kellereigenossenschaft Schreckbichl in **Girlan**, einer der modernsten und dynamischsten Betriebe, bietet Spitzenweine in der Praedium- und Cornell-Linie an. Tel. 0471 664467, www.schreckbichl.it
- Die Kellereigenossenschaft **St. Pauls/Eppan** verfügt über ein eigenes Verkaufslokal und bietet regelmäßig Kellerführungen und Weinseminare an; Spitzenweine der Linie DiVinus. Tel. 0471 662183, www.kellereistpauls.com
- Die Kellereigenossenschaft **St. Michael/Eppan** produziert neben anderen Weinen den bekannten Weißburgunder Schulthauser sowie den Sekt St.-Valentin-Brut. Historisches Haupthaus, moderner Zubau, sehenswerter Keller mit geschnitzten Holzfässern. Tel. 0471 664466, www.stmichael.it
- Merum ist eine kleine, aber feine, gut sortierte Vinothek in **St. Michael/Eppan**. Kathrin Ambach, die flotte Chefin, hat ihre ganze Erfahrung aus dem Weinhandel ins Geschäft eingebracht. Tel. 0471 663180
- Das Beste von Südtiroler Produzenten, aber auch aus dem Piemont und der Toskana verkauft die Vinothek Battisti-Matscher im Zentrum von **Kaltern**. Außerdem im Angebot Naturprodukte wie Honig und Olivenöl. Tel. 0471 963299
- Castel Sallegg in **Kaltern** beherbergt die sehenswerte Eigenbaukellerei der Grafen von Kuenburg. Bekannt ist neben einem exzellenten Kalterersee auch ein außergewöhnlicher Rosenmuskateller. Tel. 0471 963132
- Die Kellerei **Kaltern** setzt insbesondere auf Lagenweine und neue Anbau- und Ausleseverfahren. Besonders gelungen ist der Blauburgunder. Tel. 0471 963149, www.kellereikaltern.com, www.winecenter.it
- Die Erste und Neue Kellereigenossenschaft **Kaltern** vermarktet besondere Qualitätsweine unter dem Namen Puntay. Erwähnenswert ist auch der Rosenmuskateller in der 0,5 l Flasche. Tel. 0471 963122, www.erste-neue.it
- Peter Sölva & Söhne ist einer der ältesten Familienbetriebe **Kalterns**; herausragend die Weinlinie Amistar mit einem Anteil Trockenbeeren und Ausbau in französischer Eiche. Tel. 0471 964650, www.soelva.com
- In das historische Weingut Manincor in **Kaltern** wurde ein erweiterter Weinkeller behutsam in den Weinberg eingebaut. www.manincor.com
- In der Kellereigenossenschaft **Tramin** hat selbstverständlich der Gewürztraminer einen hohen Stellenwert. Tel. 0471 860126, www.tramin-wine.it
- Weinkenner loben zu Recht Elena Walch in **Tramin**. Mit vorzüglichen Weinen und einem geschickten Marketing hat sich ihre Weinkellerei einen herausragenden

Ruf aufgebaut. Weingut Castel Ringberg & Kastelaz, Tramin, Tel. 0471 860172, www.elenawalch.com

☙ Besondere Erwähnung verdient auch die Hofkellerei Walch in **Tramin**, wo Ingun Walch mit Einsatz und Kompetenz eine Reihe vorzüglicher Weine produziert. Tel. 0471 860215

☙ Im Zentrum von **Tramin** liegt neben der Kirche die renommierte Kellerei J. Hofstätter, deren moderner, holzverkleideter Turm das Dorfbild prägt. Tel. 0471 860161, www.hofstatter.com

☙ Die **Kurtatscher** Kellereigenossenschaft produziert u. a. den preisgekrönten Cabernet Sauvignon „Freienfeld". Sehenswerte Kellergewölbe, gemütliche Weinschänke. Tel. 0471 880115, www.kellerei-kurtatsch.it

☙ Alois Lageder, der Pionier der neuen Südtiroler Weinkultur, führt in **Margreid** einen der renommiertesten Weinbetriebe Italiens. ⭐ Vorzeigekellereien im Ansitz Löwengang und im Casón Hirschprunn. Tel. 0471 809500, www.lageder.com

☙ Die **Margreider** Kellereigenossenschaft hat sich vor einigen Jahren mit jener von Entiklar und Nals zu einer Gemeinschaftskellerei zusammengeschlossen. Kellerführungen mit Weinprobe. Tel. 0471 817036, www.kellerei.it

☙ In **Kurtinig** liegt die erwähnenswerte Kellerei Peter Zemmer, deren Weine sich durch ein hervorragendes Preis-Leistungsverhältnis auszeichnen. Tel 0471 817143, www.zemmer.com

☙ Die Spitzenweine der Kellerei Franz Haas in **Montan** wurden vielfach ausgezeichnet. Mit echtem Enthusiasmus wird hier der Wein in den Mittelpunkt der täglichen Arbeit gestellt. Tel. 0471 812280, www.franz-haas.com

☙ Schenk Italia AG ist der größte Kellereibetrieb Südtirols – mit der Abfüllanlage können bis zu 150.000 Flaschen täglich abgefüllt werden – er ist trotzdem nur wenig bekannt, da der Betrieb nur selten unter dem eigenen Namen auftritt. Im Detailgeschäft der Kellerei in **Auer** wird eine breite Auswahl von guten, z. T. preisgekrönten Weinen aus Italien und allen wichtigen Weinanbaugebieten der Welt zu absolut konkurrenzlosen Preisen angeboten. Tel. 0471 803311

☙ Ein unter allen Gesichtspunkten sehenswerter Betrieb ist die kleine, alte Kellerei von Clemens Waldthaler in **Auer**. Renommierstücke sind Weine der „Raut"-Linie. Auch Führungen. Bachstr. 4, Tel. 0471 810182

Weinkeller im Casón Hirschprunn in Margreid

EINKAUFEN UND HANDWERK

APFELSAFT
Erst wenn man den Apfelsaft von Alfons Bologna (Tel. 0471 860916) gekostet hat, weiß man wie gut so was schmecken kann! In seinem kleinen Betrieb in **Tramin** produziert er sowohl für den Hausgebrauch als auch für die Gastronomie.

DESTILLATE
In **St. Michael/Eppan** produzieren die Walchers hochwertige Edelbrände. Sie sollten die kleine, feine Brennerei unbedingt besichtigen! Tel. 0471 662597 "Geistreiche" Souvenirs sind auch die Spirituosen aus den bekannten Schnapsbrennereien Roner (0471 864000, www.roner.com) und Psenner (Tel. 0471 860178) in **Tramin**. Beide Brennereien sind auf ihre Edelobstbrände, die in eleganten Flaschen und Verpackungen angeboten werden, zu Recht stolz.

FLEISCH UND WURST
Franz Windeggers Metzgerei im Zentrum von **St. Michael/Eppan** ist bekannt für ihre handwerklich hergestellten Wurstwaren und den Speck, der unter dem Markensiegel des Speckkonsortiums angeboten wird. Versuchen Sie die Haussalami, die "Cacciatore" (Landjäger, kleine Hartwürste), die Hirschwurst, die geräucherten "Kaminwurzen", den Bauern-Speck vom "Mezet", der Schweinehälfte mit dem Schweinebauch. Das Fleisch kommt vorwiegend von einheimischen Tieren. Tel. 0471 662153

GESCHENKARTIKEL
In **St. Michael/Eppan** führt Helga Pederiva den Laden "Maskottchen". Sie bemalt Vasen, Gläser, Dosen, Spiegel und verkauft Modeschmuck sowie allerlei geschmackvolle Geschenkartikel. Tel. 0471 660340

GLAS
Günther Baldo hat sein hübsches Atelier "Glaspunkt" am Hauptplatz in **Margreid** eingerichtet, in dem Sie meisterliche Anfertigungen und fantastisch bemalte Glasprodukte erwerben können. Tel. 0471 809081

● Auch Werner Kofler verleiht seinen Glasobjekten geschmackvolle, eigenwillige Formen und Farben. Seine Schüsseln, Gläser (v. a. Kirchenfenster und Kunstverglasungen) und Vasen sind zugleich Gebrauchsgegenstände und Kunstwerke. Die Werkstatt liegt am südlichen Ende der Lauben in **Neumarkt**. Tel. 0471 812912

HOLZARBEITEN
Christian Weger aus **St. Michael/Eppan** ist Fassmaler. Er bemalt nach alter Tradition Bauernmöbel, Kleinmöbel, bäuerliches Gerät und verkauft es in der Kalterer Str. 19. Tel. 0471 662535

Jakob Neumair ist Fassbinder, einer der wenigen, der diesen traditionsreichen Beruf noch ausübt. In seiner Werkstatt in Kaltern entstehen Fässer von 3–5.000 Liter Inhalt – aus Eiche für Rotweine, aus Akazienholz für Weißweine. Auch mit den Restaurierungen der teils künstlerisch

Fassbinder in Kaltern

> **Wie kommt die Birne in die Schnapsflasche?**
>
> Nun, die Williamsbirne wächst einfach im Laufe des Sommers darin, nachdem die jungen, noch kleinen Früchte durch den extradicken Flaschenhals gesteckt und die Flaschen an den Baum gebunden wurden. Andere Hersteller machen das einfacher: Der Flaschenboden wird ausgefräst, die Birne eingesetzt, und anschließend der Flaschenboden wie ein Stöpsel wieder eingeklebt.

gestalteten und geschnitzten Fässer der großen Kellereien wird er betraut.
Kaltern, Trutsch 11, Tel. 0471 963013

KÄSE 🟢

In Tramin, an der Weinstraße, liegt die Käserei Brunner, wo täglich aus der Milch der eigenen Kühe Käse zubereitet wird. Der würzige Hauskäse duftet mit dem Kräuterkäse, dem Pfefferkäse, dem Weinkäse, dem Nussblattkäse, der Kräuterrolle aus Frischkäse und Topfen um die Wette. Verkauf ab Hof, Anmeldung unter Tel. 0471 860338, www.kaeserei-brunner.it

KRÄUTER

Die Südtiroler Kräuteranbauer werden vielfach vom Versuchszentrum Laimburg bei Auer aus betreut – wo Sie übrigens auch Gewürz-, Heil- und Teekräuter kaufen können. Hier werden die notwendigen Untersuchungen und Rückstandsanalysen vorgenommen, um Wirkstoffe zu bestimmen und zu prüfen. Auch bei der Auswahl von Pflanzenmaterial und den Methoden zu Aussaat, Aufzucht, Pflege, Verarbeitung und Lagerung kooperieren die Bauern mit dem Versuchszentrum Laimburg. Tel. 0471 969500

SCHMIEDEARBEITEN

In **Kaltern-Gunganò** arbeitet der Kunstschmied Adalbert Greif. Er fertigt in Handarbeit Fenstergitter, Tore, Schilder sowie Einzelstücke aus Schmiedeeisen an. Weinstr. 7A, Tel. 0471 963504
🟢 In der Kunstschmiedewerkstatt Robert Condin in Tramin werden meisterliche Stücke angefertigt. Schmiedeeisen, Bronze und Edelstahl werden sowohl nach eigenen Ideen als auch nach Entwürfen von Designern zu Gittertoren, Umfriedungsgittern, Treppengeländern, Fenstergittern, Brunnen, Beleuchtungskörpern oder Grabschmuck verarbeitet. Somit entstehen Einzelstücke, die in ihrem Wert weit über die reine Zweckbestimmung hinausreichen. Mühlgasse 2, Tel. 0471 860187
Andreas Sanin ist ebenfalls Kunstschmied und stellt aus Schmiedeeisen, Messing und Inox schöne Gebrauchsstücke her. Die Werkstatt befindet sich in **Pfatten-Gmund**. Tel. 0471 810187

STEINMETZ

Kurt und Peter Jacob führen in Vill bei **Neumarkt** einen Steinmetzbetrieb. Sie können dort Toreinfassungen, Steinbrunnen, Mühlsteine, Tischplatten, Säulen, Pfeiler, auch Grabsteine anschauen und erstehen.
Tel. 0471 812309, www.brunnen-jacob.it

TONWERKSTATT

Die Töpferin Sigrid Pernter dreht auf ihrer Töpferscheibe Kunstkeramik, Geschirr, Krüge, Vasen und Schüsseln. Sie formt auch Plastiken, Wandbilder und Reliefs, Spiegel, Kacheln oder Sonderanfertigungen auf Wunsch. Bekannt sind ihre Gefäße mit der hochwertigen, grünblauen und kobaltblauen Kristallglasur. Das Geschäft befindet sich im Einkaufszentrum AuraCom in **Auer**. Tel. 0471 802148 bzw. Tel. 0471 810286
Heinrich Saltuari ist ein Meister in der Herstellung von Gebrauchskeramik, wie Vasen, Schüsseln und Gefäßen aller Art. Die Werkstatt befindet sich an der Fleimstaler Straße in **Truden-Kaltenbrunn**. Tel. 0471 887050

AM ABEND

BAILA
Beliebtes Disco-Pub am Dorfrand von **St. Michael/Eppan**, Bozner Str. 5A. Treffpunkt für nicht mehr ganz junge Leute. Gespielt werden Hits und Classic-Music; es gibt einen Sommer- und einen Wintergarten, Eintritt ab 18 Jahre, montags geschlossen. Tel. 0471 665039, www.discopub-baila.it

DANCING ROSSI
Gut besuchtes, traditionsreiches Disco-Pub in **Kaltern**. Dienstags und donnerstags Jugendtreff bei Live-Musik. Pfuss 49, Tel. 0471 963304

TOWER PUB
Die einheimische Jugend trifft sich im Lokal im englischen Countrystil auf der **Kalterer** Höhe. Große Auswahl an Bieren und Whiskys, Teesorten und kleinen Imbissen; moderne Musik. Dienstags geschlossen, Tel. 0471 963403

WEINSTADL
Der Name ist Programm, aber auch für den kleinen Hunger ist gesorgt. Live-Musik, teilweise spielen auch einheimische Rock- und Jazzgruppen. **Kaltern**, Tel. 0471 963368

ZUM LUSTIGEN KROKODIL
Hinter dem originellen Namen verbirgt sich ein kleines Lokal mit einigen Tischen auch im Freien im Ortskern von **Kaltern**, von Architekten und Künstlern im Stil der 50er Jahre gestylt. Wenn der Chef Stefan Florian bei Laune ist, spielt er für seine Gäste auf dem Klavier. Häppchen, mittags Tagesteller, Weine glasweise. Sa abends und So Ruhetag. Goldgasse 10/B, Tel. 0471 965358

AURORA
Im sympathischen Lokal im Bahnhof der aufgelassenen Fleimstalbahn in **Auer** trifft sich ein gemischtes Publikum. Die Einrichtung ist unkonventionell, es gibt kleine Snacks, Musik, sogar ein Klavier, auf dem man selbst spielen darf, einen Billardraum sowie viele Zeitungen und Journale. In der ehemaligen Eingangshalle des Bahnhofs ist ein kleiner Saal mit Bühne eingerichtet, wo der Filmclub Unterland die Filme zeigt und den man auch für private Feste anmieten kann. Dienstags geschlossen. Infos: Brigitte und Markus Kompatscher, Tel. 0471 811534

VINOTHEK IM PARADEIS ♣
In **Margreid** hat Alois Lageder, einer der Weinpäpste Südtirols, ein originelles Lokal in sein Weinimperium eingegliedert: Die „Vinothek im Paradeis". Hier kann man die Weine vom Ansitz Löwengang und Casón Hirschprunn verkosten, eine Kleinigkeit essen, Kellerführungen oder Führungen durch die Weingüter vormerken. Von Mai bis September gibt es jeden Freitag eine Abendvorstellung mit Cabaret, Musik, Theater oder Lesungen. Tel. 0471 818080

CARTER HOUSE
Beliebter Treffpunkt der Unterlandler Jugend. Entstanden als Restaurant-Pizzeria im Hotel Erica in **Salurn**; italienische Nudelvorspeisen, beachtliche Weinkarte, raffinierte Cocktails, gute Fassbiere. Die Musik kommt aus der Konserve, gelegentlich wird Live-Musik gespielt. Di Ruhetag, Tel. 0471 883145

ZOOM
Neben der Disco, die am Wochenende von jungen und junggebliebenen Besuchern gestürmt wird, zieht auch das Bistro-Pub-Pizzeria „Witz" viel Publikum an. Am südlichen Dorfrand von **Auer**, Tel. 0471 802119, www.discozoom.com

Kino

🎬 Filmtreff Kaltern
Das Kino im Vereinshaus von **Kaltern**, Goldgasse 29, zeigt ein wechselndes Programm von Filmhits und Retrospektiven in meist deutscher Sprache. Im Winter in der Regel am Donnerstag, Samstag und Sonntag; im Sommer am Montag, Mittwoch und Sonntag. Im August nur montags und mittwochs im Freilichtkino im schönen Ansitz Windegg. Tel. 0471 964945, www.filmtreff-kaltern.it

🎬 Filmclub Unterland
Der Filmclub ist im ehemaligen Bahnhof der Fleimstalbahn in **Auer** untergebracht. Jeden Mittwoch um 20 Uhr werden anspruchsvolle neueste Produktionen oder Retrospektiven gespielt, in deutscher bzw. in italienischer Sprache. Tel. 0471 974295, www.filmclub.it

Dorffest in St. Pauls

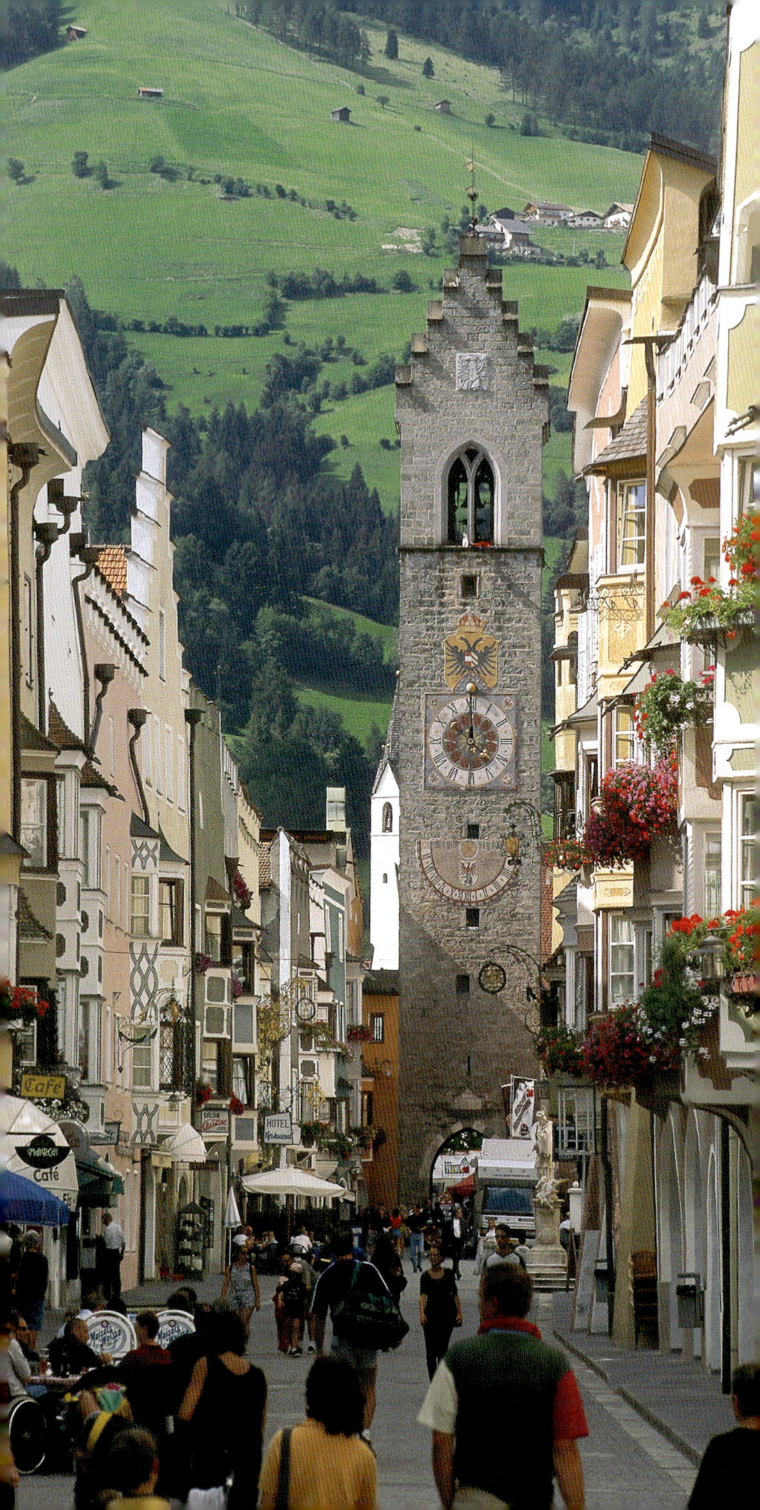
Café
Café
HOTEL

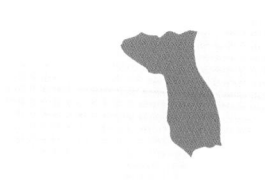

WIPPTAL, EISACKTAL, GRÖDEN, SCHLERNGEBIET

Wer aus den deutschen Landen nach Süden will, wählt meist den kürzesten Weg – und der führt über den Brennerpass und weiter durch das enge Eisacktal. Die Blechlawinen des Waren- und Reiseverkehrs sind Fluch und Segen der Talbewohner; die Autobahn mit ihren gewaltigen Brücken und Viadukten zeichnet das Landschaftsbild von Brenner bis Bozen. Doch wer darauf verzichtet, das Nadelöhr so schnell als möglich hinter sich zu lassen, wird reizvolle Orte entdecken: Wenige Kilometer hinter dem Brenner liegt **Gossensass** (auf 1100 m), wo um die Jahrhundertwende Gäste aus dem In- und Ausland Ruhe und Erholung suchten; der berühmteste Gast war wohl der norwegische Dichter Henrik Ibsen. Bei **Sterzing**, dem Hauptort des Wipptals mit rund 5800 Einwohnern, münden mehrere Täler sternförmig in den breiten Talkessel: von Südwesten das **Jaufental**, von Westen das **Ratschingstal** und das **Ridnauntal**, von Nordwesten das **Pflerscher Tal**, von Osten das **Pfitscher Tal** – Täler in sattem Grün, die in die hochalpine Bergwelt der Ötztaler, Stubaier oder Zillertaler Alpen hineinführen. Das von langer Bergbaugeschichte geprägte Sterzing ist seit dem Mittelalter eine wichtige Handelsstadt und ein Rastpunkt für Durchreisende. Prächtige Bürgerhäuser, elegante Geschäfte und zahlreiche Gastbetriebe zeugen von der Geschäftstüchtigkeit der Bewohner.

Am Zusammenfluss von Eisack und Rienz weitet sich das Tal (ab Franzensfeste Eisacktal) zu einem Kessel, in dem sich die geschichtsträchtige Kleinstadt **Brixen** mit ihren knapp 20.000 Einwohnern ausbreitet. Frühestens hier, wo sich die ersten Reben an den Hängen entlangziehen, beginnt für die Urlauber der „richtige Süden".

Jahrhundertelang war Brixen ein Zentrum geistigen und kulturellen Schaffens und Sitz der Fürstbischöfe. Tourismus, die Ansiedlung von Industrie- und Gewerbebetrieben sowie die Fakultät für Bildungswissenschaften, ein Ableger der Freien Universität Bozen, haben eine Verjüngungskur eingeleitet. Zum Einzugsgebiet von Brixen zählen **Lüsen** im gleichnamigen Tal im Nordosten, **Mühlbach** am Eingang zum Pustertal, **Natz-Schabs** auf einer Hochfläche im Norden, **Rodeneck** auf der westlichen Talseite hoch oberhalb der Rienzschlucht und **Vahrn**, das fast schon mit dem nördlichen Stadtgebiet Brixens zusammengewachsen ist.

13 km weiter südlich sucht sich das historische Städtchen **Klausen** seinen Platz in der Talenge, bevor die Berge bis Bozen wieder so nahe zusammenrücken, dass kaum noch Platz für Fluss, Straße sowie Auto- und Eisenbahn bleibt. An den Hängen liegen gepflegte Dörfer, die zu einem Gutteil vom Fremdenverkehr leben, wie **Feldthurns**, **Villanders**, **Barbian** und **Lajen**.

In **Villnöss**, dem bei Klausen abzweigenden Dolomitental, ist der Extrembergsteiger und Abenteurer Reinhold Messner aufgewachsen. Am Talende liegt der Naturpark Puez Geisler, ein ideales Gebiet für Naturliebhaber, Wanderer und Kletterer.

GRÖDNER TAL

Das etwa 30 Kilometer lange Tal zieht sich von Waidbruck nach Osten in die fantastische Welt der Dolomiten. Es öffnet sich, wie so viele Dolomitentäler, erst in seinem hinteren Teil und zeigt seine ganze Pracht – mit Wiesen, Wäldern und den unvergleichlich schönen, bizarren Dolomitenzacken. Zu Füßen des 3181 m hohen Langkofels liegen die drei Ortschaften **St. Ulrich**, **St. Christina** und **Wolkenstein**. In der ehemaligen Abgeschiedenheit des Tals hat sich eine eigene Sprache, das Ladinische, erhalten; vor etwa 350 Jahren entstand ein Handwerkszweig, der Gröden in aller Welt bekannt machen sollte: die Holzschnitzerei. Noch immer stellt dieser Erwerbszweig einen bedeutenden Wirtschaftsfaktor dar, doch lebt das Tal heute vorwiegend vom Tourismus.

SCHLERNGEBIET

Südlich von Klausen breitet sich auf einer Mittelgebirgsstufe in ca. 1000 m Höhe das Schlerngebiet aus, mit den Dörfern **Kastelruth** (die „Spatzen" haben hier ihre Heimat), **Seis** und **Völs**. Die buckelige Silhouette des Hausbergs Schlern ist zu einem Wahrzeichen Südtirols und der Dolomiten geworden. An den Schlern schließt eine weite Hochalm an: Die 51 km² große Seiser Alm steht unter Naturschutz. Im Winter ist sie ein beliebtes Familienskigebiet mit leichten Abfahrten, im Sommer ein viel besuchtes Wandergebiet.

Ladinisch, die dritte Landessprache

In Gröden, im benachbarten Gadertal, im Fassatal, im Ampezzaner Gebiet und im schweizerischen Graubünden wird Ladinisch, eine rätoromanische Sprache, gesprochen. Sie hat sich nach der Romanisierung des Gebiets aus dem Vulgärlatein und aus Resten der Regionalsprache entwickelt. In Südtirol sind die Ladiner als Minderheit anerkannt, die Sprache wird noch gesprochen und dieses gepflegt. Schulunterricht, regelmäßige Publikationen, Fernseh- und Radiosendungen in ladinischer Sprache unterstützen die Erhaltung des einmaligen Kulturerbes. Wenn Sie mal Ladinisch lesen möchten, schauen Sie am besten ins Internet, www.noeles.net ist eine ganz in Ladinisch gehaltene Seite.

ETWAS ZUR GESCHICHTE

Seit alters her ist das Eisacktal ein Durchzugsgebiet – die Heere der Römer, die germanischen Stämme, Kaiser und Könige, Kreuzfahrer und Pilger, Napoleons Truppen und die deutsche Wehrmacht passierten es. So ist die Geschichte des Eisacktals eng mit der Bedeutung des Brennerpasses und der Durchzugsstraße verbunden. Um dem engen und hochwassergefährdeten Talgrund zu umgehen, bauten schon die Römer zwischen Kollmann und Bozen den Weg über die sicheren Höhen des Ritten. Später wird dieser uralte Weg zur „Kaiserstraße", zu der wichtigen Nord-Süd-Verbindung, über die die deutschen Herrscher nach Italien zur Krönung zogen.
Erst Anfang des 14. Jh. ließ der tüchtige Bozner Kaufmann Heinrich Kunter den nach ihm benannten mautpflichtigen Kuntersweg durch die Talschlucht anlegen. Händler, Handwerker, Künstler und Pilger benutzten diesen kürzesten Weg über die Alpen. Die Bischöfe von Brixen erhielten die Grafschaft am Eisack zum Lehen – so glaubte der Kaiser die Straße in sicheren Händen. Der Bergbau in der Umgebung brachte im ausgehenden Mittelalter zusätzlichen Wohlstand und Ansehen. Doch mit dem Versiegen der Einnahmen aus dem Erzabbau durch günstige Importe aus der neuen Welt sowie dem Übergang der Macht an weltliche Herren wurde es um Brixen und Klausen ruhiger.
In jüngster Zeit verspürten vor allem die in der Nähe der Brennergrenze angesiedelten Wipptaler Betriebe die politischen, EU-bedingten Veränderungen: Der Abbau der innereuropäischen Grenzen mit der Abschaffung der Zollschranken und der Vereinfachung der Zollformalitäten setzte Arbeitskräfte frei.

Schrambach zwischen Brixen und Klausen

SEHENSWERTES

ALTSTADT VON STERZING
Der mächtige Zwölferturm mit dem Treppengiebel ist das Wahrzeichen der Stadt; er teilt die nördliche Altstadt von der ebenfalls jahrhundertealten Neustadt. Die zentrale Hauptstraße, ehemals die Reichsstraße, wird von prächtigen Bürger- und Handwerkerhäusern gesäumt. Giebel, Zinnen, Fassaden, Wirtshausschilder, steinerne Toreinfassungen, Erker, Wappensteine und Innenhöfe erzählen die beredte Geschichte der spätgotischen Tiroler Stadt. Das Rathaus mit historischem Festsaal, gotischer Täfelung und Eckerker zählt zu den schönsten Tirols. Sehenswert ist auch die Pfarrkirche beim Deutschhaus, dem einstigen Sitz der Kommende des Deutschen Ritterordens.

MITHRAS-STEIN ❗
In der Nähe von **Sterzing** wurde ein Mithras-Stein gefunden, ein marmornes Relief aus römischer Zeit. Es stellt Mithras, den Sonnengott und Urstier dar und belegt, dass der Mithras-Kult auch hier Fuß fasste. Im Innenhof des Sterzinger Rathauses steht die Kopie, das Original ist im Südtiroler Archäologiemuseum in Bozen ausgestellt. Ein marmorner Meilenstein, der heute im Sterzinger Rathaus zu sehen ist, zeugt darüber hinaus von der Bedeutung der antiken Brennerstraße und der römischen Siedlung Vipitenum (Sterzing).

BURG REIFENSTEIN UND SCHLOSS SPRECHENSTEIN
Südlich von **Sterzing** thronen links und rechts auf Felsvorsprüngen die Burgen Reifenstein und Sprechenstein. Reifenstein rechts vom Eisack ist im Besitz einer Innsbrucker Linie der Fürstenfamilie Thurn und Taxis, daher treffen Sie Fürstin Gloria, Society-Lady von europäischem Rang, nie im Schloss. Die Burg ist sehr gut erhalten und komplett eingerichtet, Teile sind öffentlich zugänglich.
🕒 Nur mit Führung: Anfang April–Oktober, 10.30, 14 und 15 Uhr; Juli–September auch 16 Uhr, Fr geschlossen, Tel. 0472 765879

FRANZENSFESTE
An einer der engsten und unzugänglichsten Stellen des Tals haben die altösterreichischen Militärstrategen im 19. Jh.

Die Riesin von Ridnaun ❗

Im **Ridnauntal** bei Sterzing lebte Ende des 19. Jh. eine Riesin. Maria Faßnauer, genannt „Staudner Moidl", 1879 geboren, war schon mit 15 Jahren über 2 m groß. Wie groß sie letztendlich tatsächlich war, weiß man nicht genau, die Angaben schwanken zwischen 2,07 und 2,17 m. Mariedls ungewöhnliche Größe beeindruckte zunächst die wenigen Touristen, die ins Tal kamen. Schon bald meldeten sich Schausteller – die Frau sollte als Attraktion auf Jahrmärkten auftreten. Wohl auch angesichts der drückenden Not zu Hause entschloss sie sich im Sommer 1906 in die weite Welt aufzubrechen. Mariedl trat im „Passage-Panoptikum" von Otto Heinemann in Berlin auf. Man steckte sie in eine eigens angefertigte Tracht, mit langem Kleid, wuchtigen Schuhen und einem zylinderartigen Hut, was sie noch gewaltiger erscheinen ließ. Angepriesen als „die Riesin von Tirol, das größte Weib, das je gelebt", tingelte sie kreuz und quer durch Europa. 1913 kehrte sie krank nach Ridnaun zurück, wo sie 1917 starb. Ein Grab auf dem Friedhof von Ridnaun erinnert an die Riesin. Ihr übergroßes, maßgefertigtes Bett steht noch in ihrem Heimathaus.

eine imposante Festung gebaut und zu Ehren des Kaisers „Franzensfeste" genannt. Das obere Festungswerk am Hang und die Talsperre sind durch einen in den Fels gehauenen, unterirdischen Gang mit 433 (!) Stufen verbunden. Die Festung ist auch für die Öffentlichkeit zugänglich. Führungen: Juni–September Do um 16 Uhr. Im August zusätzlich Di um 16 Uhr. www.oppidum.bz.it

MÜHLBACHER KLAUSE

Wer ins Pustertal will, fährt kurz nach **Mühlbach** an einer Burgruine vorbei. Hier verlief die Grenze zwischen den Grafschaften Tirol und Görz. Die Zollstation war auch militärisches Bollwerk: Michael Gaismair, der Anführer des Bauernaufstandes, belagerte 1526 die Anlage vergeblich; in den Tiroler Freiheitskriegen von 1809 und 1813 gab es hier heftige Kämpfe mit den französischen und

Schloss Reifenstein bei Sterzing

Kreuzgang des Doms in Brixen

bayerischen Besatzern. Danach wurde die ausgebrannte Ruine an Bauern verkauft, diente als Steinbruch und verfiel zusehends. In den letzten Jahren gelang einem Komitee die Sanierung und Konservierung.

SCHLOSS RODENEGG

Hoch über der Rienzschlucht, auf der sonnigen Hochfläche von **Rodeneck**, liegt die ausgedehnte Anlage von Schloss Rodenegg. Zu besichtigen sind neben der Burgkapelle und dem Waffensaal mit dem Stammbaum und Gemälden der Grafen Wolkenstein auch die um 1200 entstandenen Iwein-Fresken in der mittelalterlichen Trinkstube. Es sind die ältesten profanen Fresken im deutschen Sprachraum; sie erzählen vom Ritterleben nach dem Epos von Hartmann von der Aue. Nur mit Führung zu besichtigen: Mitte Mai–Mitte Oktober, Di–So, 11 und 15 Uhr, Tel. 0472 454056

ALTSTADT VON BRIXEN ✤

Bei einem Bummel durch die Altstadt mit ihren Lauben, beim Betrachten der Häuserfassaden am Großen Graben, beim Verweilen am Domplatz, bei der Besichtigung der Kirchen und Sakralbauten mit ihren Kunstschätzen zeigt **Brixen** das sympathische Flair einer Kleinstadt, in der sich die Kultur vieler Jahrhunderte aneinander reiht. Besonders sehenswert ist der Dom nach Plänen von Josef Delai, ein mächtiges, barockes Bauwerk mit Zwillingstürmen, innen mit über 30 Arten von buntem Marmor und Stuck reich geschmückt; die Deckenfresken stammen von Paul Troger.

Die Grödner Dampfeisenbahn

Bis in die 1960er Jahre verkehrte auf der Strecke von **Klausen** nach **Gröden** eine dampfbetriebene Schmalspur-Eisenbahn. Als der Erste Weltkrieg ausbrach, benötigte man eine Versorgungsbahn für die an der Dolomitenfront kämpfenden Truppen. Die Bahntrasse wurde in Rekordzeit und unter Einsatz von Tausenden russischen Kriegsgefangenen erbaut. In den 1960er Jahren, anlässlich der Ski-Weltmeisterschaften in Gröden, asphaltierte man die Trasse kurzerhand und legte eine Straße an. Heute weint man der Bahn so manche Träne nach, sie wäre eine echte Attraktion für die verwöhnten Feriengäste im mondänen Gröden. Eisenbahn-Nostalgiker erfreuen sich an einer ehrwürdigen Dampflok neben der Klausner Bahnstation.

Luis Trenker, der wohl berühmteste Grödner

Am Friedhof von **St. Ulrich** liegt Luis Trenker begraben, eine der schillerndsten Figuren Südtirols. Vorwiegend bundesdeutsche Fans besuchen die Gedenkstätte in Scharen – grad wie ehemalige Hippies das Grab Jim Morrisons in Paris. Trenker – in seiner Grödner Heimat „Bera Luis" genannt – Architekt, Filmemacher, Fernsehpublikumsliebling, Buchautor, begeisterter Bergsteiger und hierzulande bei weitem nicht so beliebt wie im Ausland, erfährt posthume Ehrung und wird als Zugpferd vor den Werbekarren gespannt. Auf dem Promenadenweg enthüllte man zu seinem 100. Geburtstag ein Denkmal und benannte den Weg nach ihm.
Anfang September treffen sich Tausende Teilnehmer zum Luis-Trenker-Gedächtnismarsch, einer besonderen Skurrilität für alle Nostalgiker. Infos: Tourismusbüro, Tel. 0471 777777

KREUZGANG IN BRIXEN ⭐

Sein Besuch ist für jeden Gast Pflicht! Der Umgang diente jahrhundertelang als Verbindung zwischen Dom, Bischofspalast und Klerikerwohnungen, als innerstädtische Passage und als Standort von Verkaufsständen. Unter den Arkaden haben sich reiche Domherren und Bürger ihre Grabstätten gekauft. Die Stifter ließen die Wände mit Fresken ausschmücken. Von den teilweise kuriosen Darstellungen kann man sich nur schwer losreißen: Großteils sind Szenen aus der Bibel dargestellt, denn nur ein Bruchteil der Bevölkerung war im 14. und 15. Jh. des Lesens und Schreibens mächtig und musste daher anhand von Bildern die biblische Geschichte lernen. Von 12–14 Uhr geschlossen.

SCHLOSS VELTHURNS

Auf der sonnigen Höhe von **Feldthurns** ließen sich die Fürstbischöfe von Brixen – die im 16. Jh. auch in weltlichen Belangen ein gewichtiges Wort mitzureden hatten – eine prächtig ausgestattete Sommerresidenz bauen. Berühmt sind die kunstvollen Einlegearbeiten und Täfelungen der verschiedenen Säle, in denen eine große Zahl an Kunstwerken aus dem 16. und 17. Jh. zu sehen ist. 🕐 Nur mit Führung: Anfang März–Ende November, 10, 11, 14.30 und 15.30 Uhr, Juli–August zusätzlich um 16.30 Uhr. Infos: Tel. 0472 855525

ST. JOHANN IN RANUI

Die kleine Barockkirche auf einer weiten Wiese im **Villnösstal**, am Fuße der Geislergruppe, ist ein beliebtes Fotomotiv und Ausflugsziel.

KLOSTER SÄBEN 📣

Auf einem Felsen hoch über der Stadt **Klausen** liegt majestätisch die geschichtsträchtige Felsenburg Säben, heute ein Kloster. Bereits um das 4. Jh. entstand hier eine spätrömische Siedlung. 1982 wurden Fundamente einer späteren frühchristlichen Bischofskathedrale aus dem 5./6. Jh. ausgegraben. Besichtigen kann man heute die Marienkapelle, die Liebfrauenkirche, die Klosterkirche sowie auf der Spitze der Felsenkuppe die um 1500 errichtete Heiligkreuzkirche mit dem Grabdenkmal des Bischofs Ingenuin (um 600) und der perspektivischen Freskendarstellung einer Säulenhalle. Kunsthistorisch Interessierten sei angesichts der Fülle der Sehenswürdigkeiten die Teilnahme an einer Führung angeraten, Tel. 0472 847587.

DER FRIEDHOF VON VILLANDERS ❗

Die ohne Ausnahme kunstvoll geschmiedeten und mit Vergoldungen geschmückten Kreuze des Friedhofs von **Villanders** stehen sehr eng beieinander. Einem alten frühchristlichen Brauch folgend, sind alle Gräber nach Osten ausgerichtet. Das

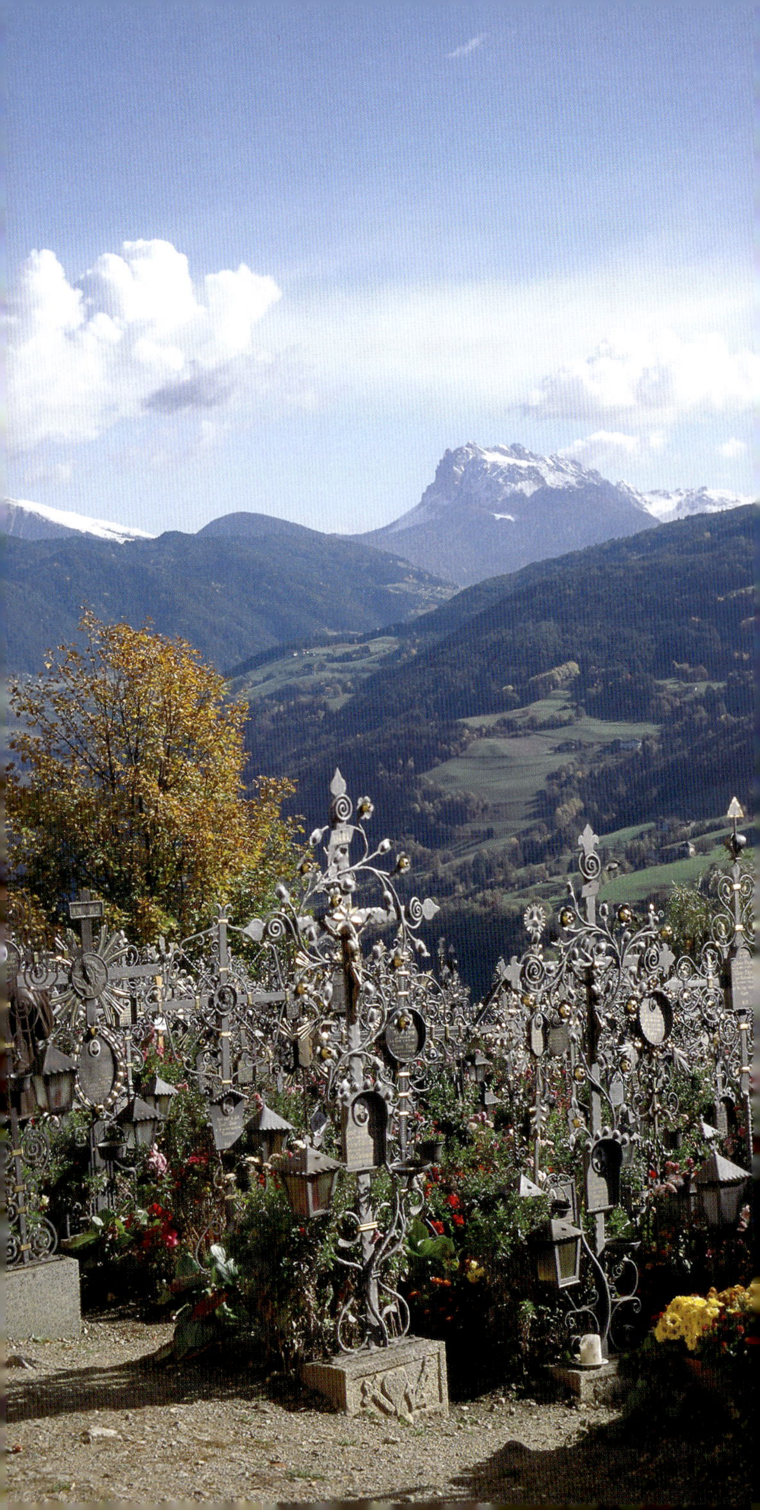

schmiedeeiserne Kreuz steht vor dem blumengeschmückten, einfachen Grabhügel, sodass der Besucher – gemeinsam mit dem Toten – Richtung Sonnenaufgang blickt. Insgesamt ein außergewöhnlich stimmungsvolles Bild, das Sie sich nicht entgehen lassen sollten.

TROSTBURG

Die prächtige Renaissanceburg oberhalb von **Waidbruck** bewacht den Eingang zum Grödner Tal. Über 600 Jahre lang war sie im Besitz der Grafen von Wolkenstein aus der Familie des bekannten Minnesängers und Dichters Oswald von Wolkenstein. Besonders schön sind eine der ältesten Kassettendecken Tirols, reiche Stuckverzierungen im großen Saal; sehenswert sind die ausgestellten Modelle Südtiroler Burgen sowie eine Sammlung von Bildern der Habsburger. Im Wirtschaftsgebäude steht eine mächtige alte Weinpresse.

🕒 Nur mit Führung: Ostern–Allerheiligen, Di–So 11, 14 und 15 Uhr; Juli–August auch 10 und 16 Uhr, Tel. 0471 654401

SCHLOSS FRIEDBURG

Das auffällig rot-weiß karierte Gebäude steht in **Kollmann**, an der Straße südlich von Waidbruck. 450 Jahre lang diente es als Zollstation, denn an dieser Stelle trafen sich die alte Brennerstraße und die über den Ritten führende Kaiserstraße. Über den Toren unterstreichen Fresken mit dem Tiroler- und Kaiserwappen aus der Maximilianischen Zeit den Gebietsanspruch.

DREIKIRCHEN ♣

Am Berghang oberhalb von **Barbian** liegt der verträumte autofreie Weiler Dreikirchen. Neben der traditionsreichen Gastwirtschaft Bad Dreikirchen mit ehemals angeschlossenem Heilbad stehen drei ineinander verschachtelte Kirchlein, davon St. Nikolaus mit einem schönen, gotischen Flügelaltar. Den Schlüssel zur Besichtigung gibt es im nahen Gasthof Messnerhof, Tel. 0471 650059. Etwas oberhalb davon (Weg 4) liegen drei ungewöhnliche, architektonisch bedeutsame Häuser: das Haus Baldauf, ein schlichter, auf das Wesentliche reduzierter, gemauerter Quader im Stil der anonymen Bauernhausarchitektur von Lois Welzenbacher; das Haus Settari mit schneckenförmigem Grundriss und das Gasthaus Briol aus den 1920er Jahren, ein Kubus mit angedeutetem Flachdach und Balkonvorbau auf schlanken Säulen. Die drei Gebäude harmonieren jedes auf seine Weise hervorragend mit der Landschaft.

SPORTHOTEL MONTE PANA

1931 wurde der Innsbrucker Architekt Franz Baumann mit der Planung des einzigartigen, alpinen Hotelbaus oberhalb von **St. Christina** in Gröden beauftragt. Er zählt zu den exemplarischen Bauten der Tiroler Moderne. Der Ausblick von der zum Langkofel hin offenen Terrasse ist beeindruckend. In der Nähe des Hotels hat Simon Moroder aus St. Ulrich eine Sonnenuhr mit 2 m Durchmesser aus Eisen, Messing und Gold auf einem zehn Tonnen schweren Porphyrsockel aufgestellt, die an Schönwettertagen präzise die Stunden anzeigt.

Sonnenuhr in St. Christina

DER PLANETENWEG

Wie groß ist die Sonne? Wie weit ist der Mond von ihr entfernt? Und der geheimnisvolle Pluto? Sind Sie bei Fragen zur Astronomie nicht ganz sattelfest? Der Planetenweg verschafft Abhilfe. Auf der Promenade längs der alten Bahntrasse von **St. Christina** sehen Sie im verkleinerten Maßstab die Planeten und ihre Entfernungen zur Sonne dargestellt. Auf Schautafeln werden die Gesetzmäßigkeiten erklärt. Dazu erhält man im Tourismusbüro eine ausführliche Broschüre. Die Weglänge beträgt 3,5 km, man benötigt dafür ca. 1^1/$_2$ Stunden.

KALVARIENBERG

In unmittelbarer Nähe des Ortszentrums von **Kastelruth** liegt ein markanter, bewaldeter Hügel, der „Kofl", auf dem sich eine für Südtirol einmalige Gruppe von Bauten befindet: Sieben Kapellen, an denen vorbei ein 20-minütiger, aussichtsreicher Spazierweg zu einer wehrturmartigen Doppelkapelle führt. Letztere wurde im 17. Jh. aus den Überresten des Bergfrieds der Burg Kastelruth errichtet. In den Kapellen sind Darstellungen verschiedener religiöser Szenen zu sehen.

BURGRUINE HAUENSTEIN

Auf einem hellen Dolomitfelsenzacken südöstlich von **Seis** thronen die Überreste der Burg, die der Minnesänger, Haudegen und Weltenbummler Oswald von Wolkenstein von 1417 an etwa 30 Jahre lang bewohnte. Seine Nachfahren übersiedelten später nach Rodeneck bei Brixen. Bereits seit 1600 ist die Burg eine Ruine. Hauenstein (1201 m) ist über einen Spazierweg (Nr. 8) bequem von Seis (1004 m) aus erreichbar. Rückkehr über Weg 3B.

ST. KONSTANTIN

Das Kirchlein auf dem sanften Hügel inmitten der Wiesen zwischen Seis und **Völs** ist dem römischen Kaiser Konstantin geweiht, einem in Südtirol selten verehrten Heiligen. 1506 gotisch umgebaut, brannte der Turm Ende des 18. Jh. ab, worauf man ihm die Zwiebelhaube aufsetzte.

SCHLOSS PRÖSELS

Um 1500 war der mächtige Leonhard von Völs Colonna Landeshauptmann von Tirol und baute die bis dahin kleine Burg in Völs zum prächtigen Schloss um. Das Wappen der Herren von **Völs** ziert eine Säule. Um ihr edles Geblüt zu unterstreichen, führten die Völser Herren ihre Abstammung auf die einflussreiche italienische Adelsfamilie der Colonna, zu Deutsch „Säule", zurück. Eine Anekdote am Rande: Um 1880 hat man bei einem Schuster wertvolle Pergamenturkunden aus der geplünderten Schlossbibliothek gefunden, die als Schuheinlagen weiterverarbeitet worden waren. Die Burg beherbergt eine Sammlung von Waffen, Bildern und antikem Mobiliar. In den Sommermonaten werden kulturelle Veranstaltungen abgehalten. ⏲ Nur mit Führung: Mai–Oktober, So–Fr, 11, 14 und 15 Uhr, Juni und September auch 16 Uhr, Juli–August So–Fr 10, 11, 15, 16 und 17 Uhr; im März und November nach Vereinbarung, Tel. 0471 601062

Ibsen und Dilthey

In **Seis** ließ Sigurd Ibsen, der Sohn des norwegischen Dichters Henrik Ibsen, um 1900 die allseits bekannte Villa Ibsen aus rohen roten Porphyrblöcken erbauen. Auch der „Ibsenweg" in Seis kündet vom bekannten Gast. Und was hat der fremdländische Name Dilthey in Seis zu suchen? Wilhelm Dilthey, ein bekannter Philosoph und Soziologe aus Hessen und Professor in Berlin, verstarb 1911 in Seis. Ihm zu Ehren gibt es den hierzulande zungenbrecherischen Straßennamen.

MUSEEN UND AUSSTELLUNGEN

BERGBAUWELT RIDNAUN SCHNEEBERG 👫

Noch vor knapp zwei Jahrzehnten war das Bergwerk am Schneeberg, das höchstgelegene Europas, in Betrieb. Um die Erinnerung an das Leben der Knappen, an die Abbaumethoden, den Erztransport und die Erzaufbereitung wach zu halten, wurde das Schau- und Erlebnisbergwerk in Maiern-Ridnaun eingerichtet. Wieder instand gesetzte Transportanlagen, originale Maschinen zum Erzabbau und zur Erzaufbereitung, ehemalige Knappenwohnhäuser, Ausstellungen und Filmvorführungen vermitteln die 800-jährige Bergbaugeschichte in dieser Region. Außerdem wurden ein Lehrpfad und ein Schaustollen angelegt. Die Hauptführung ist sogar behindertengerecht ausgebaut. Angeboten werden auch spezielle Kinderprogramme, mehrstündige Exkursionen unter Tage sowie Ganztagestouren auf den Schneeberg. **Ridnaun**, Maiern 48, 🕒 April–Oktober, Di–So, 9.30–16.30 Uhr; Führungen um 9.30, 11.15, 13.30, 15.15 Uhr; Gruppenführungen nach Vormerkung, Tel. 0472 656364, www.ridnaun-schneeberg.it

SÜDTIROLER LANDESMUSEUM FÜR JAGD UND FISCHEREI – SCHLOSS WOLFSTHURN

Das elegante Barockschloss liegt beherrschend auf einem Hügel oberhalb von Mareit im Ridnauntal und kontrolliert den Zugang zu der weiter nördlich liegenden Bergwerksgegend von Maiern. Von reichen Bergwerksbesitzern im 17. Jh. in der heutigen Form umgebaut, beherbergt es Ausstellungen zu den Themen Jagd und Fischerei. Erlebnisreicher Lehrpfad rund ums Schloss. Empfehlenswert ist auch ein Rundgang durch die im Originalzustand erhaltenen Prunkräume des Schlosses.
Ratschings, **Mareit**, 🕒 April-Mitte November, Di-Sa, 9.30–17.30 Uhr, So- und Feiertage, 13–17 Uhr, Tel. 0472 758121, www.provinz.bz.it/volkskundemuseen

MULTSCHER- UND STADTMUSEUM STERZING

In einem Flügel der Deutschordenskommende untergebracht, beherbergt das Museum den berühmten Altar der alten Sterzinger Pfarrkirche aus der Werkstatt des schwäbischen Künstlers Hans

Schloss Wolfsthurn in Mareit

Kloster Neustift

Multscher aus dem 15. Jh. Interessant sind die Irrwege der Altarbilder: Mussolini schenkte sie nach der Konfiszierung dem deutschen Reichsmarschall Göring. Erst nach Kriegsende und zähen Verhandlungen überließ sie der Staat als Leihgabe der Gemeinde Sterzing, wo sie den Kern des Museums bilden, in dem auch Plastiken von Multscher zu sehen sind. In den weiteren Räumen befinden sich verschiedene Exponate zur Stadtgeschichte von Sterzing. Dem Museum angeschlossen ist auch die restaurierte Hl.-Elisabeth-Kirche.

Sterzing, Deutschhausstr. 11, Anfang April–Oktober, Di–Sa 10–12, 14–17 Uhr, Tel. 0472 766464

KLOSTER NEUSTIFT

Das Augustiner Chorherrenstift Neustift ist in jüngster Zeit besonders dank seiner Klosterkellerei – die hervorragende Weißweine keltert – zum Ziel der Touristenströme geworden. Trotzdem wird es im weiten Klosterareal selten zu eng. Berühmt ist die barocke Stiftskirche mit den Deckenfresken von Matthäus Günther, sehenswert sind der mittelalterliche Kreuzgang mit Fresken aus dem 14. und 15. Jh., die St.-Vigil-Kapelle, die Bibliothek mit wertvoller Handschriftensammlung und die Pinakothek mit einer beachtenswerten Sammlung gotischer Tafelmalerei. Nehmen Sie sich Zeit für eine Führung, Sie werden dabei auf viele versteckte Kleinode und Kuriositäten stoßen, wie z. B. auf den aus den Fresken in der Kirche plastisch herauswachsenden Fuß oder das Grabdenkmal Oswalds von Wolkenstein. **Vahrn**, **Neustift**, Stiftsstr. 1, ⏱ Ostern–Allerheiligen, Mo-Sa stündliche Führungen von 10 bis 16 Uhr, November–Ostern, Mo-Sa Führungen um 11 und um 15 Uhr, Jänner–Ostern Mo Führungen nach Vormerkung, Tel. 0471 836189, www.kloster-neustift.it

DIÖZESANMUSEUM IN DER HOFBURG IN BRIXEN ⭐

Die Hofburg wurde um 1265 als wehrhafte Burganlage errichtet. Fürstbischof Andreas von Österreich begann im 16. Jh. mit dem Umbau, der erst nach 1700 vollendet wurde. Nachdem 1964 der Bischofssitz nach Bozen verlegt wurde, entstand im Renaissance-Juwel das Diözesan-Museum. Die ehemalige fürstbischöfliche Residenz birgt Kunstschätze aus vielen Epochen: Textilien, Plastiken und Gemälde, Gold- und Silberschmiedearbeiten sowie andere Kostbarkeiten, darunter eine beeindruckende Abteilung spätromanischer Madonnen und Christusbilder. Der „Kaisertrakt" aus der Epoche Maria Theresias vermittelt höfisches Flair der Rokokozeit. In diesen Räumen konzertierte auch der junge Mozart auf seinen Italienreisen. In der Vorweihnachtszeit fasziniert die Krippenabteilung 👫 des Diözesanmuseums die vielen Besucher, allen voran die Kinder. **Brixen**, Hofburgplatz 2, ⏱ Museum und Krippensammlung: 15. März–Oktober, Di-So 10–17 Uhr; nur Krippensammlung: Dezember–Januar, tgl. 14–17 Uhr, außer 24., 25. Dezember, Tel. 0472 830505, www.hofburg.it, www.dioezesanmuseum.bz.it

PHARMAZIEMUSEUM ❗

Eine Fundgrube für Laien wie für Experten: In vier Räumen der Brixner Stadtapotheke Peer werden über 400 Jahre Pharmaziegeschichte dokumentiert, und zwar alles aus hauseigenem Bestand: Tablettenpressen, Zäpfchenformen, Mörser, Fläschchen und Dosen. Destilliervorrichtungen, Schmelztiegel und andere Geräte für chemische Prozesse spiegeln die Bedeutung der Laborarbeit in der historischen Apotheke wider. Die wertvolle Bibliothek steht für wissenschaftliche Studien zur Verfügung, Museumsbesucher können in einer Leseecke in der kuriosen Literatur schmökern. **Brixen**, Adlerbrückengasse 4, ⏱ Di-Mi, 14–18 Uhr, Sa 11–16 Uhr und nach Vereinbarung, Tel. 0472 209112, www.pharmazie.it

MINERALIENMUSEUM TEIS

Sind Ihnen die berühmten Teiser Kugeln ein Begriff? Man findet sie in der Gegend von Teis. Im dort vorkommenden brüchigen vulkanischen Porphyrtuff sind Geoden, kugelförmige Gebilde, mit bis zu 20 cm Durchmesser eingebettet, deren Inneres wunderbare Kristalle birgt. Paul Fischnaller, ein passionierter Mineraliensammler, hat wahre Schätze zusammengetragen, nicht nur Glitzerndes aus Teis, sondern auch aus anderen alpinen Regionen. Im Museum sind die Mineralienfunde auch für Laien fantasievoll und informativ aufbereitet. Villnöss, im Vereinshaus von **Teis**, ⏱ So vor Ostern bis So nach Allerheiligen, Di-Fr, 10–12, 14–16 Uhr, Sa-So, 14–17 Uhr, Führungen nach Vormerkung: Tel. 0472 844522, www.mineralienmuseum-teis.it

Trostburg bei Waidbruck

STADTMUSEUM KLAUSEN MIT „LORETOSCHATZ"

Im aufwändig restaurierten Kapuzinerkloster ist das Stadtmuseum untergebracht; es zeigt sakrale und profane Kunst verschiedener Epochen. Erwähnenswert die Bilder von Köster, Defregger und Telfner. Die bekannteste Sammlung des Museums aber ist der Loretoschatz. Die spanische Königin Maria Anna, Gemahlin Karls II., des letzten Habsburger Königs auf dem spanischen Thron, stiftete dem Städtchen einen reichhaltigen Schatz sakraler Gegenstände, als Andenken an ihren hochgeschätzten Beichtvater Gabriel Pontifeser aus Klausen.
Klausen, Frag 1, 🕒 Ende März–Ende Juli, Di-Sa 10–12, 16–19 Uhr, Anfang August–Mitte November, Di-Sa 9.30–12, 15.30–18 Uhr, Tel. 0472 846148

MUSEUM DE GHERDEINA

Bereits vor 40 Jahren wurde in St. Ulrich ein Kulturhaus errichtet, die Cësa di Ladins, in dem nun das Museum zur Geschichte Grödens untergebracht ist – ein Schmuckstück unter den Heimatmuseen. Breiter Raum wird der traditionsreichen Schnitzkunst geboten. Sehenswert auch die Sammlung zum bildnerischen Kunstschaffen des Tals vom 17. Jh. bis heute; interessant ein kunstvoll bemalter Kirchenvorhang aus der St.-Jakob-Kirche. Außerdem gibt es einen naturhistorischen, einen mineralogischen sowie einen archäologischen Bereich. Eine Reminiszenz an den gebürtigen Grödner Luis Trenker darf natürlich auch nicht fehlen.
St. Ulrich, Reziastr. 83, 🕒 27. Dezember–5. Januar, tgl. 14–18 Uhr, 6. Januar–6. April, Mo-Fr 14–18 Uhr, Do auch 10–12 Uhr, Mitte Mai–Mitte Oktober, Mo-Fr 10–12, 14–18 Uhr, Juli und August auch Sa, So 14–18 Uhr, Tel. 0471 797554

PFARRMUSEUM VÖLS

In der gründlich renovierten Michaelskapelle am Friedhof in Völs ist eine bemerkenswerte Sammlung sakraler Kunstgegenstände aus umliegenden Kirchen

Klausen, im Hintergrund Kloster Säben

Das Künstlerstädtchen Klausen ✤

Klausen verströmt auch heute noch einen einzigartigen Charme, den man beim Vorbeibrausen auf der Autobahn gar nicht vermuten würde. Am Ende des 19. Jh. war die Stadt ein kleines Mekka der Künstler. Seit man glaubte, in der Nähe, nämlich am Vogelweiderhof bei Lajen, den Geburtsort Walthers von der Vogelweide ausgemacht zu haben, setzte eine wahre Walther-Renaissance ein; Germanisten aus allen deutschen Ländern hielten sich zu Studienzwecken in Klausen auf. Es entstand ein intellektueller Kreis, der auch Musiker, Maler und Bildhauer anzog. Zwischen 1880 und 1914 sollen sich ungefähr 75 Künstler in der Stadt aufgehalten haben, u.a. die Bildhauer Hans Rabensteiner, Valentin Gallmetzer, Heinrich Natter, Josef Schieder, Ferdinand Kargruber, Josef Piffrader und sein Neffe Hans Piffrader, Heinrich Ludwig, Karl Knollseisen und Karl Nussbaumer, die Maler Ernst Lösch, Franz von Defregger, Mathias Schmidt, Alois Gabl, Josef Wopfner, Tony Grubhofer, Otto Seitz, Robert Ruß, Fritz Rabeding, Ferdinand Schmutzer, Charles Palmier, Alexander Köster, Otto Höger, Walter Geffken. Nach dem Ersten Weltkrieg löste sich der Klausner Kreis rasch auf, doch die Kunst lebte weiter, etwa durch den Maler Josef Telfner oder Arthur Ritter von Wallpach, der sich auf Schloss Anger ansiedelte; heute arbeiten Künstler wie Leslie de Vries, Sonja Hofer und Heiner Gschwendt in Klausen.

untergebracht: Tafelbilder, ein kostbarer gotischer Flügelaltar, geschnitzte Statuen, Bildhauerarbeiten sowie eine Krippe von Augustin Alois Probst mit rund 250 Holzfiguren. Sehenswert auch die jüngst freigelegten Fresken der Kapelle. **Völs,** ⏲ Anfang Juni–Ende Oktober, Fr 11 Uhr, Tel. 0471 725023

MÄRKTE, TERMINE, BRAUCHTUM

MONATSMARKT
Am **Brenner**, am 5. und 20. jeden Monats.

GEMÜSE- UND KRÄMERMARKT
Montags am Parkplatz in der Brennerstraße in **Brixen**.

BAUERN- UND BIO-MARKT
Samstags am Vormittag in den Monaten von Mai bis Dezember in **Brixen**, abwechselnd am Hartmannsplatz, am Großen Graben und in der Albuingasse.

KONZERTE GEISTLICHER MUSIK
Der Verein Brixner Initiative Musik und Kirche veranstaltet das ganze Jahr über hochkarätige Konzerte mit international anerkannten Interpreten. Im barocken Rahmen des Doms und anderer Kirchen in **Brixen** werden die Konzerte zu einem ästhetisch-spirituellen Erlebnis. Infos: Tel. 0472 836424, www.musikkirche.it

BAUERNHOCHZEIT ❗
Bauernhochzeit in Kastelruth
An einem Sonntag Mitte Januar hält man in **Kastelruth** einen originellen Umzug ab: Auf Pferdeschlitten fährt eine Hochzeitsgesellschaft durch das Dorf. Brautpaar und Gäste stecken wie in alten Zeiten in historischen Trachten. Rund um diese Bauernhochzeit reicht man von Mitte bis Ende Jänner die Hochzeitsküche. Darunter versteht man traditionelle Hochzeitsgerichte wie Bauernschöpsernes, einen Eintopf aus Hammelschulter und Kartoffeln, der mit Gewürzen, Rotwein, Zwiebel und Knoblauch verfeinert und in der Kasserole im Rohr geschmort wird. Dazu wird ein eleganter Magdalener oder ein kräftiger Blauburgunder kredenzt. Infos: Tel. 0471 706333

SPEZIALITÄTENWOCHE „EISACKTALER KOST"
Zu Frühlingsbeginn veranstalten Eisacktaler Gastbetriebe unter dem Motto „Eisacktaler Kost" eine Spezialitätenwoche. Von **Gossensass** bis **Klausen** bemühen sich die Wirte darum, Besonderheiten der lokalen Küche nach alten, zum Teil vergessenen Rezepten aufzutischen. Auf kaum einer Speisekarte fehlen die Eisacktaler Weinsuppe und die Schlutzkrapfen. Die „Schlutzer", mit Spinat gefüllte Teigtaschen, werden gekocht und mit zerlassener Butter und Parmesankäse ange-

> ### Die Schlernhexen
>
> Magische Kräfte und Geheimnisse beseelen den Schlern. Schon in Urzeiten wurden auf dem markanten Dolomitenbuckel Geister und Dämonen durch Tieropfer besänftigt, Brandstätten am Gipfel sowie Scherben- und Münzfunde aus der Römerzeit belegen die Kultstätte. Im Mittelalter wies die geistliche Obrigkeit den Schlern als Hexen- und Satanskultplatz aus. Allein aus der Gegend von **Völs** wurden neun Frauen als Hexen und Wettermacherinnen zum Tode verurteilt. Ihnen wurden die Teilnahme am Sabbat, Teufelsbuhlschaft, nächtliche Ausfahrten und Ausritte auf Besen, die Tötung ungeborener Kinder und andere Freveltaten zur Last gelegt. Unter Folter gestanden sie die Besenritte zum Schlern. Die Zeiten haben sich zum Besseren gewandt: Heute ist die Schlernhexe, die bucklige Frau auf dem Besen, Werbesymbol und Sinnbild des Guten. In ihrem Zeichen werden allerlei Veranstaltungen wie Skirennen, Gourmet-Wochen und touristische Events organisiert. Aus Holz oder Stoff gefertigt, gibt es die Schlernhexe in jedem Souvenirladen.

richtet. Kenner sagen, dass die Eisacktaler Schlutzkrapfen die besten Südtirols seien. Infos: Tel. 0472 802232

BROT- UND STRUDELMARKT
Ein knuspriges Wochenende findet in **Brixen** beim Brot- und Strudelmarkt Ende September/Anfang Oktober statt. Der gesamte Domplatz verwandelt sich zum duftenden Backofen und zum Schauplatz von runden und eckigen, hellen und dunklen Laiben und raffinierten Strudelvariationen. Infos: Tel. 0472 836401, www.brotmarkt.org

OSWALD-VON-WOLKENSTEIN-RITT ★
Spektakulär! An einem Wochenende Mitte Juni wird im **Schlerngebiet** ein Reiter-Turnierspiel abgehalten, an dem mehrere Mannschaften teilnehmen und ihre Geschicklichkeit unter Beweis stellen. Die Turniermannschaften tragen die Ortstracht und reiten von einem Turnierplatz zum anderen; die „Schlossherren" tragen historische Kostüme.
Infos und Sonderprospekt: Tel. 0471 725047, www.ovw-ritt.com

OSWALD-VON-WOLKENSTEIN-WOCHEN
In der Woche vor dem Wolkenstein-Ritt richten die Gastbetriebe unterm Schlern ihre Küche an den Themen des Ritters und Minnesängers aus, der das Leben liebte, gerne Gäste auf Schloss Hauenstein einlud und seine Lebensfreude vor allem literarisch zum Ausdruck brachte. Tel. 0471 706333

SOMMERFERIENSCHNITZKURSE
Die Kunstschule in **St. Ulrich** veranstaltet im Sommer dreitägige Kurse, in denen Kunstinteressierte unter fachkundiger Führung ihre Neigungen und Begabungen ausloten und entfalten können. Anmeldung und Infos: Tel. 0471 777600

VALGARDENAMUSIKA
Von Anfang Juli bis Mitte September bringen abwechselnd in **St. Ulrich**, **St. Christina** und **Wolkenstein** international renommierte Musiker und Ensembles klassische Musik dar.
Kartenvorverkauf und Programminfos: Tourismusverein St. Ulrich, Tel. 0471 777600, St. Christina, Tel. 0471 777800, Wolkenstein, Tel. 0471 777900,
www.valgardenamusika.com

STERZINGER JOGHURTTAGE
Im Juli kommt das Joghurt zu Ehren. **Sterzing** hat eine große Tradition in der Zubereitung dieses Milchprodukts, gleich zwei umsatzstarke Betriebe sind hier angesiedelt. Während der Spezialitätenwo-

Kinder in Grödner Tracht

chen preisen die Restaurants die unterschiedlichsten Joghurt-Speisen an; es werden geführte Wanderungen und Besichtigungen angeboten. Infos: Tel. 0472 765325

MÜHLBOCHA GOSSNKUCHL

Immer Mittwochs von Ende Juli bis Anfang September steht **Mühlbach** abends im Zeichen der einheimischen Küche. Genießen Sie in den malerischen Dorfgassen Leckerbissen wie „Tirtlan", „Valler Struzen", Rippchen, Nudel- und Knödelgerichte u.a. Leckeres mehr. Handwerker zeigen ihr Können, Folkloregruppen tanzen und Musikanten spielen auf.

GRÖDEN IN TRACHT

Eine Riesenfolkloreschau, die am ersten Wochenende im August abwechselnd in **St. Ulrich**, **St. Christina** und **Wolkenstein** stattfindet. Beim größten Fest im Tal sind rund 600 Leute in Grödner Tracht dabei, wenn am Sonntagnachmittag ab halb drei Uhr geschmückte Festwagen durchs Dorf ziehen. Besonders schön die auffällige Kopfbedeckung der Frauen. Junge Mädchen tragen ein prachtvolles, glitzerndes Diadem, Frauen mittleren Alters einen breitkrempigen Hut und die älteren Frauen einen hohen, dunklen Wollspitzhut. Infos im Tourismusbüro, Tel. 0471 777777

SPECKFEST IN VILLNÖSS

Am ersten Wochenende im Oktober zeigt sich in **Villnöss** der Speck von seiner schönsten Seite: Speck-Spezialitäten, Krönung der Speckkönigin, Enthüllung eines Speck-Highlights und die Showeinlage des Speckschneideweltmeisters sorgen das ganze Wochenende für würzige Momente. Infos: Tel. 0472 840180.

BRIXNER ALTSTADTFEST

Das Stadtfest findet an geraden Jahren Ende August statt. Drei Tage lang steht Brixens Altstadt Kopf. Rund 50 Vereine bauen im Zentrum ihre Stände auf und bieten ein vielfältiges kulinarisches, musikalisches und kulturelles Programm. Originalität ist Trumpf, keiner muss traurig, hungrig oder durstig bleiben.

ÄGIDI-BROT ❶

Am ersten September, dem Ägiditag, wird in **Raas**, einem Dörfchen auf der Hochfläche nördlich von Brixen, die Verteilung des Ägidi-Brots gefeiert. In früheren Zeiten buken die Bauern das Brot zum Verteilen, heute übernimmt das die Freiwillige Feuerwehr. Beim Zwölfuhrläuten wird die Kirche zugesperrt, jeder der anwesenden Gläubigen erhält nach der Messfeier und dem Rosenkranzbeten ein Gebäck, was übrig bleibt, bekommen die Zaungäste vor der Kirche.

GRÖDNER SKULPTURENMESSE

Am ersten Wochenende im September demonstrieren Grödner Bildhauer, Fassmaler und Vergolder, die sich der Herstellung von Einzelstücken verschrieben haben, ihr zum Teil hervorragendes Können. Im Tenniszentrum von **St. Ulrich**, Infos: Tel. 339 1792227, www.arsunika.org

GASSLFEST

An ungeraden Jahren im September feiert man in **Klausen** das „Gasslfest". Nicht nur für Essen und Trinken ist reichlich gesorgt, sondern auch für Unterhaltung, Musik und Tanz. Im Mittelpunkt stehen die Handwerker, die ihr meisterliches Können in kleinen Ständen oder in Gewölben entlang der Gasse demonstrieren.

KUCHLKIRCHTIG

Bereits zur Tradition ist in **Brixen** der „Kuchlkirchtig" geworden, eine geführte ganztägige Wanderung jeden Dienstag, Donnerstag und Freitag im Oktober, die in der Altstadt mit einer Suppe beginnt und mit Musik in einem Gasthof in der Brixner Umgebung endet. Eine Mordsgaudi, bei der viele Einheimische mitmachen. Infos: Tel. 0472 836401

SUNNSEITN-APFELWOCHEN

Auf dem Hochplateau von **Natz-Schabs** gedeihen die Äpfel besonders gut, nahe liegend, dass man alljährlich von Anfang bis Mitte Oktober die Apfelwochen organisiert: Kulinarisches rund um den Apfel dominiert die Speisekarten in den Gasthäusern; Höhepunkt ist das große Apfelfest mit Festumzug und der Krönung der Apfelkönigin. Infos: Tel. 0472 412050

BLÄTTERMARKT „SEGRA SACUN" ❗

Anfang Oktober wird in **St. Ulrich** ein Krämermarkt abgehalten, der mit einem alten Brautwerbe-Ritus verbunden ist: Auf dem Blättermarkt kauft der „Heiratswillige" eine Birne, ziert sie mit einer Schleife und bringt sie seiner Auserwählten. Verzwickt wird das Ritual, weil die Angebetete, die das Werben akzeptiert, ein halbes Jahr später, zu Ostern, ihrem Schatz Ostereier kochen, verzieren und schenken muss. Wehe dem, der diese nicht abholt, also die ehedem Auserwählte verschmäht ... Es ist nicht ganz einfach, solche Bräuche in unserer schnelllebigen Zeit aufrechtzuerhalten.

Grödner Holzschnitzerin

Beim Kastaniensammeln

„VÖLSER KUCHLKASTL"

Den ganzen Oktober über servieren die **Völser** Gastbetriebe, vom Viersternehaus bis zur Pizzeria, exquisite Gerichte heimischer Bauernküche, darunter Wild- und Fischgerichte.

KESCHTNIGL-FEST 🍏

Die stachelige Fruchthülle der Kastanie heißt im Volksmund „Keschtnigl", eben Kastanienigel. Unter diesem Motto bieten die **Feldthurner** Anfang November ein abwechslungsreiches Programm und laden zum stacheligen Bankett. Infos: Tel. 0472 855290

FIS-SKI-WORLDCUP

Seit über 30 Jahren finden am zweiten Wochenende im Dezember auf der Saslong-Piste in **Wolkenstein** in Gröden Ski-Weltcuprennen statt. Jeder, der im Skisport Rang und Namen hat, gegenwärtige und verflossene Sport- und Showbusiness-Größen und alle, die sich gerne im Rampenlicht sonnen, sind auf den Pisten, den Tribünen, im Zielraum oder in den Vip-Zelten anzutreffen.

WEIHNACHTSMARKT

In der Adventszeit bauen die Kaufleute von **Brixen** und Sterzing am Domplatz bzw. am Stadtplatz einen Adventsmarkt auf. Der Markt in Brixen steht unter dem Motto „Kunst und Geschichte", die alte Bischofsstadt gibt die historische Kulisse ab. **Sterzing** hat für den Weihnachtsmarkt das Thema „Erlebnis Bergwerk" gewählt, erinnert doch vieles in dem einstigen Bergbaustädtchen an diese längst vergangene, glorreiche Zeit.

SILVESTERPARTY

Das neue Jahr wird in **St. Ulrich** in Gröden auf dem Antoniusplatz mit einer rauschenden Silversterparty begrüßt. Einheimische und Touristen feiern ausgelassen mit Glühwein, Sekt und einem Riesenfeuerwerk. Infos: Tel. 0471 796328

FREIZEIT IM SOMMER

BADEN

🌞 **Sterzing.** Freibad mit großer Liegewiese, Planschbecken und Bar. Infos: Tel. 0472 765044

🌞 **Vahrner See.** Kleiner, sympathischer Weiher, nahe der Autobahnausfahrt Brixen-Pustertal. Gasthof „Zum See" in der Nähe, Tel. 0472 832169

🌞 **Brixen.** „Acquarena" bietet laut Eigenwerbung den schönsten Wasserspaß der Alpen! Großes Freibad und nagelneues Hallenbad mit Riesenrutsche; Saunalandschaft, Wellness-Bereich, Bar, Restaurant, Konditorei u. v. a. m. Tel. 0472 823670, www.acquarena.com

🌞 **Freibad Klausen.** Neue Anlage mit Sprudelbad, Wasserspielen, Riesenrutsche, Bar-Café und Restaurant. Abends oft Live-Musik, Beach-Partys, Vollmondschwimmen. Tel. 0472 846126

🌞 **Völser Weiher.** Romantischer Waldsee oberhalb von Völs; am Ostufer hölzerne Liegestege. Bootsverleih beim Gasthaus Völser Weiher, einer an Sonn- und Feiertagen stark besuchten Wirtschaft mit Gastgarten.

GOLF

🌞 Gepflegter 7-Loch-Platz südwestlich von **Sterzing**, in der Talebene nahe Schloss Reifenstein. Tel. 0472 765325

🌞 Driving-Range beim Café-Restaurant Gerard, kurz vor dem **Grödner Joch**. Tel. 0471 795274

🌞 Alpin Golf (9-Loch-Anlage) beim Hotel Alpenroyal in **Wolkenstein** in Gröden. Tel. 0471 795178

🌞 Golfschule und Trainingscamp mit Übungsplatz beim Hotel Alpenflora in **Kastelruth**. Tel. 0471 706326

🌞 18-Loch-Golfplatz bei **Kastelruth**, Tel. 0471 708708, www.golfkastelruth.it

KEGELN

🌞 Testen Sie die Naturkegelbahn beim Hotel Sonklarhof neben der Kirche in **Ridnaun**! Tel. 0472 656212

🌞 Im Gemeindepark von **Wiesen-Pfitsch** ist eine Boccia-Bahn angelegt. Tel. 0472 765435

🌞 Eine vollautomatische Kegelbahn gibt es im Vereinshaus **Vahrn**, in der Bar Voitsberg, Tel. 0472 832 348

🌞 In **Brixen**: Vollautomatische Kegelbahn, Diskokegeln mit Lichteffekten und DJ in der Acquarena, Tel. 0472 262510, www.acquarena.com

🌞 In **Wolkenstein** gibt's im Tenniscenter neben vielen anderen Sportmöglichkeiten auch mehrere automatische Kegelbahnen. Tel. 0471 794247

PARAGLEITEN, DRACHENFLIEGEN, SEGELFLIEGEN

Frei wie ein Vogel über Wälder, Wiesen und Berge zu fliegen, kann zum unvergesslichen Erlebnis werden. Wenn Sie selbst keine Flugprofis sind, aber gerne mal mutig abheben möchten, nehmen Sie geprüfte Lehrer huckepack mit in die Lüfte. Im Talkessel von **Sterzing** sind das Gelände und die Thermik günstig.

🌞 Paragleiten: Infos über Flüge und Kurse bei Florian Kaufmann, Tel. 0472 656428, Josef Kruselburger, Tel. 0472 656375, Gabriel Rainer, Tel. 0472 656238, Max Röck, Tel. 349 4590608, oder Manfred Volgger, Tel. 0472 656209.

🌞 Auch dem Segelfliegen kann man in Sterzing frönen, mit Start- und Landeplatz am kleinen Feldflugplatz im Süden der Stadt nahe der Autobahn, gestartet wird mit einer Winde. Keine Passagierflüge. Für Auskünfte wendet man sich am besten an Mirko Baldessari von der Segelfluggruppe Sterzing. Tel. 0472 765064

🌞 In **Spinges** hilft Harald Mair mit Fachwissen in Sachen Paragleiten weiter, Tel. 349 8728092

🌞 Markus Knapp vom Millander Hof in **Brixen** organisiert Kurse für Drachenfliegen und Paragleiten sowie Tandemflüge. Tel. 0472 833834 oder bei Joe Oberrauch, Tel. 348 3109479

Radtour bei Brixen

🐦 **Gröden.** Gute Startplätze gibt's an den Bergstationen der Bahnen – auf der Secëda, Ciampinoi, Mont Sëura, Raschötz oder der Seiser Alm – und nach dem Aufstieg auf den Monte Piz, Stevia oder Plattkofel. Infos bei Parapendio-Club Ghërdeina, Tel. 339 6709659, www.parapendio-gardena.com, oder bei Fly2, dem Zusammenschluss einer Truppe Flugbegeisterter vorwiegend aus Gröden, Tel. 335 5716500, www.fly2.info

🐦 Beliebter Startplatz ist der Spitzbühel, bei der Bergstation des gleichnamigen Lifts auf der **Seiser Alm**. Im Sommer, bei schönem Wetter mit warmen Aufwinden und idealer Thermik, sind Flugfanatiker in Scharen auf der Kuppe versammelt, stellen ihr Gerät zusammen und fachsimpeln. Infos: Hubert Tirler, Tel. 339 1069485, oder Hotel Gstatsch, Tel. 0471 727908, bzw. www.energy-fly.com

RADWANDERN, MOUNTAINBIKEN

🐦 **Grenzwege am Brenner.** Die alten Militärstraßen am Brenner sind ideal für Mountainbike-Touren. Ab Gossensass fährt man Richtung Pflersch, nach 2 km geht es rechts Richtung Giggelberg und in Serpentinen hinauf zur Staatsgrenze (Sandjöchl). Dann dem Grenzkamm entlang mehrere Kilometer nordwärts zum Kreuzjoch, ab hier hinunter zur Wechselalm und wieder zurück zum Ausgangspunkt. 36 km, 1200 Höhenmeter, mittelschwere Tour.

🐦 **Sterzing-Mareit und retour.** 👫 Ein kleiner Radausflug auf ebener, beschilderter Strecke: Sie starten im Talgrund nördlich vom Ridnaunbach und fahren, an den Häusern von Ackern vorbei, auf wenig frequentierten Güterwegen über Wiesen und durch Felder nach Mareit. 16 km, 80 Höhenmeter, leichte Tour.

🐦 **Auf einen Aussichtsberg bei Sterzing.** Ausgangspunkt ist Feienfeld-Trens, von dort geht es hinauf nach Partinges, weiter zur frei stehenden Lichtung Gschließegg, dann abwärts und oberhalb von Schloss Sprechenstein vorbei um den Berg herum nach Wiesen. Rückfahrt im Talgrund. 20 km, 630 Höhenmeter, mittelschwere Tour.

🐦 **Almenrunde oberhalb von Rodeneck.** Mit dem Auto von Rodeneck zum Parkplatz auf der Alm, nun per Rad auf dem Forstweg zur aussichtsreichen Rastnerhütte (1931 m), weiter zur Moosalm (1801 m) und westwärts nach Forstgarten (1460 m). Hier nochmals kurze Steigung, um zum Parkplatz zurückzukehren. Mehrere Einkehrmöglichkeiten. 19 km, 580 Höhenmeter, leichte Tour. (Mapgraphic Wanderkarte Nr. 33)

🐦 **Am Eisackufer entlang.** 👫 Eine gemütliche, auch für Kinder geeignete Radpartie beginnt in Brixen und führt am linken Eisackufer entlang – landschaftlich reizvoll durch Auwald, über Wiesen und vorbei an Obstanlagen, nach Albeins und auf der gegenüberliegenden Uferseite zurück. 14 km, kaum Höhenunterschied, leichte Tour. Teiletappe der Radroute Brenner–Bozen und Teilstück des interregionalen Radwegs von München nach Verona.

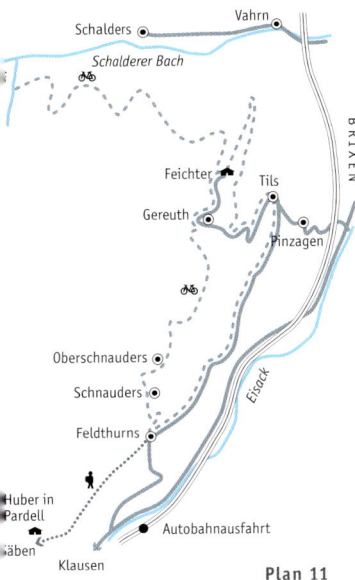

🚲 **Auf die Höhen oberhalb von Brixen.** Mit dem Auto von Brixen nach Pinzagen, Tils und weiter zum Feichterhof (9 km). Von hier mit dem Rad auf gutem Forstweg 7 km über das Masitter Jöchl, immer der Markierung 13 folgend, bis zum Ende der Forststraße am Weiherbach. In der Wiese, wenig oberhalb des „Radparkplatzes", finden Sie einen Picknickplatz am kühlen Bach. Rückfahrt auf demselben Weg. 16 km, 250 Höhenmeter, leichte Tour. (Vgl. Plan 11; Mapgraphic Wanderkarte Nr. 12 – mit Radwanderwegen)

🚲 **Unterwegs zwischen Brixen und Feldthurns.** Start in Tils oberhalb von Brixen, südwärts auf der Straße bis Feldthurns, Anstieg nach Schnauders und weiter nach Oberschnauders. Auf Weg 9 nach Stilums und durch Wald, den Bärengraben querend, nach Gereuth. Hinauf zum Feichterhof auf 1362 m mit schönem Ausblick. Von hier auf Weg 6 nordwärts etwa 1 km bis zu einer Kreuzung mit einem Forstweg, hier rechts ab und südwärts zurück durch den Wald nach Tils. 12 km, 500 Höhenmeter, leichte Tour. (Vgl. Plan 11; Mapgraphic Wanderkarte Nr. 12 – mit Radwanderwegen)

🚲 **Die Seiser Alm für Genießer.** Von St. Christina zum Monte Pana, dann auf Weg 3 zum Cunfinboden und weiter nach Saltria. Vom Parkplatz bei Saltria auf Weg 8 den Bach entlang durch das Jendertal zurück nach St. Christina. 18 km, 400 Höhenmeter, mittelschwere Tour. (Vgl. Plan 12, S. 211; Mapgraphic Wanderkarte Nr. 11 – mit Radwanderwegen)

🚲 **Zum Aussichtsbalkon am Fuß des Schlern.** Ausgangspunkt ist Ums bei

---

Radverleih

🚲 **Gossensass:** Sport Wurzer, Tel. 0472 632420

🚲 Leihräder und Tipps für Touren gibt's bei Walter's Radlklinik in Sterzing. Tel. 0472 766801

🚲 **Meransen:** Rentasport Gitschberg, an der Talstation der Kabinenbahn. Tel. 0472 522045, www.rentasport-gitschberg.com

🚲 **Brixen:** beim Erlebnisbad Acquarena, Tel. 0472 823670

🚲 Räder erhalten Sie außerdem bei Gardena Mountain Adventures beim Tenniscenter in **Wolkenstein**, Tel. 0471 794247.

🚲 Radverleih bei „Rino und Klaus" von Klaus Malsiner in **St. Christina** in Gröden. Tel. 0471 793350

Völs. Ca. 1 km auf der Straße Richtung Völs, in einer Kurve nahe dem Schlernbach rechts ab und auf der Forststraße bergauf zum Hofer Alpl, weiter zur nahen, aussichtsreichen Tuffalm, zwei bewirtschafteten Hütten. Von dort auf dem Forstweg hinab zum Völser Weiher, auf Weg 2 wieder zum Schlernbach und der Markierung U folgend zurück nach Ums. 14 km, 430 Höhenmeter, mittelschwere Tour. (Mapgraphic Wanderkarte Nr. 11)

REITEN

☞ Über ein Dutzend sanfter Haflinger-Pferde stehen im Stall des Taljörgelehofs in **Ridnaun**. Langweilig wird ihnen bei dem Angebot nicht: Reitkurse, Tages- und Halbtagesritte mit geschulter Begleitung, Kutsch- und Schlittenfahrten. Tel. 0472 656225

☞ Das Garni Hohental in **Ratschings**, **Pardaun**, organisiert Kutschfahrten, im Winter Schlittenfahrten. Tel. 0472 756658

☞ Über eine Reithalle und einen Reitplatz im Freien verfügt der Reitstall Wiesenhof in **Wiesen**. Peter Hochrainer bietet Reitkurse an, aber keine Ausritte. Tel. 0472 764597

☞ In der Nähe der Autobahn-Servicestation „Sadobre" bei **Sterzing** liegt der Reitstall Thumburg, ausgestattet mit Koppel, Reithalle und eigenem Turnierplatz; therapeutisches Reiten im Angebot. Tel. 0472 766667, www.thumburg.it

☞ Im Sommer bekommen Sie Pferde zum Ausreiten in **Lüsen** bei der Pension Herolerhof. Tel. 0472 413770

☞ In **Sarns** bei Brixen führt Kurt Überegger eine Reitschule; auch Ausritte möglich. Tel. 335 6288866

☞ Einzelstunden, Ausritte und Pferdetrekking bietet die Reitschule Pozzamanigoni in **Wolkenstein** in Gröden an. Tel. 0471 794138

☞ Die Reitschule Monte Pana in **St. Christina** bietet sommers und winters Unterricht, Ausflüge und auch eine Pferdepension. Tel. 348 9290027, www.maneggio-montepana.com

☞ In **Kastelruth** stehen beim Oberlanzinerhof schöne Pferde bereit, Tel. 0471 706575

☞ Ponyreiten, Reiterspiele, Kutschfahrten und Sulkyfahrten hat der Gstatschhof, der sich auf einem Panoramaplatz hoch über **Seis** ausbreitet, im Programm. Tel. 0471 727814, www.gstatschhof.com

☞ Auf der **Seiser Alm** liegt der Reitstall Trocker (Richtung Eurotel, Pension Anemone) – ideal für Ausritte auf dem Almplateau. Tel. 0471 727807

TENNIS

☞ Tennisplätze und eine Tennishalle befinden sich in der Sportzone von **Sterzing**. Tel. 335 1809250

☞ In **Brixen** sind die Tennisplätze mit Flutlicht ausgestattet, im Winter wird in Hallen gespielt; Tennisbar, Tennislehrer. Tel. 0472 835133

☞ Angeschlossen an die Tennishalle finden Sie in **Wolkenstein**, Ciampinei-Str. 18, auch Billardtische und Kegelbahnen. Tel. 0471 794247

☞ Sportfreaks sollten nach **St. Ulrich**: Tennishalle mit Schiebedach, Sandplätze im Freien, Squash-Courts, Billardtische, Fitnesshalle, Pizzeria, Bar mit Terrasse. Tel. 0471 797275

☞ Auch in **Telfen** zwischen Seis und Kastelruth gibt's eine Tennishalle. Tel. 0471 705090

☞ Mehrere Tennisplätze in schönster Panoramalage, mit angeschlossener Bar und großer Sonnenterrasse sowie einem Kinderspielplatz, befinden sich in **Völs**.

WANDERN

Die große Schneebergtour. Die Bergbauwelt Ridnaun-Schneeberg organisiert Tagestouren in die hochalpine Welt des Schneebergs, wo man bis vor wenigen Jahren unter Tage noch Erz abbaute. Ausgangspunkt in Ridnaun, Maiern, mit einem Kleinbus geht's hinauf zum verfallenen Poschhaus auf 2112 m, dann wandern Sie auf Weg 28 weiter zum 2700 m hohen Kaindljoch (Schneebergscharte). Abstieg zum ehemaligen Knappendorf St. Martin auf 2355 m. Hier gibt's Gelegenheit eine Ausstellung zu besichtigen und alte Stollen in Bergmannsausrüstung zu erforschen (Stiefel, Jacke, Helm und Stirnlampe werden gestellt), Fahrt mit der Grubenbahn. Rückkehr auf dem Lehrpfad entlang der Förderanlage. Dauer 10 Stunden, Infos und Vormerkung: Tel. 0472 656364, www.ridnaun-schneeberg.it

Dolomieu-Weg. Der Lehrpfad verbindet sechs urige Almen und führt vom Rosskopf über die Kuh- und Ochsenalm Richtung Ladurns bis zur Allriss-Alm im Talschluss von Pflersch. Dabei kommt der Wanderer der Geologie, Tier- und Pflanzenwelt des Südtiroler Eisacktals auf die Spur. Benannt ist der Weg nach dem französischen Wissenschaftler und Abenteurer Déodat de Dolomieu, der in Pflersch das nach ihm benannte Gestein „Dolomit" entdeckte. Gehzeit: ca. 3–5 Stunden, für Familien geeignet, Infos: Tel. 0472 765325

Der Törggelesteig bei Neustift. Eine Wanderung für den Herbst: durch Weingüter, Obstgärten, lichte Föhrenwälder zu vier (!) Törggele-Gasthäusern nördlich von Brixen. Der Steig ist durchwegs blau-weiß und mit einem T markiert. Ausgangspunkt ist der Brückenwirt in Neustift. Von hier wandern Sie zum Alten Pacher, wo Sie zum ersten Mal einkehren sollten, der Steig führt dann nordwärts, ansteigend, durch Reben und Mischwald zum Strasser (zweite Einkehrmöglichkeit). Von hier geht es – schon recht beschwingt – abwärts, die Pustertaler Straße querend, über die Riggertalbrücke über den Eisack, zum Vorderrigger (dritte Station). Sobald die allgemeine Heiterkeit auf ihren Höhepunkt zusteuert, sind Sie auch schon an der Aussichtsstelle beim Bildstock des Punterhofs, durch Wald und Felder gelangen Sie zur letzten Rast, dem Grießer. Über die überdachte Holzbrücke zurück zum Brückenwirt. Gehzeit ca. 3 Stunden, 150 m Höhenunterschied. (Mapgraphic Wanderkarte Nr. 12)

Almenwanderung mit Dolomitenblick. Die Lüsner Alm ist ein sonniges und aussichtsreiches Gelände im Nordosten von Brixen, der Höhenrücken trennt das Brixner Becken vom Pustertal. Ausgangspunkt ist der Parkplatz oberhalb des Weilers Flitt im hinteren Lüsner Tal auf etwa 1700 m. Weg 2 führt zuerst durch Hochwald, dann über Bergwiesen zur Genaider Alm und weiter zum Jakobstöckl, einer Bergkapelle auf 2026 m.

Gilfenklamm

Am Eingang des **Ratschingstals** hat der Bach eine enge Schlucht in das Gestein gegraben. Es ist weißer Marmor und die Gilfenklamm die einzige Marmorschlucht Europas. Der Österreichische Alpenverein hat vor über 100 Jahren einen spektakulären Fußweg durch die Klamm angelegt. Der Einstieg liegt im Wald hinter dem Gasthaus Gilfenklamm in Stange. Treppengänge und Brücken überwinden die 175 Höhenmeter bis zum Ausstieg an der Ratschingser Straße, beim Gasthaus Jaufensteg. Die Wege sind gut gesichert, vor allem Kinder sind vom Schauspiel, das der tosende Bach bietet, beeindruckt. Rückweg über den Weiler Pardaun (Weg 13), oder auf Weg 11B, vorbei an der Ruine Reifenegg. Gehzeit 1–2 Stunden.

Jetzt westwärts – immer mit schönster Aussicht zu den Dolomiten und den Bergriesen des Alpenhauptkammes – über den Bergrücken zum Campiller Berg, mit 2190 m dem höchsten Punkt der Wanderung. Nun abwärts zur Einkehrstation Kreuzwiesenhütte, die auf einer herrlichen, ebenen Wiese liegt, von hier auf Weg 2A zurück zum Parklatz. Gehzeit 4–5 Stunden, 540 m Höhenunterschied. (Mapgraphic Wanderkarte Nr. 12)

☞ **Burkhartsklamm**: Geheimnisvolle Felsenschluchten und lustige Wasserspiele öffnen sich im Talschluss von Ridnaun. Ab Maiern führt ein Steig zu zwei imposanten Wasserfällen. Früher als Trägersteig für die umliegenden Schutzhütten genutzt, verfielen die Wege und Brücken in der Zeit des Ersten Weltkriegs. Heute führt ein Panoramaweg über Holzbrücken durch schattige Nadelwälder und die Stille des Waldes hin zur Klamm. Fast scheinen die zwei imposanten Wasserfälle dem Wanderer entgegenzustürzen. Ausgangspunkt: Bergwerkmuseum Schneeberg in Maiern, Gehzeit: 45 Minuten, Markierung: Nr. 9, 279 Höhenmeter, einfach und problemlos, für Familien geeignet.

☞ **Wandern auf dem Keschtnweg**. Zu Ehren der prächtigen, ausladenden und zum Teil jahrhundertealten Kastanienbäume, die das Eisacktaler Mittelgebirge prägen, wurde von Vahrn bis auf den Ritten ein Wanderweg ausgeschildert. Die ganze Strecke beträgt rund 60 km, also drei Tagesetappen. Eines der schönsten Teilstücke ist wohl jenes von Feldthurns (Ausgangspunkt St.-Antonius-Kirchlein) nach Pardell oberhalb von Klausen. Der Weg zieht sich eben durch Wald, über Wiesen und an Feldern vorbei zum alten Bauernansitz Moar zu Viersch (Einkehr) und weiter zum Huber in Pardell, einem viel besuchten, aber immer noch ursprünglichen Berggasthof. Schönste Ausblicke auf das Eisacktal und die gegenüberliegenden Dolomiten! Zurück auf demselben Weg. Gehzeit 2$^{1}/_{2}$ Stunden, 150 m Höhenunterschied. Von Ende Oktober bis Anfang November finden übrigens die Eisacktaler Kastanienwochen statt, in deren Rahmen eine Reihe von Gastbetrieben Kastanien-Spezialitäten auftischt! (Vgl. Plan 11, S. 207; Mapgraphic Wanderkarte Nr. 12)

☞ **Zur Akropolis von Klausen**. Eine lohnende Wanderung führt von Klausen auf den Klosterhügel von Säben. Den Wallfahrtsweg erreicht man von der Stadtgasse aus; er führt auf der Südseite des Hügels durch Weinberge auf die Anhöhe. Hier zahlt sich der Abstecher auf Weg 1 nach Pardell zum bekannten Gasthof Huber aus (Gehzeit 45 Minuten). Als

Vahrn

WIPPTAL, EISACKTAL, GRÖDEN, SCHLERNGEBIET 211

> **Dunkle Abenteuer unter Tage**
>
> Der Bergbau begründete den Wohlstand des Städtchens Klausen und der umliegenden Dörfer. Jahrhundertelang – vermutlich schon in vorgeschichtlicher Zeit – wurde in der Gegend Erz abgebaut. Hunderte von Kilometern Stollen durchziehen die Berge im Thinnetal, am Pfunderer Berg und auf der Villanderer Alm – die meisten sind nach Heiligen benannt. Der Museumsverein Villanders hat in mühevoller Arbeit einen Teil des unglaublich weitläufigen, unterirdischen Stollennetzes gesichert und zugänglich gemacht; eine Erkundung des Bergwerks mit kundigen Führern ist ein abenteuerlicher Ausflug, ideal für trübe Tage. Mitzubringen sind festes Schuhwerk, Anorak und Taschenlampe. Im Stollen herrschen Temperaturen um 8 °C, die Luft ist feucht und sehr rein, also auch für Asthmatiker günstig. Der Ausflug (Di und Do um 10 Uhr, So um 14 Uhr, Gruppen auf Anfrage) dauert etwa 2½ Stunden. Vormerkungen beim Tourismusverein Villanders (Tel. 0472 843121).

Rückweg empfiehlt sich von Säben der promenadenartige Steig, der in vielen Serpentinen und nicht steil in die Stadt zurückführt. Gehzeit 1½–2 Stunden, 250 m Höhenunterschied. (Mapgraphic Wanderkarte Nr. 32)

Auf den Villanderer Berg. Zwischen Königsanger und Rittner Horn, mitten in den Sarntaler Alpen, ziehen sich weite Almen hin; die Höhenunterschiede zwischen den Bergkuppen sind gering, die Aussicht ist großartig, das Gelände vollkommen ungefährlich. Ein Wandervorschlag für zwei leichte, lohnende Gipfelstürme: Ausgangspunkt ist die Gasser Hütte auf 1744 m, die man über eine 8 km lange Straße ab Villanders erreicht. Der Wanderweg führt zunächst zum Totenkirchl, dann biegt ein Steig links hinüber zum Totensee auf 2208 m. Von hier steil, später mäßig steil hinauf zum Villandersberg (2509 m). Sich nach Südwesten wendend, erreicht man die Sarner Scharte, einen markanten Aussichtspunkt. Markierung 3 führt ostwärts zum Gasteiger Sattel; auf einem breiten Weg geht's wieder zur Gasser Hütte zurück. Gehzeit 5–6 Stunden, 600 m Höhenunterschied. (Mapgraphic Wanderkarte Nr. 32)

Zur Puezhütte in den Dolomiten. Stellvertretend für die Vielzahl der herrlichen Wege, die durch die Dolomiten führen, sei hier die leichte und lohnende Wanderung zur Puezhütte beschrieben. Von Wolkenstein fahren Sie mit der Gondelbahn von Dantercëppies zum Grödner Joch. Dann wandern Sie auf Steig 2 in ca. 2½ Stunden zur 2475 m hoch gelegenen Puezhütte – vorbei an der Jimmy-Hütte, über die Crespëina Hochfläche, wo der gleichnamige, türkisfarbene See liegt. Von der Puezhütte steigen Sie ins

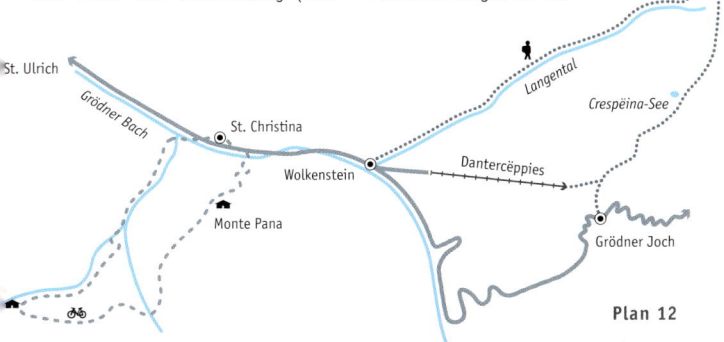

Plan 12

Plan 13

Langental ab und kehren auf Weg 14 nach Wolkenstein zurück. Viel begangene Wanderung, meiden Sie Feiertage und Mittsommertage! Gehzeit 4–5 Stunden, Aufstieg: 350 m, Abstieg: 850 m Höhenunterschied. (Vgl. Plan 12, S. 211; Mapgraphic Wanderkarte Nr. 22)

Gschnagenhartalm in Villnöss

Spazierweg ins Annatal. Ein kurzer, aber vor allem im Sommer angenehmer Spazierweg startet hinter der Kirche von St. Ulrich und führt unter der Seceda-Seilbahn hindurch, den Bach entlang in das kleine St.-Anna-Tal. Im Talgrund empfiehlt sich eine Einkehr im Café Annatal (Tel. 0471 798643): vorzügliche, hausgemachte Mehlspeisen. Gehzeit $\frac{1}{2}$ Stunde, 120 m Höhenunterschied. (Mapgraphic Wanderkarte Nr. 11 oder Nr. 22)

Auf dem alten Poststeig durchs Grödner Tal. Von St. Ulrich führt den Hang entlang talauswärts der früher viel begangene Poststeig; der mit P markierte, meist ebene Weg über Lajen nach Waidbruck ist besonders im Herbst schön, wenn nicht nur die Laubwälder in die schönsten Farben getaucht, sondern auch die Törggeleeinkehren im Lajener Ried für die Wanderer bestens gerüstet sind. Gehzeit 4–5 Stunden. (Mapgraphic Wanderkarte Nr. 11)

Von der Seiser Alm auf den Schlern. Die Wanderung zum Aussichtsbalkon der Dolomiten ist eine leichte und völlig unproblematische Gipfelbesteigung, der Schlern ist mehr ein breiter „Buckel" als ein Gipfel. Ausgangspunkt ist Compatsch auf der Seiser Alm. Ein gutes Stück Aufstieg erspart evtl. der Sessellift zum Spitzbühel; dann geht es über die Prossliner Schwaige oder die Saltner Hütte auf dem sogenannten Touristensteig hinauf zum Schlernhaus, einer schönen Schutzhütte mit guter Küche; sie ist auch ein guter Ausgangspunkt für Wanderungen ins Rosengartengebiet, zu Platt- und Langkofel. Die Kuppe des Monte Pez, des höchsten Punkts des Schlern auf 2564 m, ist nur 500 m vom Schlernhaus entfernt. In der Nähe, beim Burgstalleck, bricht der Fels senkrecht ab, beeindruckender Blick in die Tiefe; hier fand man Reste eines vorgeschichtlichen Brandopferplatzes. Aufstieg 2–3 Stunden, 800 m Höhenunterschied. (Vgl. Plan 13, Mapgraphic Wanderkarte Nr. 11)

WILDWASSER UND RAFTING

Der **Eisack** kann vom Stausee bei Franzensfeste, die **Rienz** ab dem Putzerhof bei Mühlbach bis Brixen befahren werden. Doch schon in Sterzing beginnen geführte Schlauchbootfahrten verschiedenen Schwierigkeitsgrades. Sogar Kinder und Senioren finden am nassen Ritt auf dem Eisack Gefallen. Infos über Strecken, Schwierigkeitsgrade, Wasserstand usw.: Robert Schifferle, Rafting-Sterzing, Tel. 0472 765660 oder Tel. 335 1370560

FREIZEIT IM WINTER

EIS LAUFEN

Ein Eisstadion mit Schlittschuhverleih und Bar, regelmäßige Disco-Abende, finden Sie in **Sterzing**, am Karl-Riedmann-Platz. Tel. 0472 766208

Eis laufen auf Natureis und Eisstockschießen können Sie beim Gasthof Zoll in **Sterzing**; Schlittschuhverleih. Infos: Tel. 0472 765651

Eine große Eissporthalle, die kaum Wünsche offen lässt, befindet sich in **Brixen-Süd**. Tel. 0472 836401

Naturnahen Eislauf vor idyllischer Landschaftskulisse praktiziert man in Vahrn bei der Kneippanlage und auf dem **Flötscher Weiher** auf der Hochfläche von Natz-Schabs, Tel. 0472 412120 (Hotel Seehof).

Modern und großzügig geht's wiederum in **Wolkenstein** zu: Im Eisstadion Pranives kann man auch im Sommer Schlittschuhlaufen, Eisstockschießen oder gar Eislauf-Unterricht nehmen, abends Discomusik; Bar, Schlittschuhverleih. Tel. 0471 794265

Am **Völser Weiher** wird ein kleiner Teil des zugefrorenen Sees den Eisläufern überlassen, auch Eisstockschießen ist erlaubt. Für den Eisstock- und Schlittschuhverleih sowie fürs Aufwärmen und das leibliche Wohl sorgt das Gasthaus Völser Weiher. Tel. 0471 725072

Abends gleiten Sie zu flotten Rhythmen und bei Beleuchtung auf dem Eislaufplatz Euringer Compatsch auf der **Seiser Alm** dahin. Tel. 0471 727906

LANGLAUF

Von **Gossensass** führt eine Loipe von 17 km Länge nach St. Anton am Pflerscher Talende

Schöne, leichte Loipen vor einmaliger Bergkulisse bietet **Pfitsch**.

Von **Ladurns** führt eine Loipe von 9 km nach St. Anton im Talschluss von Pflersch.

Das **Ridnauntal** ist nicht nur wegen des Loipennetzes von 25 km ein Treffpunkt für die nordischen Profis, sondern auch als Elite-Austragungsort internationaler Wettkämpfe im modernen Biathlon-Stadion bekannt.

Auf 1500 m Höhe verläuft eine schöne, 8 km lange Loipe vom Parkplatz Alt-

Aufstieg zum Königsanger

Gampen-
alm in
Villnöss

fasstal in **Meransen** ins romantische Altfasstal. Mehrere Einkehrmöglichkeiten an der Strecke; Ausrüstungsverleih und Skilehrer. Infos: Tel. 0472 520197

☞ Am **Würzjoch** finden Könner anspruchsvolle Loipen in schöner Umgebung – zwar mit umständlicher Anfahrt über Palmschoß, dafür ohne viel Rummel.

☞ Auf der **Rodenecker Alm** spurt man Loipen bis 14 km Länge. Einstieg beim Parkplatz Zumis oberhalb von Rodeneck.

☞ Das Mekka der Langläufer ist neben dem Pustertal die **Seiser Alm**. 70 km lange Loipen jeden Schwierigkeitsgrades für klassischen Langlauf und für Skatingstil. Skischule Compatsch, Tel. 0471 727909

☞ Monte Pana bei **St. Christina** ist ein empfehlenswertes Langlaufgebiet auf der Grödner Seite der Seiser Alm.

☞ Unglaublich idyllisch und beeindruckend ist Langlaufen im Langental bei **Wolkenstein**.

☞ Ein Langlaufparadies ist auch die **Villanderer Alm**: Es werden Rundloipen unterschiedlicher Länge gespurt, Ausgangspunkt ist die bewirtschaftete Gasser Hütte.

RODELN

☞ Eine 6,5 km lange Rodelbahn führt von der gemütlichen, an Wochenenden geöffneten Enzianhütte bei Zirog nach **Brennerbad**. Höhenunterschied 600 m! Tel. 0472 631224

☞ Beleuchtete, knapp 2 km lange Rodelstrecke ab Gasthaus Blosegg (Tel. 0472 659163) oberhalb von **Innerratschings**; Sessellift. Tel. 0472 659153

☞ Die beleuchtete, mittelschwere Rodelbahn Waldeben (mit Rodelverleih) befindet sich in **Jaufental**, bei Sterzing. Infos: Tel. 0472 756666

☞ In einer Stunde schafft man den Aufstieg vom Parkplatz im **Valser** Talschluss zur einmalig schönen Fane-Alm. Vor der 3 km langen, rasanten (beleuchteten) Abfahrt Hüttengaudi in einer der drei urigen Almwirtschaften. Tel. 0472 849467

☞ **Meransen** ist die Heimat der ehemaligen Rodelolympiasiegerin Erika Lechner – kein Wunder, dass hier der Rodelsport wichtig genommen wird. Es gibt sogar eine Kunsteisrodelbahn, die auch für das Publikum zugänglich ist; Rodelverleih. Infos: Tel. 0472 520166

> **Dolomiten-Ski-Safari** ⭐
>
> Für den, der schon alles zu kennen glaubt, hier ein Skiabenteuer der Extraklasse: Der Berg- und Skiführer Hermann Comploj aus **Wolkenstein** organisiert für kleine Gruppen eine Dolomiten-Ski-Safari, eine Durchquerung der Dolomiten auf Skiern. Der Aufstieg erfolgt mit Liften und Seilbahnen, die Abfahrt im Tiefschnee oder Firn; übernachtet wird auf Berghütten, für den Gepäcktransport ist gesorgt, kurze Strecken werden auch mit Taxi oder Bus überwunden. Mitzubringen sind gute Kondition und Fahrkönnen, tiefschneetaugliche Skier können auch ausgeliehen werden! Infos: Tel. 0471 794339, hermann.comploj@dnet.it

🛷 Rund 7 km Rodelgenuss sind es im hintersten **Villnösstal** vom Berggasthof Gampenalm über die Zanser Alm (hierher mit Auto bzw. sonntags auch Shuttlebus ab Ranui) hinunter zum Hotel Ranuimüllerhof (Tel. 0472 840182).

🛷 In **Feldthurns** finden Sie eine schöne, sonnige Bahn, die für Gruppen sogar gemietet werden kann. Start bei der Almwirtschaft „Brugger Schupfe" am Fuß des Königsanger, Ziel: der Parkplatz oberhalb von Garn. 1,5 km, eine knappe Stunde Aufstieg. Infos: Tel. 0471 855290

🛷 Rodelbahn von der Bergstation des Raschötzer Sessellifts bis zur Mittelstation. Beschneiungsanlage; Rodelverleih an der Talstation in **St. Ulrich**.

🛷 Eine Gaudi ist die Abfahrt von der Tuff-Alm auf 1274 m oberhalb von **Völs** zum Völser Weiher. 👫 Für Kleinkinder wird vor der Hütte ein Hügel mit Schnee aus der Kanone aufgeworfen. Rodelverleih, Hüttenabende mit Musik.

🛷 Auf der **Seiser Alm** gibt es mehrere tolle Rodelabfahrten, etwa von der Bergstation des Spitzbühellifts (Talstation etwas unterhalb von Compatsch) oder ab der Zallinger-Hütte, die mit dem Lift ab Saltria zu erreichen ist. Mondscheinrodeln können Sie ab dem Berggasthof Puflatsch (Abholdienst mit Pistenfahrzeug, Tel. 0471 727822), Hüttengaudi mit Fondue- oder Grillabenden inklusive.

SKI FAHREN

🎿 Im **Pflerscher Tal** liegt das kleine, familienfreundliche und schneesichere Skigebiet von Ladurns. Tel. 0472 770559

🎿 Eine Kabinenumlaufbahn ab **Sterzing** bringt Sie im Nu auf das gemütliche Skigebiet Rosskopf auf 2000 m Höhe. Infos: Tel. 0472 765521

🎿 Das größte und weitläufigste Skigebiet des oberen Eisacktals, mit Pisten für alle Ansprüche und Halfpipe für Snowboarder, befindet sich in **Ratschings**; Skibus. Infos: Tel. 0472 659153

🎿 In der Nähe von Mühlbach liegen zwei hübsche Skigebiete: Das kleine Jochtal im **Valser Tal**, Tel. 0472 547113, ist ein richtiges Familienskigebiet. Das gut ausgestattete Skigebiet **Meransen** hingegen hat zum Teil anspruchsvolle und steile Pisten. Tel. 0472 520322

🎿 Der Hausberg der **Brixner** ist die Plose, die Sie mit der Kabinen-Umlaufbahn ab St. Andrä erreichen. Das gut ausgestattete Skigebiet ist selten überlaufen, hat eine lange Talabfahrt und ein gutes Gelände für Snowboarder. Infos: Tel. 0472 200433

🎿 Mit dem Wintersport ist **Gröden** berühmt geworden. Mit fast 100 modernsten Aufstiegsanlagen ist es eines der besterschlossenen Gebiete der Alpen. Fantastisch ist die „Sella Ronda", ⭐ die Umrundung des gesamten Sellastocks, bei dem Sie alle Täler Ladiniens streifen, in einige sogar abfahren.

🎿 Auch auf der **Seiser Alm** 👫 dreht sich ein Skikarussell aus Sesselliften und Schleppliften. Ideal für Anfänger. Infos: Tel. 0471 706833

WELLNESS

HALLENBAD UND SAUNA

In der Sportzone **Sterzing** gibt's ein Hallenbad (Tel. 0472 765044) mit finnischer Sauna und allem drum herum. Informieren Sie sich, wann die gemischte und wann die Damensauna offen ist, unter der Nummer 0472 764406.

Eine öffentliche Sauna (finnisch-, Dampf- und Infrarotsauna) sowie Solarium und Whirlpool finden Sie im Hotel Zoll in **Sterzing**, Tel. 0472 765651.

„Acquarena" in **Brixen** verfügt über eine großzügige Wellness-Abteilung, Saunalandschaft und Hallenbad. Tel. 0472 823670, www.acquarena.com

Spaß und Sport erlebt man im Alpinpool in **Meransen** mit Bade- und Saunabereich, Erlebnis- und Whirlpool, Kinderbecken und bequemen Liegezonen. Tel. 0472 522522, www.alpinpool.it

Die Anlage „Mar Dolomit" in **St. Ulrich** beherbergt ein Hallenbad für alle Ansprüche: Erlebnisbad mit Rutsche, Kinderplanschbecken und Sole-Außenheißwasserbecken, Saunalandschaft und Solarium. Tel. 0472 797131, www.mardolomit.com

HEUBÄDER

Heubäder im Hotel Taljörgele, **Ridnaun**, Tel. 0472 656225, und im Hotel Alpenspitz, **Innerratschings**, Tel. 0472 659108.

Duner Heuschupfe im **Pfunderer Tal** (Tel. 0472 549246, www.duner-heuschupfe.com) oder Lindenhof in **Obervintl** (Tel. 0474 565053, www.vitalbad.it)

Ruhig und sonnig liegt das Alpenbadl Überfraunerhof in **Feldthurns, Schnauders**, mit Buschenschank, Ferienwohnungen, Sauna, Kneippkur – und Heubädern. Um seinen Gästen die richtige Kur angedeihen zu lassen, hat sich David Hofer speziell ausbilden lassen. Tel. 0472 855318

In Gröden bietet Helmuth Foppa in der Reziastr. 82 in **St. Ulrich** neben Physiotherapie und Solarium auch Heubäder an. Tel. 0471 798455

Das Vigiler Heubadl beim Verleierhof in **Seis, St. Vigil**, ist ein gemütliches, rustikales Badehaus mit 18 Heubetten sowie Dusch- und Ruheraum. Das Heu stammt von der hofeigenen Almwiese auf etwa 2000 m. Frau Mayrl ist eine erfahrene Heu-Bademeisterin. Für das leibliche Wohl wird im hofeigenen Buschenschank gesorgt, mit Eigenbauwein, Speck, Butter und Gemüse. Tel. 0471 707143

Das Hotel Heubad in Völs, ein Hotel der gehobenen Klasse, blickt auf eine fast hundertjährige Heubad-Tradition zurück. Wer außer für seine Gesundheit auch noch was für die Schönheit tun will, dem empfiehlt sich ein Besuch der Kosmetik-Beauty-Abteilung. Tel. 0471 725020

Baden im Heu

Bereits um die Jahrhundertwende bot man in **Völs** Heubäder an. Dabei wird eine Wanne mit dem würzigen, von vielen Blumen und Kräutern durchsetzten Heu der Seiser Alm gefüllt. Sie legen sich in die vorgeformte, mit einem Tuch bedeckte Grube und werden bis zum Hals mit Heu zugedeckt. Nach einiger Zeit kommen Sie gehörig ins Schwitzen, das Heu dampft förmlich, Ihr Kreislauf und Stoffwechsel kommen in Schwung. Anschließend wird Bettruhe verordnet, um „nachzuschwitzen". So eine Kur lindert angeblich viele Beschwerden – und wenn nicht, duftet das Bad wenigstens herrlich nach Feld und Wiesen.

Treffpunkt Niemandsland und Zarathustra

Auf einer Alm hoch über dem **Brenner** hat der Künstler Peter Kaser die wohl originellste Bibliothek Südtirols angelegt. Im Rahmen eines Künstlerprojekts zum Thema Niemandsland haben dafür namhafte Dichter und Philosophen aus aller Welt Werke gestiftet oder empfohlen. In einer winzigen Hütte, die früher Hirten und Wanderern als Unterschlupf diente, stehen nun etwa hundert Bücher in den Regalen. Wer auf dieser Alm auf über 2000 m schmökern und philosophieren möchte, kann in einer Kneipe am Brenner den Schlüssel zur Hütte holen und sich kostenlos einquartieren. Doch lassen Sie es sich gesagt sein: Die Ausstattung ist spartanisch – ein Bett ohne Matratze, ein Stuhl, ein Tischchen und ein verrosteter Ofen. Toiletten sind nicht vorhanden, es wird empfohlen sich für dringende Geschäfte möglichst weit von der Hütte zu entfernen. Auf der Haben-Seite: eine Decke, ein Feuerzeug, eine Pfanne, ein Flaschenöffner, ein Messer, eine Tasse – und absolute Einsamkeit. Schlafsack, Kerze, Taschenlampe und Verpflegung sind mitzubringen, außerdem viel Gelassenheit. Gehzeit ca. 2 Stunden auf gutem, breitem Weg, 800 m Höhenunterschied. Vor dem „Urlaub" am besten bei Peter Kaser anrufen, Tel. 0472 632561.

KNEIPPANLAGEN

Am Bachrand inmitten von Wiesen hat die Gemeinde **Wiesen-Pfitsch** eine großzügige Freizeitanlage errichtet, deren Hauptanziehungspunkt die Kneippanlage ist. Mit hochgekrempelten Hosen und angehobenen Röcken waten im Sommer Jung und Alt durch das umgeleitete Bächlein.

In einem Waldstück bei **Vahrn** befindet sich eine Wassertretanlage mit eiskaltem Wasser aus dem Schalderer Bach. Wer die Kneipp-Kur ernsthaft betreiben will, findet auf einer Tafel fachliche Anweisungen. Im Sommer ist der Andrang beträchtlich – so viele Fußkranke, wie dort Menschen sind, kann es gar nicht geben. Eine Liegewiese, ein großzügiger Kinderspielplatz, Tische, Bänke, Brunnen laden zum längeren Verweilen ein.

Seit über 100 Jahren bietet das Kurhaus Guggenberg in **Brixen** in schöner Atmosphäre Kneippkuren und physikalisch-diätetische Therapien an. Der Gründer des Hauses hat noch bei Pfarrer Kneipp höchstpersönlich die Heilmethoden erlernt! Tel. 0472 835525

ÜBERNACHTEN

PFITSCHERHOF * ö
Der gemütliche Familienbetrieb liegt in der ländlichen Idylle des abgeschiedenen **Pfitscher Tals**, ist aber dank der nahen Autobahnausfahrt Sterzing bequem zu erreichen. Ehrliche Hausmannskost, gut sortierte Weinkarte, köstliche Kuchen und Krapfen. Im Winter ideal an der Langlaufloipe gelegen. Tel. 0472 630115, www.pfitscherhof.it

Hotel Stafler in Mauls

ROMANTIK-HOTEL STAFLER * * * * ö ö ö
Tradition verpflichtet im Viersternehaus in **Mauls**: Hervorragendes Restaurant, Hallenbad, Sauna, großer Park, Tennisplätze, Parkgarage, eigene Landwirtschaft. Tel. 0472 771136, www.stafler.com

WIESER * * * ö ö
Das alte Dorfgasthaus in **Freienfeld**, **Stilfes**, wurde stilvoll umgebaut und bietet viel Komfort. Gutes Restaurant. Tel. 0472 647116, www.hotel-wieser.it

ANSITZ KANDLBURG * * * ö ö
Der Ansitz im Ortszentrum von **Mühlbach** war einst Gerichtssitz der Grafen von Wolkenstein. Die wunderschönen, antik möblierten Räume, die individuell eingerichteten Zimmer und die Restaurantstuben verströmen noch heute Burgenromantik; Parkgarage. Tel. 0472 849792, www.kandlburg.com

ELEPHANT * * * * ö ö ö ♣
Traditionsreiches Hotel in **Brixen** mit wichtigen Namen im Gästebuch. Historisches Mobiliar in mehreren Stuben und Sälen. Feine internationale Küche, Produkte aus eigener Landwirtschaft. Tennisplätze, Sauna, Freischwimmbad mit Liegewiese, Park, Parkgarage, angeschlossene Gärtnerei. Weißlahnstr. 4, Tel. 0472 832750, www.hotelelephant.com

JUGENDHAUS KASSIANEUM ö
Im historischen Gebäude aus dem 18. Jh. ist eine Jugendherberge mit 60 Betten untergebracht. Kürzlich wurde das zentrumsnahe Haus in **Brixen** komplett modernisiert; es wird auch als Jugend- und Bildungszentrum geführt. Café und Res-

---

Suleiman

An der Fassade des Hotels Elephant in **Brixen** erinnert ein kurioses Fresko an den Besuch des Elefanten Suleiman. Im 16. Jh. zog das Tier als Geschenk des portugiesischen Königs von Genua nach Wien. Auf seiner Reise machte der graue Riese 1551 in Brixen Station und sorgte in der Stadt und ihrer Umgebung für großes Aufsehen. Der Künstler muss das Ereignis wohl aus der Erinnerung gemalt haben, denn nur so ist zu erklären, dass Suleiman mehr einem überproportionierten Ameisenbär als einem Elefanten ähnelt.

Campingplätze

☞ Löwenhof * * * *
Gut geführte Viersterneanlage mit viel Komfort in **Vahrn**, auf dem Gelände des Hotel Löwenhof. Tel. 0472 836216, www.loewenhof.it

☞ Zum See * * * *
Einfach, aber ordentlich. Der Camping-Platz am **Vahrner See** liegt sehr malerisch und ruhig. Tel. 0472 832169

☞ Camping Gamp * * * *
Familie Schöpfer macht wirklich das Beste aus der Lage in der Talenge bei **Klausen**. Sommer- und Wintercamping, familiäres Ambiente. Gasthof, Restaurant, Bar, Gästezimmer, Freibad, behindertengerecht. Tel. 0472 847425, www.camping-gamp.com

☞ Camping Seiser Alm * * * *
Schöne Anlage in St. Konstantin, **Völs**, am Fuß der Dolomiten. Tel. 0471 707382, www.camping-seiseralm.com

---

taurant für Hausgäste. Keine Garagen oder Parkplätze. Bruno-Gasse 2, Tel. 0472 279999, www.jukas.net

MAYRHOFER * * * 👛 👛
Der historische Bau mitten im Zentrum von **Brixen** beherbergt eine kleine, aber feine, sehr ruhige Pension. Restaurant, Park, Parkplatz. Trattengasse 17, Tel. 0472 836327, www.mayrhofer.it

SUMMERERHOF * * * 👛 👛
Nettes Haus in sonniger Aussichtslage in **St. Andrä** oberhalb von Brixen, am Waldrand, inmitten von Wiesen. Kinderspielplatz, behindertengerecht, Tiere sind willkommen. Es werden auch Ferienwohnungen vermietet. Tel. 0472 852033, www.summererhof.com

WALTHER VON DER VOGELWEIDE * * * 👛 👛
Hinter dem traditionsreichen Gasthof im historischen Stadtkern von **Klausen** steckt die Geschichte eines Bürgerhauses aus dem 14. Jh. 20 Betten, Gastgarten zum Eisackufer, Restaurant, Pizzeria, Disco-Pub im unteren Stock. Tel. 0472 847369, www.vogelweide.it

BRIOL * 👛 👛 ♣
Seit 70 Jahren ist im herrlich altmodischen Berggasthaus in Dreikirchen hoch über dem Eisacktal die Zeit stehen geblieben. Es bietet auch heute noch den essentiellen Komfort früherer Zeiten. Das architektonische Juwel im streng rationalistischen Stil – auf einem prächtigen Aussichtsplatz umgeben von Wiesen und Wald gelegen – ist nur zu Fuß von **Barbian** aus erreichbar. Gepäcktransport möglich; nur im Sommer geöffnet. Restaurant, Freischwimmbad. Tel. 0471 650125

GASTHOF STERN * * 👛 👛
Das Dorfgasthaus in **Villnöss**, Teis, wurde vollständig renoviert, geblieben ist die Gemütlichkeit und die gute Küche. Da es in wenigen Minuten ab der Autobahnausfahrt Klausen zu erreichen ist, aber ruhig auf einem Aussichtsbalkon über dem Eisacktal liegt, ist es auch ein Tipp für Durchreisende. Geheiztes Freibad, Kinderspielplatz, Parkgarage. Tel. 0472 844555, www.gasthof-stern.com

ADLER * * * * * 👛 👛 👛
Eine der Top-Adressen in Grödens beinahe unüberschaubarer Hotelvielfalt! Traditionshaus im Zentrum von **St. Ulrich**, mit Gastronomie auf höchstem Niveau und jedem nur erdenklichen Komfort.

MINERALIEN**museum**TEIS
museoMINERALOGICOTISO

Glanzlichter aus der Tiefe
Teiser Kugeln - Bergkristalle - Edelsteine

Teis im Villnösser Tal - Dolomiten
Offen: Sonntag vor Ostern bis Sonntag nach Allerheiligen
Dienstag bis Freitag 10.00 - 12.00 Uhr und 14.00 - 16.00 Uhr
Samstag und Sonntag 14.00 - 17.00 Uhr - Montag Ruhetag
Führungen nach Vormerkung

Tel.0472 844 522 - 840 180 www.mineralienmuseum-teis.it

Großzügiger Park, Hallenbad, Wellness- und Beauty-Abteilung, Saunalandschaft. Tel. 0471 775000, www.hotel-adler.com

UHRERHOF ★ ★ ★ ★ ở ở ở ★

Kleines, aber stilvolles Haus im Örtchen **Pufels** oberhalb von St. Ulrich, mitten im Grünen und mit herrlichem Ausblick auf das Tal und die Dolomiten. Es trägt das Umweltsiegel: Nichtraucher-Haus, viel Holz, warme Töne; Stuben, offene Kamine, Saunalandschaft, Parkgarage, Mountainbikeverleih. Der Chef steht selbst in der Küche. Tel. 0471 797335, www.uhrerhof.com

STUA CATORES ★ ★ ★ ở ở

Angenehmer Gasthof auf der Sonnenseite des Grödner Tals, etwas östlich außerhalb von **St. Ulrich** im Grünen, an der Straße zum St.-Jakob-Kirchlein gelegen. Restaurant, Terrasse, Garten, Sauna, behindertengerecht eingerichtet. Idealer Ausgangspunkt für Wanderungen. Tel. 0471 796682, www.val-gardena.com/albergo/stuacatores

VILLA GABRIELA ★ ★ ★ ở ★

Das putzige Haus im Tiroler Stil steht einsam auf einem Wiesenhügel am Waldrand in **St. Michael** bei Kastelruth. Es liegt sonnig und absolut ruhig, bietet viel Komfort. Tel. 0471 700077, www.pensiongabriela.com

SCHLOSSHOTEL MIRABELL ★ ★ ★ ở ở

Am vielleicht schönsten Sonnenplatz von **Seis** liegt das Hotel Mirabell, ehemals Sommersitz eines begüterten russischen Grafen. Komfort und Stil, kombiniert mit guter Küche. Mitglied der Kette „Relais de Silence". Freibad, Sauna, Parkgaragen.
Tel. 0471 706134, www.hotel-mirabell.net

KIRCHER ★ ★ ở ở

Gemütlicher Gasthof mit nur 14 Betten und bekannt guter Küche, in herrlicher Panoramalage im Dörfchen **Ums** bei Völs. Terrasse, Liegewiese. Tel. 0471 725151, www.gasthof-kircher.it

---

Urlaub auf dem Bauernhof
Weitere Infos: www.roterhahn.it

🐓 Wegscheiderhof ❗

Schön renoviertes Anwesen, einmalig ruhig am Talschluss des Pfunderer Tals, im Weiler Dun, gelegen. Als Besonderheit werden auch wohltuende Heubäder in der neuen Badeabteilung „Duner Heuschupfe" angeboten. **Pfunders**, Fam. Volgger, Tel. 0472 549246, www.duner-heuschupfe.com

🐓 Schnagererhof

Kinderfreundlicher Biobauernhof in **Mellaun**-Brixen, viele Tiere, große, nach baubiologischen Richtlinien errichtete Ferienwohnungen, schöner Ausblick aufs Eisacktal, 2 km ins Skigebiet. Fam. Stockner, Tel. 0472 852100, www.schnagererhof.com

🐓 Ansitz Zimmerlehen ✤

Im 16. Jh. diente der Ansitz in **Obervöls** als Sommerresidenz eines begüterten Adeligen. Seit mehreren Generationen ist er nun im Besitz der Familie Kompatscher. Die neu eingerichteten Ferienwohnungen befinden sich in den Türmen. Hofeigene Produkte, Fahrradverleih. Wenn Sie grad starke Bindungswünsche verspüren, können Sie in der Hofkapelle Hochzeit feiern und im Ansitz die Flitterwochen verbringen, für Brautleute gibt es Sonderrabatt! Fam. Kompatscher, Tel. 0471 725053, www.zimmerlehen.it

ESSEN UND TRINKEN

BRAUN 🍴
Bodenständiges, einfaches Ausflugslokal, auf einer Bergschulter im Osten von Sterzing. Eigene Landwirtschaft, Gastgarten. **Wiesen-Pfitsch**, **Schmuders**, Di Ruhetag, Tel. 0472 764695

HOTEL POST 🍴 🍴
Historisches Gebäude im Herzen von Sterzing, zeitgemäß renoviert, romantische Gaststuben in alten Gewölben, schnelle und gute Küche, die Bodenständiges mit Mediterran-Internationalem kombiniert. Parkplatz, auch gute Übernachtungsmöglichkeit. **Sterzing**, Neustadt 14, Do und So Nachmittag Ruhetag, Tel. 0472 760201

FINK 🍴 🍴 ⭐
Top-Restaurant im oberen Geschoss, ebenerdig Bistro (Arkade-Fink). Helmut Fink und seine Gattin sorgen für verfeinerte Tiroler Gerichte, ansprechend und bei angemessenen Preisen serviert. Durchgehend warme Küche von 11.30 bis 22.30 Uhr. Unter den Kleinen Lauben zu **Brixen**, Mi Ruhetag, Tel. 0472 834883

FINSTERWIRT 🍴 🍴 ♣
Wirtshaus mit historischem Flair. „Künstlerstübele" im ersten Stock; in der ebenerdigen Kapitelschenke gibt es kleine Gerichte, sehr gut sortierte Weinkarte; stimmungsvoller Gastgarten für heiße Sommertage. **Brixen**, Domgasse 3, So abends und Mo Ruhetag, Tel. 0472 835343

HALLER 🍴 🍴
In schöner Hanglage oberhalb von Brixen. Das Lokal hat den Wandel von der einfachen Ausflugswirtschaft zum guten Restaurant geschafft. Tiroler und italienische Küche, Weinkarte mit vielen lokalen Spezialitäten, dazu ein trockenfrischer Eigenbauwein. Auch Übernachtungsmöglichkeit. **Brixen**, Weinbergstr. 68, Di Ruhetag, Tel. 0472 834601

KONDITOREI PUPP
Die hausgemachten Torten und Kuchen sind eine Versuchung. **Brixen**, Altenmarktgasse 37, So Nachmittag und Mo Ruhetag, Tel. 0472 834736

TAPAS BISTRO 🍴
Pfiffig, sympathisch, gemütlich, zentral; kleine Appetithäppchen, Bruschette & Co. **Brixen**, Kreuzgasse 2, So Ruhetag. Tel. 0472 201030

SCHATZER HÜTTE 🍴 📌
Am Südhang der Plose, auf 2000 m Höhe, liegt eine nette Almwirtschaft. Auf der Speisekarte steht rustikale Hausmannskost – aber wenn man sich beim Hüttenwirt und gelernten Koch Franz Pernthaler anmeldet, zaubert er gastronomische Köstlichkeiten auf den Tisch, die man auf der urigen Berghütte nie vermuten würde. Über den Tellerrand blickt man auf die nahen Dolomiten. Übernachtungsmöglichkeit. **Brixen**, **Palmschoß**, Öffnungszeiten anfragen, Tel. 0472 521343

ALPENROSE 🍴
Am Pfeffersberg, am westlichen Hang des Brixner Talkessels, liegt der Gasthof Alpenrose, ein beliebtes Ausflugsziel, das auch von Brixen erwandert werden kann. Gute Hausmannskost, mehrere Speisesäle und Stuben, Terrasse. **Brixen**, **Pinzagen**, Mo Ruhetag. Tel. 0472 832191

HUBER IN PARDELL 🍴
Beliebtes Ausflugslokal hinter dem Burghügel von Säben. Einheimische Gerichte, Eigenbauwein, mehrere Stuben, am schönsten ist es in der warmen Jahreszeit im Freien unter den Kirschbäumen; im Herbst Törggelerummel. **Klausen**, **Pardell**, Mo Ruhetag, Tel. 0472 855479

TURMWIRT IN GUFIDAUN 👛 👛
Im altehrwürdigen „Gerichtsschreiberhaus" genießt man jetzt in mehreren Stuben kreative Köstlichkeiten der italienischen Küche sowie Bodenständiges und Eigenbauwein. Gemüse aus eigenem Garten; Terrasse. **Klausen**, **Gufidaun**, Fr mittags und Do Ruhetag. Tel. 0472 844001

VILLA FRAINELA 👛 👛 ❗
Ein ganz besonderer Ort! Das Haus im Stil der Jahrhundertwende, mit Fassadengestaltung in gelb und violett, liegt am Waldrand, am Eingang zum Langental. Café-Tea-Room, hausgemachte Kuchen und andere Köstlichkeiten, herzhafte Gerichte. Terrasse, Garten. **Wolkenstein**, Di Ruhetag, Tel. 0471 794339

CONCORDIA 👛 👛 👛
Hausgemachte italienische Vorspeisen und feine traditionelle Tiroler Gerichte. **St. Ulrich**, Mi Ruhetag, Tel. 0471 796276

MONT SËUC 👛 👛 🎺
Sie suchen das Besondere? Dann fahren Sie im Winter, nach Einbruch der Dunkelheit, mit der Seilbahn von St. Ulrich auf die Seiser Alm. Im Berggasthof Seiser Alm an der Bergstation essen Sie exquisit und gepflegt, mit Ausblick über die verschneite, mond- und sternenbeschienene Winterlandschaft, während vom Tal die Lichter heraufleuchten. Die Seilbahngondel verkehrt bis Mitternacht. **St. Ulrich**, Vormerkungen: Tel. 0471 727881

GOLDENES RÖSSL 👛 👛
Um die Kirche in Kastelruth mit ihrem frei stehenden hohen Turm gruppiert sich eine Reihe von alten, bekannten und gut besuchten Gasthäusern, darunter auch das „Rössl", das sich vom Dorfwirtshaus zum Viersternehotel hochgearbeitet hat. Köstliche, gepflegte Küche in schönem Ambiente, zwei antike Holzstuben. Der Schankraum ist ein beliebter Treff für die Einheimischen geblieben. **Kastelruth**, Di Ruhetag, Tel. 0471 706337

PITZOCK ESSEN & TRINKEN 👛 👛
Oskar Messner hat die Dorfkneipe im Ortsteil Pitzock in St. Peter in **Villnöss** komplett umgekrempelt, neu gestylt und ein Esslokal der besonderen Art geschaffen. Moderne mediterrane Küche wird mit Bodenständigem vereint. Mi Ruhetag, Tel. 0472 840127

TURMWIRT VÖLS 👛 👛 👛
Am Kirchplatz von Völs liegt der Turmwirt (Romantikhotel Turm). Das stilvolle Haus präsentiert sich nach dem Umbau noch größer und eleganter. Es wird von einem jahrhundertealten Wehrturm überragt und wartet nicht nur mit außergewöhnlichem Komfort, sondern auch mit Küche auf höchstem Niveau auf. **Völs**, Do Ruhetag, Tel. 0471 725014

Schloss Velthurns in Feldthurns

Wein und Keller

Der Weinbau hat im Eisacktal eine lange Tradition. Es ist das nördlichste Weinbaugebiet der Alpensüdseite und nur an den sonnigsten und steilsten Hängen zwischen Atzwang und Franzensfeste reifen die Trauben in Lagen bis zu 850 m. Über Jahrhunderte, als Südtirol und das Eisacktal zu den südlichen Gebieten der Habsburgermonarchie gehörten, genoss der Wein aus dieser Gegend einen hohen Stellenwert. Nach dem Anschluss an Italien brachen die nördlichen Märkte weg, man musste plötzlich mit den von der Sonne verwöhnten italienischen Weinen konkurrieren – kein leichtes Unterfangen: Mit dem Weinbau ging es bergab. Erst als die Italiener die fruchtigen, aromatischen, gehaltvollen und säurebetonten Weißweine dieser Gegend als Rarität und Spezialität entdeckten, zog der Markt wieder an.

Auch die Südtiroler haben ihre Liebe zu den heimischen Spezialitäten wiederentdeckt; interessante Sorten wie der rote Zweigelt und der rassige weiße Kerner erweitern das Angebot.

☛ Ein gutes Sortiment an heimischen Weinen finden Sie in der Vinothek Hofer Market in **Sterzing**, Tel. 0472 765152

☛ Die bekannteste Kellerei im Brixner Raum ist sicherlich die Klosterkellerei in **Neustift**, ⭐ Synonym für eleganten, fruchtigen Eisacktaler Weißwein. Allein das Ambiente der Kellerei, des Schankraums und des Klosters sind die Anfahrt wert. Tel. 0472 836189

☛ Günther Kerschbaumer vom Köfererhof in **Neustift** baut auf etwa 5 Hektar Reben an, die preisgekrönte Weißweine (z. B. einen Riesling) hervorbringen; außerdem Gastwirtschaft und Törggelelokal. Tel. 0472 836649

☛ Empfehlenswert: Karl Vonklausner KG in der Köstlaner Str. 30A in **Brixen**, Tel. 0472 833700

☛ Vinothek Vinus in der Altenmarktgasse in **Brixen**, Tel. 0472 831583

☛ Christian Stampfl führt die Weingalerie in der Weißlahnstraße 10, Tel. 0472 836001, www.weingalerie.it, in **Brixen**.

☛ Manfred Nössing vom Hoandlhof in Kranebitt bei **Brixen** gehört zu den Aufsteigern in der Eisacktaler Weinszene. Herausragend sind – neben Sylvaner und Veltliner – der Gewürztraminer sowie die Roten Zweigelt und St. Laurent. Tel. 0472 832672

☛ Peter Pliger vom Kuenhof in der Mahr bei **Brixen**, hat sich durch seine eleganten und fruchtigen Weißweine einen Namen gemacht. Seine Spezialität sind außer dem Sylvaner der grüne Veltliner und der von Kennern hoch geschätzte Rheinriesling. Tel. 0472 850546

☛ Auf dem Bioland-Hof Radoar in **Feldthurns** bewirtschaften Edith und Norbert Blasbichler immerhin 2,5 Hektar Rebfläche. Gekeltert werden ein Roter (Loach) und ein Weißer (Etza); außerdem Verkauf von Destillaten und Obst; im Herbst Törggele-Einkehr. Tel. 0472 855645, www.radoar.it

☛ Ganz in der Nähe der Autobahnausfahrt **Klausen** liegt der Sitz der Eisacktaler Kellereigenossenschaft. Die Kellerei kann nach Voranmeldung besichtigt werden; Detailverkauf freitags Nachmittag und samstags Vormittag. Tel. 0472 847553, www.eisacktalerkellerei.it

☛ Vinotheque Divino in **Klausen**, Tel. 0472 847781

☛ Konrad Augschöll vom Röckhof 🌿 in **Villanders**, auch Buschenschank, keltert neben einem vorzüglichen Weißwein auch einen für diese Lage interessanten Roten: den „Caruess", ein Cuvée aus Zweigelt und St. Laurent. Tel. 0472 847130

☛ Völser Weindiele in **Völs**, Tel. 0471 724030

Törggelen

Das Eisacktal ist eine der Hochburgen des echten Törggelens, nirgendwo sonst öffnen im Herbst so viele Bauern ihre Stuben und Keller und bewirten Einheimische und Gäste, die in Scharen an der zünftigen Hausmannskost und dem Eigenbauwein Gefallen finden. Stellvertretend für die zahlreichen Törggele-Höfe, hier einige der empfehlenswertesten Adressen:

🍇 Der Alte Pacher oberhalb der Pustertaler Straße in **Neustift** bei Vahrn ist eine der bekanntesten und besten Adressen; viel besucht, trotzdem noch ursprünglich. Er ist außerdem einer der nördlichsten Weinhöfe Südtirols mit einer breiten Palette an vorzüglichen Weißen. Tel. 0472 835717

🍇 Hervorragende Schlachtplatten, Blut- und Leberwürste sowie warme Küche auf Bestellung gibt's beim gemütlichen Strasserhof, stadtnah in **Neustift** gelegen. Tel. 0472 830804

🍇 Den Guggerhof in Kranebitt bei **Brixen** erreichen Sie von der Stadt aus auch zu Fuß in einer halben Stunde. Tel. 0472 835319

🍇 Beim Gummerer serviert man unter dem Motto „urige Gastlichkeit"; der Hof liegt in **Pinzagen**, an der Straße Brixen-Feldthurns. Tel. 0472 835553

🍇 Ein Einkehrtipp zum Weitersagen ist auch der Loaterer in Tschiffnon, am Nordrand von **Feldthurns**. Tel. 0472 855505

🍇 Hervorragend aufgetischt wird Ihnen beim Unterrainerhof in **Villanders**. Tel. 0472 843245

🍇 Nicht nur zur Törggelesaison lässt es sich beim Oberpartegger in **Villanders** gut einkehren: neues Haus, schöne Veranda, vorzügliches Essen. Tel. 0472 847869

🍇 Ein Ort für Genießer: der Klingler in Sauders bei **Villanders**. ❖ Im alten Bauernhof haben nur etwa 20 Gäste Platz, weshalb Sie unbedingt vormerken sollten, auch der Parkplatz ist begrenzt – aber das was auf den Tisch kommt, ist reichlich und schmackhaft. Tel. 0472 843408

🍇 In **St. Oswald**, unterhalb von Seis und Kastelruth, reift der letzte Wein. Auf dieser Terrasse liegt der behäbige Tschötscherhof. In der Scheune nebenan ist eine sehenswerte Ausstellung bäuerlichen Geräts untergebracht. Tel. 0471 706013

🍇 In **Völser Aicha** hat Frau Planer mit großer Betriebsamkeit aus dem einfachen Bauernhof Gemoaner ein Törggeleunternehmen aufgebaut. Tel. 0471 601252

🍇 Spaß macht das Törggelen auch im schönen alten Gehöft Fronthof in **Völser Aicha**. Tel. 0471 601091

🍇 Tommelehof. Die alte, gotische Stube sorgt für angenehme Törggelestimmung. Auf Vorbestellung; **Völser Aicha**, Tel. 0471 601031, www.tommelehof.it

EINKAUFEN UND HANDWERK

ALLERLEI AUS BÄUERLICHER BIO-PRODUKTION
Einige Bauern aus **Völs** vermarkten ihre Bio-Produkte gemeinsam. Samstags findet in Völs ein Bauernmarkt statt. Hier einige Adressen mit Ab-Hof-Verkauf: Säfte, Fruchtaufstriche, Apfelessig mit Kräutern und Beeren produziert Rudolf Maier, Außerperskolerhof in Unteraicha, Tel. 0471 601134. Pius Rungger vom Partschillerhof in Völser Ried macht Säfte, Marmeladen und baut diverse Beeren an, Tel. 0471 725254. Martin Kritzinger, Salmseiner in St. Konstantin, schlägert Bauholz nach Mondphasen; außerdem gibt's bei ihm Kartoffeln, Fleisch vom Vollmilchkalb, Rind und Schwein sowie Speck und Bio-Dünger zu kaufen, Tel. 0471 708038. Am Bessererhof in Prösler Ried produziert Otmar Mair mehrere Sorten Wein, baut Obst und Gemüse an; Hofbesichtigungen, Weinverkostungen und Kellerführungen nach Voranmeldung, Tel. 0471 601011. Johann Prackwieser, Gumphof, Prösler Ried: Rot- und Weißweine, Verkostungen und Hofbesichtigung nach Voranmeldung, Tel. 0471 601190. Auf dem sehr schönen Hof Finger aus dem 13. Jh. in Oberaicha ist Josef Verant Bauer. Er verkauft Eier, Beeren, Gemüse, Nüsse, Zwetschken, Tel. 0471 601103. Auch der Haselriederhof in Völser Ried stammt aus dem 13. Jh. Bei Paul Wörndle gibt's Käse aus Kuh- und Ziegenmilch, Eier, Gemüse, Nüsse, Feigen, Kastanien, Tel. 0471 725123. Anton Pitscheider vom Hieblerhof, Schlernstraße 45 in Völs, ist spezialisiert auf Honig und Bienenwachs, Tel. 0471 725146.

ANTIKES
Kunsthandwerk und Antiquitäten finden Sie in einem originellen Geschäft in **Völs**, bei Anno Domini. Tel. 0471 724080

Kastelruth

Kräuter vom Pflegerhof ⭐

In **St. Oswald** unterhalb von Seis, gleich neben der Burgruine Aichach, liegt der Pflegerhof, den Familie Mulser seit 1980 nach biologischen Richtlinien führt. Martha Mulser baut hier Gewürz- und Heilkräuter an, trocknet sie in einem Heißluftofen und packt sie zum Verkauf ab. Dabei werden die Kräuter teilweise mit Kastanienblüten, Ringelblumen, Pfefferminze, Melisse, Brombeerblättern getrockneten Apfelstücken u. a. gemischt. Besonders im Frühsommer ist eine Besichtigung des Hofes mit den rund 50 bunt blühenden Kräuterarten ein sinnliches Erlebnis. Seit kurzem bietet der Pflegerhof auch Urlaub auf dem Bauernhof an. Tel. 0471 706771, www.pflegerhof.com

BAUCHGURT

Zu den unzähligen, meist von Dorf zu Dorf unterschiedlichen Trachten gehört auch ein breiter Bauchgurt für die Männer, der sogenannte Ranzen. Dieser ist kunstvoll mit Federkielstickereien oder mit metallenen Ziernägeln verziert. Josef Leitner aus **Brixen** (Tel. 0472 833300) beherrscht das ausgefallene Handwerk, „Ranzen" mit Nägeln aus Messing oder Zinn zu beschlagen.

BROT

Völs ist die Heimat eines dünnen Fladenbrots, des Schüttelbrots oder „Völser Breatls". Der dünnflüssige Teig wird dabei nicht gewalkt und geknetet, sondern auf einem runden Brett geschüttelt. Nach dem Backen erhält man dünne, knusprige Fladen aus Roggenmehl, die leicht brechen. Die „Völser Breatln" kriegt man inzwischen fast überall in Südtirol. Sie sind lange haltbar und schmecken vorzüglich zu Speck und einem Glas Wein. Originale Völser Brötchen (sowie frische, hausgemachte Eiernudel) kaufen Sie beim Bäcker in **Völs**, dem „Bäck'n Ivo". Tel. 0471 725043

DELIKATESSEN

Mair & Mair in der Altstadt von **Sterzing** (Tel. 0472 765386, www.mair-mair.it) ist wohl eines der schönsten Geschäfte seiner Art: Ein so großzügiges, geschmackvoll eingerichtetes und gut sortiertes Delikatessengeschäft würde jeder Großstadt zur Ehre gereichen. Naschkatzen finden hier feine Süßwaren, Weine, Edelbrände und Grappas, Käsespezialitäten, in Öl eingelegte mediterrane Köstlichkeiten, Saucen, Pasta & Co, aber auch eine Abteilung für schicke Lederwaren und Designerklamotten!

⭐ Hansi Baumgartner führte jahrelang ein Gourmetlokal in Mühlbach, bis er des Kochens überdrüssig wurde. Doch von seiner Leidenschaft für Gaumenfreuden konnte er nicht lassen. Unter dem Namen De Gust (Tel. 0472 849873) leitet er in **Vahrn** ein Feinkostgeschäft sowie einen Großhandel, wobei er Delikatessenläden und Spitzenrestaurants mit außergewöhnlichen Lebensmitteln beliefert. Schwungvollen Handel betreibt er mit feinen Käsespezialitäten, wobei er viele Käsesorten noch speziell behandelt und reifen lässt.

In **Brixen** verkauft Lorenzo Franzelli (Tel. 0472 832086) in seinem Geschäft in der Kreuzgasse Delikatessen aller Art: Speck, Wurst, Käse, erlesene Weine aus Südtirol, dem Trentino, aus der Toskana und dem Piemont.

Ein Tipp: Fragen Sie bei Bognoli (Tel. 0472 836409) in der Altenmarktgasse in **Brixen** nach den vorzüglichen Teigwaren wie frisch gemachten Ravioli oder Schlutzkrapfen.

Eine große Auswahl an feinen Süßigkeiten, Weinen, Destillaten und anderen Köstlichkeiten findet man im Feinkostgeschäft von Giulia Avesani in **St. Ulrich**, Tel. 0471 797121

DESTILLATE UND ESSIG

Florian Rabanser vom Parc Hotel Florian in **Seis** (Tel. 0471 706137) ist nicht nur Hotelier, im Dachgeschoss seines Hotels reift auch der einzige in Südtirol – nach Original-Rezepten aus Modena – produzierte Balsamico-Essig. 200 Liter Traubenmost und Essig ergeben nach vielen Jahren nur vier Liter Balsamico!

Edle Fruchtdestillate und feine Grappas sowie besondere Essigsorten werden am Plunhof in St. Valentin bei **Völs** produziert und verkauft. Tel. 0471 706137

Feinkostgeschäft in St. Ulrich

DRECHSLER UND WAGNER

Ehemals war der Wagner das, was heutzutage der Mechaniker ist, aber wer braucht schon noch Holzräder und Holzwagen? Manchmal gibt es für Andreas Crepaz aus **Feldthurns** noch was zu restaurieren, ansonsten fertigt er z. B. Kegel für das Kegelspiel oder hölzerne Balkongeländer. Tel. 0472 855246

HORNSCHNITZER

Der Kustos des Sterzinger Stadtmuseums, Alexander Messner, ist gelernter Hornschnitzer. Er fertigt kunstvolle Schnupftabakdosen, einzigartige Salatbestecke, Kämme, Schatullen und andere Zier- und Gebrauchsgegenstände aus Horn an. Seine Werkstatt, wo er das Hornschnitzen hobbymäßig betreibt, befindet sich in der Brennerstr. 21 in **Sterzing**, in der „alten Pechhütte", Tel. 0472 766412.

KRÄUTER

Auf dem Schmiedthof in St. Leonhard bei **Brixen** werden Heil- und Gewürzkräuter angebaut und verkauft. Tel. 0472 833505

LEDERHOSEN

Bodenständiges Flair vermittelt ein **Brixner** Betrieb, der Lederhosen aller Art, besonders die traditionellen kurzen Kinderlederhosen, selbst herstellt: Gebhard, Feldthurner Str. 14, Tel. 0472 832310.

MINERALIEN

Wenn Sie nur aufmerksam genug suchen, finden Sie im Bachbett des Ridnaunbaches Gesteinsbrocken von Glimmerschiefer (hierzulande auch Katzensilber genannt), mit Einschlüssen von dunklen Granaten. Bringen Sie dann die Brocken mit den schönsten und reinsten Granaten dem Mareiter Mineralienschleifer Josef Zössmayr, wird er sie in kurzer Zeit geschickt zu Briefbeschwerern oder Anhängern verarbeiten. Haus Runggenstein, **Ridnaun**, **Mareit**, Tel. 0472 758246

Bruno Terzariol ist ein rüstiger und beredter Mineralienfachmann. In seinem mit Mineralien, geschliffenen und ungeschliffenen Halbedelsteinen, Büchern und unzähligen Kuriositäten voll gepackten kleinen Geschäft „Die Erzgrube" in **Klausen** verwickelt er seine Besucher und Kunden in allerlei Gespräche über die geheimnisvollen Kräfte der Mineralien und heilenden Steine. Tel. 0472 847240

SCHMIEDEARBEITEN

Die Brüder Ellecosta hämmern in ihrer Werkstatt in Milland bei **Brixen** (Tel. 0472 802220, www.ellecosta.it) Schmiedeeisen zu Geländern, Ziergittern, Wirtshausschildern, Leuchten oder Grabkreuzen.

Der **Völser** Schmied Manfred Kompatscher (Tel. 0471 725091) ist für seine kunstvollen Wirtshausschilder bekannt, die er nach alter Tradition und historischen Vorbildern, aber auch nach eigenen Entwürfen anfertigt. Wenn Sie einen Wirtshausbummel durch Südtirol machen, kann es durchaus sein, dass Sie unter einem Schild mit einem vom Völser Schmied gehämmerten Rössl, Lamm, Hirsch, Posthorn oder Adler einkehren.

Klosterprodukte

Verstehen Sie darunter bloß nicht nur Heilkräuter oder fromme Bücher! Nein, im Kloster Neustift bei **Vahrn** finden Sie außer erlesenem Wein aus der eigenen Kellerei auch Weine aus dem österreichischen Klosterneuburg sowie Köstlichkeiten aus ganz Europa, wie zum Beispiel Bier vom Stift Andechs, Kekse von Münsteraner Benediktinerinnen, Marmeladen aus dem Stift Stams, Olivenöl, Honig, Liköre und Schokoladen aus der Abbazia di Vallombrone bei Florenz. Tel. 0472 836189, www.kloster-neustift.it

Die Grödner Holzschnitzer

Grödens Holzschnitzkunst genießt Weltruf, ein Handwerk, das auf über 350 Jahre Tradition zurückblickt. Aus Zirbelholz geschnitzte Skulpturen sakraler und profaner Natur, etwa Krippen, Kruzifixe, Heiligenfiguren aller Art und Holzspielzeug, wurden und werden in der ganzen Welt verkauft. Im Grödner Tal reiht sich ein Holzschnitzbetrieb und ein Souvenirladen an den anderen. Es überwiegen die maschinengeschnitzten Stücke, die in großer Zahl und nach einer Vorlage gefräst werden, aber durchaus auch ihren Wert haben. Wirklich handgeschnitzte Skulpturen sind selten und haben einen stolzen Preis. Am besten, Sie informieren sich auf der Dauerausstellung zum Grödner Kunsthandwerk im Kongresshaus in **St. Ulrich** oder in der Galeria Unika im Typak-Center in **St. Ulrich**.

SPENGLER

Als Spengler fertigt Helmuth Huber nicht nur Dachrinnen und Lüftungskanäle, er beherrscht auch noch das alte Handwerk und stellt die schönsten Gießkannen, Eimer oder andere Ziergegenstände aus Kupferblech her. **Klausen**, Tel. 0472 847392

TRACHTEN UND DIRNDLN

Dorothea Untermarzoner vom Waldnerhof (Tel. 0471 725169) in **Völs** am Schlern passt Ihnen eine originale Völser Tracht oder ein fesches Dirndl an.

WACHSZIEHEREI

Ein ungewöhnliches Souvenir finden Sie in der Wachszieherei von Willi Huber in **Vahrn** (Tel. 0472 835217), wo ein breites Sortiment an Kerzen hergestellt wird, oder Christkindlfigur-Herstellung aus echtem Bienenwachs bei den Tertiarschwestern, Tel. 0472 820645.

WOLLVERARBEITUNG

Angelika Zössmayr, in **Ridnaun**, **Mareit**, die Nichte des Mineralienschleifers, webt schöne Wollteppiche. Tel. 0472 758252
In **Villnöss**, **St. Valentin**, verarbeitet Fam. Valentin Niederwolfsgruber reine ungefärbte Wolle von Südtiroler Schafen: Da gibt es Wollbetten, -kissen und -decken, Filzpantoffeln, handgestrickte Janker, Socken ... alles auch auf Maß. Tel. 0472 840080, www.naturwoll.com

Blumenpracht bei Schrambach

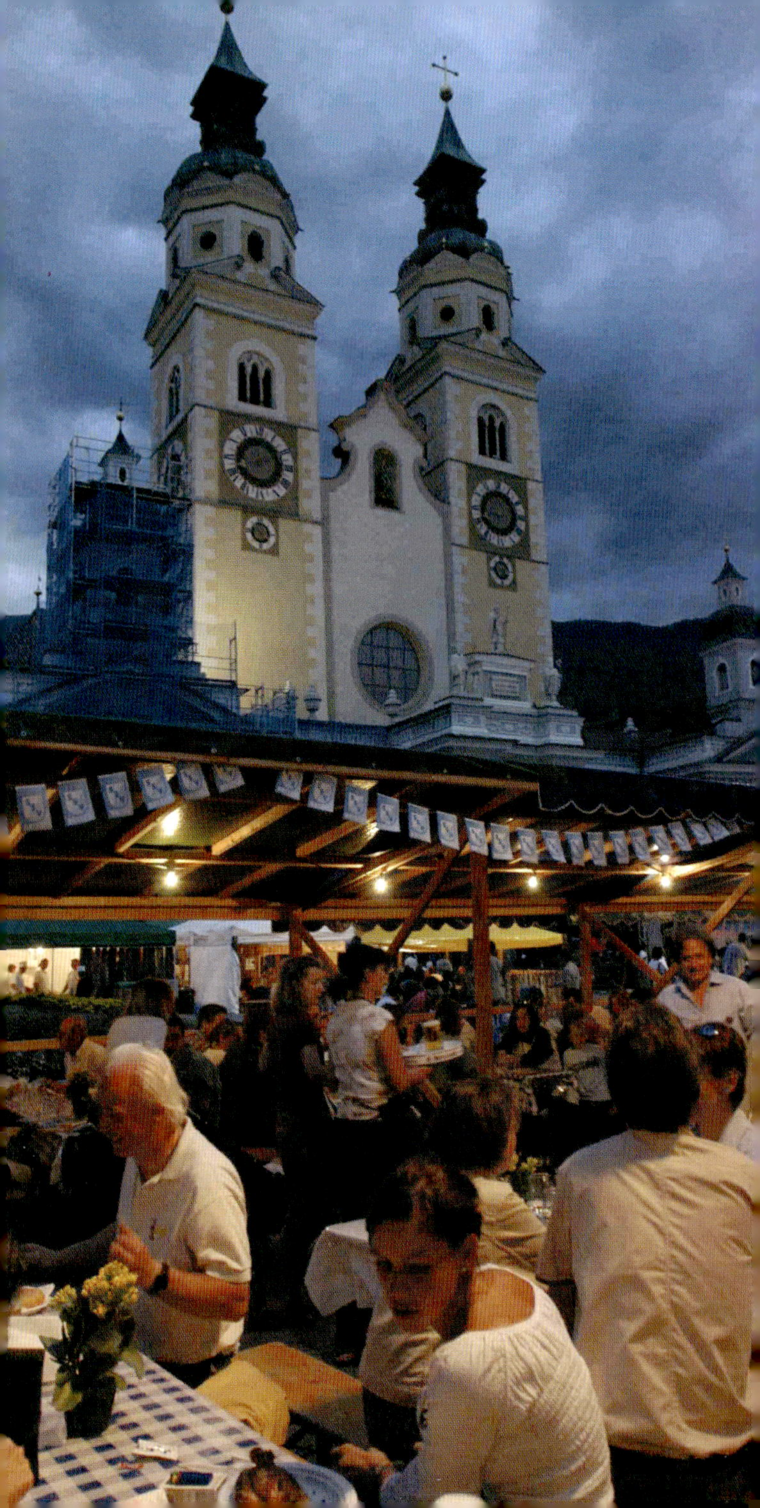

AM ABEND

Lange Zeit war in Brixen, der alterwürdigen Bischofsstadt, nach acht Uhr abends tote Hose. Auf die einzige Disco „Max" musste man Jahre warten und die Jugend aus dem Eisacktal schwärmte wohl oder übel ins Wipptal oder ins Pustertal aus.

Berühmt ist das Nachtleben auch heute noch nicht, aber mittlerweile gibt es in Brixen (in Sterzing schon lange) ein paar kleine, feine Lokale, wo Musik, Leute und Unterhaltung stimmen. Wer nach dem Skifahren so richtig abfeiern will, wird wohl beim Après-Ski in Gröden glücklich.

BERMUDADREIECK IN STERZING

In der **Sterzinger** Altstadt buhlen drei Lokale um die Gunst der Nachtschwärmer, vor allem im Winter ist einiges los rund um die Dancing-Bar Jägerkeller (22–3 Uhr, Tel. 0472 765825), den Kronen-Keller (ab 17 Uhr geöffnet, mittwochs Mega-Party, Tel. 0472 766499) und das Martini Enjoy (17–1 Uhr).

BUFALO-DERBY

Im Lokal bei der Autobahnausfahrt in **Sterzing** tanzen Junge und Junggebliebene bei Technosound. Freitags und samstags „trendy nights". Tel. 0472 765145

NEVADA

Tanzlokal in **Meransen**. Abwechselnd sorgen Live-Gruppen und DJs für Tanz und Unterhaltung. Mo Ruhetag (im Winter kein Ruhetag), Tel. 0472 886143

B52

Angenehmes, großes Lokal, direkt an der Staatsstraße zwischen **Brixen** und Vahrn, mit vielen Tischen, an denen auch warme kleine Gerichte serviert werden. Tel. 0472 201341

Theater, Film, Kabarett

Stadttheater Sterzing
Theater, Kabarett und Filmvorführungen finden im neuen zentralen Stadttheater von **Sterzing** statt, mittlerweile der Bezugspunkt für die Kulturszene des Wipptals. Tel. 0472 760400

Anreiterkeller
Brixen hat eine rührige Theaterszene. Wichtigster Treff ist der Anreiterkeller in Stufels, in der Schutzengelgasse. In dem stimmungsvollen Kellergewölbe organisiert die Gruppe „Dekadenz" Theateraufführungen, Kabarett, Kleinkunst und Jazz vom Feinsten. Tel. 0472 836393, www.dekadenz.it

Forum Brixen
In der Romstraße, im Zentrum **Brixens**, wurde das in der Zwischenkriegszeit im Monumentalstil errichtete und von den Brixnern ungeliebte Haus radikal umgestaltet und ist nun das neue Kultur- und Kongresszentrum mit breitem Angebot. Tel. 0472 275588, www.forum-brixen.com

BELIZE – JAZZKELLER
Seit Jahren bei Jung und Alt beliebter Treffpunkt in **Brixen**. Im Sommer plaudert es sich an den gemütlichen Tischen im stimmungsvollen kleinen Hof in der Bäckergasse noch mal so schön. Tel. 0472 834160

LA HABANA
Unter den Großen Lauben in **Brixen** raucht man im winzigen Lokal Zigarren und trinkt, was gerade an Drinks angesagt ist. Tel. 0472 836651

MAX
Große und einzige, moderne Disco in **Brixen** und der näheren Umgebung mit wechselnden In-DJs. Das Programm ist bunt; die Jugend kommt an den Wochenenden zum Zug, die „Oldies" donnerstags; freitags ist „Aktionstag". Außerdem gibt es Jukebox, Billardtische und Fußballübertragungen auf Maxi-Bildschirm im ersten Stock. Tel. 0472 802190, www.discomax.com

TIME-OUT
Im **Brixner** Pub ist einiges los, viele junge Leute aus der Umgebung unterhalten sich bestens bei angenehmer Musiklautstärke (teilweise Live-Musik). Tel. 0472 837677

NACHTIGALL
Einheimische nennen den Dancing-Club in **Klausen** liebevoll die „Steige" (Vogelkäfig), was sich nur auf Walther von der Vogelweide bezieht, der wiederum für das Restaurant im oberen Stock Namensgeber ist und das Logo schmückt. Tel. 0472 847369

LUISLKELLER UND CAFÈ SALTOS
Beim Après-Ski ist die Gaudi natürlich doppelt so groß! Während der Luislkeller (Tel. 0471 794109) nur im Winter geöffnet ist, drängen sich im Cafè Saltos (Tel. 0471 795059) in **Wolkenstein** das ganze Jahr über szenige, junge Leute.

MAURIZ
Die Musik ist gut, die Unterhaltung bestens, der Flirtfaktor hoch in der Disco-Bar in **St. Ulrich**. Tel. 0471 797301

S IGLU
In der gläsernen, igluartigen Kuppel in **St. Ulrich**, im Garten des Hotels Cavallino Bianco, trifft man sich nach dem Skilauf. Tel. 335 5280120

DORFSCHENKE
Nicht mehr wegzudenken in **Kastelruth**! Imbisse, Getränke und Musik gibt's täglich von 7.30 bis 1 Uhr. Tel. 0471 705054

SCHLERNKELLER
Seit Jahren schon treffen sich die Jugend und die Junggebliebenen im rustikalen Schlernkeller in **Kastelruth**, um zu tanzen, zum Sehen und Gesehenwerden. Tel. 0471 706472

Genussgipfel kosten

www.suedtirol.info/produkte

Qualität Südtirol

PUSTERTAL, GADERTAL

Das Pustertal, das nördlich von Brixen abzweigt, beginnt eigentlich bei der Talenge von Mühlbach, bis Vintl aber fühlt sich die Bevölkerung mehr dem Brixner Raum zugehörig. Ohne besondere Steigungen zieht sich das „grüne Tal" parallel zum Alpenhauptkamm hin und bis ins österreichische Osttirol hinein. Ansehnliche Dörfer und Weiler reihen sich aneinander, an die Hänge der Sonnenseite schmiegen sich Höfe bis knapp an die Baumgrenze, die schattigere Südseite ist

Reise & Wissen

Oswald Stimpfl
Landgasthöfe in Südtirol
Ausgewählte Ausflugsgasthäuser,
Buschenschänken und Almwirtschaften
204 S., ISBN 978-3-85256-336-7

Oswald Stimpfl
Südtirol für Kinder
Ausflüge mit der Rasselbande
168 S., ISBN 978-3-85256-485-2

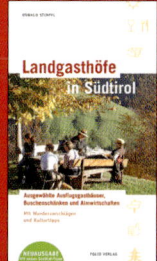

Tobias Hierl/Christoph Tscholl
Wein erleben in Südtirol
Ausgewählte Weingüter und Kellereien
192 S., ISBN 978-3-85256-363-3

Anneliese Kompatscher/Tobias Schmalzl
**Südtirols Küche –
raffiniert einfach**
Kompaktausgabe
160 S., ISBN 978-3-85256-352-7

Andreas Gottlieb Hempel
Südtirols schönste Hotels
88 kleine Paradiese
192 S., ISBN 978-3-85256-484-5

Andreas Gottlieb Hempel
Culturonda Südtirol
Kultur und Lebensart erwandern und erleben
156 S., ISBN 978-3-85256-404-3

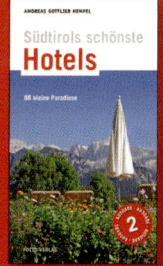

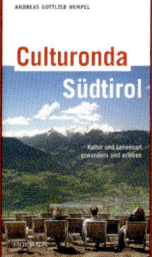

Angelika Fleckinger
Ötzi, der Mann aus dem Eis
Alles Wissenswerte
zum Nachschlagen und Staunen
120 S., ISBN 978-3-85256-209-4

Luisa Righi/Stefan Wallisch
**Ötzi, die Räter und
die Römer**
Archäologische Ausflüge in Südtirol
176 S., ISBN 978-3-85256-486-9

folio

212–213, 215–216, 218, 222, 224, 227, 228, 231, 242
Stilfes (Freienfeld) [I3] 218
Stilfs [B6] 10, 21, 26
Stilfser Joch [A7] 10, 15, 23, *24*, 25, 27, 30
Stilums (Feldthurns) [J5] 207
Stuls (Moos in Passeier) [G3] 73
Sulden (Stilfs) [B7] 10, 18, 22, 25, 29–31, 33, 43
Taisten (Welsberg-Taisten) [N4] 258, 278
Tanas (Laas) [C6] 24
Tartsch (Mals) [B5] 10, 15
Taufers im Münstertal [B5] 10, 12, 23, 25, 30, 34
Teis (Villnöss) [J5] 197, 219
Telfen (Kastelruth) [J6] 208
Terenten [K4] 238, 254, 261, 266, 270, 274
Terlan [G7] 96, 102, 111, 114, 116, 119, 124, 127, 132–133, 135, 140, 146
Tesselberg (Gais) [M4] 264
Tiers [J7] 96, 106, 121, 123–124, 128–129, 140
Tils (Brixen) [J5] 207
Tiss (Latsch) [D6] 24
Tirol *siehe* Dorf Tirol
Tisens [G6] 46, 55, 64, 75, 82, 87, 290
Toblach [O5] 236, 243, 251, 254, 255, 258–259, 261, 264–266, 268, 272, 273, 278–279, 281–282, 284, 287
Töll (Partschins) [F5] 37, 45, 71, 86
Trafoi (Stilfs) [B7] 15, 20, 23, 29, 30
Tramin [G9] 143, 146–148, 150, 152, *153*, 154, 156–157, 159, 160, 162–163, 172–173, 175, *177*, 178–181
Trens (Freienfeld) [I3] 206
Truden [H9] 143, 149, 161, 170, 181, 291
Tschars (Kastelbell-Tschars) [E5] 17, 25, 27, 32
Tschengls (Laas) [C6] 31
Tscherms [G6] 69–70, 82, 85, 88
Ulten [E7/F6] 46, 69, 72, 75, 77–78, 86, 91, 287, 290
Ums (Völs am Schlern) [I7] 207–208, 221
Unser Frau (Schnals) [E5] 50, 77, 89
Unteraicha (Völs am Schlern) [I7] 226
Unterinn (Ritten) [I7] 96, 103, 133, 139
Untermais (Meran) [G5] 49, 67
Untermoi (St. Martin in Thurn) [L5] 269

Unterplanitzing (Kaltern) [G8] 146
Unterplanken (Gsies) [O4] 278
Unterreinswald (Sarntal) [I5] 116, 124, 137
Uttenheim (Gais) [M3] 257, 272, 284
Vahrn [J5] 186, 197, 205, *210*, 217, 219, 225, 227–229, 231
Vals (Mühlbach) [J3] 214–215
Vellau (Algund) [F5] 72, 86
Verdins (Schenna) [G5] 71, 92
Verschneid (Mölten) [H6] 115
Vetzan (Schlanders) [D6] 20, 24, 32, 36–37
Vigiljoch (Lana) [G6] 72, 78
Vill (Neumarkt) [H9] 153
Villanders [J6] 122, 186, 191, *192*, 193, 211, 214, 224, 225, 291
Villnöss [K6] 186, 191, 197, 202, *212*, *214*, 215, 219, 223, 290, *293*
Vilpian (Terlan) [G6] 96, 117, 127, 131
Vintl [K4] 234, 244, 259, 281
Virgl (Bozen) [H7] 111, 133, 135
Völlan (Lana) [G6] 60, 64, 68, 75, 78, 81–82
Völs am Schlern [I7] 106, 186, 194, 199, 201, 204–205, 208, 213, 216, 219, 223–224, 226–229, 291
Völser Aicha (Völs am Schlern) [I7] 225
Völser Ried (Völs am Schlern) [I7] 226
Vöran [G6] 46, 55, 72, 75–76, 90
Wahlen (Toblach) [O5] 273
Waidbruck [J6] 186, 193, *198*, 212
Walten (St. Leonhard in Passeier) [H4] 62
Weißenbach (Ahrntal) [L2] 258
Welsberg (Welsberg-Taisten) [N4] *234–235*, 236, 241, 252, 255, 258, 259, 260, 264, 278
Welschnofen [J8] 96, 116, 117, *118*, 123, 128, 129, *139*
Wengen [L5] *239*, 268, 276, 283
Wielenberg (Percha) [M4] 281
Wiesen (Pfitsch) [I3] 205, 208, 217, 222
Winnebach (Innichen) [P5] 237, 255
Wolfsgruben (Ritten) [I7] 109, 112, 122
Wolkenstein in Gröden [K6] 186, 201–202, 204–205, 207–208, 211–215, 223, 232
Würzjoch [L5] 214

Sarnthein (Sarntal) [H6] 96, 103, 112, 116–117, 120, 124, 132, 137–138
Schenna [G5] 46, 52, 59, 62–63, 65, 67, 71–72, 81–82, 87–88, 92
Schlanders [D6] 10, 16, 20, 22, 25–26, *28*, 32, 36–37, 39, 43
Schleis (Mals) [B5] 34
Schlinig (Mals) [B5] 25–26, 30, 32
Schluderns [B5] 10–11, 14–15, *18*, 21, 24–25
Schmuders (Pfitsch) [I3] 222
Schnals [D4–5/E5] 18, 46, 50, 70, 77–78
Schnauders (Feldthurns) [J5] 207, 216
Schrambach (Feldthurns) [J5] *187*, *229*
Seis am Schlern (Kastelruth) [J7] 186, 194, 208, 216, 221, 227
Seiser Alm (Kastelruth) [J7] 186, 206–208, 212–215
Seit (Leifers) [H8] 161
Sexten [P5] 236, 249, 254–256, 260–261, 265–266, 268, *271*, 272–273, 285
Siebeneich (Terlan) [H7] 102, *103*, 127, 136
Siffian (Ritten) [I7] 135
Signat (Ritten) [I7] 111, 133, 135
Sinich (Meran) [G5] 47, 67, 75, 88
Sirmian (Nals) [G7] 127
Söll (Tramin) [G9] 159, 175
Sonnenburg (St. Lorenzen) [L4] 237–238, 283
Spinges (Mühlbach) [J4] 205
Spondinig (Prad) [C6] 14, 25
St. Andrä (Brixen) [K5] 215, 219
St. Anton (Kaltern) [G8] 158, 164
St. Christina in Gröden [K6] 186, *193*–194, 201–202, 207–208, 214
St. Felix (Unsere Liebe Frau im Walde – St. Felix) [F7] 46, 75
St. Georgen (Bruneck) [M4] 257, 259, 260
St. Gertraud (Ulten) [E7] 15, 46, 54, 77
St. Jakob (Ahrntal) [M1] 259, 282
St. Johann (Ahrntal) [M1] 236, 247, 254, 257, 269, 276, 278, 282
St. Josef am See (Kaltern) [G8] 164, 170, 172–173, 175
St. Kassian (Abtei/Badia) [M6] 236, *262*, 266, 269, 271–272, 274, 276
St. Konstantin (Völs am Schlern) [J7] 219, 226
St. Leonhard (Abtei/Badia) [L6] 236, 240, 256
St. Leonhard (Brixen) [K5] 228
St. Leonhard in Passeier [G4] 59–*60*, *65*, 66–70, 73, 76, 78, 82, 89, 91–92
St. Lorenzen [L4] 235, 237, *238*, 239, 252, 259–260, 270, 274, *283*
St. Magdalena (Bozen) [H7] *117*–118, 133
St. Magdalena (Gsies) [O3] 258, 264, 279
St. Martin (Gsies) [O4] 264, 272, 279
St. Martin im Kofel (Latsch) [E5] 8, 23, 26
St. Martin in Passeier [G4] 66, 69, 76, 91
St. Martin in Thurn [L5] 235, 240, 244–245, 259, 269, 271, 276
St. Michael (Eppan) [G8] 143, 150, 156–157, 160, 163, 168, 170–171, 174, 178, 180, 182
St. Michael (Kastelruth) [J6] 221
St. Nikolaus (Kaltern) [G8] 145, 158, 168
St. Nikolaus (Ulten) [E7] 46, 60, 77, 91
St. Oswald (Kastelruth) [J6] 225–226
St. Pankraz [F6] 46, *54*, 55, 69, 75, 91
St. Pauls (Eppan) [G7] 143, *144*, 145, 154, 156, 162, 173, 177, 178, *183*
St. Ulrich [K6] 186, 191, 198, 201–204, 208, 212, 215–216, 219, 221, 223, *227*, 229, 232
St. Valentin (Villnöss) [K6] 229
St. Valentin auf der Haide (Graun im Vinschgau) [B4] 25–26, 29–30, 43
St. Vigil (Enneberg) [M5] 235, 240, 243, 249, 262, 265–266, 268
St. Vigil (Kastelruth) [J7] 216
St. Walburg (Ulten) [F7] 46, 63, 69, 77, 81, 87, 91, 287, 291
Staben (Naturns) [E5] *19*, 37–38, 42
Stange (Ratschings) [H3] 209
Steet (Sarntal) [H6] 116, 137–138
Stefansdorf (St. Lorenzen) [M4] 257
Stegen (Bruneck) [M4] 252, 276
Steinegg (Karneid) [I7] 96, 106, 109, 129
Steinhaus (Ahrntal) [M2] 241, 246, 257–259, 265, 267–268, 277, 281
Stern (Abtei/Badia) [L6] 236, 250, 256, 259–260, *265*–266
Sterzing [I3] *184*–185, 188, *189*, 195–196, 201–202, 204–208,

Olang [M4] 236, 250, 252, 254, *257*, 259–261, 267–268, 273, 277, 281, 285
Palmschoß (Brixen) [K5] 214, 222
Pardaun (Ratschings) (Ratschings) [H3] 208–209
Pardell (Klausen) [J5] 210, 222
Partschins [F5] 37, 58, 71–72, 76, 86
Passeier [G4–5] 46, 52, 59, 64, *68*, *73*, *83*
Pawigl (Lana) [F6] 72
Pederoa (Wengen) [L5] *283*
Pedratsches (Abtei/Badia) [L6] 236, 256, 265, 268, 283
Pemmern (Ritten) [I6] 112, 123
Penon (Kurtatsch) [G9] 159, 177
Percha [M4] 236, 241, 264, 272–*273*, 277, 281
Perdonig (Eppan) [G7] 157, 163, *174*, 290
Pescosta (Corvara) [L6] 256
Petersberg (Deutschnofen) [H8] 105, 114, 128
Pfalzen [L4] 238, 253, 261, *266*, 269, 276, 281
Pfatten [H8] 144, 181
Pfeffersberg (Brixen) [J5] 222
Pfelders (Moos in Passeier) [F4] 66, 77–78
Pfistrad (St. Leonhard in Passeier) [H4] 60
Pfitsch [I3/J2] 185, 213, 217–218, 222, 290
Pflersch (Brenner) [H2] 185, 206, 209, 213, 215
Pfossental (Schnals) [E4–5] 89
Pfunders (Vintl) [K3] 216, 221, 281
Pfuss (Kaltern) [G8] 172, 182
Pichl (Gsies) [N4] 260, 267
Pigenó (Eppan) [G8] 163
Pikolein (St. Martin in Thurn) [L5] 271
Pinzagen (Brixen) [J5] 207, 222, 225
Pinzon (Montan) [H9] 148
Plaiken (Enneberg) [L5] 256
Planeil (Mals) [C4] 32
Plars (Algund) [F5] 73
Platt (Moos in Passeier) [G4] 52
Platten (Percha) [M4] 241, 261, 272
Plaus [F5] 50, 66, 81
Pojen (Sand in Taufers) [M2] 256
Prad am Stilfser Joch [B6] 10, 15, 22–23, 25, 29–31, 33, 35, 37, 39, 43, 287, 290

Prags [N5] 236, 243, 254, 266–268, 281, 287
Prettau [N1] 236, 246, 259, 262, 265, 282, 291
Prissian (Tisens) [G7] 55, 82
Prösler Ried (Völs am Schlern) [I7] 226
Proveis [F7] 46, *76*
Pufels (Kastelruth) [J6] 221
Putzen (Sarntal) [H6] 120
Raas (Natz-Schabs) [K4] 202
Rabland (Partschins) [F5] 66, 69, 71, 85–86
Radein (Aldein) [I9] 151, 157, *167*, 173
Rasen-Antholz [N4] 255, 263, 277–*278*
Ratschings [H3] 185, 195, 208, 209, 214–216
Rauth (Deutschnofen) [J8] 133
Rein (Sand in Taufers) [M2] 241
Reinswald (Sarntal) [I5] 123, 137–138
Reischach (Bruneck) [M4] 253, 254, 256–257, 260, 268–270, 284
Reschen (Graun im Vinschgau) [B3] 23, 25–26, 29–30, 39, 43
Reschenpass [B3] 9, 11–12, 30
Ridnaun (Ratschings) [H3] 185, 188, 195, 205, 208–210, 213, 216, 228–229, 290
Ried (Lajen) [J6] 212
Riffian [G5] 52, 71, 76
Ritten [I6] 96, 103, *104*, *109*, 112, *115*, 120–122, 135, 187, 210, 287, 290–291
Rodeneck [K4] 186, 190, 194, 206, 214
Rojen (Graun im Vinschgau) [B4] 12, 21
Runch (Wengen) [L5] 276
Rungg (Eppan) [H8] 162
Runggen (St. Lorenzen) [L4] 274
Säge (Toblach) [O5] 272
Saltaus (St. Martin in Passeier) [G5] 52–*53*, 61, 66, 71–72, 78
Salurn [G10] 143, 147, 153, 158, 165–166, 176–177, 182
San Lugano (Truden) [H9] 160–161, 167
Sand in Taufers [M3] 236, 241, 243, 247, 249–250, 252, 253–254, *255*–257, 259, 261, 263, 265, 267–269, 277, 279, 283–285
Sarns (Brixen) [K5] 208
Sarntal [H6] 96, *113*, 119–120 , *121*, *122*, 124, *136*–137, 287

"Brunnen-Bildstöckl" bei Mals

Marein (Kastelbell-Tschars) [E6] 36
Mareit (Ratschings) [H3] 73, 194–*195*, 206, 228–229
Margreid [G9] 143, 146–147, 159, *176*, 179–180, 182
Maria Saal (Ritten) [I6] 103
Maria Saalen (St. Lorenzen) [L4] 256, 270
Marling [G5] 42, *47*, 54, 70–71, 82, 85, 87, 90, 93
Martell [D6–7/C7] 10, 15–17, 20–22, 24–27, *29*, 30, 38–39
Matsch (Mals) [C5] 10, 34
Mauls (Freienfeld) [J3] *218*
Mazzon (Neumarkt) [H9] 148, 153, 166, 178
Mellaun (Brixen) [K5] 221
Mendel [G8] 142, 158–159, 162–164, 168, 172
Mendelpass [G8] 164
Meran [G5] 23, *44*, 45–47, *48*–49, 56, 61–63, 64, 65–67, 69–70, 72–80, 83, 85, 88–*89*, 90–93, 145, *294*
Meransen (Mühlbach) [K3] 207, 213–216, 231
Milland (Brixen) [K5] 228
Miscì (St. Martin in Thurn) [L6] 240
Missian (Eppan) [G7] 143, 145, 162
Mittelberg (Ritten) [I6] 112, 117
Mitterolang (Olang) [M4] 259
Mitterplars (Algund) [F5] 72, 87
Mölten [H6] 96, 115, 131, 133, 135
Montal (St. Lorenzen) [L4] 269
Montan [H9] 144, 146, 148–149, 160–161, 166, 173, 177, 178–179, 291
Montiggl (Eppan) [H8] 143, 156, 161–163, 171

Montiggler See [H8] 156, 161–162, 168, 287
Montigl (Terlan) [H7] 119
Moos (St. Lorenzen) [L4] 257
Moos in Passeier [G4] 52, 76, 90, 290
Morter (Latsch) [D6] 10, 24
Mühlbach (Gais) [M3] 272
Mühlbach [K4] 186, 189, 202, 212, 218, 227, 234, 258, 259, 272
Mühlen (Sand in Taufers) [M3] 238, 252, 255, 260
Mühlen (Truden) [H9] 161
Mühlwald [L3] 263, 265, 267
Nals [G7] 96, 102, 114–115, 119, 127, 132–133, 146
Naraun (Tisens) [G6] 69, 75
Nasen (Percha) [M4] 241
Naturns [F5] 9, 13, 37–38, 42, 46, *50*, 62, 65–67, 69, *70*, 76, 78–79, 81–82, 88, 90
Natz-Schabs [K4] 186, 203, 213
Neumarkt [H9] 143–144, 148, 151–154, *155*, 160, 162, 166, 172, 177, 180–181
Neustift (Vahrn) [K4] *196*, 197, 209, 224–225, 228
Neutoblach (Toblach) [O5] 268
Niederdorf [N5] 236, 243, 248, 251, 255, 259, 269, 270, 278, 285
Niederlana (Lana) [G6] 54, 68, 88
Niederolang (Olang) [M4] 256
Niederrasen (Rasen-Antholz) [N4] 255, 263, 270, 283
Nordheim (Sarntal) [H5] 137
Oberaicha (Völs am Schlern) [I7] 226
Oberbozen (Ritten) [I7] 96, 103, 105, 118, 120–121, 128, 136
Obereggen (Deutschnofen) [J8] 123, 133
Obergummer (Karneid) [I8] 106
Oberlana (Lana) [G6] 68, 75
Oberolang (Olang) [M4] 250
Oberrasen (Rasen-Antholz) [N4] 263, 277
Oberschnauders (Feldthurns) [J5] 207
Obervintl (Vintl) [K4] 216, 274
Obervöls (Völs am Schlern) [I7] 221
Oberwielenbach (Percha) [M4] 241, 272, 277
Oies (Abtei/Badia) [L6] 256

Geiselsberg (Olang) [M4] 255, 273
Gfrill (Salurn) [H10] 176
Girlan (Eppan) [H8] 143–144, 155–156, 170, 174, 178
Glaning (Jenesien) [H7] 102–103, 135
Glen (Montan) [H9] 161, 166, 177
Glurns [B5] 10, *14*, 15, 21, 23, 25, 32, 34
Goldrain (Latsch) [D6] 17, 20, 24, 31, 36–37, 40
Gomagoi (Stilfs) [B6] 35, 39
Gossensass (Brenner) [I2] 185, 200, 206–207, 213
Gratsch (Meran) [G5] 51, 67, 71, 74, *80*, 83
Gratsch (Toblach) [O5] 278
Graun (Kurtatsch) [G9] 159, 163
Graun im Vinschgau [B4] 9, *12*, 22, 25, 26, 31, 34, 291
Greinwalden (Pfalzen) [L4] 269
Grissian (Tisens) [G7] 66
Gröden [J/K6] 185–186, 190, 193, 202, 206, 212, 215–216, 229, 231, 267
Gschnon (Montan) [H9] 157, 160–161, 166
Gsies [N/O4] 236, *237*, 241, 258, 260, 264, 266–268, 272, 278–279, 290–291
Gufidaun (Klausen) [J5] 223
Gummer (Karneid) [I8] 116
Hafling [G6] 46, 69, 73, 75, 78, 290
Himmelfahrt (Ritten) [H7] 105, 121
Höhlensteintal (Toblach) [O5] 236
Innerratschings (Ratschings) [H3] 214, 216
Innichberg (Innichen) [O4] 273
Innichen [O5] 13, *236*, 244, 248–251, 253, 255, 258–261, 267–268, 273, 278–*279*, 280–*282*, 278, 284
Issing (Pfalzen) [L4] 253, 276, 281
Jaufental (Ratschings) [H/I3] 185, 214
Jenesien [H7] 96, 103, 114–117, 119–120, 128, 132, 135, 139, 290
Jochgrimm (Deutschnofen) [I9] 122, 124
Kaltenbrunn (Truden) [H9] 160, 181
Kalterer See [G8] 142, *146*, 147, 151, 154, *156*, 158–159, 161–164, *168*, 172–173, 175, 287
Kaltern [G8] 143, 145–146, 150–154, 156–164, 168, 171–173, 175, 178, 180–183, 291
Kardaun (Karneid) [I7] 96, 117, *134*
Karerpass [J8] 106, 114, 123

Karneid [I7] 96, 105, 109, 117
Karthaus (Schnals) [E5] 50, 70, 85
Kastelbell (Kastelbell-Tschars) [E6] 17, 19, 25, 32, 36–38, 42, 287
Kastelruth [J6] 186, 194, 200, 205, 208, 223, 226, 232, 290–291
Kematen (Sand in Taufers) [M3] 252, 263, 279, 283–284
Kiens [L4] 254, 259, 281
Klausen [J6] 185, 187, 190–191, 198, *199*, 200, 203, 205, 210–211, 219, 224, 228–229, 232, 287
Klobenstein (Ritten) [I7] 96, 105, 118, 122, 129
Kohlern (Bozen) [H7–8] 95, 120–121, 130, 135
Kolfuschg (Corvara) [L7] 236, 256
Kollmann (Barbian) [I6] 193
Kortsch (Schlanders) [D6] 10, 24, 37
Kuppelwies (Ulten) [E7] *63*, 69, 77, 287
Kurtatsch [G9] 143–144, 146, 150–151, *152*, 156, 160, 175–176, 179
Kurtinig [G10] 143, 155, 179
Kurzras (Schnals) [D4] 65, 77
Laag (Neumarkt) [G9] 148, 166, 176
Laas [C6] 10, 15–16, 21, 25, 34–35, 37, *40*, 41–42
Laatsch (Mals) [B5] 10, 35, 39
Ladurns (Brenner) [I2] 209, 213, 215
Laimburg (Pfatten) [H8] 152, 181
Lajen [J6] 186, 199, 212, 286, 291
Lana [G6] 46, 60–61, 64–70, 75, 81, *88*, 89–91, 93, 290–291
Langtaufers (Graun im Vinschgau) [B4/C3] 29–30, 32, 34, 290
Lappach (Mühlwald) [L3] 263, 270
Latsch [E6] 10, 17, 19, 22–26, 28–31, 33–34, 38–39
Laurein [F8] 46
Leifers [H8] 105, 143, 148, 161, 172
Lengmoos (Ritten) [I6–7] 103, *104*
Lengstein (Ritten) [I6] 133
Lichtenberg (Prad) [B5] 15
Lüsen [K4] 186, 208–209
Luttach (Ahrntal) [L2] 236, 247, 258, 260, 281–282, 284
Maiern (Ratschings) [H3] 195, 209–210
Mals [B5] 10, 13, 15, 21–25, 29–32, 34–35, 39, 42, *296*
Malser Heide (Mals) [B5] 10, 12, 29

Aschl (Vöran) [H6] 90
Asten (Sarntal) [I4] *122*
Atzwang (Ritten) [I7] *128*, 129
Auer [H9] 143, 148–*149*, 152, 157, 160, 162, 166, 173, 177, 179, 181–183
Aufhofen (Bruneck) [M4] 240
Barbian [I6] 186, 193, 219
Bozen [H7] *94*, 95–98, *99*, 100–101, 105, *107*, *110*, 111–118, 120–122, 124, 126–127, 129, 130, 133–136, *138*, 139–142, 145, 158, 185, 188, 287
Branzoll [H8] 148
Brenner [I2] 185, 200, 206, 214, 217
Brixen [K5] 185–187, *190*, 191, 194, 197, 200–205, *206*, 207–208, 213, 215–219, 222, 224–225, 227–228, *230*, 231–232, 290
Bruneck [M4] 235–237, 240, *241*, 244, 249–254, 257, 259, 260, 271–272, 277, 279, 281, 283–284, *285*, 287
Buchholz (Salurn) [G10] 147, 166, 176
Bundschen (Sarntal) [H6] 124
Burgeis (Mals) [B5] 10, *13*, 21, 26, 32, 35, 40, *42*
Schloss **Burgstall** [G6] 69–70, 72, 75, 87
Trauttmansdorff, Meran **Campill** (St. Martin in Thurn) [L6] 239–240, 259
Compatsch (Kastelruth) [J7] 212, 214–215
Corvara [L7] 236, 250, 253–254, 256, 260, 265–266, 269, 271, 274, 282, 284
Deutschnofen [I8] 96, 105–*106*, 116, 123
Dietenheim (Bruneck) [M4] 246

Dorf Tirol [G5] 46, 51, 59, 62, 66–67, 72, 74, 76, 81, *86*, 87, 90, 93
Durnholz (Sarntal) [I5] 103, 120, 122, 129, 137
Durnwald (Gsies) [N4] 258
Eggental [I7–8, J8] 116, 122, 124, 133
Ehrenburg (Kiens) [L4] 238
Ellen (St. Lorenzen) [L4] 274
Enneberg [L/M5] 239, 256
Entiklar (Kurtatsch) [G9] 176
Eppan [G/H7–8] 143, 145–146, 150, 153–154, 157–158, 160, 162–163, 168, *171*, 173–174, 177–178, 180, 182, 290
Eyrs (Laas) [C6] 24–25, 40, 42
Feldthurns [J5] 186, 191, 204, 207, 210, 215–216, *223*, 224, 225, 228
Fennberg (Kurtatsch) [G9] 156–157, 159, *170*, 176
Flaas (Jenesien) [H6] 116, 119
Fleimstal [I9] 143, 149, 157, 167
Flitt (Lüsen) [K4] 209
Forst (Algund) [F5] 51, 87–88
Frangart (Eppan) [H7] 152, 158
Franzensfeste [J4] 185, 188–189, 212, 224
Freienfeld [I3] 206, 218
Gadertal [L4–6] 234–235, *245*, *260*, 267–268, 270, *276*
Gais [M3] 246, 257, 272
Galsaun (Kastelbell-Tschars) [E6] 17, 37, 42
Gargazon [G6] 69, 82, 93
Garn (Feldthurns) [J5] 215

ORTSREGISTER

Jeden im Buch erwähnten Ort in Südtirol können Sie anhand dieses Registers einem Planquadrat auf den Karten in den Umschlagklappen zuordnen (z. B.: Meran G5). Das ermöglicht Ihnen die relativ genaue Lokalisierung selbst kleinerer Ortschaften, die auf den Karten nicht aufscheinen (**fett** gedruckte Orte sind eingetragen). Bei Ortsteilen und Weilern ist in Klammern die entsprechende Gemeinde angegeben. Kursivdruck verweist auf Abbildungen.

Abtei *siehe* Alta Badia
Ahornach (Sand in Taufers) [M2] 256, 263
Ahrntal [M2/N1] 236, 247, 268, 287
Aldein [H9] 143, 151, 157, 173, 177
Algund [F5] 23, 46, 51, 61, 71–72, 74, 76, 83, 85, 87, 91, 93
Allitz (Laas) [C6] 24, 37
Alta Badia [L6] 236, 255, 256
Altenburg (Kaltern) [G8] 146, 158–159, *163*–164
Altrei [H9] 143, 157, 167
Amaten (Bruneck) [M4] 277
Andrian [G7] 96, 102–103, 119, 129, 290–291
Antholz (Rasen-Antholz) [N3–4] 236, *242*, 255, 260, 263, 265–266, 268, 277, *278*
Antholz-Niedertal (Rasen-Antholz) [N4] 270
Aschbach (Algund) [F6] 71

Villnöss

Feuchtwanger, Lion: Die hässliche
Herzogin. Roman. Aufbau TB,
ISBN 978-3-7466-5605-2

Gatterer, Claus: Schöne Welt, böse Leut.
Kindheit in Südtirol. Folio Verlag,
ISBN 978-3-85256-300-8

Kaser, Norbert C.: N. C. Kaser elementar.
Ein Leben in Texten und Briefen,
ausgewählt von Raoul Schrott.
Haymon Verlag, ISBN 978-3-85218-
532-3

Lanthaler, Kurt: Der Tote im Fels. Ein
Tschonnie-Tschenett-Roman. Diogenes
Verlag, ISBN 978-3-257-23130-4

Maier, Andreas: Klausen. Roman,
Suhrkamp Verlag,
ISBN 978-3-518-45569-2

Mall, Sepp: Wundränder. Roman. Haymon
Verlag, ISBN 978-3-85218-458-6

Oberhollenzer, Josef: Großmutter-
morgenland. Eine Erzählung aus
den Bergen. Folio Verlag,
ISBN 978-3-85256-379-4

Pichler, Anita: Haga Zussa. Die Zaun-
reiterin. Folio Verlag,
ISBN 978-3-85256-284-1

Zoderer, Joseph: Die Walsche. Roman.
Fischer Taschenbuch,
ISBN 978-3-596-13249-2

Zuckmayer, Carl: Salwàre oder Die
Magdalena von Bozen. Roman. Fischer
Verlag, ISBN 978-3-10-096531-8

SACHBUCH

Baumgartner, Elisabeth / Mayr, Hans /
Mumelter, Gerhard: Feuernacht.
Südtirols Bombenjahre. Ein
zeitgeschichtliches Lesebuch Edition
Raetia, ISBN 978-88-7283-010-9

Gerald Steinacher u. a. (Hg.):
Im Schatten der Geheimdienste.
Südtirol 1918 bis zur Gegenwart.
StudienVerlag, ISBN 978-3-7065-
1644-0

Haid, Hans: Wege der Schafe. Die
jahrtausendealte Hirtenkultur
zwischen Südtirol und dem Ötztal.
Tyrolia Verlag, ISBN 978-3-7022-
2901-6

Hempel, Andreas Gottlieb: Architektur
in Südtirol. Aktuelle Bauten –
ein Architekturführer. Callwey,
ISBN 978-3-7667-1765-8

Hierl, Tobias / Tscholl, Christoph: Wein
erleben in Südtirol. Ausgewählte
Weingüter und Kellereien. Folio
Verlag, ISBN 978-3-85256-363-3
*Die beiden Autoren geben Tipps für
Aktivurlaub zum Thema Wein.*

Kompatscher, Anneliese / Schmalzl,
Tobias: Südtirols Küche – raffiniert
einfach. Folio Verlag, ISBN 978-3-
85256-296-4
*Die klassische Südtiroler Küche auf
ein modernes Niveau gebracht – ein
schönes Andenken an die Reise.*

Kühn, Dieter: Ich Wolkenstein.
Biographie. Fischer Taschenbuch,
ISBN 978-3-596-13334-5

Peterlini, Hans Karl: Wir Kinder der
Südtirol-Autonomie. Ein Land
zwischen ethnischer Verwirrung
und verordnetem Aufbruch. Folio,
ISBN 978-3-85256-230-8

Pollack, Martin: Der Tote im Bunker.
Bericht über meinen Vater. dtv,
ISBN 978-3-423-13528-3

Priewe, Jens: Die Weine Südtirols.
Rolf Heyne Collection,
ISBN 978-3-89910-299-4

Romeo, Carlo: Flucht ohne Ausweg.
Auf den Spuren des Banditen Karl
Gufler. Edition Raetia,
ISBN 978-88-7283-245-5

Schlorhaufer, Bettina / Südtiroler
Künstlerbund / kunstMeran (Hg.):
2000-2006. Neue Architektur in
Südtirol. Springer Wien,
ISBN 978-3-211-29954-8

Steininger, Rolf: Südtirol. Vom Ersten
Weltkrieg bis zur Gegenwart.
StudienVerlag,
ISBN 978-3-7065-1348-7

**Weitere Tipps finden Sie unter
www.folioverlag.com.**

Ein literarischer Querschnitt durch die Jahrhunderte – dieses kleine Bändchen bietet einen ersten Überblick darüber, was Autoren über Südtirol geschrieben haben.

Mall, Sepp (Hg.): Aus der neuen Welt. Erzählungen von jungen AutorInnen aus Südtirol. Skarabäus, ISBN 978-3-7082-3151-8

Wildner, Siegrun (Hg.): (W)orte. Words in Place. Zeitgenössische Literatur aus und über Südtirol. Contemporary Literature by German-Speaking Minority Writers from South Tyrol (Italy). Skarabäus, ISBN 978-3-7082-3192-1

„SCHAUPLATZ SÜDTIROL":

Eine kleine Auswahl aus den Büchern, deren Handlung in Südtirol spielt.

Brunner, Maria E.: Berge Meere Menschen. Folio, ISBN 978-3-85256-271-1
Engl, Georg: Besetzte Landschaft. Skarabäus, ISBN 978-3-7082-3135-8

- Ronacherhof, Ritten, Tel. 0471 356420, www.ronacherhof.com
- Rothenhof, Montan, Tel. 0471 819767, www.rothenhof.it
- Ansitz Zehentner, Lajen, Tel. 0471 655040, www.zehentnerhof.com
- Zimmerlehen, Völs am Schlern, Tel. 0471 725053, www.zimmerlehen.it

☞ Biobauernhöfe
- Call-Hof, Lana, Tel. 0473 550574, www.callhof.it
- Innerdurachhof, Ulten/St. Walburg, Tel. 0473 796041, www.uab.it/innerdurach
- Pristingerhof, Kastelruth, Tel. 0471 707005, www.pristingerhof.com
- Burg Wolfsthurn, Andrian, Tel. 0471 510071, www.burgwolfsthurn.it

☞ Allergikerfreundliche Bauernhöfe
- Innerkapron, Graun i.V./Langtaufers, Tel. 0473 633293, http://go.to/innerkapron
- Krahbichl, Prettau, Tel. 0474 654102, www.krahbichlhof.it
- Rieglhof, Graun i.V./Langtaufers, Tel. 0473 633266, www.rieglhof.it

☞ Vitalbauernhöfe
- Naturoase Stegerhof, Truden, Tel. 0471 869211, www.naturoase-stegerhof.com
- Niederhof, Lana, Tel. 0473 557008, www.niederhof.it
- Weidacherhof, Ritten, Tel. 0471 356691, www.weidacherhof.com

☞ Behindertengerechter Bauernhof
- Stacherhof, Gsieser Tal, Tel. 0474 746803, www.stacherhof.com

☞ Urlaub auf dem höchsten Bergbauernhof
- Bio-Hof Unterschweig, Ulten, Tel. 0473 790252, www.uab.it/unterschweig

☞ Weinbauernhöfe
- Niklaserhof, Kaltern, Tel. 0471 963432, www.niklaserhof.it
- Weingut Röck, Villanders, Tel. 0472 847130

BUCHTIPPS

ZUM EINLESEN

Amann, Klaus / Delle Cave, Ferruccio /
  Holzner, Johann: Literatur in Südtirol.
  StudienVerlag, ISBN 978-3-7065-
  1228-2
Burtscher, Angelika / Kager, Thomas
  (Hg.): Un Erhört. Visionen des
  jungen Südtirol. Edition Raetia,
  ISBN 978-88-7283-258-5
Ladurner, Ulrich: Oasen für die Sinne.
  Sanssouci, ISBN 978-3-7254-1389-8
  *Der „Zeit"-Journalist und gebürtige
  Südtiroler erzählt von Menschen, die in
  Südtirol leben, und zeichnet ein
  lebendiges Bild der Gesellschaft.*
Messner, Reinhold: Gebrauchsanweisung
  für Südtirol. Piper, ISBN 978-3-492-
  27551-4
  *Der Ausnahmebergsteiger beschreibt
  sein Heimatland aus seiner – oft nicht
  unumstrittenen – Perspektive.*
Kofler, Gerhard / Paulmichl, Ludwig /
  Widmair, Eva Maria (Hg.): Südtirol
  (Europa erlesen). Wieser Verlag,
  ISBN 978-3-85129-548-1

URLAUB AUF DEM BAUERNHOF: SPEZIALANGEBOTE

🐓 Familienfreundliche Bauernhöfe
- Aussermahrhof, Gsieser Tal, Tel. 0474 978493, www.aussermahrhof.com
- Grünbacherhof, Kiens, Tel. 0474 564088, www.gruenbacherhof.it
- Hof am Schloss, Prad am Stilfser Joch, Tel. 0473 617123, www.hof-am-schloss.com
- Kammerhof, Lana, Tel. 0473 564551, www.kammerhof.it
- Kirchtalhof, Lana, Tel. 0473 564295, www.kirchtalhof.com
- Mudlerhof, Gsieser Tal, Tel. 0474 978446, www.mudlerhof.it
- Unterpiskoi, Villnöss, Tel. 0472 840185, www.unterpiskoihof.com
- Hof Zerund, Kastelruth, Tel. 0471 700082, www.hofzerund.com

🐓 Reiterbauernhöfe
- Flachenhof, Ritten, Tel. 0471 352782, www.flachenhof.it
- Gstatschhof, Kastelruth, Tel. 0471 727814, www.gstatschhof.com
- Innergruber, Hafling, Tel. 0473 279331, www.innergruber.it
- Kaserhof, Ritten, Tel. 0471 345046, www.kaserhof.it
- Oberfahrerhof, Jenesien, Tel. 0471 340084, www.reiterhof-oberfahrer.com
- Steinerhof, Moos in Passeier/Pfelders, Tel. 0473 646741, www.steinerhof.eu

🐓 Wanderbauernhöfe
- Bacherhof, Pfitsch, Tel. 0472 646057, www.bacherhof.net
- Binterhof, Kastelruth, Tel. 0471 700071, www.binterhof.com
- Schmalzerhof, Eppan/Perdonig, Tel. 0471 664232, www.schmalzerhof.it
- Voadohuibn, Gsieser Tal, Tel. 0474 948065, www.voadohuibn.com
- Moarhof, Brixen, Tel. 0472 831803

🐓 Historische Bauernhöfe
- Gurtenhof, Tisens, Tel. 0473 921022, www.gurtenhof.com
- Ranuihof, Villnöss, Tel. 0472 840506, www.ranuihof.it

TV Aldein-Radein: Tel. 0471 886800, www.aldein-radein.it
TV Wandergebiet Trudner Horn: Tel. 0471 869078, www.trudnerhorn.com

WIPPTAL, EISACKTAL, GRÖDEN, SCHLERNGEBIET
Tourismusverband Eisacktal: www.eisacktal.info
Tourismusverband Gröden: www.valgardena.it
Seiser Alm Marketing: www.seiseralm.it

TV Gossensaß: Tel. 0472 632372, www.gossensass.org
TV Sterzing: Tel. 0472 765325, www.sterzing.com
TV Ratschings: Tel. 0472 760608, www.ratschings.info
TV Vintl, Pfunderer Tal: Tel. 0472 869100, www.tourismusvintl.com
TV Gitschberg-Jochtal: Tel. 0472 849467, www.gitschberg-jochtal.com
TV Rodeneck: Tel. 0472 454044, www.gitschberg-jochtal.com
TV Natz-Schabs: Tel. 0472 415020, www.natz-schabs.info
TV Brixen: Tel. 0472 836401, www.brixen.info
TV Lüsen: Tel. 0472 413750, www.luesen.com
TV Feldthurns: Tel. 0472 855290, www.feldthurns.info
TV Villnöss: Tel. 0472 840180, www.villnoess.com
TV Klausen: Tel. 0472 847424, www.klausen.it
TV Villanders: Tel. 0472 843121, www.villanders.info
TV Barbian: Tel. 0471 654411, www.barbian.it
TV Lajen: Tel. 0471 655633, www.lajen.info
TV Wolkenstein: Tel. 0471 777900, www.valgardena.it
TV St. Christina: Tel. 0471 777800, www.valgardena.it
TV St. Ulrich: Tel. 0471 777600, www.valgardena.it
TV Kastelruth: Tel. 0471 706333, www.kastelruth.com
TV Seis am Schlern: Tel. 0471 707024, www.seis.it
TV Völs am Schlern: Tel. 0471 725047, www.voels.it
TV Seiser Alm: Tel. 0471 727904, www.seiseralm.net

PUSTERTAL, GADERTAL
Tourismusverband Alta Badia: www.altabadia.org
Tourismusverband Crontour: www.kronplatz.com
Ferienregion Tauferer Ahrntal: www.tauferer.ahrntal.com
Tourismusverband Hochpustertal: www.hochpustertal.info

TV Kiens: Tel. 0474 565245, www.kiens.com
TV Terenten: Tel. 0472 546140, www.terenten.com
TV Pfalzen: Tel. 0474 528159, www.pfalzen.info
TV St. Lorenzen: Tel. 0474 474092, www.st-lorenzen.com
TV Corvara, Kolfuschg: Tel. 0471 836176, www.altabadia.org
TV Abtei: Tel. 0471 847037, www.altabadia.org
TV Wengen: Tel. 0471 843072, www.altabadia.org
TV St. Martin in Thurn: Tel. 0474 523175, www.sanmartin.it
TV St. Vigil im Enneberg: Tel. 0474 501037, www.sanvigilio.com
TV Bruneck: Tel. 0474 555722, www.bruneck.com
TV Ahrntal mit St. Johann, Luttach, Weißenbach: Tel. 0474 671136, www.ahrntal.it
TV Ahrntal-Prettau: Tel. 0474 652198, www.ahrntal.org
TV Mühlwald, Lappach: Tel. 0474 653220, www.muehlwald.com
TV Sand in Taufers: Tel. 0474 678076, www.taufers.com
TV Gais, Uttenheim: Tel. 0474 504220, www.gais-uttenheim.com
TV Olang: Tel. 0474 496277, www.olang.com
TV Rasen im Antholzertal: Tel. 0474 496269, www.rasen.it
TV Antholzertal: Tel. 0474 492116, www.antholz.com
TV Gsieser Tal, Welsberg-Taisten: Tel. 0474 978436, www.gsieser-tal.com
TV Pragser Tal: Tel. 0474 748660, www.pragsertal.info
TV Niederdorf: Tel. 0474 745136, www.niederdorf.it
TV Toblach: Tel. 0474 972132, www.toblach.info
TV Sexten: Tel. 0474 710310, www.sexten.it
TV Innichen: Tel. 0474 913149, www.innichen.it

DIE SÜDTIROLER TOURISMUSORGANISATIONEN AUF EINEN BLICK
Südtirol Marketing Gesellschaft, Tel. 0471 999999, www.suedtirol.info

VINSCHGAU
Tourismusverband Vinschgau:
www.vinschgau.is.it

TV Vinschgauer Oberland:
Tel. 0473 737090,
www.reschenpass-suedtirol.it
TV Mals, Schluderns, Glurns:
Tel. 0473 831190,
www.ferienregion-obervinschgau.it
TV Taufers im Münstertal:
Tel. 0473 737080, www.taufers.org
TV Ferienregion Ortlergebiet im Nationalpark Stilfser Joch:
Tel. 0473 737060, www.ortlergebiet.it
TV Schlanders, Laas:
Tel. 0473 737050, www.schlanders-laas.it
TV Latsch – Martell:
Tel. 0473 623109, www.latsch-martell.it
TV Kastelbell-Tschars:
Tel. 0473 624193,
www.kastelbell-tschars.com

MERAN UND UMGEBUNG
Marketinggesellschaft Meran:
www.meranerland.com

TV Schnals: Tel. 0473 679148,
www.schnalstal.it
TV Naturns, Plaus: Tel. 0473 666077,
www.naturns.it
TV Partschins, Rabland, Töll:
Tel. 0473 967157, www.partschins.com
TV Algund: Tel. 0473 448600,
www.algund.com
TV Dorf Tirol: Tel. 0473 923314,
www.dorf-tirol.it
TV Meran (Kurverwaltung):
Tel. 0473 272000, www.meraninfo.it
TV Schenna: Tel. 0473 945669,
www.schenna.com
TV Hafling, Vöran, Meran 2000:
Tel. 0473 279457, www.hafling.com
TV Hinterpasseier: Tel. 0473 643558,
www.passeiertal.it
TV Passeiertal: Tel. 0473 656188,
www.passeiertal.org
TV St. Martin in Passeier: Tel. 0473 641210,
www.sanktmartin.it
TV Riffian, Kuens: Tel. 0473 241076,
www.riffian-kuens.com
TV Marling: Tel. 0473 447147,
www.marling.info
TV Lana und Umgebung:
Tel. 0473 561770, www.lana.info

TV Ultental/Proveis:
Tel. 0473 795387, www.ultental.it
TV Nals: Tel. 0471 678619, www.nals.info
TV Tisens-Prissian: Tel. 0473 920822,
www.tisensprissian.com
TV Deutschnonsberg: Tel. 0463 530088,
www.ultental-deutschnonsberg.info

BOZEN UND UMGEBUNG
Tourismusverband Rosengarten-Latemar: www.rosengarten-latemar.com

TV Bozen (Verkehrsamt):
Tel. 0471 307000, www.bolzano-bozen.it
TV Leifers, Branzoll, Pfatten:
Tel. 0471 950420, www.leifers-info.it
TV Jenesien: Tel. 0471 354196,
www.jenesien.net
TV Sarntal: Tel. 0471 623091,
www.sarntal.com
TV Ritten: Tel. 0471 356100,
www.ritten.com
TV Eggental mit Deutschnofen, Eggen, Obereggen, Petersberg:
Tel. 0471 616567, www.eggental.com
TV Steinegg: Tel. 0471 376574,
www.steinegg.com
TV Tiers am Rosengarten: Tel. 0471 642127,
www.tiers-rosengarten.com
TV Welschnofen-Karersee:
Tel. 0471 613126, www.welschnofen.com

ÜBERETSCH UND UNTERLAND
Tourismusverband Südtirols Süden:
www.suedtirols-sueden.info

TV Mölten: Tel. 0471 668282,
www.moelten.com
TV Terlan: Tel. 0471 257165, www.terlan.info
TV Andrian: Tel. 0471 510100,
www.andrian.info
TV Eppan an der Weinstraße:
Tel. 0471 662206, www.eppan.net
TV Kaltern am See: Tel. 0471 963169,
www.kaltern.info
TV Tramin a. d. Weinstraße:
Tel. 0471 860131, www.tramin.com
TV Südtiroler Unterland mit Kurtatsch, Kurtinig, Margreid: Tel. 0471 880100,
www.suedtiroler-unterland.it
TV Salurn a. d. Weinstraße:
Tel. 0471 884279
TV Castelfeder mit Auer, Neumarkt, Montan:
Tel. 0471 810231, www.castelfeder.info

Angelsport

Einheimische dürfen in Südtirols Fließgewässern nur mit gültiger Lizenz (nach abgelegter Prüfung) und mit Fischerei-Schein fischen, die beide das Amt für Jagd und Fischerei in Bozen, Brenner Str. 6, Tel. 0471 415170, ausstellt. Gäste aus dem Ausland erhalten eine Lizenz mit drei Monate währender Gültigkeit – nach Vorlage eines Personalausweises – ebenfalls im Amt für Jagd und Fischerei, aber auch in einigen Tourismusbüros. Darüber hinaus benötigen sie eine Fischerei-Tageskarte, die die zuständigen Fischereivereine ausstellen. Erhältlich sind solche Tageskarten außerdem in bestimmten Sport- und Anglergeschäften, Bars und Gastbetrieben; am besten man informiert sich in den lokalen Tourismusbüros. Private Fischteiche sind von diesen Regelungen ausgenommen.

In Südtirols Flüssen und Bächen ist die Marmorierte Forelle heimisch, deren Bestand aber vielfach bedroht und daher besonderen Schutzmaßnahmen unterworfen ist. In Gebirgsbächen und -seen sowie in den zahlreichen Stauseen kommen die Bach- und Regenbogenforelle sowie lokal der Bachsaibling vor. In den tiefer liegenden Seen, z. B. im Kalterer See und in den Montiggler Seen fühlen sich auch Schleie, Karpfen, Hecht, Zander, Fluss-, Forellenbarsch und Aal wohl. Ein in Europa einzigartiger Renkenbestand ist im Haidersee im Obervinschgau zu verzeichnen.

☞ Alles übers Fliegenfischen im **Vinschgau** finden Sie unter www.fliegenfischen.it oder erfahren Sie direkt bei Hubert Winkler in Kastelbell (Gasthof Hotel Winkler, Tel. 0473 624134).

☞ Im Mündungsgebiet des Suldenbaches bei **Prad** ist inmitten von Auwäldern eine Reihe von Fischteichen angelegt. Karten gibt das Tourismusbüro Prad aus, Tel. 0473 616034, oder erhalten Sie im Bar-Restaurant Fischerstube direkt vor Ort, Tel. 0473 617222. Die Teiche erreichen Sie ab Prad zu Fuß auf Weg 10 oder mit dem Auto auf der Zufahrt zum Gewerbegebiet.

☞ In **Ulten** liegen mehrere malerische Stauseen, der größte davon ist der Zogglersee bei Kuppelwies, der Weißbrunnsee liegt am Talschluss. Tageskarten gibt's u. a. beim Eggwirt in St. Walburg, Tel. 0473 795319.

☞ Die Talfer eignet sich auf den Abschnitten zwischen der St.-Anton-Brücke bei **Bozen** bis Halbweg im **Sarntal** gut fürs Fischen. Leitfisch ist die Bachforelle. Die Marmorierte Forelle, aber auch Äschen, holen Sie mit etwas Glück aus dem Eisack, einem schwierigen Fluss mit interessanten Abschnitten im Stadtbereich von **Bozen** oder vor **Klausen**. Jede Menge guter Tipps sowie Tageskarten erhält man in Bozen bei der Firma Fischer am Mazziniplatz 18, Tel. 0471 270777

☞ Der fischreiche und landschaftlich reizvolle Wolfsgrubner See liegt auf dem Bergrücken des **Ritten**. Tageskarten beim Hotel am See, Tel. 0471 345119.

☞ Tageskarten für Fischen im Kalterer oder Motiggler See im **Überetsch** erhalten Sie außer bei den Tourismusbüros u. a. beim Gasthof-Pizzeria Geier am Kalterer See, Tel. 0471 960228, bzw. beim Hotel Sparer am Montiggler See, Tel. 0471 664061.

☞ Ein interessantes Fischgewässer ist der Nevesstausee im hintersten Mühlwaldtal im **Ahrntal**: Er liegt nicht nur inmitten einer beeindruckenden Hochgebirgswelt, sondern ist auch recht fischreich, mit kapitalen Bach- und Regenbogenforellen sowie Saiblingen. Für Fliegenfischer bietet sich der Antholzerbach mit seinem Bestand von Bachforellen, Saiblingen und Äschen an. Herrlich gelegene Naturseen mit gutem Forellenbestand sind der **Pragser**- und der **Toblacher See**. Viele gute Tipps sowie Tageskarten erhalten Sie in **Bruneck** im Fachgeschäft Fishermann von Toni Irenberger, Tel. 0474 411451.

HINWEISE, TELEFONNUMMERN, WEBSITES

Öffentlicher Notruf: Tel. 113
Sanitärer Notruf: Tel. 118
Carabinieri: Tel. 112
Alpenverein Südtirol: Bozen, Vintlerdurchgang 16, Tel. 0471 978141, www.alpenverein.it
Bahninformation: Zugfahrplan: www.trenitalia.com. Vinschger Bahn (Meran–Mals): www.vinschgerbahn.it
Bürgernetz der Provinz Bozen mit nützlichen Hinweisen zur Orientierung in Südtirol: www.provinz.bz.it
Businformation: Tel. 800 846047 (gebührenfreie Nummer), www.sii.bz.it, www.sad.it
Burgeninstitut: www.burgeninstitut.com
Flugplatz Bozen: Tel. 0471 255255, www.abd-airport.it
Informationen zum Urlaubsland Südtirol: Südtirol Marketing Gesellschaft, Tel. 0471 999999 oder 0471 999888, www.suedtirol.info (enthält alle Adressen der Südtiroler Tourismusorganisationen – auch für die Hotelsuche)
Museen in Südtirol: www.provincia.bz.it/museenfuehrer bzw. Buch „Museen in Südtirol" (Folio Verlag) bzw. Technikmuseum: www.technikmuseum.it
Naturparke in Südtirol: www.provinz.bz.it/natur
Pannenhilfe ACI: 803160 (24 h – mit ausländischem Handy: 800 116800)

Polleninformationsdienst: Tel. 0471 950431 oder Tel. 0471 950163, www.provinz.bz.it/umweltagentur
Südtirol-Information (aktuelle Themen, Kino- und Theaterprogramm): www.stol.it
Südtirol Journal, aktuelle Nachrichten: www.nachrichten.it
Südtiroler Köcheverband, Rezepte u. a. m. zum Thema Essen: www.skv.org
Südtiroler Verbraucherzentrale: Tel. 0471 975597, www.verbraucherzentrale.it
Südtiroler Verkehrsverbund (Autobuslinien und Bahnnahverkehr): Tel. 0471 450111
Telefon: Vorwahl nach Italien: 0039, gefolgt von der Nummer einschließlich der Null. Internationale Vorwahl Deutschland: 0049; Österreich: 0043; Schweiz: 0041
Telefonauskunft: Inland 12, Ausland 4176
Universität Bozen: www.unibz.it
Verkehrsmeldezentrale: Tel. 0471 416100, www.provinz.bz.it/vmz
Wein: www.suedtirolerwein.it
Wetter-, Schnee- und Lawinenbericht: Tel. 0471 271177 oder Tel. 0471 270555, www.provinz.bz.it/wetter
Wetter-Webcam: www.suedtirol.com

Bei Lajen-Ried

Kino

☞ Ohne festen Sitz spielt die Brunecker Niederlassung des Filmclubs Bozen zum Teil anspruchsvolle Streifen, im Winter meist im Kolpinghaus in **Bruneck**, im Sommer Freilichtkino. Programmübersicht unter www.filmclub.it, Tel. 0471 974295

☞ Eines der letzten Programmkinos auf dem Lande ist das Odeon in **Bruneck**. Es laufen gängige Titel, vorwiegend in deutscher Sprache. Waldheimerweg 1, Tel. 0474 554299

Stadtgasse in Bruneck

Ahrntal ist eine Institution: freitags Lasershow und Discosound, sonntags Cocktailabend und Foxtrott-Klänge für „Oldies". Tel. 0474 678195

PIK-KLUB
Klein, aber oho! Fetzige Disco-Nights im Zentrum von **Sand in Taufers**. Tel. 0474 678226

TOLDERCLUB
Der Tolderclub in **Olang** ist kein Tanzpalast, dafür kommt umso schneller Stimmung auf. Guter Musikmix! Mittwochs Latino-Americano, freitags Disco-Music, samstags 360°. Tel. 0474 496221

APRÈS-SKI TONI UND CAFÉ SCHISTADL
An der Talstation der Kabinenumlaufbahn in **Olang-Gassl** ist im Winter nach Pistenschluss der Bär los. Nicht nur Wintersportler, sondern auch Unternehmungslustige aus der näheren und weiteren Umgebung unterhalten sich im Disco-Pub/Après-Ski Toni, Tel. 0474 592002, und im Café Schistadl, Tel. 0474 592144

ADLER DANCING
Hier wird das Tanzbein bis früh in den Morgen hinein geschwungen! **Niederdorf**, Von-Kurz-Platz 3, Tel. 0474 745278

HERZL-ALM
In dem im Hotel St. Veit in **Sexten** eingerichteten Lokal herrscht vor allem im Winter ausgelassene Stimmung! Tel. 0474 710390

NO PROBLEM
Diskothek, Taverne und Weinstube im Sporthotel in **Sexten**. Tel. 0474 710365

555900) nach alten Vorlagen, aber auch nach neuen Entwürfen Webwaren her. Im Kunstgewerbeladen am Graben 4a in **Bruneck** wird eine reiche Auswahl an Produkten gezeigt und verkauft. Tel. 0474 555230, www.ulbrich.it

Hermann Kühebacher, Handweber, fertigt aus viel Natur- und heimischen Fasern Stoffe, Teppiche und anderes mehr auch nach individuellen Kundenwünschen an. **Innichen**, Tel. 0474 914135

TRACHTEN- UND DESIGNERMODE

Designer-Klamotten vom Feinsten – von Gucci, Prada und Co. – findet man in der Boutique von Daniela und Franz Kraler in **Toblach**. ⭐ Kaschmir, Seide, Lack und Leder buhlen auf mehreren Stockwerken um die Gunst der verwöhnten Klientel, die sich sogar aus den italienischen Modemetropolen zum Einkaufen hierher chauffieren lässt. Tel. 0474 972328

Exklusive Loden- und Trachtenmode verkauft das Trachtenstüberl in **Toblach**. Tel. 0474 972350

WOLLPRODUKTE

Helene Brusa stellt Pantoffeln, Kissen, Nackenrollen, Bettdecken und anderes mehr her – alles aus Naturwolle heimischer Schafe und mit zum Teil historischen Verarbeitungsmaschinen. Der Verkaufsraum liegt in **Sand in Taufers**, **Kematen**. Tel. 0474 679581

Peter Eppacher führt eine Kunstweberei in **Uttenheim**. Hergestellt werden Stoffe mit traditionellen Mustern, die beliebten und farbenfrohen Fleckerlteppiche sowie Trachtenhemden aus Baumwolle und Leinen. Tel. 0474 597175

AM ABEND

TAVERNE IM HOTEL POSTA ZIRM

Die vielen Ski-Gäste wollen unterhalten sein, deshalb gibt es im Gadertal eine ganze Reihe von Discos, die am Abend brechend voll sind. Einheimische sind allerdings rar. Eine gute Adresse ist die Taverne im Hotel Posta Zirm in **Corvara**, mit DJ und Live-Musik von 21.30 bis 2 Uhr. Tel. 0471 833894

UFO

Das Brunecker Jugendzentrum im Südosten der Stadt sieht aus wie die Garage von Raumschiff Enterprise. Geboten werden ein regelmäßiges (internationales) Musikprogramm, Tanzveranstaltungen, Sommerkino im Freien und Theaterveranstaltungen. Außerdem gibt's eine Skaterbahn, eine Bar mit einer großen Auswahl von Gesellschaftsspielen und vieles mehr. **Bruneck**, Ferrari-Str. 20, Tel. 0474 555770, www.ufobruneck.it

DANCING VIS À VIS

Die Discothek Dancing Vis à Vis hat unter verschiedenen Namen schon Generationen überdauert. **Reischach** bei Bruneck, Tel. 0474 548170

GRETIS SCHIRMPUB

Schon ab 15 Uhr herrscht im Winter bei „Gretis Schirmpub" an der Talstation des Speikbodenlifts in **Luttach** im Ahrntal Bombenstimmung.

RUMPKELLDO UND ALMDIELE

Zuerst Après-Ski-Vergnügen im „Rumpkelldo" in **Luttach** (Tel. 0474 671774) und dann ab in die „Almdiele", wo man auch gut essen kann. Tel. 0474 671353

SPORTCENTER

Hierher pilgern sogar die jungen Leute aus dem Eisacktal! Das traditionsreiche Sportcenter in **Sand in Taufers** im

SATTLER

Richard Oberhauser aus **Niederrasen** ist Sattler und Tapezierer. Er verarbeitet Leder, baut und repariert Pferdekutschen. Tel. 0474 496553

STEINMETZ

Martin Fuchsbrugger fertigt Praktisches und Kunstvolles aus Stein, etwa Türeinfassungen, Säulen, Brunnen. **Sand in Taufers**, **Kematen**, Tel. 0474 679456

STOFFE, LODEN, WEBWAREN

Auf dem Hügel von Sonnenburg bei **St. Lorenzen** steht der Ansitz Hebenstreit, ♣ wo in einem restaurierten Flügel das Unternehmen Richard Vill angesiedelt ist, das aus Leinen feinste Bettwäsche, modische Kleider für Damen und Herren u. a. herstellt. Die Ware wird in schön getäfelten und mit Fresken ausgestatteten Räumen ausgestellt und verkauft; zu sehen gibt es außerdem altes Gerät zur Flachsverarbeitung. Tel. 0474 474888

Früher pflanzten die Bauern im Gadertal Flachs an, geblieben ist das Handwerk: In Pederoa im Gadertal, wo die Straße von der Talstraße Richtung Wengen abzweigt, gibt's mehrere Webereien. Hier wird Leinen traditionsbewusst an der Jacquard-Webmaschine verarbeitet, wobei dünne, gelochte Holzbretter zur Steuerung des komplizierten Webvorgangs verwendet werden. Hauptprodukte sind Tischdecken, Servietten sowie Vorhänge aus Leinen und aus Leinen-Baumwolle-Gemisch mit eingewebten, traditionellen Mustern. Zwei Adressen in **Pederoa**: Gaidra, Tel. 0471 843106, und Nagler, Tel. 0471 843188, www.tessituranagler.com. Die Webwerkstatt Tavella befindet sich in **Pedratsches**, Tel. 0471 839683.

Die Kunstweberei Franz produziert in der Michael-Pacher-Str. 9 in **Bruneck** Stoffe für Tischwäsche und Vorhänge sowie Möbelstoffe und Teppiche. Bis heute werden in dem Betrieb nach alter Tradition Stoffe im Jacquardmuster gefertigt. Tel. 0474 555385

Am Ufer der Rienz im Nordosten von Bruneck ist seit über hundert Jahren die Tuchfabrik Moessmer angesiedelt. Hergestellt werden 800.000 m Stoff im Jahr – feine Wollstoffe aus Streich- und Kammgarnen sowie Loden. Moessmer-Stoffe haben in der Branche einen ausgezeichneten Ruf als hochmodische Qualitätsware. Längst besitzt die Firma auch Bekleidungsgeschäfte, bei denen von der Rohwolle bis zum fertigen Modell alles aus dem eigenen Haus stammt. Die modebewussten italienischen Feriengäste pilgern in Scharen zur Fabrik, um in den angeschlossenen großzügigen Verkaufsräumen zuzuschlagen. Gruppen können sich nach Anmeldung in einer eineinhalbstündigen, lehrreichen Führung das Werk zeigen lassen, wobei sie alles über die Wollverarbeitung erfahren. **Bruneck**, Walther-von-der-Vogelweide-Str. 6, Tel. 0474 411267, www.moessmer.it

Bruno Frenes stellt in der Kunstweberei Ulbrich in der Tieltstr. 17a (Tel. 0474

In der Weberei Nagler in Pederoa

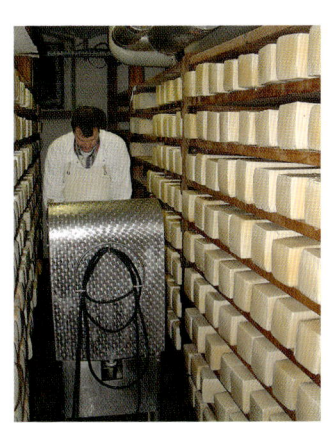

In der Sennerei in Innichen

KLÖPPELN ♣

Mit Spitzenklöppeln sicherten sich die Frauen im Ahrntal früher einen Zuerwerb. Vor einigen Jahren besann man sich in Prettau darauf, die aufwändige Handarbeit wieder aufzuwerten: Zwei Schulen lehren das Arbeiten mit Klöppelpolster, Klöppel, Stecknadeln und Leinengarn. Im „Haus Prettau" in **Prettau** kann man eine ständige Ausstellung besichtigen, bei Klöppelvorführungen zusehen und die wertvollen, filigranen Handarbeiten kaufen. Tel. 0474 654238

In **Prettau** wohnt auch die rührige Antonia Rubner. Sie weiß alles um die hohe Kunst des Klöppelns, ihre Arbeiten gehen in die ganze Welt und sind in Büchern und Fernsehaufzeichnungen dokumentiert. In der Stube steht ihr Klöppelkissen und sind ihre Arbeiten (Spitzen, Kleider, Meterware, Bilder, Vorhänge, Spitzendecken) ausgestellt. Tel. 0474 654145

KUNSTHANDWERK ❗

Ein besonders leutseliger und lustiger Geselle ist Klaus Kircher aus **St. Johann** im Ahrntal. Er schnitzt Krippenfiguren und Teufelsgeigen, ein kurioses Volksmusik-Instrument mit Schellen und Glocken, auf dem er bei gegebenem Anlass gerne aufspielt, wenn die Laune gut und die Leute locker sind. Tel 0474 652304

KUNSTSCHMIED

Der Kunstschmied Dieter Happacher in **Innichen** stellt sehr ansehnliche Geschenk- und Souvenirartikel aus Schmiedeeisen oder Kupfer her. Tel. 0474 913350

MASKENSCHNITZER

Im Schnitzerei- und Krippenmuseum „Maranatha" in **Luttach/Ahrntal** wird die Tradition des Maskenschnitzens aufgezeigt. Die Bildhauerwerkstatt kann von Besuchern besichtigt werden; bei Führungen durch das Museum wird die Geschichte der Bildhauerkunst im Ahrntal erklärt. Im Geschäft „Südtiroler Kunsthandwerk" lassen sich viele Geschenkideen und Souvenirs finden. Weißenbachstr. 15–17, Tel. 0474 671682

Walter Obermair ist für seine Schnitzkünste bekannt: Er fertigt in seiner Werkstatt mit angeschlossenem Verkaufsraum sakrale und profane Kunst: Teller, Schüsseln, Wappen, Heiligenfiguren, Kruzifixe und natürlich auch Masken. **St. Jakob** im Ahrntal, Tel. 0474 650212

MOBILIAR ⭐

Im Schmuckkastl, einem an das Romantikhotel La Perla angeschlossenen Verkaufsraum, präsentiert die rührige Chefin des renommierten Hauses erlesene Einrichtungsstücke. Anni Costa stellt rustikale bemalte oder naturbelassene Holzmöbel und Einrichtungsgegenstände aus und bietet exklusive Tisch- und Bettwäsche sowie Accessoires für gehobene Tischkultur an. **Corvara**, Tel. 0471 831000

RECYCLING-KUNSTWERKE ❗

Ernst Lercher (Tel. 0474 973028), von Beruf Tischler, bastelt in seiner Freizeit aus einfachen, meist recycelten Materialien kuriose Kunstwerke: Aus zerbeulten Alu-Milchkannen entstehen Postkästen, aus einem Wagenheber mit aufgesetzter Glasplatte wird z. B. ein Tisch. Zu sehen und leider kaum zu kaufen sind die Kunstwerke im Art-Café Englös in **Toblach**.

FLEISCH- UND WURSTWAREN

Die Metzgerei Obermair in **Luttach** im Ahrntal verkauft den beliebten „Ahrna Speck". Freitags Nachmittag ab 15 Uhr Gratisverkostung! Tel. 0474 671292

Die Metzgerei Mair in **Olang** ist eine große Dorfmetzgerei mit schönem Verkaufsladen und viel Hausgemachtem hinter der Ladentheke: Hirschwürste, Kaminwurzen oder Zwiebelmettwurst sind nur einige der Spezialitäten. Tel. 0474 496216

Einer der größten Speck- und Wurstwarenproduzenten Italiens ist die Firma Senfter aus Innichen, die aus einem kleinen Familienbetrieb hervorgegangen ist. Im Geschäft in **Innichen** werden das Beste an Speck und Wurstwaren, außerdem Wein, Destillate und allerlei andere Köstlichkeiten angeboten. Tel. 0474 913139

Für ausgezeichnetes Bio-Rindfleisch aus hofeigener Tierhaltung lohnt sich ein Abstecher zum Bergbauernhof Hackerhof, Familie Bernhard Lanz, **Toblach**, Haselsberg 23, Tel. 349 1957997

Geflügel, wie die kostbaren Bresse-Hühner, gibt es bei „Ahrntal Natur" in **Steinhaus**, Moserhof 4, Tel. 0474 652274, www.ahrntalnatur.com

GRAVEUR

Manfred Volgger verziert mit kunstvollen Zeichnungen, Monogrammen, Wappen und Ornamenten Sigelringe, Medaillons, Manschettenknöpfe, Silber- und Zinnteller, Taschenuhren, Anhänger, Jagdgewehre, Messerklingen und anderes metallenes Gerät und Zierrat. **Vintl**, **Pfunders**, Tel. 335 5205022

HEILKRÄUTER UND NATURPRODUKTE

Seit fast 100 Jahren werden in der Latschenölbrennerei Bergila aus Latschenkiefern, Fichten, Föhren und Zirbelkiefern ätherische Öle gewonnen. Auch Heil- und Gewürzkräuter aus dem Kräutergarten nebenan werden verkauft. **Pfalzen**, **Issing**, Tel. 0474 565373, www.bergila.com

Am Kräuterhof Hauser in **Wielenberg** über dem Tal bei Percha werden 50 verschiedene Heil- und Gewürzkräuter angebaut, die zu ätherischen Ölen, Salben, Cremes, Kräuterschnäpsen, Kräutermischungen, Kräutersalz etc. verarbeitet werden. Die bunt blühenden und duftenden Kräuterbeete allein lohnen schon einen Ausflug. Vor dem Haus gibt's einen kleinen Streichelzoo mit Ziegen, Schafen, Kaninchen und Enten. Tel. 0474 401092

Massimo Galletti ist Doktor der Pharmazie – das bürgt für kompetente Beratung in puncto Gesundheit, Bio-Ernährung, Kosmetik und Sport in der „Natur Stube – Erboristeria" in **Toblach**. Infos: Tel. 0474 972708

KÄSE

David Patzleiner vom Lechnerhof in **Prags** hält Schafe und Ziegen, die 20.000 Liter Milch im Jahr liefern – aus der Milch produziert er hochwertigen Ziegenkäse und Schafsjoghurt. Ab-Hof-Verkauf, Tel. 0474 748652

Die Hofkäserei Gatscher in **Kiens** verkauft u. a. Butter, Joghurt, mehrere Käsesorten (darunter preisgekrönte Bergkäse), Ab-Hof-Verkauf, Pustertaler Str. 5, Tel. 0474 564151

In der neuen Schaukäserei in **Toblach**, direkt an der Kreuzung Dorfstraße–Staatsstraße, erfährt der Besucher den Werdegang der Milch, bis sie zu Käse, Butter oder Joghurt wird. Die 2500 Kühe der 180 Genossenschaftsmitglieder liefern täglich bis zu 30.000 Liter beste Milch! Führungen und Verkostungen. Geöffnet Di–Sa 8–18 Uhr, So 10–17 Uhr (im August und über Weihnachten/Neujahr kein Ruhetag). Pustertaler Str., Tel. 0474 972145

KERAMIK

Familie Kuntner fertigt seit Generationen Keramikgegenstände, die mit traditionellen Motiven bemalt werden. Beliebt sind auch die handgefertigten Ofenkacheln; Kachelöfen werden nach Maß gebaut. Verkauf in der Stadtgasse 53 in **Bruneck**. Tel. 0474 554684

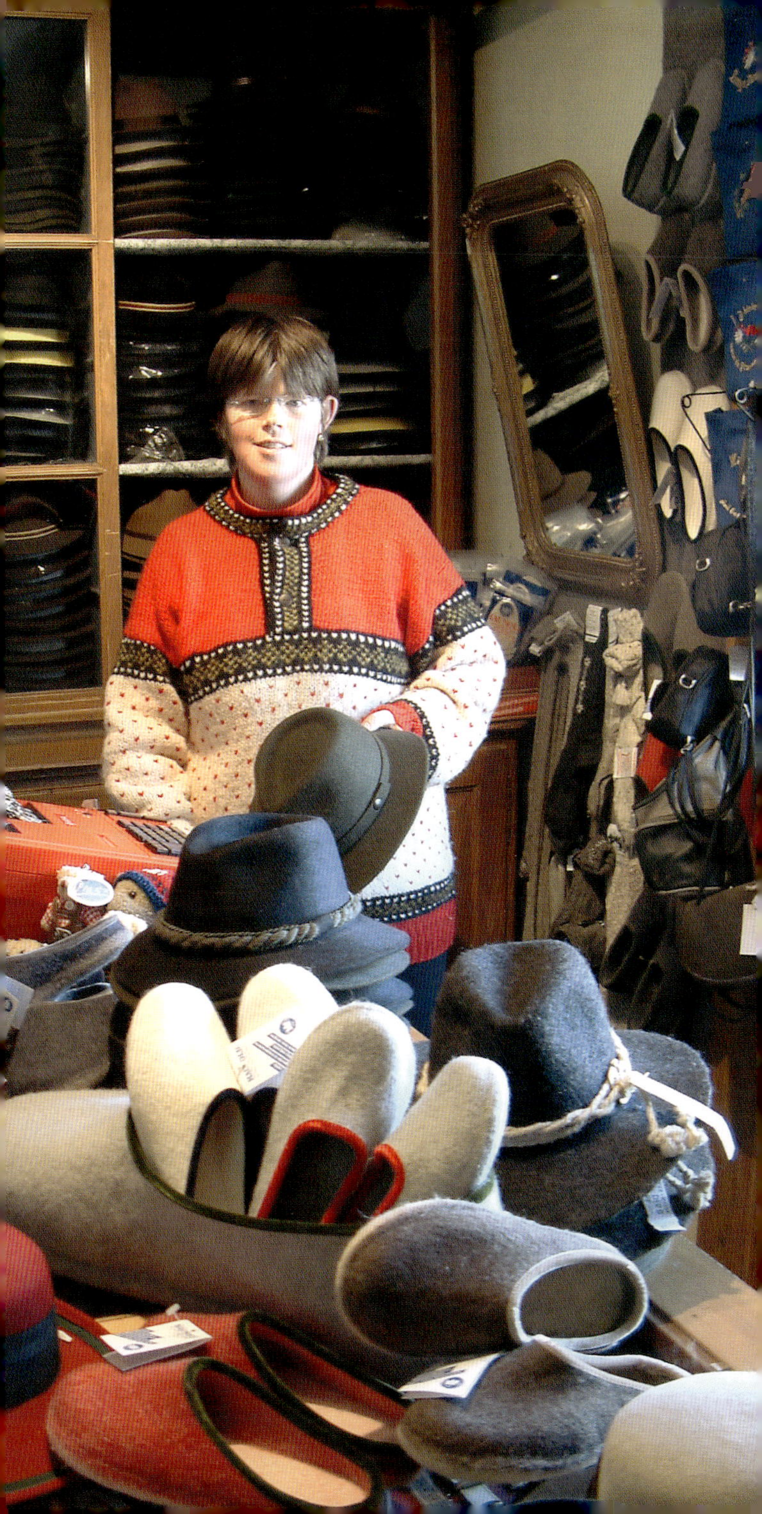

EINKAUFEN UND HANDWERK

DELIKATESSEN
In der traditionsreichen Stadtmetzgerei Karl Bernardi in der Stadtgasse 36 in **Bruneck** findet man feine Lebensmittel aller Art, außerdem Weine in reicher Auswahl. Stadtgasse 36, Tel. 0474 555472

DESTILLATE
In der kleinen Destille Aichner, die zur Apotheke in **Sand in Taufers** (Tel. 0474 678035 oder 348 6510630) gehört, werden feine Edelbrände gebrannt; hervorzuheben der Apfel-, Marillen-, Kirschen-, Zwetschken- oder Muskateller-Trauben-Brand sowie der Vogelbeerschnaps aus den Beeren der Eberesche. Aus Platzgründen ist die Verlegung der Brennerei nach Kematen in den Gasthof Rasteck geplant. Die Destille Aichner nennt sich zwar die erste Brennerei im Pustertal, doch die Enzianhütte in Toblach (Tel. 0474 979072) hat die ältere Lizenz.

DRECHSLER
Hans Hintner vom Hinterschuherhof in **Gsies**, **St. Martin**, übt seinen gelernten Drechslerberuf nur mehr hobbymäßig aus. Eine Besonderheit sind die von ihm gebauten Volksmusikinstrumente, wie Raffelen und Hackbretter für Kinder und Erwachsene.

In Gsies fertigt und verkauft der Drechsler Josef Taschler Teller, Schüsseln, Dosen, Kerzenständer, Treppengeländer, Wanduhren sowie andere Gebrauchs- und Ziergegenstände aus heimischem Holz. Auf Bestellung Brandmalerei. Werkstatt und Verkaufsraum in **Gsies**, **St. Magdalena**, Tel. 0474 948083

FILZPRODUKTE ●
In einem stattlichen, jahrhundertealten Bürgerhaus mit gotischen Türeinfassungen, Gewölben und Steintreppen in **Innichen** ist – bis dato – ein wunderbar altmodisches Geschäft untergebracht, wo Woll- und Filzprodukte verkauft werden. Der traditionsreiche Handwerksbetrieb „Johann Zacher" produziert Filzhüte für Damen und Herren sowie warme Filzpantoffeln. Außerdem ist er auf die Herstellung von Einlegesohlen und Pantoffelsohlen unter dem Markenzeichen „Haunold" spezialisiert. Tel. 0474 913535

Feinkostgeschäft Senfter in Innichen

Ansitz Heufler in Rasen

MUDLERHOF 👶 🧒
Das gemütliche Berggasthaus liegt sonnig und aussichtsreich auf 1585 m. Die ehrliche Hausmannskost wird von den Gästen geschätzt. Hier gibt es noch so bodenständige Gerichte wie Graukasnocken. Grau-, Weich-, Alm- und Frischkäse kommen aus der eigenen Käserei. Für Naschkatzen gibt es frische Waffeln und Apfelstrudel. Außerdem tummeln sich jede Menge Tiere am Hof: Ziegen, Hühner, Hängebauchschweine und schottische Hochlandrinder. **Taisten-Welsberg**, geöffnet von Pfingsten bis November und Weihnachten bis Ostern, außer im August Di Ruhetag, Tel. 0474 950036

DURNWALD 👶 👶
Im Sommer genießt man die hervorragenden bodenständigen Gerichte am besten im Freien auf der Terrasse, wo man überdies einen schönen Blick auf die Landschaft hat. **Gsies**, **Unterplanken**, Mo Ruhetag, Tel. 0474 746920

ADLER 👶 👶
Im ehemaligen Ansitz aus dem 17. Jh. hat die Gastfreundschaft eine lange Tradition. In gemütlichen, zum Teil antik ausgestatteten Gaststuben werden verfeinerte regionale Speisen gereicht; gut bestückte Weinkarte. Komfortables Dreisternehotel. **Niederdorf**, Di Ruhetag, Tel. 0474 745128, www.hoteladler.com

ARTCAFÉ ENGLÖS 👶 👶 ♣
Tolles Café in einem historischen, aufwändig restaurierten Gebäude. Kuchen, Kaffee und Tee (nicht im Beutel!), gute Weine und Appetithäppchen genießt man in den angenehmen Räumlichkeiten wie im eigenen Wohnzimmer. Laufend Kunstausstellungen, Lesungen. **Toblach**, So Ruhetag, Tel. 0474 972090

ENZIANHÜTTE 👶 👶 🍏
Das beliebte rustikal-barocke, gemütliche Lokal am Nordrand von Toblach lebt vom Engagement der flotten und freundlichen Wirtin Elisabeth Kröll. Typische Pusterer und Tiroler Gerichte, Wildgerichte, Strauben, gute Weinauswahl, dazu die selbst angesetzten oder gebrannten Schnäpse.
Toblach, Mo Ruhetag, Tel. 0474 979072, www.ristorante-genziana.it

GRATSCHWIRT 👶 👶 👶
Der Name trügt – das Gasthaus an der Staatsstraße kurz vor Toblach ist kein einfaches Wirtshaus, sondern ein komfortables kleines Hotel mit Restaurant und einer holzgetäfelten Gaststube. Auf der Speisekarte stehen Tiroler und italienische Gerichte zu korrekten Preisen. **Toblach**, **Gratsch**, Di Ruhetag, Tel. 0474 972293, www.gratschwirt.com

KUNSTRAUM CAFÉ MITTERHOFER
Manfred Mitterhofer betreibt im Zentrum von Innichen ein interessantes Café, in dem laufend Ausstellungen gezeigt werden und Kunstveranstaltungen stattfinden. In-Treff der Einheimischen – man schwärmt insbesondere von der heißen Schokolade. Im Sommer plaudert es sich gemütlich an den Tischen im Freien.
Innichen, So Ruhetag, Tel. 0474 913259

WEISSES LAMM ☗ ☗
Bekannt unter dem Namen „Lampl" – oder „Künstlerstübele", denn das historische Gasthaus in der Altstadt von Bruneck wartet im ersten Stock mit wunderschönen alten Gaststuben auf. Dort treffen sich auch Einheimische zu einem Glas Wein und einem Kartenspiel. Hervorragende bodenständige Kost. Abends sollte man reservieren; bis 1 Uhr geöffnet. **Bruneck**, Stuckstr. 5, So Ruhetag, Tel. 0471 411350

STEINHAUSWIRT ☗ ☗
Mit viel Schwung und Liebe betreiben Elmar und Barbara Niederkofler den Steinhauswirt, das alteingesessene Dorfgasthaus in **Steinhaus** im Ahrntal. Es wird nicht nur die Tiroler Wirtshaustradition hochgehalten, sondern auch der italienischen Küche gefrönt. Eine Besonderheit sind die hausgemachten Nudeln. Spezialitätenwochen mit wechselnden Gerichten; vernünftige Weinauswahl. Mo ab 15 Uhr, Sa bis 15 Uhr geschlossen, Tel. 0474 652241, www.steinhauswirt.com

SCHWARZBACHALM ☗ ♣
Auf dieser urigen Alm lässt man sich einiges einfallen, damit die Gäste den halbstündigen Fußweg ab **St. Johann** im Ahrntal in Kauf nehmen. Sommers wie winters steht zünftige Bauernkost auf der Karte, wie „Bauerngeröstl", Pressknödel mit Rübenkraut und Schweinshaxen, aber auch Forellengerichte mit dem passenden Glas Wein. Am Abend ist Vorbestellung angeraten. Di Ruhetag, Tel. 348 7043911

ZUR ALTEN MÜHLE ☗ ☗
Gepflegte, gutbürgerliche Küche, verfeinerte einheimische Gerichte mit italienischem Einschlag. Hausgemachte Nudelspezialitäten, Fischspezialitäten, regelmäßige „Toskana-Wochen". **Sand in Taufers**, So abends und Mo Ruhetag, Tel. 0474 678077

RESTAURANT LEUCHTTURM ☗ ☗ ☗
Chef Günther Plankensteiner und sein Team sorgen für herausragende Gaumenfreuden, mit heimischen Zutaten und internationalen Seitenblicken. **Sand in Taufers**, Bayergasse 12, Do und Fr Mittag Ruhetag, Tel. 0474 678143, www.restaurant-leuchtturm.it

OBERRAUT ☗ ☗
Der Bauernhof mit angeschlossener Gastwirtschaft liegt traumhaft auf der sonnigen Hochfläche von Amaten oberhalb von Percha. Vorzügliches Restaurant: hervorzuheben der selbst gemachte Speck und der Graukäse. Die Weinkarte ist beachtlich, die Preise vernünftig. Wenige, preiswerte Zimmer. **Bruneck**, **Amaten** (über Percha erreichbar), Do Ruhetag, in der Hochsaison kein Ruhetag, Tel. 0474 559977

MOAR ☗
Es herrscht eine besondere Atmosphäre im alten Gasthof mit seinen dicken Mauern, der großen Stube und den vielen historischen Einrichtungsgegenständen (im Gang hängt ein kurioses Ölbild der Familie, auf dem die Kinder wie die Orgelpfeifen aufgereiht sind). Die Küche wartet mit typischen Pusterer Gerichten auf, die Bedienung ist freundlich. **Percha**, **Oberwielenbach**, Di Ruhetag, Tel. 0474 401177

SALLERHOF ☗
Herrlich gelegene Jausenstation mit toller Aussicht über das Pustertal und auf den Olanger Stausee. **Olang**, Tel. 0474 496360

ANSITZ HEUFLER ☗ ☗ ☗ ♣
Im 400 Jahre alten Ansitz Heufler ist ein stilvolles Restaurant untergebracht. In der Herrenstube, einer kunstvoll getäfelten Renaissancestube, schmecken die köstlichen Gerichte und die erlesenen Weine noch mal so gut!
Rasen-Antholz, **Oberrasen**, Di Ruhetag, Tel. 0474 498582, www.heufler.com

Armentara im Gadertal

ST. HUBERTUS 🍴🍴🍴
Norbert Niederkofler, der das Restaurant im Hotel Rosa Alpina leitet, ist ein Star der internationalen Köcheszene – dementsprechend sind das Niveau seiner Küche, der Andrang und die Preise. Vormerkung wird empfohlen. **St. Kassian**, Mi mittags und Di Ruhetag, Tel. 0471 849500, www.rosalpina.it

CIABLUN 🍴 ♣
Was so viel heißt wie „schöne Aussicht" – und die hat man fürwahr! Auf einem Geländevorsprung im Weiler **Runch** bei Wengen im Gadertal thront das Wohnhaus, daneben stehen die Wirtschaftsgebäude. Ebenerdig wurde ein gemütliches kleines Speiselokal geschaffen, wo Anna Dapoz ein fünfgängiges Fixmenü ladinischer Spezialitäten bereitet. Es gibt Speck, „Cajincì arestis" (mit Spinat, Sauerkraut oder Topfen gefüllte und in Schmalz gebackene Teigtaschen), Gerstsuppe, Schweinshaxen oder Gulasch mit Knödel sowie „Turtres", Hefegebäck mit Mohn. So Ruhetag, Tel. 0471 843094

DASSER 🍴🍴
In **St. Martin in Thurn** im Gadertal liegt der traditionsreiche Gasthof Dasser, der schon um 1705 als Wirtshaus erwähnt wurde und an dessen Theke sich noch immer die Einheimischen gerne zu einem Plausch treffen. Die rustikalen Stuben und das alte Gemäuer sorgen für stimmungsvolle Atmosphäre bei traditioneller ladinischer Küche, italienischen Vorspeisen und Wildspezialitäten. Mo Ruhetag, Tel. 0474 523120

SCHÖNECK 🍴🍴🍴
Top Adresse, von Michelin ausgezeichnet! Mediterranes Ambiente im Wintergarten und tirolische Gemütlichkeit in den alten Stuben, was sich auch in der Speisekarte spiegelt: Neben zahlreichen Gerichten aus dem Mittelmeerraum steht immer auch bodenständige Küche zur Auswahl. **Pfalzen, Issing**, Di mittags und Mo Ruhetag, Tel. 0474 565550

TANZER 🍴🍴
Das Restaurant des Hotel Tanzer in Issing bei **Pfalzen** ist weitum bekannt: Man wird mit hervorragenden Gerichten der Tiroler und der italienischen Küche verwöhnt. Schöne Stuben, gut sortierte Weinkarte und dem Niveau angemessene Preise. Di Ruhetag, Tel. 0474 565366, www.tanzer.it

LANGGENHOF 🍴🍴
Abends schnelle und hervorragende Küche, weswegen auch viele Einheimische einkehren – die erste Adresse in **Stegen**, einem Vorort im Westen von Bruneck. So Ruhetag; geöffnet von 19–21.30 Uhr, Tel. 0474 553154, www.langgenhof.com

Bauernhof spüren

**Urlaub auf dem Bauernhof
Bäuerliche Schankbetriebe
Qualitätsprodukte vom Bauern**

SÜDTIROL

Südtiroler Bauernbund - Roter Hahn
K.-M.-Gamper-Straße 5, I-39100 Bozen
Tel. 0471 999 308, Fax 0471 981 171
info@roterhahn.it, **www.roterhahn.it**

ESSEN UND TRINKEN

TÖPSL-TILIA 💰💰💰
Der alte Ansitz, der in den letzten Jahren umfassend renoviert und aus dem Dornröschenschlaf erweckt wurde, liegt an der Straße in **Obervintl**. Ebenerdig ist eine gemütliche, gut sortierte Weinbar, im Obergeschoss in stilvollen Räumen ein nettes Restaurant untergebracht. Chris Oberhammer serviert fantasievolle heimische und internationale Gerichte. Mi mittags und Di Ruhetag, Tel. 0472 868185, www.chris-oberhammer.com

NUNEWIESER 💰 🟢
Der beliebte und gut besuchte Berggasthof am Waldrand hoch über dem Pustertal gehörte früher den Nonnen vom nahen Kloster Sonnenburg, woher auch der Name rührt. Man serviert eine einfache, gepflegte Tiroler Hausmannskost; vieles ist selbst gemacht, so etwa der würzige „Zieger"-Käse aus Kuhmilch oder die Kräuterschnäpse zur Verdauung. An Sonn- und Feiertagen ist immer ein Braten im Rohr, im Herbst reicht man auch „Schöpsernes" und Wildgerichte. **Terenten**, beschilderte Zufahrt ab der Hauptstraße, Mo Ruhetag, Tel. 0472 546163

BERGGASTHOF HÄUSLER 💰
Hoch oberhalb von Ehrenburg liegt beim Weiler **Ellen** der Berggasthof Häusler mit schönster Aussicht über das Pustertal und guter bodenständiger Tiroler Kost. Terrasse, Grill im Garten, alte getäfelte Bauernstube. St. Lorenzen, Ellen 12, Mi Ruhetag (außer im August). Tel. 0474 403228

HOFSCHENKE LERCHNER'S 💰
Am Beginn des Gadertals, bei den wenigen Häusern des Weilers **Runggen**, hat die Familie Lerchner ein Gasthaus errichtet, stimmig mit viel Holz, gemütlichen Stuben und sonniger Terrasse. Der Hausherr ist passionierter Koch und bringt einheimische Gerichte auf den Tisch. Gute Kuchen und Süßspeisen. Mi Ruhetag, Tel. 0474 404014

STÜA DE MICHIL 💰💰💰
Das traditionsreiche Haus „La Perla" ist Mitglied der Kette der Romantik-Hotels, allein das bürgt schon für Atmosphäre. In der Stube „Stüa de Michil" werden – nur nach Reservierung – erlesene Speisen und Weine serviert. Der Keller ist einer der reichhaltigsten des Alpenraums, mit 27.000 Flaschen und 1600 Etiketten; gegen Voranmeldung werden kostenlose Erlebnisführungen organisiert. Allein für den Sassicaia, einen der herausragendsten Weine der Toskana, gibt es einen eigenen Keller. **Corvara**, Mo Ruhetag, Ende März bis Ende Juni und Mitte September bis Weihnachten geschlossen, Tel. 0471 831000, www.romantiklaperla.it

ÜTIA SARAGHES 💰💰
Große Berghütte auf der Pralongia, einem herrlichen Almengelände östlich von **Corvara**, nahe der Bergstation auf dem Piz de Sorega. Sehr gute Küche, Sonnenterrasse, Minizoo. Im Winter mittwochs Abendessen nach Vorbestellung und Transport mit Raupenfahrzeug. Im Sommer erreicht man die Hütte zu Fuß auf einer 3 km langen Foststraße ab St. Kassian (Mark. 22); Abendessen auf Vorbestellung. Geöffnet Juli–September und Dezember–März, kein Ruhetag, Tel. 335 7897164

LA SIRIOLA 💰💰💰
Stefan Wieser führt das an das Hotel Ciasa Salares angeschlossene Restaurant. Er zelebriert regionale und kreative Küche auf höchstem Niveau. **St. Kassian**, Armentarola, Mo Ruhetag, Tel. 0471 849445, www.siriolagroup.it

SANTER ★ ★ ★ ★ 👶 👶 👶
Das renommierte Hotel ist das Heimathaus der Biathlon-Athletinnen Saskia und Nathalie Santer. Der überaus rührige Inhaber hat einen Treffpunkt des vorwiegend italienischen Geld- und Polit-Jetsets geschaffen, dem einiges geboten wird, unter anderem die Möglichkeit eines Jagdabenteuers in den großen Eigenjagd. **Toblach**, Alemagnastr. 4, Tel. 0474 972142, www.hotel-santer.com

GRAUER BÄR ★ ★ ★ ★ 👶 👶
Historischer Nobelgasthof mit 24 Zimmern im Zentrum von **Innichen**. Tradition, Eleganz und Behaglichkeit auf hohem Niveau. Dachterrasse, Sauna, sehr gutes Restaurant, behindertengerecht. Tel. 0474 913115, www.orsohotel.it

DOLOMITENHOF ★ ★ ★ 👶 👶 ♣
Geschichtsträchtiges Hotel inmitten der Almwiesen des Fischleintals. Das Haus wurde vom legendären Bergführer Sepp Innerkofler gegründet und befindet sich noch in Familienbesitz. Grillrestaurant, Sonnenterrasse, Kinderspielplatz und Kinderzimmer, Streichelzoo, Hallenbad, Sauna, Heubäder, Beauty-Abteilung. Loipen und Wanderweg in unmittelbarer Nähe des Hauses. **Sexten**, Tel. 0474 713000, www.dolomitenhof.com

Heuernte bei Percha

Urlaub auf dem Bauernhof
Weitere Infos: www.roterhahn.it

🐓 Niedereggerhof ⭐
Der schön umgebaute Bauernhof liegt im Sommer fernab von Verkehr und Lärm, im Winter direkt an der Skipiste am Ostabhang des Kronplatzes. Gemütliche Jausenstation, Sonnenterrasse, Spielplatz, viele Kleintiere. **Olang**, **Geiselsberg**, Fam. Auer, Tel. 0474 592029

🐓 Nigglerhof
Komfortabel ausgebauter Bauernhof, umgeben von Wiesen und Wald. Anton Lanz ist Förster und kann allerhand von Natur und Umwelt erzählen. Hofeigene Produkte, Grillabende, Frühstücksbuffet, Kinderspielplatz, Bastelnachmittage. **Toblach**, **Wahlen-Stadlern**, Fam. Lanz, Tel. 0474 979045, www.nigglerhof.it

🐓 Glinzhof
Gepflegter Hof in sonniger Panoramalage oberhalb von Innichen. Unterhaltungsabende, hofeigene Produkte, Brot backen, Grillabende, Kinderbetreuung. **Innichen**, **Innichberg**, Fam. Jud, Tel. 0474 913448, www.glinzhof.com

Campingplätze

⚓ Sass Dlacia ★ ★ ★
Die vier Hektar große Anlage befindet sich in **St. Kassian**, **Armentarola**, in herrlicher Lage, mitten im Skigebiet von Alta Badia, nahe der Langlaufloipe und den Wanderwegen; bestens für Wintercamper gerüstet.
Tel. 0471 849543, www.altabadia.it/campeggi/dlacia

⚓ CaravanPark Sexten ★ ★ ★ ★
Campingfreuden der Extraklasse auf 1520 m Meereshöhe in **Sexten**. Wald und Wiesen umgeben den Berghof Patzenfeld. Weitum bekanntes Animationsprogramm; Loipen vor der „Haustür", Skibus zu den nahen Liften. Ganzjährig geöffnet.
Tel. 0474 710444, www.caravanparksexten.it

⚓ Camping Olympia
In **Toblach**, Camping 1, Tel. 0474 972147, www.camping-olympia.com

⚓ Camping Toblacher See
Toblacher See 4, Tel. 0474 973138

GOLDENE ROSE ★ ★ ★ 👍 👍
Zentrales Hotel in Bruneck, Teile der ehemaligen Stadtmauer und des Stadtturms wurden in das moderne, komfortable Haus integriert. Parkgarage, behindertengerecht, Tiere erlaubt. **Bruneck**, Graben 36b, Tel. 0474 413000

HUBER ★ ★ 👍
Der abgeschiedene Gasthof auf 1500 m bietet eine gute Küche sowie viel Komfort und Gemütlichkeit: Saunalandschaft, behindertengerecht, Tiere erlaubt. Ideal für Familien mit Kindern. **Gais**, **Mühlbach** (über Uttenheim erreichbar), Tel. 0474 504120, www.gasthof-huber.com

SCHLOSS NEUHAUS ★ ★ 👍
So trutzig, wie es aus der Ferne wirkt, ist Schloss Neuhaus gar nicht. Wenige Zimmer, zum Teil mit holzgeschnitzten Himmelbetten und herrlicher Aussicht aus den Turmfenstern; Sauna, Rittersaal für größere Tafelrunden oder Meetings. Das Wasser vom Brunnen vor der Kirche gilt als Heilwasser. Zum Komplex gehört ein gemütliches kleines Gasthaus. Hier verbrachte die Mutter des Schriftstellers Ezra Pound ihr letztes Lebensjahr; sie liegt auf dem Gaiser Dorffriedhof begraben. **Gais**, Tel. 0474 504222, www.schloss-neuhaus.com

SCHÖNBLICK ★ ★ 👍 🚩
Der häufig strapazierte Name ist für diesen Ort goldrichtig. Auf einem Geländevorsprung auf 1420 m Meereshöhe liegen die wenigen Häuser des Weilers **Platten** in Oberwielenbach bei Percha. Der neue Gasthof steht neben einer Kapelle, inmitten der Wiesen und bietet einen Prachtblick übers Tal und zu den nahen Dolomiten! 18 Betten in gemütlichen, komfortablen Zimmern. Tel. 0474 401182, www.schoenblick-platten.it

KAHNWIRT ★ ★ 👍
Das Wirtshaus an der alten Talstraße blickt auf eine jahrhundertealte Geschichte zurück. Heute ist es ein beliebtes Ausflugsgasthaus direkt an den Langlaufloipen und Wanderwegen, mit ein paar Zimmern und eigener Landwirtschaft. **Gsies**, **St. Martin**, Tel. 0474 978409

APARTMENTS & RELAX CENTER GRETA
Auf einer sonnigen Waldlichtung stehen nur drei Häuser und eine Kapelle. In einer ehemaligen Scheune, die komfortabel (mit Sauna und Solarium) ausgebaut wurde, sind die Ferienwohnungen von Margareth und Rolando untergebracht. Am Morgen verwöhnt man Sie mit Brötchenservice und Morgenzeitung. **Toblach**, **Säge**, Tel. 0474 972100

Hotel Fanes in **St. Kassian**, Tel. 0471 849470, www.hotelfanes.it; Rosa Alpina Relais & Chateau in **St. Kassian**, Tel. 0471 849500, www.rosalpina.it; La Perla Romantik Hotel in **Corvara**, Tel. 0471 831000, www.romantiklaperla.it; Posta Zirm Hotel in **Corvara**, Tel. 0471 836175, www.postazirm.com

FREYEGG ⓖ
Bringen Sie Ihren eigenen Koch und Personal mit! Sie können das ganze Haus, einen alten Ansitz, mieten – mit 60 Betten, Speisesaal und Küche. **St. Martin, Pikolein**, Tel. 0474 523136

Sexten

BLITZBURG ★ ★ ⓖ
Zentral gelegenes, auch bei Einheimischen beliebtes Haus zwischen Bahnhof und Innenstadt, ideal für eine Besichtigung von Bruneck und Umgebung: Komfortable Zimmer, Sauna, gutes Restaurant, Café, Grillabende im Gastgarten, Garage. **Bruneck**, Europastr. 10, Tel. 0474 555723, www.blitzburg.it

Bauernbadl ist ein Ensemble aus Wirtschaftsgebäuden, Gasthaus, Kapelle, Bade- und Kesselhaus. Die Badeanlage ist neu errichtet, doch die alten Lärchenbottiche und Einrichtungen sind teilweise noch erhalten. Die Quelle ist kalziumsulfathaltig, das Wasser schmeckt bitter und salzig und es wird milchig, wenn man es für das Bad erhitzt. Das Wasser soll bei Rheumatismus, Gicht, Blutarmut, Muskel- und Nervenerkrankungen, Hautausschlägen und Geschwüren helfen. Infos: Tel. 0474 520005

Das Massagestudio Yin & Yang, das sich im Hallenbad in **Reischach** befindet, bietet Heubäder mit Gräsern von den Hochalmen des Pustertals an. Der Gast liegt dabei in einer Art Hängematte, eingebettet in duftendes vorgewärmtes Heu. Aus der darunter liegenden Wanne strömen warme Dämpfe empor, die den Kreislauf schonend beleben. Infos und Vormerkung: Tel. 0474 412132

Auch im Schüsslerhof in **Lappach** werden Sie professionell kuriert: Mit Heu- und Wasserbädern nach alter Bauerntradition, Kraxenofen, Whirlpool-Aufenthalten, entspannenden Milch-, Algen-, Sole- und Schlammbädern. Infos: Tel. 0474 685046, www.muehlwald.com/heubad.htm

Beim Bauernhof Huber im Feld in **Antholz-Niedertal** haben Sie die Wahl zwischen einem Heu- oder Heublumenbad, Kräuterbad, Fangoanwendungen, einer Kur in der Massagewanne mit Kräuteranwendungen (zum Teil selbst angebaute Kräuter) und einem Saunagang. Tel. 0474 492195, www.huberimfeld.com

Alpenhof in **Niederrasen**: Heubad, finnische Sauna und Dampfsauna. Von 16 bis 22 Uhr geöffnet. Tel. 0474 496451, www.hotel-alpenhof.info

KNEIPPANLAGEN

In der Sportzone von **Terenten** kann man nicht nur kneippen, sondern auch Minigolf oder Volleyball spielen und Bocciakugeln werfen; außerdem sind hier ein toller Kinderspielplatz und eine Bar eingerichtet. Tel. 0472 546310

In **Lappach** wurde beim Kinderspielplatz eine Kneipp- und Wassertretanlage angelegt – ausgestattet mit Grillstelle und Brunnen.

Eine Kneippanlage gibt es im Kurpark von **Niederdorf**, Infos: Tourismusverein, Tel. 0474 745136

ÜBERNACHTEN

SAALERWIRT ★ ★ ★ ö ö ♣

Der Wallfahrtsort Maria Saalen liegt am Ausgang des Gadertals, direkt an der alten Gadertaler Straße. Wo früher fromme Pilger und Fuhrleute Rast machten, steht heute ein gemütliches Gasthaus, in dem auch die Einheimischen gerne einkehren. Hans Tauber, Chef in der Küche, verbindet die italienische und die regionale Kost. Seine Frau – sie backt übrigens exzellente Kuchen – kümmert sich um den Service. 40 Betten, viel Komfort, Bergrad-Verleih, Kinderspielplatz, im Winter Eislaufplatz auf dem nahen Weiher, an dessen Ufer auch ein einmaliges, öffentlich zugängliches Saunahaus steht. **St. Lorenzen**, Saalen, Tel. 0474 403147, www.saalerwirt.suedtirol.com

GADERTALER SPITZENHOTELS ö ö ö

Wenn man von gehobener Hotellerie mit jedem nur denkbarem Komfort, von persönlichem Engagement für den Gast und Spitzenleistungen in Küche und Keller spricht, sind im Gadertal folgende Viersternehäuser zu nennen:

WELLNESS

FITNESSCENTER

Das Fitnesscenter Bodytec ist im Hallenbad in der Sportzone in **Reischach** untergebracht. Körpertraining von Fitness- über Kraft-, Ausdauer- und Koordinationstraining bis hin zu Ernährungsberatung. Tel. 0474 411292

In **Niederdorf** befindet sich das Fitness- und Cardiostudio oberhalb der Turnhalle, Rienzstr., Mo–Fr 13.30–21.30 Uhr, Tel. 0474 745022

HALLENBAD, SAUNA UND MASSAGEN

Im Hotel Fanes in **St. Kassian** im Gadertal ist ein Beauty-Wellness-Bereich eingerichtet, wo man nicht nur alle gängigen Massagen- und Körperbehandlungen genießen kann, sondern auch Heu- und Fangoanwendungen. Tel. 0471 849470

Das Hallenbad in der Sportzone in **Reischach** beherbergt eine Sauna (donnerstags Damensauna) und ein Solarium; außerdem werden Massagen angeboten. Tel. 0474 410473

Die 2000 m² große Spa-Anlage im Hotel Alpen Palace in **St. Johann** ist öffentlich zugänglich: es gibt mehrere Pools und Saunen, Solebecken, Rutschen, Wasserfall, Sprudel, Eisbrunnen usw. Tel. 0474 670230

Im Winter ist die Saunalandschaft im Hotel Feldmüllerhof in **Sand in Taufers** öffentlich zugänglich. Tel. 0474 677100

HEIL- UND HEUBÄDER

Wellness-Alm Winkler in **Pfalzen-Greinwalden**: Heubad, Cleopatrabad, Fangopackungen, Massage, Steinölbad, Nachtkerzenölbad, drei verschiedene Saunas und andere entspannende Behandlungen! Geöffnet von 15 bis 21.30 Uhr. Tel. 0474 528155, www.hotel-winkler.it

In **Montal**, am Eingang zum Gadertal, liegt Bad Riesen, das Heubäder und finnische Sauna anbietet. Tel. 347 2323242

Im renommierten Hotel Posta Zirm in **Corvara** befindet sich eine öffentlich zugängliche Wellness-Oase. Sie können Heu-, Zirbel-, Algen- und Schlammbäder, Salz- oder Thalassobäder in Anspruch nehmen, außerdem Massagen und vieles andere mehr, was der Gesundheit und Schönheit dient. Tel. 0471 833111, www.hotelposta.it

Zwischen **St. Martin in Thurn** und Untermoi im Gadertal liegt romantisch im Wald versteckt Bad Valdander. Das alte

Saunahütte beim Saalerwirt

mit Mittagspause, sind für die Runde einzuplanen.
Infos: www.dolomitisuperski.com

☞ Ein bekanntes Skigebiet ist auch der **Kronplatz**, eine im Gipfelbereich baumlose, aussichtsreiche Kuppe, zu deren Füßen sich die Skiorte St. Vigil in Enneberg, Reischach und Olang scharen. 32 Aufstiegsanlagen führen sternförmig zum Gipfelplateau. Infos: Seilbahnen St. Vigil, Tel. 0474 501131, Reischach, Tel. 0474 548225, Olang, Tel. 0474 592035, www.kronplatz.org

☞ Mehrere Lifte und Bahnen erschließen das Skigebiet um den Klausberg in **Steinhaus** im Ahrntal. Es gilt als Geheimtipp in schneearmen Wintern. Infos: Tel. 0474 652155, www.klausberg.it

☞ Am Nordrand von **Sand in Taufers** befindet sich der Speikboden, ein gut ausgebautes Skigebiet mit anspruchsvollen Pisten. Dank der hohen Förderkapazität der Lifte und Bahnen gibt es trotz der vielen Wintersportler kaum Wartezeiten. Die Abfahrt ins Tal mit 1300 m Höhendifferenz zählt zum Rasantesten, was Südtirol zu bieten hat. Tel. 0474 678122, www.speikboden.it

☞ Das Skigebiet Haunold ist eine kleinere, sehr kinderfreundliche Skiarena bei **Innichen**. Bei der Talstation des Lifts starten auch die Langlaufloipen nach Toblach und Cortina. Tel. 0474 913277, www.haunold.com

☞ Der Helm, der Grenzberg zwischen Österreich und dem **Sextner Tal**, ist durch Seilbahnen, Umlaufbahnen und eine Reihe von Ski- und Sesselliften gut erschlossen. Pisten aller Schwierigkeitsstufen. Tel. 0474 710355, www.helmbahnen.com

☞ Wer mit Kindern einen Skitag ohne viel Getümmel verbringen will, mit preiswerten Tages- oder Punktekarten und harmlosen Abfahrten, findet familienfreundliche Skigebiete im **Antholzer** und im **Gsieser Tal**, in **Neutoblach** und in **Sexten** bei den Rotwandwiesen sowie am Kreuzbergpass und im Pragser Tal.

WINTERWANDERN

Das Pustertal zieht mehr Wintergäste als Sommertouristen an. Nicht alle kommen zum Ski fahren; viele ziehen es vor, gemütlich über geräumte Wege durch die tief verschneite Winterlandschaft zu wandern. Dafür gibt es eigene Winter-Wanderkarten mit Angaben zu Aufstiegsanlagen und vom AVS das detaillierte Heft „Wandern ohne Auto. 30 Tipps im Tauferer Ahrntal" (in den Tourismusbüros erhältlich).

☞ Die vielleicht schönste Wanderung führt im **Gadertal** an den sonnigen Hängen des Heiligkreuzkofels entlang nach Wengen. Mit dem Sessellift geht's von Pedratsches hinauf auf 1850 m, auf Weg 7 wandert man in einer Stunde zum Hospiz Heiligkreuz (2040 m), einer guten Einkehr in einem ehemaligen Pilgergasthaus. Auf dem sonnigen Steig R23 nordwärts, immer leicht absteigend und mit herrlicher Aussicht auf das Tal und die umliegenden Dolomiten. Dann auf Weg 29, immer auf der Sonnenseite, zum Weiler Tolpéi, von hier Abstieg nach Wengen. Gehzeit 3–4 Stunden. Für die Rückfahrt nimmt man am besten den regelmäßig verkehrenden Bus. Winterwanderkarte erhältlich im Tourismusbüro.

☞ Eine leichte Wanderung durch geschütztes Gebiet führt vom **Kreuzbergpass** über die Coltrondo-Alm und Nemes-Alm zur Klammbachalm, mit traumhafter Aussicht auf die Rotwand und die Sextner Sonnenuhr. Auch für Familien geeignet.

mit Start bei der Bergstation Klausberg oberhalb von **Steinhaus**. Jeden Dienstagabend Rodelgaudi; die Bahn fährt bis 22.30 Uhr. Tel. 0474 652155

❧ Eine beleuchtete, 1 km lange Rodelbahn ❖ beginnt bei der bewirtschafteten Schwarzbachalm oberhalb von **Luttach** und **St. Johann** im Ahrntal; Rodelverleih. Tel. 348 7043911

❧ Rodelbahnen in **Mühlwald**: Weizgruberalm (3 km), Tel. 0474 653308, und in Weißenbach: Innerhofer Alm (3,5 km), Tel. 0474 680036 und Busegge (1,5 km), Tel. 3474706411

❧ Eine rasante 8 km lange Abfahrt hat ihren Start bei der Enzianhütte an der Bergstation des Speikbodenlifts in Luttach im Ahrntal und führt bis in die Dorfmitte von **Luttach** zum Hotel Post; Mondscheinrodeln, Rodelverleih. Infos: Tel. 0474 678330 oder Tel. 0474 670050

❧ Auch beim Gasthaus Rasteck in **Kematen** bei Sand in Taufers gibt's eine schöne, beleuchtete Rodelbahn; Rodelverleih. Tel. 0474 678699

❧ **Olang** verfügt gleich über mehrere Naturrodelbahnen. Die beliebteste führt von Bad Bergfall zum Gasthaus Trattes an der Talstation der Kabinen-Umlaufbahn zum Kronplatz.

❧ In **Gsies**, **Pichl**, befindet sich eine familienfreundliche, über 1 km lange Rodelbahn. Vom Pension-Restaurant Waldheim wandern Sie hinauf nach Rossbrunn, um hernach abwärts die 110 Höhenmeter auf Kufen zu genießen. Infos: Tel. 0474 746922

❧ In **Innichen** schafft man den Aufstieg zur Haunoldhütte mit dem Sessellift, dann erwartet Rodler eine 3,3 km lange, ungefährliche Abfahrt.

❧ In **Sexten**: Rotwandwiesen–Bad Moos (Länge 5 km), Auffahrt mit der Seilbahn, Rodelverleih an der Talstation

SCHNEERAFTING ❶

❧ Sind Sie jemals mit einem Schlauchboot eine Schneepiste hinuntergerast? Auf der Künigfeld-Wiese in **Steinhaus** im Ahrntal wird jeden Mittwoch ein solcher Nervenkitzel geboten. Infos: Tourismusbüro Steinhaus, Tel. 0474 652198, oder Gasthof Garber in St. Johann, Tel. 0474 650133

❧ Auch Hermann Oberlechner vom Rafting Club Activ in **Sand in Taufers** organisiert das spektakuläre Schneerafting. Tel. 0474 678422, www.rafting-club-activ.com

SCHNEESCHUHWANDERN

Die Alpinschule Pustertal bietet zwei mehrtägige Trekkingrouten durch Südtirol an: Eine Tour führt durch den Naturpark **Fanes-Sennes-Prags**, rund um die Hohe Gaisl, die andere vom Pustertal ins **Gadertal**. Pro Tag sind 6 bis 7 Stunden zurückzulegen, übernachtet wird auf Berghütten. Infos: Tel. 0474 944660, www.alpinschule.com

SKI FAHREN

Das raue Klima des Pustertals hat für den weißen Sport nur Vorteile: Schneesicherheit bis in die Tallagen und weit in den Frühling hinein. Zudem bieten das Pustertal und seine Seitentäler alles, was der Feriengast wünscht: moderne Aufstiegsanlagen, gepflegte Pisten, eine gut ausgebaute, niveauvolle Hotellerie, eine prächtige Landschaft mit bizarrer Bergkulisse.

❧ Das **Gadertal**, international unter dem Namen „Alta Badia" vermarktet, ist eine der Hochburgen des Wintertourismus und Austragungsort von traditionsreichen Weltcuprennen. Die meisten Pisten und Bahnen sind vernetzt. Berühmt (und oft überlaufen) ist die Umrundung des Sellamassivs, die Sella Ronda, die sogar Gröden und Arabba berührt. Als Alternative dazu wird die Skirundfahrt „Erster Weltkrieg 1914–1918" angeboten, eine Runde durch die herrliche Bergwelt entlang der ehemaligen Dolomitenfront, mit einer Pisten-Gesamtlänge von 42 km und 25 km Liftstrecke. Mit dem Dolomiti-Superski-Pass können auch Shuttlebusse zur Überbrückung von Teilstrecken benutzt werden. Sieben bis acht Stunden,

„Am Joch" oberhalb von Pfalzen

LANGLAUF

Das Pustertal und seine Seitenarme sind ohne Zweifel ein Eldorado der Langläufer – und das obwohl eine geringe Loipenmaut eingehoben wird. Die Skischulen bieten Unterricht in Langlauf an, in jedem größeren Ort kann man die Ausrüstung leihen.

☞ Die Strecken wählt man am besten je nach Wetter und Schneelage: Es gibt Loipen im Talgrund bzw. „Sonnenloipen" auf den Anhöhen von **Terenten** und **Pfalzen** oder aber schneesichere Loipen in **Antholz**, **Gsies** und **Prags**; oder die Höhen-Langlaufloipen von **Rein**, **Mühlwald**, **Weißenbach** und **Kasern**. Sie finden Loipen auf den Weiten des **Toblacher** Sattels oder in der märchenhaften Landschaft des Fischleintals in **Sexten**. Auch wer gerne richtig Kondition tankt, hat die Qual der Wahl: Die 42 km lange Strecke des Pustertaler Ski-Marathons verbindet die Antholzer und die Oberpustertaler Dörfer, überall gibt es Einstiegmöglichkeiten. Die Loipe des Gsieser Volkslanglaufs führt über 40 km durch das Gsieser Tal; die 40 km lange Volkslanglaufstrecke von Toblach nach Cortina folgt der alten Bahntrasse. Als sportliche Höhepunkte warten die FIS-Rennloipen in Toblach oder die Weltmeisterschaftsloipen des Biathlonzentrums in Antholz.

☞ Hinter **St. Vigil** in Enneberg werden auf verschiedenen Strecken, ab Ciamaur, Lè dla Creda, Pian Pecei, Fodara Masaron und Pederü, ca. 60 km Loipen gespurt; es gibt Übungsstrecken und anstrengende Touren, wie z. B. die Loipe über 340 Höhenmeter nach Pederü im Naturpark Fanes-Sennes-Prags.

☞ Schneesicher und in herrlicher Umgebung sind bei Armentarola oberhalb von **St. Kassian** im Gadertal drei Rundloipen gespurt (insgesamt 15 km Länge). Mehrere Einkehrmöglichkeiten, Parkplätze.

☞ Beliebt in **Corvara** im Gadertal ist die Borest-Piste, mit leichter bis mittelschwerer Streckenführung und 100 m Höhenunterschied. 22 km lang ist die Gran-Ega-Loipe, die Corvara mit Stern und Pedratsches verbindet; 175 m Höhenunterschied.

RODELN

Pustertaler Rennrodler und -rodlerinnen haben schon Weltmeisterschafts- und Olympiamedaillen nach Hause gebracht. Da der Nachwuchs gefördert werden muss, gibt es eine Reihe von Naturbahnen, auf denen auch Hobbyrodler und Familien ihren Spaß haben.

☞ Großer Andrang herrscht bei der Rodelbahn in der Sportzone von **Terenten**. Die 400 m kurze Bahn ist am Abend beleuchtet, also ideal für das beliebte Mondscheinrodeln.

☞ Eine Stunde steigt man auf der gesperrten Straße ab der Jausenstation Nunewieser in **Terenten** Richtung Pertinger Alm (bewirtschaftet, Rodelverleih, Tel. 348 9054028) auf; der Lohn für die Mühe ist eine genussreiche Waldabfahrt.

☞ Vom Gasthof Haidenberg, der am Nordwestabhang des Kronplatzes oberhalb von **St. Lorenzen** liegt, führt eine Rodelbahn nach Stefansdorf; Aufstieg nur zu Fuß, Rodelverleih, Disco-Bar. Infos: Tel. 0474 548062

☞ Ein absoluter Rodel-Höhepunkt ist die 5 km lange, beleuchtete Rodelbahn

FREIZEIT IM WINTER

BIATHLON
Das **Antholzer Tal** hat sich zu einer Biathlon-Hochburg entwickelt, wo schon Weltmeisterschaften ausgetragen wurden. Athleten aus Antholz gehören zur Weltelite und haben dem einst unbekannten Tal zu Bekanntheit verholfen. Es gibt ein eigenes Sportzentrum; die Langlauflehrer im Antholzer Tal bieten auch Unterricht im Biathlon an, inklusive Benutzung des Schießstands. Infos: Tourismusverein Antholz, Tel. 0474 492116

☞ Biathlonzentrum **Prettau-Kasern**, Tel. 0474 652198

EISKLETTERN
Für Abenteurer mit guter Ausrüstung: Eisklettern und Eistouren, Infos: www.taufererahrntal.com

EIS LAUFEN
☞ Zwischen **Pedratsches** und **Stern** im Gadertal liegt ein kleiner See, der „Lech da Sompunt", ♣ der im Winter zur Freude aller Eisläufer zufriert. Schlittschuhverleih beim Hotel Lech da Sompunt. Tel. 0471 847015, www.lechdasompunt.it

☞ In **Corvara** im Gadertal befindet sich ein überdachtes Eisstadion, das sich die Schlittschuhläufer mit den Hockeyspielern teilen. Geöffnet von 16 bis 18.30 Uhr, abends von 21 bis 23.30 Uhr; Schlittschuhverleih. Tel. 0471 836176

☞ Im Dorfzentrum von **St. Vigil** in Enneberg gibt's einen schönen, 900 m² großen Eislaufplatz, der von 13 bis 23 Uhr offen hält; abends beleuchtet, Schlittschuhverleih. Bar Stadio, Tel. 0474 501889

☞ An der Talstation der Klausbergbahn in **Steinhaus** im Ahrntal liegt ein gut besuchter Eislaufplatz, wo man auch Eisstockschießen kann; Schlittschuhverleih und Eisstockverleih, geöffnet von 10 bis 22 Uhr. Tel. 0474 652422

☞ Der Eislaufplatz in **Sand in Taufers** mit Schlittschuhverleih und Bar liegt recht zentral in der Jungmannstraße. Tel. 0474 678076

☞ Eisplätze **Mühlwald**, Tel. 0474 653333

☞ Der Eislaufplatz in **Toblach** (Flutlicht, samstags Eis-Disco) wird im Sommer zum Kunstrasen-Fußballplatz umfunktioniert. Tel. 0474 972381

☞ Einen Eislaufplatz mit Flutlicht, Musik, Bar, Eisstockbahn und Schlittschuhverleih finden Sie in **Sexten** bei den Sportanlagen. Tel. 0474 710096

Ciastel Colz in Stern

liegt. Dabei werden etliche Bäche überquert, die von den nahen Gletschern herabfließen. Von der Chemnitzer Hütte ca. 1 Stunde Abstieg zum See. Gehzeit ca. 6 Stunden, 700 m Höhenunterschied. (Mapgraphic Wanderkarte Nr. 16)

Auf den Schönbichl. Der Weg beginnt in Tesselberg, einem Weiler auf 1470 m Höhe oberhalb von Percha im Osten Brunecks. Er zieht sich als Karrenweg (Mark. 7) taleinwärts durch den Wald hin zur Tesselbergalm (2010 m). Auf einem unschwierigen Steig wird der Gipfel des Schönbichls (2452 m) erklommen, ein markanter Sporn, der ein Ausläufer der Rieserfernergruppe ist. Am Gipfel steht sogar eine Bank, auf der man die fantastische Aussicht genießen kann. Der Rückweg auf Steig 7 verläuft südwärts den Kamm entlang zum Tauerntalsattel; tief unten liegt das Wielental, Alpenrosen und Wacholderbüsche säumen den Weg. Vom Sattel zweigt rechts der Weg 3 ab, der nach Tesselberg zurückführt. Gehzeit 4–5 Stunden, 950 m Höhenunterschied. Da man unterwegs auf keine bewirtschaftete Hütte trifft, empfiehlt es sich, Proviant mitzunehmen. (Mapgraphic Wanderkarte Nr. 15)

Zu den Gsieser Almen. Das Bergtal Gsies, das bei Welsberg nach Norden abzweigt, hat sich den sanften Tourismus auf die Fahne geschrieben. Keine großen Seilbahnen und Lifte erschließen die Landschaft, dagegen wird Wandern, Reiten, Rad fahren, im Winter Langlauf groß geschrieben. Auf den Bergen, die das Tal hufeisenförmig umschließen, liegt auf einer Höhe von 1500 bis 2000 m eine Reihe von bewirtschafteten Almen; viele davon sind auch im Winter über geräumte Forstwege zu erreichen. Hier einige lohnenswerte Ausflugsziele: Auf 1704 m liegt die Kradorfer Alm, die man ab der Talschlusshütte (1465 m) in St. Magdalena-Obertal auf Weg Nr. 49 in einer knappen Stunde erwandert, Tel. 348 6716207 oder Tel. 0474 948043 (Kradorferhof). Weg 47 ab der Talschlusshütte führt in 1^1/$_2$ Stunden zur Stumpfalm auf 2000 m, Tel. 0474 948146 (Hinterbinterhof). Hier beginnt im Winter eine schöne Rodelbahn. Zur Aschtalm (1950 m) gelangt man in einer Stunde Wanderung auf Weg 10 ab der Bergstation des Lifts, der in St. Magdalena-Obertal startet (Nähe Talschlusshütte), Tel. 0474 948036 (Hinterstammerhof). Weg 52, mit Start beim Örlerhof (1268 m) in St. Martin-Niedertal, führt ebenfalls in einer Stunde zur Jausenstation Leachalm (1618 m), Tel. 0474 978437 (Örlerhof). (Mapgraphic Wanderkarte Nr. 17)

Zum Freilichtmuseum auf dem Monte Piano. Auf der flachen, baumlosen Bergkuppe an der östlichen Grenze des heutigen Südtirol lieferten sich im Ersten Weltkrieg italienische und österreichische Soldaten erbitterte und verlustreiche Gefechte. Im Laufe des Kriegs wurde der ganze Berg mit Schützengräben, Stellungen, Unterkünften, Stollen, Steigen und befestigten Zufahrtswegen überzogen. Wer – trotz der herrlichen Aussicht – die Augen auf den Boden heftet, entdeckt auf Schritt und Tritt Spuren des Kriegsgeschehens: Überall im Gelände findet man Granatsplitter, Munitionshülsen, Stacheldraht, Holz- und Blechreste der primitiven Soldaten-Unterstände. Die Frontsteige und Nachschubwege sind heute zu Wanderwegen, sogenannten Friedenswegen, ausgebaut. Vor Beginn der rund ein- bis zweistündigen „Bergtour" empfiehlt sich der Besuch des kleinen Museums im Schutzhaus Bosi, das über den Gebirgskrieg erzählt. Anfahrt über das Höhlensteintal, das bei Toblach abzweigt, bis Misurina. Am Nordufer des Misurina-Sees (1754 m) beginnt Weg 122, auf dem Sie die Bosi-Hütte (2205 m) in knapp 2 Stunden erreichen. 500 m Höhenunterschied. Ab Misurina auch Zubringerdienst mit Geländefahrzeugen zum Schutzhaus Bosi, tgl. von 9–18 Uhr. (Mapgraphic Wanderkarte Nr. 19)

Die Rasner Möser 🔭

Das Wort „Rasen" ist keltischen Ursprungs: Es bedeutet so viel wie Sumpf und hat den Ortschaften Rasen, Oberrasen und Niederrasen am Eingang des Antholzer Tals ihren Namen gegeben. Früher erstreckte sich auf dem Gebiet der Rasner Möser ein See; er verlandete allmählich und wich einer ausgedehnten Moor- und Auandlandschaft. 1973, nach Protesten der Umweltschützer gegen weitere Bodenmeliorationspläne, wurde der Rest des Moorgebiets unter Schutz gestellt; es umfasst 23 ha Fläche und liegt auf 1075 m Meereshöhe. Durch das Biotop verläuft ein ebener Spazierweg. Es gibt Tümpel mit kleinen Fischen, Fröschen und Unken. Seltene Vögel, die auf Feuchtstandplätze angewiesen sind, wohnen im Schilf. Auf den moorigen Wiesen wächst der Sonnentau, eine in unseren Breiten seltene Fleisch fressende Pflanze. Über sichere Holzbohlen werden sumpfige Stellen gequert, an den kleinen Bächen und Teichen sind Rastplätze mit Bänken eingerichtet. Schautafeln geben eine Übersicht über Flora und Fauna sowie über das Wegenetz und die Rastplätze. Anfahrt: Ins Antholzer Tal bis **Oberrasen**, Parkplatz beim Kulturhaus. 20 Minuten Fußweg zum Biotop. Oder Fahrt bis zum Parkplatz beim Biotop.

Hans-Kammerlander-Waldtrainingspfad. Keine Angst, der Steig ist nicht so extrem, wie der Name den Anschein gibt, und man muss auch keinen Kampf mit Turngeräten austragen. Der Trainingspfad zwischen Kematen, Sand in Taufers und Ahornach hat es dennoch in sich – vor allem wegen der teilweise enormen Steigung. Es gibt zwei mit einem Läufersymbol markierte Joggingwege; eine Runde ist 8, die andere über 11 km lang. Hans Kammerlander, der Ahrntaler Extrembergsteiger, hat die Richtzeiten vorgegeben: Rechnen Sie für die kurze Runde mit einer Stunde (Geübte brauchten 23 Minuten), eineinhalb Stunden für die lange Runde (Trainierte bewältigen sie in 45 Minuten). Eine detailliertere Karte erhalten Sie im Tourismusbüro von Sand in Taufers.

Der Tauferer Ritterweg. Gekennzeichnet mit dem Wappen der Ritter von Taufers, beginnt der Weg in Sand in Taufers (Parkplatz im Südwesten des Dorfes), quert den Talboden und führt am Freibad vorbei nach Bad Winkel (855 m). Nun der Markierung 2 folgend zu den gewaltigen, über drei Stufen herabstürzenden Reinbach-Wasserfällen. Kurzer Anstieg zum Gasthaus Toblhof (1054 m), wo es sich lohnt, nach rund einer Stunde Wanderung eine Rast einzulegen. Dann wird der Hang oberhalb von Sand in Taufers auf Weg 2A gequert – man erreicht das imposante Schloss Taufers (950 m) und schließlich wieder den Ausgangspunkt im Dorf. Gehzeit ca. 3 Stunden, ca. 200 m Höhenunterschied. (Mapgraphic Wanderkarte Nr. 16)

Zur Chemnitzer Hütte. 🏚️ Diese unschwierige, aber lange Wanderung führt mitten hinein in die großartige Bergwelt der Dreitausender, zu Almen und Hochwäldern. Schon die Anfahrt durch das Mühlwalder Tal, über Lappach zum Neves-Stausee (1856 m) ist beeindruckend. (In Mühlwald gibt es die Themenwege „Kraft des Wassers", Infos: www.muehlwald.com)

Zunächst umwandert man beinahe den gesamten See und steigt dann (Mark. 26) an der Westseite über Wiesen und Almen, später über Steinblöcke in ca. 2 Stunden zur Edelrauthütte (2545 m) empor. Jetzt umrundet man in einem weiten Bogen den Talkessel, Ziel ist die Nevesjochhütte oder Chemnitzer Hütte an der östlichen Flanke des Nevestals. Der Neveser Höhenweg, mit 1 markiert, zieht sich fast eben hin, nach ca. 2$\frac{1}{2}$ Stunden ist die Hütte (2420 m) erreicht, die zu Füßen der Bergriesen Möseler und Turnerkamp

den, ca. 550 m Höhenunterschied. (Mapgraphic Wanderkarte Nr. 15)

Zur Fanesalm. ⭐ Die Fanesalm liegt – von hohen Gipfeln umkränzt – auf einer weiten baumlosen Hochfläche mitten im Naturpark Fanes-Sennes-Prags, die zum Abteital in senkrechten, fast 1000 m hohen Felsstürzen abbricht. Wind und Wasser haben im weißen Dolomitgestein Furchen und Rippen ausgewaschen, in denen sich karge Vegetation festkrallt. Im Hochsommer ist die Alm ein einziges Blütenmeer, aus dem eine Reihe von kleinen Seen hervorblitzt. Mitten in dieser herrlichen Landschaft liegt die Faneshütte, ein beliebtes Ausflugsziel im Sommer und ein guter Stützpunkt für Skitouren im Winter. Der Hüttenwirt, Max Mutschlechner, organisiert den Gepäck- oder Personentransport zur Hütte mit dem Jeep bzw. der Pistenraupe. Anfahrt: Über St. Vigil in Enneberg zum Parkplatz im Talschluss von Pederü (1543 m). Dann zu Fuß in 1½ Stunden auf der für den Verkehr gesperrten, ca. 7 km langen Schotterstraße hinauf zur Fanesalm (2104 m, Tel. 0474 501097). (Mapgraphic Wanderkarte Nr. 18 oder Nr. 21)

Bergwerkslehrpfad. In Kasern, im hinteren Ahrntal bei Prettau, wurde ein Lehrpfad zu alten Bergwerksgruben eingerichtet. Die Stollen sind zwar nicht zugänglich, trotzdem erhält man einen guten Eindruck vom mühseligen Erzschürfen und -verarbeiten. Der sehr gut ausgeschilderte Pfad beginnt beim Parkplatz des Landesbergbaumuseums, überwindet in zwei Stunden etwa 500 Höhenmeter und führt zur St.-Wilhelm-Grube (ca. 2000 m), wo vor Jahrhunderten die ersten Erzvorkommen entdeckt wurden. Entlang der Wanderung trifft man auf Überreste der Pochwerke, die mit Wasser angetrieben wurden, sowie auf Reste der Schmiede und der Waschwerke. Steinwälle schützen die historischen Gebäude vor Lawinen. Der Weg endet am Rotkreuz (2070 m); gleicher Rückweg. Am Besten, man plant für den Ausflug einen ganzen Tag ein, damit man genügend Zeit für die Besichtigung des Bergbaumuseums mit Schaustollen hat. Beim Tourismusbüro, Tel. 0474 652198, oder beim Naturparkhaus, Tel. 0474 677546, können auch Führungen gebucht werden. (Mapgraphic Wanderkarte Nr. 16)

Bei St. Kassian im Gadertal

✎ In **Sand in Taufers** sind vier Sandplätze im Freien sowie drei überdachte Felder in der Mehrzweckhalle bespielbar; Bar. Tel. 349 0686933

✎ Das Tennis-Center **Olang** wartet mit Tennisschule, zwei Kunstrasenplätzen, zwei Rotsandplätzen und einem Café auf. Tel. 0474 496091

✎ **Innichen** hat in der Sportzone Erschbaum zwei Sandplätze und ein Kunstrasenfeld – ausgestattet mit Flutlicht, Bar. Tel. 0474 913049

✎ Die Tennishalle und die zwei Freiplätze in **Sexten** liegen im Ortsteil Waldheim, nahe den anderen Sporteinrichtungen. Tel. 0474 710277

✎ In **Toblach** gibt es gleich vier Möglichkeiten, dem Tennissport zu frönen: Seeweg 2, Sandplätze und 2 Kunstrasenplätze, Infos Tourismusverein, Tel. 0474 972132; Alpenhotel Ratsberg (mit Flutlicht), Tel. 0474 972213; Hotel Union (Halle), Tel. 0474 970100; 2 Freiplätze mit Flutlichtanlage im Kurpark von Niederdorf

WILDWASSER UND RAFTING

✎ In **Sand in Taufers** hat ein rühriges Unternehmen seinen Sitz, der „Rafting Club Activ". Hermann Oberlechner und seine Mitarbeiter organisieren Schlauchbootfahrten auf der Ahr, der Rienz, dem Eisack und der Etsch. Eine ganze Flotte an Booten ist im Einsatz, geprüfte Führer begleiten die Teilnehmer beim Wildwasser-Abenteuer. Darüber hinaus werden Hydrospeed- (man treibt auf einem Brett im reißenden Wasser) und Rivertrekkingtouren (Flusswanderungen mit Kanadierbooten) organisiert. Die gesamte Ausrüstung wird gestellt. Infos: Tel. 0474 678422, www.rafting-club-activ.com

WANDERN

✎ **Auf die Sonnenseite des Pustertals.** 📣 Bei der Pfarrkirche von Pfalzen (1020 m) beginnt Weg 17, der über Wiesen, später durch Wald stetig aufwärts zur Jausenstation Kofler (1487 m) führt, wo man den größten Teil des Anstiegs bereits hinter sich hat. Jetzt auf Weg 18 westwärts beinahe eben durch Wald zum Weiler Platten und weiter zur Jausenstation Lechner (1586 m): Hier liegen einem das ganze Pustertal und die Terrassen von Pfalzen und Terenten zu Füßen, von der gegenüberliegenden Talseite grüßen die Dolomitenzacken. Auf Weg 18 wandert man, am Bärentalerhof (1430 m) vorbei, zum Bach. Nun geht's talauswärts, immer der Markierung 18 folgend, bis oberhalb Schloss Schöneck (1058 m), wo man auf dem Feldweg 7 ostwärts nach Pfalzen zurückkehrt. Gehzeit ca. 5 Stun-

Auf der Ahr

Heiligkreuzkofel im Gadertal

🐎 Die Western-Horse-Ranch finden Sie beim Maurlechenhof in **Luttach** im Ahrntal. Hier werden mehrtägige Trekkingtouren, Kutsch- und Planwagenfahrten organisiert, Kinder vergnügen sich mit Ponys. Tel. 0474 671175 oder Herbert Walcher, Tel. 335 5389099

🐎 Der Tolderhof in **Olang** ist dem Viersternehotel „Post" angeschlossen, liegt mitten im Grünen und bietet jeden Komfort für Pferdefreunde: eine große Reithalle, einen Reitplatz, einen Geländeparcours, Reit- und Springunterricht, Pferdedressur, gesellige Ausritte und Trekking. Tel. 0474 496127, www.post-tolderhof.com

🐎 Familie Brunner vom Bierhof in **Welsberg** betreibt einen Reitstall. Evi Brunner ist engagierte Reiterin, gibt Reitunterricht und organisiert Ausritte für Erwachsene und Kinder. Tel. 0474 944225

🐎 In **Gsies**, **Pichl**, betreiben Wally und Sergio Marchesini auf ihrem Sonnenhof (Sunranch) einen kinderfreundlichen, kleinen Reiterhof 👫 mit gutmütigen Haflinger-Pferden. Höhepunkt ist ein Zweitagesritt auf die im Sommer bewirtschaftete Friedberg-Alm, mit Übernachtung im Heu. Am Hof tummeln sich neben Pferden noch Esel, Ziegen, Schafe und Hängebauchschweine. Tel. 0474 746835

🐎 In **Sexten**: Reitstall Tschurtschenthaler Robert, Kramerhof, Fischleintalstr. 22, Tel. 0474 710620

ROLLERBLADEN UND „SKI ROLLEN"

Nachdem man sich mit Skirollern – oder auch Rollerblades – ausgerüstet hat, darf man sich auf der 2,5 km langen Asphaltbahn im Biathlon-Trainingszentrum am Antholzer See in **Antholz** als „richtiger" Biathlon-Athlet fühlen. Ausrüstungsverleih. Infos: Tel. 0474 492299

SQUASH

🐎 Zwei Squash-Hallen finden Sie im Hotel Mühlener Hof in **Mühlen** in Taufers. Tel. 0474 677000

🐎 Ebenfalls zwei Squash-Boxen gibt's im Sportzentrum Erschbaum in **Innichen**, in der Nähe der Talstation des Haunold-Sessellifts. Außer im Mai und Dezember von 9 bis 23 Uhr geöffnet. Infos: Tel. 0474 913049

TENNIS

🐎 In der Sportzone in **St. Lorenzen** gibt es – neben Fußball-, Flugball-, Basketball- und Handballfeldern sowie Boccia-Bahnen – auch zwei Tennisplätze. Vormerkungen in der Sportbar, Tel. 0474 474076.

🐎 Die Tennishalle in **Corvara** mit zwei Feldern ist sommers wie winters von 8 bis 24 Uhr geöffnet. Ein Sandplatz befindet sich im Freien; Kurse, Trainer, Bar. Tel. 0471 836474

🐎 Drei beleuchtete Tennisplätze finden Sie in **Stern** im Gadertal; Bar. Tel. 0471 847501

🐎 In der großen Brunecker Sportzone in **Reischach** gibt's sechs Sandplätze mit Flutlichtanlage und allem drum und dran, was es für Turniere und Freundschaftsspiele braucht; Bar-Restaurant. Tel. 0474 554760

🐎 Im Osten von **Bruneck**, an der Rienz, steht zentrumsnah die Tennishalle mit zwei Plätzen; ein Kunststoffplatz liegt im Freien. Tel. 0474 411247

🐎 Stadtnah und doch im Grünen liegen die vier Sandplätze in **St. Georgen** bei Bruneck. Tel. 0474 530380

Tourismusmuseum in Niederdorf, historische Altstadt von Bruneck, römische Funde in St. Lorenzen, Schloss Ehrenburg bei Kiens, Lodenwelt in Vintl, Ruine der Mühlbacher Klause.

☞ **Zum Toblacher See.** 👫 Eine kurze, auch für Kinder geeignete Runde verläuft ab Toblach auf der alten, asphaltierten Bahntrasse, der Rienz entlang, zum Toblacher See. Am See Bootsverleih, Einkehrmöglichkeit. 10 km hin und retour, 70 Höhenmeter, sehr leichte Tour.

☞ **Vom Toblacher See nach Cortina.** Vom Toblacher See fährt man auf grobem Schotterweg, der Rienz entlang, durch das Höhlensteintal zum Dürrensee. Weiter geht's nach Schluderbach und immer der alten Bahntrasse folgend nach Cortina im Belluno. Die herrliche Dolomitenkulisse setzt der ohnehin sehr lohnenden Tour die Krone auf! Rückfahrt von Cortina auch mit dem Bus möglich. Ca. 30 km, 320 Höhenmeter, mittelschwere Tour. (Mapgraphic Wanderkarte Nr. 19 – mit Radwanderwegen)

☞ **Von Innichen nach Lienz in Osttirol.** 👫 Der grenzüberschreitende Pustertaler Radweg heißt in Osttirol Drauradweg, weil er die Drau auf ihrem Weg nach Osten begleitet. Der Radweg ist asphaltiert und sehr gut beschildert. Innichen liegt etwa 500 m höher als Lienz, die 44 km sind deshalb ohne Anstrengungen in einem Tagesausflug (inklusive Stadtbesichtigung von Lienz) zu bewältigen. Für den Rückweg nimmt man am besten die Eisenbahn, die eigene Radwaggons einsetzt und oft verkehrt.

REITEN

☞ In **Campill**, einem stillen Seitental des Gadertals bei St. Martin in Thurn, schnuppert man Westernatmosphäre: Auf der Sitting-Bull-Ranch von Raimondo Mühlmann kann man Stunden- oder Tagesritte buchen; eine Besonderheit sind die mehrtägigen Trekkingtouren durch die Bergwelt der Dolomiten. Tel. 0474 590160

☞ In **Bruneck**, in der Sportzone Reischach, liegt der Reitstall Huber. Reithalle; Reitunterricht. Tel 0474 555258

☞ Ganz auf Kinder hat man sich beim Holzlechenhof 👫 in **Prettau** eingestellt: Josef Kofler bietet für die Kleinen Ponyreiten an. Tel. 0474 654263

Radverleih, Radservice, Radtouren

☞ **Vintl:** Bar Pit Stop, Tel. 340 8771411

☞ In **Stern** befindet sich „Break-Out", wo außer Leihrädern auch geführte Radwanderungen angeboten werden. Tel. 0471 847763

☞ „Steger-Rad-Boutique" mit Radverleih in **St. Georgen** bei Bruneck. Tel. 0474 550442

☞ Radverleih bei Hubert Hofer in **Steinhaus**. Er kennt auch viele schöne Mountainbiketouren und bietet sich als Begleiter an. Tel. 0474 652126

☞ Radverleih in **Sand in Taufers** bei Sport Tubris, Tel. 0474 678290

☞ Radverleih **St. Jakob**, Hotel Markus, Tel. 0474 650202

☞ Wer in **Olang** ein Leihrad auftreiben will, schaut am besten bei Sport Corones in Mitterolang vorbei. Tel. 0474 496660

☞ In **Welsberg** hilft Ihnen Paul Winkler weiter, wenn Sie ein Rad oder einen Rat benötigen; er führt Reparaturen durch und begleitet Sie sogar auf Touren. Tel. 0474 944288

☞ Eine gute Adresse, wenn's ums Rad geht, ist Papin Sport in **Innichen**: Fahrradverleih und Serviceleistungen an mehreren Orten entlang des Radwegs von Bruneck nach Lienz. Tel. 0474 913450

Plan 16

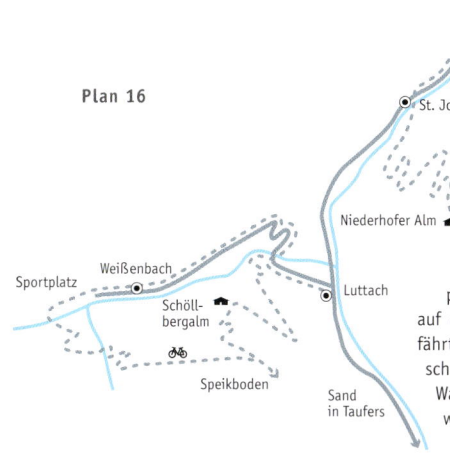

schließlich wieder leicht ansteigend nach Steinhaus zurück. 26 km, 550 Höhenmeter, mittelschwere Tour. (Vgl. Plan 16; Mapgraphic Wanderkarte Nr. 16 – mit Radwanderwegen)

☞ **Ins Weißenbachtal.** Ausgangspunkt ist Luttach (ca. 950 m) im Ahrntal. Man folgt wenige hundert Meter der Talstraße nach Weißenbach, biegt – bevor die Straße den Bach quert – links ab und folgt einem Güterweg, der Richtung Speikboden/Michlreiser Alm führt. An der Schöllbergalm vorbei geht's in mehreren Kehren stramm hinauf auf 1670 m Höhe. An der ersten Abzweigung rechts ab und auf einem Forstweg ohne besondere Steigung 3 km den nordseitigen Berghang des Weißenbachtals entlang, mit herrlicher Aussicht auf die Ahrntaler Bergwelt. Nach einer rasanten Abfahrt endet der Weg am Sportplatz von Weißenbach, von wo man auf der Talstraße nach Luttach zurückfährt. 18 km, 800 Höhenmeter, mittelschwere Tour. (Vgl. Plan 16; Mapgraphic Wanderkarte Nr. 16 – mit Radwanderwegen)

☞ **Ins Gsieser Tal.** Die Gsieser haben nicht nur einiges für den Langlauf unternommen, sondern auch einen schönen Radweg ausgeschildert, den „Talblickweg". Er führt von Welsberg (1087 m) auf der alten Talstraße entlang des Gsieser Bachs über Durnwald (1205 m) nach St. Magdalena-Obertal (ca. 1500 m), wo Sie am besten bis zur Talschlusshütte fahren. Auf dem Talblickweg geht's dann wieder zurück nach Welsberg – doch diesmal auf der rechten Talseite über Niederpichl (1272 m), Schintholz (1478 m) und die Taistner Wiesen (1200 m). Insgesamt 36 km, ca. 400 Höhenmeter, mittelschwere Tour. (Mapgraphic Wanderkarte Nr. 17 – mit Radwanderwegen)

Der Tourismusverein Welsberg-Taisten-Gsies hat eine kleine Panoramakarte herausgegeben, auf der neben dieser eher gemütlichen Runde auch andere, teils kräftezehrende, aber immer lohnende Radtouren eingezeichnet sind.

☞ **Der Pustertaler Radweg.** Der Südtiroler Teil des Radwegs startet in Innichen auf 1175 m. Das Ziel Mühlbach liegt auf 780 m, also rund 400 m tiefer. Die 61 km lange Strecke geht durch Wiesen, Wälder und Dörfer und ist trotz einiger Anstiege relativ leicht zu überwinden. Sie ist für alle Fahrräder geeignet und insbesondere für Anfänger und Kinder zu empfehlen. Ausgewählte Highlights an der Strecke: romanischer Dom in Innichen, Schaukäserei in Toblach,

Rasner Möser

möglichkeit beim Gasthof neben der Kirche). Entlang des Kreuzwegs radelt man weiter bis Moos (908 m) und, unterhalb der Michlsburg vorbei, auf Weg 12A nach Stefansdorf (964 m). Auf leicht ansteigender Straße Rückkehr nach Reischach. 42 km, 820 Höhenmeter, mittelschwere Tour. (Vgl. Plan 15; Mapgraphic Wanderkarte Nr. 15 – mit Radwanderwegen)

🚲 **Von Bruneck nach Sand in Taufers**. Auf der Andreas-Hofer-Straße in Bruneck stadtauswärts Richtung Ahrntal. Am Stadtrand beginnt der Radweg, der zunächst parallel zur Staatsstraße verläuft, ab St. Georgen dem Flusslauf der Ahr folgt und durch Wiesen und Felder nach Gais, Uttenheim und schließlich Sand in Taufers führt. Rückweg über dieselbe Strecke. Insgesamt 34 km, 80 Höhenmeter, leichte Tour.

🚲 **Von Steinhaus nach Klausberg**. Vom Gasthof Neuwirt in Steinhaus (ca. 1000 m) im Ahrntal geht's auf dem kurvenreichen Fahrweg den östlichen Berghang hinauf zum Treienhof (1348 m). Hier quert man den Hang nach Südwesten und stößt auf die Forststraße zum Klausberg, der man bis zur Bergstation des Lifts (1602 m) folgt. Von hier immer südwärts, fast eben zur Niederhofer Alm (1603 m). Auf der Straße in vielen Kehren hinunter nach St. Johann und

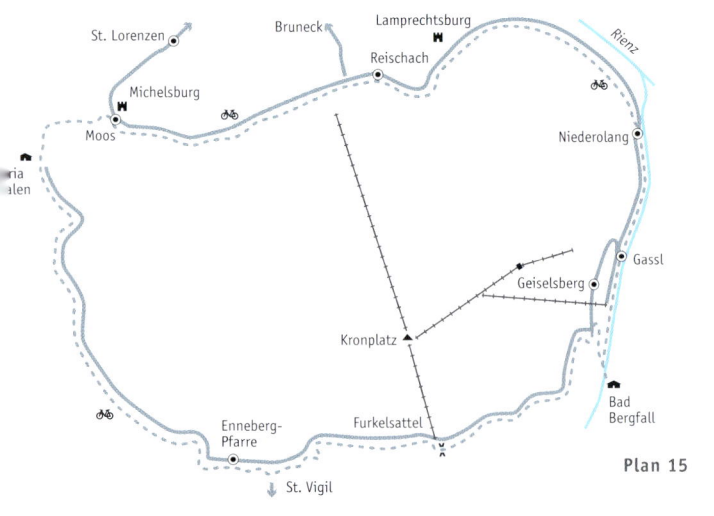

Radtour bei Olang

an der Straße zum Weiler **Pojen** (Anfahrt über Ahornach oberhalb von Sand in Taufers). An windstillen, warmen Frühsommertagen sind die Flugbedingungen dank der Thermik am besten; ganze „Geschwader" gehen dann in die Luft. Regelmäßig werden Flugmeetings und Wettkämpfe veranstaltet. Info: Eberhard Weissteiner, Tel. 0474 686067

☞ Bei Flying-Mania-Paragliding mit Sitz in **Sexten** steht ein Team von erfahrenen Piloten bereit, um mit Ihnen abzuheben. Gleit- und Thermikflüge von verschiedenen Startplätzen aus. Infos: Manfred Lanzinger, Tel. 0474 710076 oder Tel. 347 9310505, www.flyingmania.it

RADWANDERN, MOUNTAINBIKEN

☞ **Zu den Pisciadu-Wasserfällen.** In Corvara beginnt eine relativ leichte, lohnende Runde, die von der Talstation der Piz-Boë-Kabinenbahn (1546 m) durch den Borestwald zum Beginn des Mittagstals und zu den Pisciadu-Wasserfällen (ca. 1700 m) führt. Die Rückfahrt verläuft eine kurze Strecke auf dem gleichen Weg, dann geht's links hinein nach Kolfuschg; über die Höfe Costa und Mersa nach Pescosta (ca. 1520 m) und entlang der Hauptstraße nach Corvara zurück. 8,5 km, 320 Höhenmeter, leichte Tour. (Vgl. Plan 14; Mapgraphic Wanderkarte Nr. 21 – mit Radwanderwegen)

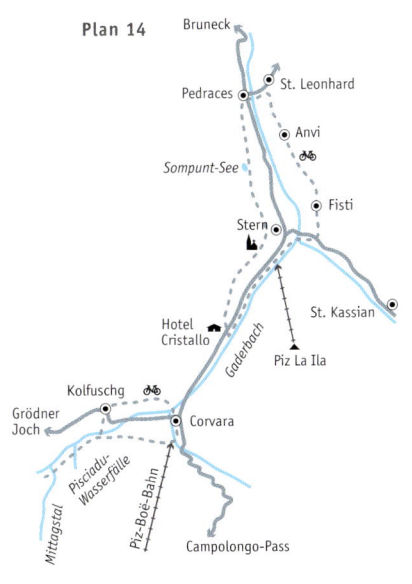

☞ **Unterwegs in Alta Badia.** Eine etwas längere Runde startet in Stern, an der Talstation der Seilbahn zum Piz La Ila (ca. 1430 m). Entlang des Gaderbachs geht's Richtung Corvara zum Hotel Cristallo (1470 m). Von dort rechts hinauf zum Weiler Vèrda (1492) und auf dem Höhenweg C1 zur Pfarrkirche von Stern. Der Markierung L folgend, fährt man zum Sompunt-See (1460 m), weiter zum Paracia-Hof und dem Weiler Ciaminades, nach Pedratsches (1324 m). Nach der Überquerung der Gader geht's hinauf nach St. Leonhard (1370 m). Kurz vor der Kirche zweigt rechts der Weg Richtung Oies ab, der über die Höfe Anvi, Fisti, Cianins und Biëi nach Stern zurückführt. Ca. 14 km, 360 Höhenmeter, mittelschwere Tour. (Vgl. Plan 14; Mapgraphic Wanderkarte Nr. 21 – mit Radwanderwegen)

☞ **Rund um den Kronplatz.** Start ist in Reischach (923 m) bei Bruneck. Auf dem Fahrweg radelt man ostwärts – oberhalb der Lamprechtsburg vorbei – nach Niederolang (1024 m). Von der Kirche in Niederolang fährt man Richtung Süden nach Gassl (1150 m), vorbei am „spitzigen Stöckl", einem interessanten gotischen Bildstock mit schindelgedecktem Dach. Weiter auf dem Forstweg Richtung Hotel Bad Bergfall (Schwefelquelle); kurz vorher, bei der Mühle, biegen Sie rechts ab, gelangen auf die andere Talseite und erreichen, der Markierung 14 folgend, die Asphaltstraße zum Furkelsattel (1746 m). Dort ist der höchste Punkt der Tour erreicht. Abfahrt auf der breiten Straße bis Enneberg-Pfarre (1284 m; nicht nach St. Vigil hinunter!), mit ungeahnten Ausblicken auf das Gadertal. Am Berghang entlang, der Markierung 12 folgend, geht's auf schmaler Asphaltstraße weiter nach Plaiken, Oberpalfrad (1112 m; Einkehrmöglichkeit) nach Maria Saalen (980 m; ebenfalls gute Einkehr-

✇ Drei automatische Bahnen sind im Hotel Egitzhof in **Mühlen in Taufers**, außer dienstags, von 20 bis 1 Uhr bespielbar. Tel. 0474 678211

✇ Im sogenannten Tubriszentrum in **Sand in Taufers** ist ein Kegelpub mit vier automatischen Bahnen eingerichtet. Tel. 0474 678736

✇ Im Bad Bergfall in **Geiselsberg** bei Olang hat man nicht nur die Badetradition wiederbelebt, sondern auch eine Naturkegelbahn angelegt. Tel. 0474 592084

✇ Auch auf einer der drei automatischen Bahnen beim Hotel Andreas Hofer in **Rasen** im Antholzer Tal lässt es sich angenehm kegeln. In der Kellerbar „La Bonanza" stehen außerdem zwei Billardtische. Di Ruhetag, im Winter täglich geöffnet, im Sommer gegen Voranmeldung. Tel. 0474 496136

✇ Im Kurpark in **Niederdorf** gibt's neben anderen Sport- und Unterhaltungsmöglichkeiten zwei überdachte Bocciabahnen. Geöffnet von Mai bis Oktober; Tennisbar. Tel. 0474 745261

✇ Hoch oben am Berg, mit schönstem Dolomitenblick, ist beim Alpenhotel Ratsberg in **Toblach** eine Bocciabahn mit Flutlicht angelegt. 📣 Tel. 0474 972213, www.alpenhotel-ratsberg.com

KLETTERN

✇ In **Sexten**, in der Sportanlage Waldheim, steht mit 16,5 m Höhe die höchste Kletterhalle Italiens, eine architektonisch bemerkenswerte Konstruktion aus Holzleimbindern, Glas und Stahl. An den künstlichen Felsen sind 45 Routen unterschiedlicher Schwierigkeitsgrade installiert, laufend werden die Routen verändert. Hier lässt es sich gut trainieren oder unter kundiger Anleitung das Klettern erlernen. Von der Imbiss-Bar aus kann man die Sportler bei ihren Verrenkungen beobachten. Tel. 0474 710096, www.dolomitarena.it

MINIGOLF

✇ In **Sand in Taufers** befindet sich am östlichen Dorfrand ein Minigolfplatz, der im Sommer bis 22 Uhr geöffnet ist. Tel. 0474 678367; in **Luttach**, Sportzentrum, Tel. 347 6065706

✇ Ein schöner, großer Minigolfplatz liegt im Spielplatzgelände und Freizeitpark in **Niederrasen** in Antholz. Hier finden Sie außerdem ein Ballspielfeld, einen Plansch-Teich, eine Wassertretanlage und einen Pavillon, in dem im Sommer gelegentlich die Musikkapelle Abendkonzerte gibt. Infos: Tel. 0474 496269

✇ Auch in **Welsberg** kann man einlochen: Minigolfplatz in der Bahnhofstraße. Infos: Tel. 0474 944118

✇ **Innichen**: Minigolf Kerschbaumer in der Sextner Straße; Bar. Tel. 0474 914052

✇ Minigolfplatz in der Sportanlage Waldheim in **Sexten**. Tel. 0474 710096, www.dolomitarena.it

✇ In **Winnebach**, beim Hotel Rainer, gibt's ebenfalls einen Platz für das Spiel mit dem kleinen weißen Ball. Infos: Tel. 0474 966724

Bei Sand in Taufers

PARAGLEITEN, DRACHENFLIEGEN

✇ Fanatische – und tollkühne – Flieger klettern auf den Gipfel des Sassongher in **Alta Badia**, um sich von den Felsen hinab zu stürzen.

Infos über Kurse, Start- und Landeplätze bei Helmut Stricker von der Flugschule Alta Badia, Tel. 0471 847592 oder Tel. 348 0058543, www.cvl-altabadia.com

✇ Die „Falken" aus dem Ahrntal gehören zu den Pionieren im Drachenfliegen. Ein beliebter Start- und Landeplatz liegt

BEACH-VOLLEYBALL

Einzigartig in Südtirol: In der Sportzone in **Sexten** befindet sich ein Volleyball-Feld mit Flutlichtanlage und echtem Meeresand für wahres Beachfeeling mitten in den Dolomiten! Tel. 0474 710096

BOOT FAHREN 👫

Der Toblacher See im Höhlensteintal bei **Toblach** liegt vor der Kulisse der Dolomiten im Wald eingebettet und lockt mit klarem, grünem Wasser – doch wer den kleinen Zeh hinein steckt, wird schnell einen Rückzieher machen: bei der Wassertemperatur vergnügt man sich besser auf den Ruder- oder Tretbooten, die das Restaurant Seeschupfe verleiht. Tel. 0474 972294. Das ist auch am malerischen **Pragser Wildsee** möglich: Bootshaus, Tel. 0474 7488084

CANYONING

Adrenalinrausch pur – enge Schluchten durchklettern, aufsteigen, sich abseilen, ins eisige Wasser eintauchen, sich mitreißen lassen, nach Luft schnappen! Infos und Anmeldung: Yeti adventures, **Sand in Taufers**, Wiesenhofstr. 64, Tel. 329 7650088, www.yetiadventures.info

GOLF

☞ Im Almengelände südlich von **Corvara**, vor prächtiger Panoramakulisse auf 1700 m, liegt ein interessanter Golfplatz mit 9 Löchern und nur 45 m Höhenunterschied. Trotz der Höhenlage ist der sonnige Platz von Mai bis Oktober bespielbar. Clubhaus, Shop, Golfschule. Infos: Tel. 0471 836655, www.altabadia.it

☞ In **Reischach**, auf dem Gelände des Harasserhofes, befindet sich die 6-Loch-Anlage des Golfclubs Kronplatz; eine schöne, 14 Hektar große Anlage am Fuß des Brunecker Hausbergs. Bar, Shop, Ausrüstungsverleih, Kurse und Training mit Golfprofis. Infos: Tel. 0474 548289, www.golfpustertal.com

☞ An das Hotel Mirabell, im Zentrum von **Olang**, ist der Golfclub Mirabell mit 3 Löchern angegliedert. Die Anlage hat Championship-Qualität und bietet Top-Trainingskonditionen. Mike Sullivan betreut die Kurse und die Golf-Schule. Bespielbar von Mitte April bis Ende Oktober. Infos: Hotel Mirabell, Tel. 0474 496191, oder Tel. 335 6154220

KEGELN, BOCCIA

☞ In der Sportzone in **Terenten** gibt es eine Asphaltstockbahn und Bocciabahn. Geräteverleih, Bar. Tel. 0474 546310

☞ In **Kiens**, bei der Pension Sportkegelbar, sind vier automatische Bahnen eingerichtet. Tel. 0474 565335

☞ Ungewöhnlich in den Bergen! Die großzügige neue Bocciahalle mit vier Bahnen (tauglich für internationale Wettbewerbe) und Bar ist beliebter Treffpunkt der italienischsprachigen Brunecker. Behindertengerecht. **Bruneck**, Alte Straße 6, Tel. 0474 410588

☞ In **Bruneck**, bei der Kegelbar Alping, sind vier automatische Bahnen in Betrieb. So Nachmittag und Mo bis 16 Uhr Ruhetag, Tel. 0474 550897

☞ Ebenfalls vier automatische Bahnen gibt's beim Gasthof Adler in **St. Johann** im Ahrntal. Tel. 0474 671135

Hoch hinaus

… so lautet das Motto von Südtirols ältester und renommiertester Alpinschule. Geleitet wird sie von Hans Kammerlander, einem ehemaligen Seilgefährten von Reinhold Messner. Auch Kammerlanders Erfolgsgeschichte begann in den Bergen Südtirols; es folgten tollkühne Unternehmungen in den Alpen – wie die viermalige Besteigung des Matterhorns in 24 Stunden; schließlich eroberte Hans Kammerlander die Berge des Himalaya. Alpinschule Südtirol, Jungmann-Str. 8, **Sand in Taufers**, Tel. 0474 690012, www.kammerlander.com

FREIZEIT IM SOMMER

BADEN

☞ Badeseen sind im Pustertal rar, das Klima ist zu rau, die Wassertemperaturen wenig einladend. Ausnahme ist der Issinger Weiher bei **Pfalzen**, **Issing**: Das seichte Wasser wärmt sich im Sommer rasch auf, und auf der schönen Liegewiese lässt es sich herrlich faulenzen. Infos: Hotel Weiher, Tel. 0474 565227, oder Tourismusverein Pfalzen, Tel. 0474 528159

☞ Kein Riesenerlebnisbad, aber beheizt und sehr angenehm ist das alte, sanierte Freibad in Neurauth bei **Bruneck** mit Bar- und Restaurantbetrieb. Es wurden einige pfiffige Ideen verwirklicht, z.B. das grüne Katapult „Froxxy". Was das ist? Entdecken Sie's am besten selbst! Infos: Tel. 0474 411414

☞ Cron 4 heißt die neue Attraktion in **Bruneck-Reischach** mit Kronplatzblick, Frei-Solepool und 35 °C warmem Wasser, 1600 m² Sauna- und Wellnessbereich, der kaum Wünsche offen lässt; Wasserspaß in der lichtdurchfluteten Holz- und Glashalle oder im Naturbadeteich im Freien. Das Restaurant Aquarium serviert vielseitige leichte Gerichte. Sportpark, Tel. 0474 410473, www.cron4.it

☞ Trotz der Höhenlage hat man in **Corvara** im Gadertal, unweit der Talstation der Piz-Boë-Seilbahn, einen Badeteich angelegt. Er fügt sich harmonisch in das Gelände ein; das Wasser wird ohne Chlor und Chemie einzig und allein von den vielen Wasserpflanzen in den Regenerationszonen des Teiches gereinigt. Infos: Tel. 0471 836176

☞ In der Sportzone im Südosten von **Sand in Taufers** wurde ein besonderes Freibad errichtet: 👫 Geplant wurde nicht ein „Erlebnis-Schwimmbad" der herkömmlichen Art, sondern eine naturnahe Badelandschaft. Eine Reihe von Teichen säumt die Wiese. Nur ein kleiner Teil ist den Badegästen vorbehalten, der größere Bereich dient als Regenerationszone: Tausende von Wasserpflanzen übernehmen die Reinigung und die Filterung des Wassers. Der große Zuspruch gibt den Planern recht: Einheimische und Gäste sind von der Anlage – ausgestattet mit Restaurant, Umkleidekabinen und Volleyballfeld – begeistert. Tel. 0474 678257

☞ Den absoluten Badehit finden Sie in **Innichen**: Das Erlebnisbad Acquafun wartet mit einem Sportbecken von 25 m Länge und 5 Bahnen auf, mit Planschbecken, Riesenrutsche, Strömungskanal, Whirlpool, Wasserfall und vielen exotischen Pflanzen. Daran angeschlossen ist eine Wellness-Abteilung mit Saunalandschaft, Solarium, Kneippbecken, Wärmebänken, Aromabädern, Erlebnisduschen, Ruhe- und Massageräumen. Imbisse im Restaurant, Drinks an der Saftbar. Infos: Tel. 0474 916200, www.acquafun.com

Badeteich in Sand in Taufers

> **Die Hutterer**
>
> In **Welsberg** entstand zu Beginn des 16. Jh. die erste Glaubensgemeinschaft der Hutterer, so benannt nach ihrem Gründer Jakob Hutter aus St. Lorenzen bei Bruneck. Sie hielten sich streng an das Urchristentum, lehnten das Taufen der Kinder ab und spendeten das Sakrament erst den Erwachsenen. Die katholische Kirche verfolgte diese „Glaubensabtrünnigen" als Ketzer; etwa 600 von ihnen, darunter auch Jakob Hutter, wurden hingerichtet, über 6000 wanderten aus. Heute lebt eine Gemeinde von rund 20.000 Hutterern in Nordamerika. Sie sprechen immer noch einen altertümlichen Pusterer Dialekt, vermischt mit anderen Sprachbrocken.

Malen, Zeichnen, plastischem Formen, Fotografie und Videokunst unterrichtet. Infos und Einschreibungen: Tel. 0474 410767 (19–20 Uhr), oder Tel. 0474 555722

TAUFERER STRASSENKÜCHE

Unter diesem Motto serviert man an den Dienstagabenden im Juli und August in **Sand in Taufers** Tiroler Schmankerln und internationale Spezialitäten. Straßenmusikanten sorgen für den guten Ton und die richtige Stimmung; dazu wird ein Rahmenprogramm geboten, das jedes Jahr unter einem anderen Thema steht und zugleich den Kulturreichtum des Tales zeigt.

LITERARISCHE LESUNGEN

Im schönen Rahmen des Ragenhauses in **Bruneck** organisiert der italienische Kulturverein „Il telaio" in der ersten Augusthälfte Lesungen in italienischer Sprache, mit viel Prominenz aus dem Literaturbetrieb, aus Presse und Fernsehen. Infos: Tel. 0474 555722

SOMMER-WEINKOST

Im **Olanger** Kongresshaus wird schon seit vielen Jahren in der zweiten Augustwoche eine Weinkost abgehalten, bei der Einheimische und Gäste bei einem guten Tropfen beisammensitzen. Geboten wird ein Querschnitt durch die Südtiroler Weinlandschaft. Für das leibliche Wohl werden Pustertaler Spezialitäten gereicht. Infos: Tel. 0474 496277

KIRCHTAGMICHL ❶

Der Kirchtagmichl, eine ausgestopfte Figur mit Hut und Feder, wird am ersten Samstag im September in **Sand in Taufers**, am zweiten in **Kematen** und am dritten in **Mühlen in Taufers** unter großem Hallo an einem Baum aufgehängt. Über Nacht muss der stumme Kerl bewacht werden – denn die Burschen der Nachbardörfer haben nichts anderes im Sinn, als den Michl zu stehlen. Gelingt das, wird er in einem makabren Ritus beerdigt, ansonsten blüht dem Michl die Verbrennung am Sonntag. Ursprünglich war das Ganze ein Brauch zum Erntedankfest. Heute ist das Ritual Anlass zum ausgelassenen Feiern (und manchmal zu Raufereien zwischen rivalisierenden Burschen).

STEGENER MARKT 🟢

Am letzten Wochenende im Oktober findet in Stegen bei **Bruneck** ein großer Vieh- und Krämermarkt statt, eine Art Oktoberfest Tirols. Bier und Wein fließen in Strömen, das Gelände ist voller Buden und Marktstände und die Krämer bieten Haushaltswaren, Kleider, Schuhe, auch Traktoren und Haflingerhengste feil. Boshafte Zungen behaupten zwar, dass das bunte Treiben heutzutage ein „Leutemarkt" sei – nach dem Motto weniger Vieh dafür ein Meer an Menschen –, aber der Markt selbst hat trotzdem noch eine große Bedeutung.

JAZZ-FESTIVAL ⭐

Beim viertägigen Musikfest Mitte Juli in **Bruneck** bevölkern namhafte Jazzmusiker und Jazzgruppen die Stadt. Abends treten sie an diversen Veranstaltungsorten auf oder spielen unter freiem Himmel in der Stadtgasse. Infos: Tourismusverein Bruneck, Tel. 0474 555722, www.bruneck.com

DOLOMITI-SUPERBIKE

Eines der wichtigsten Mountainbike-Rennen in den Alpen wird am zweiten Sonntag im Juli in **Niederdorf** gestartet, führt über 111 km, überwindet 3000 Höhenmeter und verlangt den Tausenden von Teilnehmern das Letzte ab. Gemütlichere Varianten für Hobbysportler gehen über 59 km Länge und 1500 Höhenmeter oder 25 km und 800 Höhenmeter. Infos: Tel. 0474 745136, www.dolomitisuperbike.com

MARKTL-FEST

In ungeraden Jahren wird in **Innichen** im Juli kräftig gefeiert. Beim Marktl-Fest bieten die Mitglieder unterschiedlicher Vereine an ihren Ständen Köstliches, Ausgefallenes und Bodenständiges an. Neben gutem Essen und Trinken gibt es Musik (Verstärker sind nicht erlaubt) und Unterhaltung für jeden Geschmack. Das ganze Dorf ist auf den Beinen, entweder als Veranstalter oder als Gast. Am Sonntag Vormittag großer Umzug durch das Dorf. Infos: Tel. 0474 913149

GUSTAV-MAHLER-MUSIKWOCHEN

Zu Ehren Gustav Mahlers, der in den Jahren von 1908 bis 1910 wesentliche Teile seines Spätwerks in **Toblach** komponierte, werden alljährlich im Juli und August Musikwochen von hohem Niveau abgehalten. Auf dem Programm stehen Konzerte und musikalische Darbietungen verschiedener Komponisten und Interpreten. Aufführungsorte sind neben dem Kultur- und Kongresszentrum im Grand Hotel Toblach auch Kirchen und Schlösser in der Umgebung. Infos: Tel. 0474 976151, www.gustav-mahler.it bzw. www.grandhotel-toblach.com

FERIENAKADEMIE SCHLOSS BRUNECK

Bereits seit zwei Jahrzehnten wird Mitte Juli eine Ferienakademie auf Schloss **Bruneck** veranstaltet. Alle Kunstinteressierten sind eingeladen, ihre künstlerische Begabung in praktischer Arbeit zu entfalten. Unter der Leitung anerkannter Künstler und Kunsterzieher werden sie in

Die Sellatürme in den Dolomiten

> **Wie wär's mit einem Grillfest?**
>
> In **Oberolang**, mitten im Grünen am Bachrand, gibt's einen großen, überdachten Grillplatz mit Brunnen, Tischen und Bänken, den man für sein eigenes Sommerfest – gegen Entrichtung einer kleinen Gebühr – mieten kann. Infos und Vormerkung: Tourismusbüro Olang, Tel. 0474 496277, www.olang.com

lig sein. Von Kennern hoch geschätzt, wird er üblicherweise mit Zwiebelringen und Essig angemacht. Infos: Martin Pircher (Despar-Geschäft im Zentrum), Tel. 0474 678495

MOTORRADTREFFEN IN BRUNECK

Am ersten Mai, kaum dass die ersten richtig warmen Tage da sind, strömen die Motorradfans zum traditionellen großen Bikertreffen nach **Bruneck**. Infos: Tel. 0474 555722

Brunecker Musikant

KOCH- UND BROTBACK-KURSE

Im Sommer organisiert der Tourismusverein **Olang** einmal wöchentlich einen Kochkurs, der großen Anklang findet. Die Teilnehmer treffen sich im Hotel Rainegg. Johann Agstner erklärt bei viel Praxis und knapper Theorie, wie man typische heimische Gerichte wie Knödel, „Hasenöhrl", „Schlutzer", „Tirtlan" oder „Niggilan" zaubert. Das Gekochte darf anschließend selbst verkostet werden.

Am Mittwoch Nachmittag hingegen lernt man auf einem Bauernhof Brotbacken. Während die Bäuerin bereits zu Mittag den Sauerteig vorbereitet, beginnt das eigentliche Brotmachen mit Erläuterungen, dem Formen der Laibe, dem Vorbereiten des Ofens usw. um 14 Uhr; ab 16 Uhr wird das Brot mit einer Jause verzehrt. Infos: Tourismusbüro Olang, Tel. 0474 496277

ALTA PUSTERIA INTERNATIONAL CHOIR FESTIVAL ❶

Ende Juni bevölkern Tausende von sangesfreudigen Menschen, Jung und Alt, das Hochpustertal. Rund 90 Chöre aus vielen Ländern und Kulturkreisen nehmen an dem musischen Festival teil. Als weniger stimmgewaltiger Gast hat man die Möglichkeit, den Vorführungen beizuwohnen: Kirchen, Säle und Hallen dienen als Veranstaltungsorte. Infos: Tel. 0474 913156, www.festivalpusteria.org

ALTSTADTFEST IN BRUNECK

In ungeraden Jahren, Ende Juli, feiern die **Brunecker** ihr Altstadtfest. Die Pusterer sind ein lustiges Volk und verstehen sich aufs Feiern; die Straßen und Gassen sind an den drei Tagen hoffnungslos verstopft, an allen Ecken wird Kulinarisches geboten, Festwagen ziehen bei Umzügen durch die Stadt.

MARATONA DLES DOLOMITES

Anfang Juli findet das größte Radrennen Südtirols statt: der Dolomiten-Radmarathon mit Start in **Stern** und Zieleinfahrt in **Corvara**. Zwischen den beiden an sich nahe beieinander liegenden Ortschaften überwinden die rund 6000 Teilnehmer mehrere Pässe. Beeindruckend ist der Bedarf an Lebensmitteln: Rund 12.000 Brötchen und 17.000 Liter Mineralwasser werden verteilt. Infos: Tourismusverein Corvara, Tel. 0471 836176 oder Tel. 0471 839536, www.maratona-dolomites.com

MÄRKTE, TERMINE, BRAUCHTUM

BAUERNMARKT
Jeden Freitag von 8–12.30 Uhr am Graben in **Bruneck**. Bauern aus der Umgebung bringen nicht nur Obst und Gemüse, sondern auch Eingemachtes aus Küche und Keller und manchmal sogar selbst gemachtes Kunsthandwerk mit.

WOCHENMARKT
Jeden Mittwoch findet in **Bruneck**, auf dem Parkplatz vor dem Busbahnhof, der traditionelle Krämermarkt statt. Einheimische wie Touristen stöbern und wühlen in den Bergen von Schuhen, Hemden, Pullis, Jeans, Arbeitskleidern und Haushaltswaren.

SCHNEESKULPTUREN-FESTIVAL
Alljährlich Anfang Januar kommen Schneebildhauer aus ganz Europa nach **Innichen**, um mit ihrer kalten Kunst das Dorfbild zu beleben. Mit Schaufeln, Sägen und Stacheldraht schaffen sie aus einem Schneeblock von 3 m Kantenlänge vergängliche, bizarre Werke. Das Festival wird Mitte Januar in **St. Vigil** in Enneberg fortgesetzt. Infos: Tel. 0474 913149

HELM-JUCHIZA
Am dritten Sonntag im Januar trifft man sich bei den Helmpisten in **Sexten** zum wohl verrücktesten Skirennen der Saison. Auf Schneeschaufeln sausen die über 100 Teilnehmer, eingeteilt in Mannschaften, die 800 m lange Piste hinunter. Im Zielraum erwartet die Schaufelritter ein Festbetrieb mit flotten Rhythmen und erster Hilfe für ausgetrocknete Kehlen. Infos und Einschreibungen: Tel. 0474 710355, www.helmbahnen.com

PÖCKLRENNEN ❶
Das Hochpustertal kennt noch eine verrückte Sportart: das „Pöcklan". Dabei saust man auf einem „Bock", einer Art Hocker auf Kufe, den Schneehang hinunter. Früher hatten die meisten Kinder Pöcklan, sie wurden aber mit der Zeit von Schlitten, Skiern und dem Snowboard verdrängt. Am ersten Wochenende im März messen sich über 200 Teilnehmer bei den Haunoldbahnen in **Innichen** bei einem Pöcklrennen – eine Riesengaudi mit Musik im Zielgelände und der legendären Après-Pöckl-Party. Das Sportgerät, das Pöckl, kann man sich bei den Veranstaltern ausleihen. Infos: Tel. 0474 913277

INTERNATIONALER KÄSEMARKT
Mitte März präsentieren internationale Käseproduzenten ihre Köstlichkeiten im Tubriszentrum in **Sand in Taufers**. Die heimischen Käsehersteller schneiden bei der Vergleichsverkostung übrigens sehr gut ab. Typisch für das Pustertal ist der würzige Graukäse, ein Magerkäse. Wenn er richtig reif ist, hat er eine leicht rissige Rinde, eine etwas speckige Konsistenz und ist von hellgrauer Farbe, im Inneren kann er noch etwas weißlich und krüme-

FREMDENVERKEHRSMUSEUM HOCHPUSTERTAL

Das Museum ist im Wassermannhaus, einem alten renovierten Patriziergebäude, in Niederdorf untergebracht. Hier residierten früher die Herren Kurz zu Thurn, die im 17. Jh. zu den begütertsten Familien des Oberpustertals gehörten. Das Haus hat bemerkenswerte Wohnräume mit wertvollen Täfelungen und Holzdecken sowie bemalten und bunt glasierten Kachelöfen. Auf drei Etagen wird die Geschichte des Fremdenverkehrs im Pustertal dokumentiert: der frühe Alpinismus, der Aufschwung, den die Südbahn dem Tal brachte, und der glänzende Nobeltourismus der Jahrhundertwende. **Niederdorf**, Hans-Wassermann-Str. 8, ⏱ Juli–September, Di–So 16–19 Uhr, Dezember–Februar, Mai–Juni Fr, So 16–19, Sa 9–12, 16–19 Uhr, Tel. 0474 745136

MUSEUM DES STIFTES INNICHEN

Neben der Stiftskirche in Innichen steht ein Haus, das schon um das Jahr 1000 erbaut wurde und zu den ältesten Gebäuden des Oberpustertals gehört. Hier sind zum einen das Archiv und die Stiftsbibliothek untergebracht, zum anderen beherbergt es ein Museum. Ausgestellt sind der Domschatz, sakrale Kunst aus der Stiftskirche, eine Urkunden- und Handschriftensammlung sowie Werke einheimischer Künstler. **Innichen**, Attostr., ⏱ Juni–15. Oktober, Do–Sa 17–19, So 10–11 Uhr, 15. Juli–August, Di–So 10–11 Uhr, Di auch 20–22 Uhr, Do, Fr, Sa auch 17–19 Uhr, Tel. 0474 913278

---

museumladin

MUSEUM LADIN ĆIASTEL DE TOR
St. Martin in Thurn / Gadertal
Tel. 0474 524020 www.museumla

Steinhaus: ⊕ April–Oktober, Di–So 9.30–16.30, Do 9.30–22 Uhr; 26. Dezember–April, Di–So 10–12 Uhr, Mi, Fr, So auch 15–17 Uhr, Do auch 19–21, Tel. 0474 651043, www.bergbaumuseum.it

MINERALIENMUSEUM ALPINE SCHÄTZE

Der Sammlerleidenschaft von Mineraliensuchenden, man heißt sie übrigens „Strahler", ist es zu verdanken, dass in St. Johann im Ahrntal eines der bedeutendsten Mineralienmuseen der Ostalpen entstand. In Schaukästen liegen etwa 750 heimische Einzelexponate, darunter auch riesige, zentnerschwere Rauchquarze, die größten Tirols. Gefunden wurden die Bergkristalle in den umliegenden Zillertaler Bergen und in den Hohen Tauern. Eine Attraktion ist der Nachbau einer Felsspalte voller Kristalle. Im Multimediaraum erfährt man, wie die Mineralien entstehen und wie gefährlich sich die Suche nach ihnen gestalten kann.

Fam. Kirchler, **St. Johann** 3, ⊕ Mai–Oktober, tgl. 9.30–12, 15–18.30 Uhr; November–April, tgl. 15–18 Uhr; Führungen nach Vereinbarung, Tel. 0474 652145, www.mineralienmuseum.com

KRIPPENMUSEUM MARANATHA

In Luttach im Ahrntal zeigt Paul Gartner auf zwei Etagen eine beachtliche Krippensammlung; darunter befinden sich orientalische Krippen, sizilianische Krippen aus Terrakotta und die typische Nordtiroler Schneekrippe. Man entdeckt fein geschnitzte Menschen und Tiere, exotische Landschaften, Häuschen, Miniatur-Ställe und Stadel, aber auch lebensgroße Holzfiguren.

Luttach, Weißenbachstr. 15–17, ⊕ Mo–Sa 9–12, 14–18 Uhr, So 14–17 Uhr; 5.–25. November geschlossen, Tel. 0474 671682, www.krippenmuseum.com

BURG TAUFERS

Hoch über Sand in Taufers, vor der Kulisse der eisgekrönten Zillertaler Alpen, thront Schloss Taufers, eine der imposantesten und besterhaltenen Burgen Tirols. Die mittelalterliche Anlage wurde im 15. und 16. Jh. zu einer weitläufigen Wohnburg ausgebaut. Von den 64 Räumen ist ein Drittel mit Zirbelholz getäfelt, viele sind mit schönen Kachelöfen ausgestattet. Weite Teile der Burg sind zur Besichtigung freigegeben, so der Richtersaal, das Gefängnis, die Folterkammer, die Schlosskapelle, der Rittersaal, die Bibliothek und die Waffenkammer. **Sand in Taufers**, Winkelweg 4, ⊕ nur mit Führung: 15. Juni–Oktober, tgl. 10, 11, 14, 15.15, 16.30 Uhr, Mitte Juli–August, tgl. halbstündlich von 10–17 Uhr, Weihnachten–15. Juni, Di, Fr, So um 15, 16 Uhr, Tel. 0474 678053, www.burgeninstitut.com

---

Wie das Erz im Ahrntal entdeckt wurde

Darüber erzählt man sich folgende Geschichte: Einst kaufte ein Bauer einen Stier auf dem Krimmler Markt. Als er ihn über die Tauern heim ins Ahrntal trieb, war dem störrischen Tier der Weg plötzlich zu beschwerlich. Da half auch kein Zerren, Schieben, Fluchen, Schelten, selbst Stockhiebe blieben erfolglos. Der Stier weigerte sich, auch nur noch einen Schritt zu tun, bohrte seine Hörner in den Boden und scharrte mit den Hufen ein tiefes Loch. Unter den Steinbrocken, die dabei ans Tageslicht kamen, befanden sich auch solche mit goldglänzendem Schimmer. Der Bauer steckte sie ein und es zeigte sich, dass es sich dabei um bestes Kupfererz handelte. Man grub an der Stelle weiter und stieß auf ein reiches Erzlager. Das Bergwerk, das bald darauf in Betrieb genommen wurde, begründete den Wohlstand des ganzen Tales und gab über viele Jahrhunderte – bis in die 1970er Jahre – den Knappen Arbeit und Brot.

FEUERWEHRHELM-MUSEUM

Über 700 Feuerwehrhelme aus aller Welt und aus mehreren Epochen können im Feuerwehrhelm-Museum im Hotel Burgfrieden in **Gais** auf über 200 m² besichtigt werden. ◷ Juli–Oktober 10–18 Uhr oder nach telefonischer Vereinbarung

SÜDTIROLER VOLKSKUNDEMUSEUM ⭐ 👬

In Dietenheim bei Bruneck wird auf einem drei Hektar großen Freigelände Südtiroler Alltagsgeschichte lebendig: Bauernhäuser, Getreidespeicher, Ställe und Stadel voller Hausrat und bäuerlichem Gerät zeigen, wie die Bevölkerung auf dem Land früher arbeitete und lebte. Werkstätten mit Werkzeugen von Schmied, Wagner oder Korbflechter veranschaulichen, wie die ländlichen Handwerker und Taglöhner ihr Brot verdienten. Im stattlichen Herrenhaus „Mair am Hof" hingegen ist die Atmosphäre des adeligen Lebens auf dem Land vergegenwärtigt. Für Kinder finden eigene Aktionstage statt, bei denen z. B. Brot gebacken, Flachs gebrechelt und Wäsche gewaschen wird. **Dietenheim**, Herzog-Diet-Str. 27, ◷ Ostermontag–Oktober, Di–Sa 9.30–17.30 Uhr; Sonn- und Feiertage 14–18 Uhr, Tel. 0474 552087, www.provinz.bz.it/volkskundemuseen

SÜDTIROLER BERGBAUMUSEUM 👬

In **Prettau** im Ahrntal wurde über Jahrhunderte Kupfererz abgebaut und verhüttet. Im Laufe der Zeit mussten die Bergleute immer tiefere Stollen in die Bergflanke treiben, um zu den erzführenden Gesteinsadern vorzudringen. Der längste Stollen, der St.-Ignaz-Stollen, ist über einen Kilometer tief. Für den Vortrieb benötigte man 44 Jahre, dabei kam schon Schwarzpulver zum Einsatz. Teile der ehemaligen Bergwerksanlage wurden renoviert und sind heute im Rahmen einer geführten Tour zu besichtigen.

Im St.-Ignaz-Stollen verläuft nicht nur die Trasse der elektrisch betriebenen, kleinen Grubenbahn für die Besucher, sondern ist auch eine Asthmatherapiestation eingerichtet. 15 km talauswärts, in **Steinhaus**, gibt es noch mal Gelegenheit sich über die Bergbaugeschichte zu informieren. Hier befand sich früher das Verwaltungszentrum des Bergbaubetriebs. Im ehemaligen Lebensmittelmagazin des Bergwerks, dem Kornkasten, befindet sich heute eine modern gestaltete Ausstellung von Dokumenten, Geräten, Gemälden, Karten, Büchern und Fundstücken rund um die Welt der Knappen. Schaubergwerk Prettau: ◷ April–Oktober, Di–So 9.30–16.30 Uhr, mit Führung, Tel. 0474 654298. Kornkasten in

Im Bergbaumuseum in Prettau

MUSEUM LADIN ĆIASTEL DE TOR
⭐ 👫

Das Museum Ladin in St. Martin in Thurn im Gadertal befindet sich in der mächtigen Anlage von Schloss Thurn, dessen Geschichte bis in das 12. Jh. zurückreicht. Hier trifft eine mittelalterliche Burg mit Türmen, Wehrgängen und Schießscharten auf eine hochmoderne, ausgetüftelte Museumstechnik.

Die Ausstellung gewährt Einblick in die Vergangenheit und Gegenwart der fünf ladinischen Dolomitentäler. Die Themen spannen sich von der erdgeschichtlichen Entstehung der Landschaft über die prähistorische Besiedelung und das alte Handwerk bis zur Tourismusindustrie der modernen Zeit. Die ladinische Sprache ist im Museum allgegenwärtig; hier werden Sie intensiv mit diesem ganz eigenen Kulturgut konfrontiert. **St. Martin in Thurn**, Torstr. 65, 🕐 Palmsonntag–31. Oktober, Di–Sa 10–18 Uhr, So 14–18 Uhr; im August auch Mo geöffnet; 26. Dezember–Palmsonntag, Mi–Fr 14–18 Uhr, Tel. 0474 524020, www.museumladin.it

STADTMUSEUM BRUNECK

Nachdem zur Zeit des Faschismus die Sammlung des Brunecker Museumsvereins aufgelöst und die Bestände größtenteils nach Bozen gebracht worden waren, wurde das Stadtmuseum 1995 neu eröffnet; untergebracht ist es in den alten, restaurierten Postställen. Das Museum zeigt u. a. Schnitzwerke und Gemälde der einheimischen Meister Michael und Friedrich Pacher sowie von Simon und Veit von Taisten. Darüber hinaus werden wechselnde Ausstellungen organisiert, wobei der Schwerpunkt auf moderner und zeitgenössischer Kunst liegt – hervorzuheben ist auch die Exlibris-Sammlung, eine Sammlung von Bücher- bzw. Bucheignerzeichen.

Bruneck, Bruder-Willram-Str. 1, 🕐 Di–Fr 15–18, Sa–So 10–12 Uhr; Juli–August, Di–Sa 10–18, So 10–12 Uhr, Tel. 0474 553292, www.stadtmuseum-bruneck.it

Im Gadertal

STIFTSKIRCHE INNICHEN

769 gründete Herzog Tassilo von Bayern in **Innichen** die wehrhafte Klostersiedlung zum hl. Candidus – als Bollwerk gegen die von Osten hereindrängenden Slawen. Um 1143 begann man mit dem Bau des Doms, seine heutige Form bekam er 1280, der Turm wurde später errichtet. Sehenswert in dem mächtigen, festungsähnlichen romanischen Bau sind insbesondere die romanische Kreuzigungsgruppe über dem Hochaltar mit der gekrönten Christusstatue, das Kuppelfresko aus der Zeit um 1280, die Krypta unter dem Hochaltar mit den Säulenkapitellen, die wahrscheinlich noch von der Vorgängerkirche stammen, und die hölzerne Statue des hl. Candidus von 1240. Ein schönes Zeugnis romanischer Bildhauerkunst ist das Südportal mit der Darstellung Christi als Weltenrichter; die Fresken stammen von Michael Pacher und zeigen die Kirchenpatrone Candidus und Korbinian sowie Kaiser Otto I., den Gründer des Stifts Freising, zu dem Innichen früher gehörte.

ALTÖTTINGER- UND GRABSKAPELLE

In **Innichen** lebte um die Mitte des 17. Jh. ein reicher, frommer Gastwirt, Georg Paprion. Er unternahm weite Pilgerfahrten – etwa nach Altötting und Jerusalem, wo ihm die Wallfahrts- bzw. die Grabeskirche so gefielen, dass er sie in Innichen im verkleinerten Maßstab nachbauen ließ. Die Kirchen liegen am westlichen Dorfeingang neben dem Bahngleis. Georg Paprion starb übrigens in Zypern, auf einer weiteren Pilgerreise ins Heilige Land. Infos über Öffnungszeiten: Tourismusbüro Innichen, Tel. 0474 913149

MUSEEN UND AUSSTELLUNGEN

LODENWELT

In Vintl, an der Pustertaler Staatsstraße, lädt ein privates Erlebnismuseum zu einem Besuch ein. In der Lodenwelt, die an eine moderne Lodenmanufaktur mit Direktverkauf angeschlossen ist, wird die Herstellung und Geschichte des Lodenstoffes erläutert. Es erwartet einen keine staubige Museumsatmosphäre, sondern zeitgemäße Ausstellungstechnik und abwechslungsreiche Inszenierung; beliebtes Ausflugsziel für Kinder. **Vintl**, Pustertaler Str. 1, September–Juni, Mo-Sa 9–17.30 Uhr, Juli und August, Mo–Sa 9–18.30 Uhr; Ostern bis Weihnachten, auch So 11–17 Uhr, Tel. 0472 868540

Die ladinische Sprache

Wie andere romanische Sprachen – Französisch, Spanisch, Rumänisch oder Italienisch – hat das Ladinische seine Wurzeln im römischen Latein. Die Räter, wie die Römer die unterworfene Bevölkerung im Tiroler Raum nannten, nahmen im Laufe der Zeit die Sprache der Sieger an, es entwickelte sich ein Vulgärlatein, das Ladinische. In den entlegenen Seitentälern hielt sich diese Sprache auch nach dem Zerfall des Römerreiches, während im restlichen Südtirol allmählich der germanische Einfluss überhand nahm. Rund 40.000 Menschen in den Dolomitentälern sprechen noch heute Ladinisch mit lokalen Einfärbungen. In Südtirol ist Ladinisch als eine der drei Landessprachen anerkannt: Es gibt ladinische Kulturinstitute, Fernseh- und Radiosendungen, eine Wochenzeitung sowie ladinischen Unterricht an den Schulen.

PRAGSER WILDSEE ⭐
Bei diesem einmaligen Anblick verschlägt es einem beinahe die Sprache: Im **Pragser Talschluss** liegt ein türkisfarbener See im dunklen Wald eingebettet, beschützt von der gewaltigen, 1000 m hohen, gelb-weißen Felswand des Seekofels. Da ist es also, das Bild, das in natura noch schöner ist als man es von Kalenderblättern und Ansichtskarten her kennt. Am Ufer stehen Holzruderboote zu einer Bootsfahrt bereit; nur ein wuchtiger Hotelbau aus der Zeit um 1900 wirkt etwas deplatziert.

GÖRZERHAUS
An der Ostseite des Hauptplatzes in **Niederdorf** steht das zinnengekrönte Gerichts- oder Görzerhaus. Kurios ist das Fresko an der Nordfassade, das einen kettentragenden wilden Mann darstellt. Am unteren Rand des Wandgemäldes ist neben anderen Wappen auch das der Familie Strigl abgebildet; es zeigt wenig prosaisch einen Striegel, mit dem man Tieren das Fell bürstet. Die Wappen der Herren von Görz und Tirol belegen, dass im 15. Jh. der Einfluss der herrschenden Grafen diese beiden relativ weit voneinander entfernten Gebiete umfasste.

GUSTAV MAHLER
Gustav Mahler verbrachte von 1908 bis 1910 seine Sommerferien in Toblach. Hier arbeitete er an seinen letzten drei großen Werken, der „9. Symphonie", dem „Lied von der Erde" und seiner unvollendet gebliebenen „10. Symphonie". Das Toblacher Komponierhäuschen, ein winziges Laubenhäuschen, das extra für Mahler errichtet wurde, ist heute eine Pilgerstätte für Mahler-Musik-Freunde. Es steht inmitten eines kleinen Wildparks in Altschluderbach bei **Toblach**. Im Wildpark gibt's neben allerlei Kleintieren Rot- und Damhirsche, Gämsen, Steinböcke, Mufflons, Luchse, Wildschweine, Habichte und Uhus zu sehen. 🕓 Ganzjährig, Fr–Mi 9–17 Uhr, Mai–Oktober auch Do; Infos: Restaurant „Gustav Mahler", Do Ruhetag, Tel. 0474 972347

Naturparke

Gleich vier Naturparke liegen – zumindest zum Teil – im Pustertal und seinen Seitentälern: der Naturpark Rieserferner-Ahrn, der Naturpark Puez-Geisler, der Naturpark Sextner Dolomiten und der Naturpark Fanes-Sennes-Prags. Es handelt sich um Großschutzgebiete, die sowohl atemberaubende Naturlandschaften als auch über Jahrhunderte gewachsene Kulturlandschaften umfassen. Zur Erkundung der Parke halten die Tourismusvereine Kartenmaterial bereit. Außerdem organisiert die Parkverwaltung im Rahmen des Programms „Umweltbildung und Information" sehr interessante, zum Teil anspruchsvolle, geführte Wanderungen. Ausstellungen in den Naturparkhäusern dokumentieren anhand von Fotos, Videos und Exponaten die Landschaften sowie die Flora und Fauna.
Sand in Taufers, Rathaus, Naturparkhaus Rieserferner-Ahrn: 🕓 Mai–Oktober, Weihnachten–März, Di–Sa 9.30–12.30, 16–19 Uhr; Juli–August auch So, Tel. 0474 677546; **Toblach**, im Kulturzentrum Grand Hotel Toblach, Naturparkhaus Toblach: 🕓 Mai–Oktober, Weihnachten–März, Di–Sa 9.30–12.30, 16–19 Uhr; Juli–August auch So, Do bis 22 Uhr, Tel. 0474 973017; **St. Vigil**, Katharina-Lanz-Str. 96, Naturparkhaus Fanes-Sennes-Prags: 🕓 Mai–Oktober, Weihnachten–März, Di–Sa 9.30–12.30, 16–19 Uhr; Juli–August auch So, Mi außerdem 21–22.30 Uhr, Tel. 0474 506120

Blick ins Antholzer Tal

Herren von Welsperg, die mächtigste Adelsfamilie des Hochpustertals. Der Einflussbereich der Welsperger reichte weit über das Pustertal hinaus: Burgen und Ansitze in Bruneck, in Osttirol, bei Sterzing, in Innsbruck, im Überetsch und in Primiero im Trentino zeugten von ihrer Macht. Der letzte direkte Nachfahre verstarb 1907. Heute beherbergt das Schloss im Sommer verschiedene kulturelle Veranstaltungen. ⏲ Juli–Mitte September, Mo–Fr 9.30–12, 16–18.30 Uhr, So 16–19 Uhr; Mitte bis Ende September, Mo, Mi, Fr 15–17 Uhr, Tel. 0474 944118

Bruneck, im Hintergrund Schloss Bruneck

chen Herren. Darum – aber auch der schönen, sonnigen Lage wegen – ist Aufhofen reich an herrschaftlichen Ansitzen. Besonders sehenswert ist der Ansitz Ansiedel aus dem 12. Jh., früher Sitz des bischöflichen Amtmannes und Verwaltungszentrum der bischöflichen Güter. Hans von Rost zu Aufhofen und Kehlburg ließ das Haus im 16. Jh. umbauen und erweitern. Sein Grabdenkmal auf dem Friedhof, das den Ritter in einer tollpatschigen Pose darstellt, ist kurios.

ANSITZ GASSEGG

Im Ahrntal spielte der Bergbau lange Zeit eine wichtige Rolle. In **Steinhaus** findet man noch interessante Bauten, die von der Glanzzeit erzählen. Das ansehnliche Gebäude im spätgotischen Stil wurde zur Zeit der Fugger erbaut, um von hier aus den Kupferabbau zu verwalten. Der Ansitz Gassegg in Steinhaus war das Wohnschloss des ehemaligen Bergwerksbesitzers und verdeutlicht mit seiner Größe und Wuchtigkeit den Wohlstand, den der Bergbau in diese entlegene Gegend gebracht hatte. Der Ansitz ist Ferienwohnsitz des Grafen Enzenberg und kann nicht besichtigt werden.

REINBACHWASSERFÄLLE

Das Reintal mündet bei **Sand in Taufers** ins Tauferer Tal. Der Reinbach, der im Sommer vom Schmelzwasser der Gletscher der Rieserfernergruppe gespeist wird, stürzt wenige Kilometer vor Sand in Taufers in mehreren Stufen über Felsen hinab und bildet die Reinbach-Wasserfälle – die mächtigsten Wasserfälle Südtirols, die man gefahrlos auf bequemen Wegen und Steigen erreicht. Der Spaziergang beginnt an der Zufahrtsstraße nach Rein, beim Gasthof „Toblhof" (Parkplatz und beschilderter Zugang, Gehzeit 5 Minuten) oder in Bad Winkel in Sand in Taufers (Gehzeit 45 Minuten). Der sehr schöne Spazierweg (Mark. 2) heißt auch „Besinnungsweg zum Sonnengesang". Einheimische Künstler haben in Anlehnung an den hl. Franz von Assisi entlang des Wegs zehn Stationen geschaffen, die zum Nachdenken einladen sollen.

ERDPYRAMIDEN ❗

Die Erdpyramiden von **Platten** in Oberwielenbach bei Percha sind zwar nicht so berühmt wie jene vom Ritten, aber deshalb nicht weniger eindrucksvoll. Man erreicht sie ab Platten in wenigen Gehminuten. Eine schöne, knapp einstündige Wanderung führt vom Weiler Nasen (1014 m; nach Percha Abzweigung) auf Weg 22A zur Jausenstation Niedristhof (1336 m), auf Weg P geht's weiter zu den Pyramiden (1554 m).

SCHLOSS WELSPERG

Das Schloss thront auf einem Geländevorsprung am Eingang des Gsieser Tals bei **Welsberg**. Einst residierten hier die

MÜHLENTAL

Im Gadertal zweigt bei **St. Martin in Thurn** westlich ein Seitental ins Herz der Dolomiten ab, das Campiller Tal. Am Seres-Bach bei Miscì wurde eine Reihe von Mühlen restauriert, die man bei einer Rundwanderung besichtigen kann. Die Mühlen dienten früher nicht nur zum Mahlen von Getreide, sondern auch als Stampfwerk für Loden, als Antrieb für kleine E-Werke oder Lastenaufzüge. Nur die erste Mühle steht für Besichtigungen offen, die restlichen sieben Mühlenhäuschen sind nicht zugänglich. Man erreicht sie vom Parkplatz oberhalb der Kirche von Campill auf Wanderweg 4 in ungefähr 40 Minuten oder fährt mit dem Auto zum kleinen Parkplatz bei Seres. Im Juli und August wird donnerstags zwischen 9 und 15 Uhr eine Mühle für die Besucher in Betrieb genommen. Der Tourismusverein St. Martin in Thurn organisiert Führungen. Tel. 0474 523175

BAROCKKIRCHEN

Die Kirche von **St. Leonhard** in Abtei und jene von **St. Vigil** in Enneberg sind nicht nur wegen ihrer Lage vor der einmaligen Bergkulisse einen Besuch wert – sie zählen wegen ihrer Stilreinheit auch zu den schönsten Barockkirchen des Landes.

ALTSTADT VON BRUNECK

Noch immer betritt man die mit Stadtmauern eingefriedete Altstadt durch vier Tore. Die Altstadt besteht aus Stadtgasse und Stadtplatz und liegt sichelförmig um den Schlossberg. Die Häuser sind derart dicht an den Hügel gedrängt, dass man die rückseitigen Gärten aus den oberen Stockwerken betritt. Die Stadtgasse ist ein bauliches Kleinod, stattliche Bürgerhäuser sind aneinandergereiht und zeugen vom Wohlstand ihrer früheren Bewohner. Man entdeckt so manches interessante und kuriose Detail: zinnenbewehrte Fassaden, Fresken, Wappenfriese, Gedenktafeln. Vor rund 250 Jahren brannte fast die gesamte Stadt nieder, ein Großteil der Häuser stammt aus dieser Zeit.

RAGENHAUS

In der sogenannten Oberstadt von **Bruneck** stehen einige ansehnliche Edelsitze, darunter das Palais Sternbach, das noch heute Nachkommen der einflussreichen Adelsfamilie bewohnen, sowie das Ragenhaus. Schon vor der Stadtgründung erbaut, erwarb es 1670 die wohlhabende Familie Wenzl und baute es im Renaissancestil um. Das Haus ist heute im Besitz der Gemeinde und beherbergt die Musikschule. Der vor einiger Zeit überdachte, stimmungsvolle Innenhof dient als Veranstaltungsort für Konzerte und Lesungen. Paul-von-Sternbach-Str. 3

SCHLOSS BRUNECK

Die Stadt **Bruneck** wird vom mächtigen, ausgezeichnet erhaltenen Schloss Bruneck überragt. 1251 bis 1256 wurde die Anlage vom Brixner Bischof Bruno von Bullenstätten und Kirchberg als Zufluchtsort und Bollwerk erbaut, unter Bischof Christof von Schroffenstein (1518/ 1519) erneuert. Das Schloss war lange Sommersitz der Bischöfe. Es hat schon viele gekrönte Häupter und wichtige geistliche Herren zu seinen Gästen gezählt; als letzter kam Kaiser Franz Joseph von Österreich anlässlich von Manövern ins Schloss. Heute beherbergt es im Sommer eine Akademie für Künstler; außerdem werden regelmäßig Ausstellungen gezeigt und im malerischen Innenhof finden Freilichtlichtspiele statt. In den Sommermonaten sind die „Fürstenzimmer" zu besichtigen. Vom Ragentor am Ende der Stadtgasse führt in wenigen Minuten der Schlossweg zur Burg. ⏰ 10. Juli-Mitte Oktober, 9–17 Uhr, Infos: Tourismusverein Bruneck, Tel. 0474 555772. Demnächst entsteht hier das fünfte Messner Mountain Museum (zum Thema „Bergvölker"), www.messnermountainmuseum.de.

ANSITZ ANSIEDEL

In **Aufhofen**, einem Weiler bei Bruneck, residierten vor der Stadtgründung und noch etliche Jahre danach die geistli-

manche Fehde mit dem Fürstbischof von Brixen, Kardinal Nikolaus Cusanus, austrug. Die Ursprünge dieses ältesten Frauenklosters Südtirols liegen im 11. Jh. Heute ist hier ein Hotel untergebracht. Die Sehenswürdigkeiten sind in einem eigenen Trakt ausgestellt. Beachtenswert ist auch die uralte Krypta mit romanisch-byzantinischen Freskofragmenten, wo der Reliquienschrein des hl. Klemens aufbewahrt wird. ⏲ Besichtigungen Juni–Oktober, tgl. 10–17 Uhr, Tel. 0474 474999, www.sonnenburg.com

MADONNENSTATUE VON MICHAEL PACHER ❶

In der Pfarrkirche von **St. Lorenzen** hängt links vom Hochaltar eine auffallend schöne Madonnenstatue, ein frühes Werk von Michael Pacher, einem der bedeutendsten spätgotischen Maler und Bildschnitzer. Einige Teile des Altars, zu dem auch diese Figur gehörte, sind in Wien, andere in München gelandet, der Rest ist verschollen. Wegen der blauen Weintrauben, die das Jesukind in der Hand hält, heißt die Statue im Volksmund „Traubenmadonna".

PFARRKIRCHE VON WENGEN ❶

Oberhalb von **Wengen** im Gadertal ragt bei einer Häusergruppe ein einsamer, gotischer Kirchturm in den Himmel; vom Kirchenschiff sind nur wenige Mauerreste erhalten. Es handelt sich um die alte Pfarrkirche von Wengen, die man in den dreißiger Jahren des 20. Jh. abreißen wollte, weil im Dorf schon seit längerer Zeit eine neue Kirche stand. Nachdem das Schiff abgetragen worden war, hätte der Turm dran glauben müssen. Doch zwei Bauern, denen die angrenzenden Wiesen gehörten, stellten sich quer – nicht aus Kunstverstand, sondern weil sie nicht wollten, dass der Schutt auf ihren Grundstücken zu liegen kam.

Die alte Pfarrkirche von Wengen

„Viles"

In den ladinischen Seitentälern, insbesondere in **Enneberg**, **Campill** und **Wengen**, hat sich eine einmalige Siedlungsstruktur erhalten: die Weiler, auf Ladinisch „les Viles". Gruppen von Häusern, Stadeln und Ställen schmiegen sich an den Rand von Geländeterrassen. Die Gebäude sind dicht aneinander gebaut. Innenhof, Backofen und Brunnen wurden von den Einwohnern oft gemeinsam genutzt. Zu den Viles gehört meist auch eine Mühle zum Mahlen von Getreide, zum Stampfen der Wolle für die Herstellung von Loden oder – in moderneren Zeiten – zum Antrieb kleiner E-Werke oder der Materialseilbahn, des Transportmittels zum Gehöft.

SEHENSWERTES

GETREIDEMÜHLEN
An manchen Bachläufen in **Terenten** stehen noch alte, wasserbetriebene Mühlen; einige Bauern nutzen sie noch zum Mahlen von Roggen (das Getreide wird heute großteils unter das Viehfutter gemischt und nicht mehr zum Brotbacken verwendet). Vor allem im Frühjahr und Frühsommer, wenn die Bäche ordentlich Wasser führen, sind die Mühlen in Betrieb. Etliche wurden mustergültig restauriert und durch einen abwechslungsreichen, ca. zweistündigen Lehrpfad entlang des Terenten-Bachs verbunden. Von Juni bis September ist jeden Montag von 10–13 Uhr eines der Mühlenhäuschen öffentlich zugänglich; das Tourismusbüro organisiert geführte Wanderungen. Infos: Tel. 0472 546140

SÄULENFICHTE
Sonnenburg bei St. Lorenzen

In **Mühlen**, einem Weiler an der sogenannten Sonnenstraße zwischen Terenten und Pfalzen, wächst nahe dem Restaurant Schöneck unterhalb der Straße eine der ganz wenigen Säulen- oder Schlangenfichten Europas. Ihre Äste wachsen eng am Stamm anliegend nach unten. Der Baum ist etwa 90 Jahre alt und 28 m hoch.

SCHLOSS EHRENBURG
Die kleine Festung in **Ehrenburg** wurde um 1512 zu einem Ansitz mit Arkadenhof ausgebaut; um 1730 erweiterten Fürstbischof Caspar Ignaz Künigl und dessen Bruder die Anlage zu einer glanzvollen Barockresidenz und statteten sie mit reichem Freskenschmuck und wertvollem Mobiliar sowie Bilderschmuck aus. Noch heute ist das ländliche Wohnschloss im Besitz der Grafen Künigl und kann besichtigt werden. ⏱ Nur mit Führung: April, Mai, Oktober um 15 Uhr; Juni–August, Mo–Sa 11, 12, 15 und 16 Uhr; September, Mo–Sa 11 und 12 Uhr, Tel. 0474 565221

KLOSTER SONNENBURG
Die alte Kloster- und Burganlage liegt weithin sichtbar auf einem Hügel bei **St. Lorenzen**. Hier lebte Mitte des 15. Jh. die streitbare Äbtissin Verena, die so

ETWAS ZUR GESCHICHTE

Das Pustertal ist uraltes Siedlungsgebiet, was zahlreiche Funde belegen. Die Route durch das Pustertal zählte seit jeher zu den wichtigsten Verkehrswegen über die Alpen. Schon die Römer hatten ihre Strada d'Alemagna von Aquileja zur Hauptstadt der Provinz Rätien, Augusta Vindelicorum, dem heutigen Augsburg, durch das Pustertal geführt. Militärstationen längs der Straße, etwa bei St. Lorenzen, sicherten diesen wichtigen Verbindungsweg. Mauerreste der Siedlung Sebatum und die Nachbildung eines Meilensteins direkt an der Staatsstraße bei Sonnenburg (das Original steht im Ferdinandeum in Innsbruck) künden noch heute davon.

Bruneck, erstmals 1256 urkundlich erwähnt, wurde von Bischof Bruno von Brixen gegründet, als befestigte Siedlung der Bischöfe in einer Zeit, in der Kirche und weltliche Macht erbittert um die Vorherrschaft stritten.

1271 fiel das Pustertal an die Grafen von Görz, die in Lienz in Osttirol residierten. Im Zuge der Grenzziehung wurde bei Mühlbach die wehrhafte befestigte Klause mit der Zolleinhebungsstelle errichtet. 1501 kam das Pustertal zu Tirol und damit zum Habsburgerreich. Wenige Jahrzehnte später gingen vom Pustertal die Aufstände der verarmten und unterdrückten Bauern aus, die sich gegen die Obrigkeit richteten, und unter Michael Gaismair auf ganz Tirol übergriffen. Unruhige Zeiten erlebte das Pustertal auch 1809 im Zuge der Franzosenkriege, als das Tal Aufmarschgebiet der französischen Armee war. Im Ersten Weltkrieg bildeten die Dolomiten die Frontlinie zwischen Österreich und Italien, auf den Bergen tobte ein erbitterter, grausamer und verlustreicher Stellungskrieg; Bruneck war das Hauptquartier der österreichischen Streitkräfte. Nach mehreren hundert Jahren Zugehörigkeit zur Habsburgermonarchie fiel auch das Pustertal nach Kriegsende an Italien.

Im Zuge des Schengener Abkommens wurde der Schlagbaum an der italienisch-österreichischen Grenze bei Winnebach entfernt und die Zollhäuschen abgebaut, die Pustertaler östlich und westlich des Toblacher Feldes rückten einander – zumindest symbolisch – wieder näher.

Bauernhof in Gsies

Stiftskirche in Innichen

ragt in den Himmel. In den Ortschaften herrscht in der Winter- und Sommersaison pulsierendes Leben; Alta Badia mit den Orten **Pedratsches**, **St. Leonhard**, **Stern**, **Corvara**, **Kolfuschg** und **St. Kassian** ist zu einem Fremdenverkehrsgebiet ersten Ranges aufgestiegen. Die Einheimischen sprechen mit Stolz Ladinisch, eine rätoromanische Sprache, die sich vom Ladinischen der Grödner idiomatisch unterscheidet. Sich mit den Ortsnamen zurechtzufinden ist nicht immer einfach, die Ortstafeln sind meist dreisprachig. So heißt La Ila auf Italienisch La Villa, auf Deutsch Stern; ab Stern breitet sich das Abteital übrigens fächerförmig aus, Übergänge führen in die Nachbartäler, nach Buchenstein, Cortina und ins Grödner Tal.

TAUFERER AHRNTAL

Bei Bruneck zweigt nach Norden, Richtung Zillertaler Berge, das Tauferer Ahrntal ab. Es ist mit fast 40 km Länge das bedeutendste Seitental des Pustertals. Der breite, ebene Talkessel von **Sand in Taufers** wird von einem Felsen, auf dem Schloss Taufers balanciert, vom engen, raueren Ahrntal getrennt. Die Straße führt vorbei an den Ortschaften **Luttach**, **St. Johann** und **Prettau** zum Talschluss, dem nördlichsten Zipfel Italiens. Gewaltige, vergletscherte Berge umschließen das Ahrntal: Hochfeiler, Weißzint, Möseler, Turnerkamp, Schwarzenstein, Löffler, Rauchkofel, Dreiherrenspitze, Rötspitze, Rieserferner mit Wildgall und Hochgall, alle weit über 3000 m hoch.

HOCHPUSTERTAL

Östlich von Bruneck überwindet die Straße bei Percha eine niedere Geländestufe: Es beginnt das Hochpustertal, das Oberland, wie es die Pusterer nennen. Stattliche Dörfer säumen die Straße oder lehnen sich an die Berghänge: **Olang**, **Welsberg**, **Niederdorf**, **Toblach** und **Innichen**. Mehrere schöne Nebentäler zweigen ab: bei Olang das Antholzer Tal, bei Welsberg das **Gsieser Tal**, bei Niederdorf das **Pragser Tal**, bei Toblach das **Höhlensteintal** nach Cortina, bei Innichen das Tal von **Sexten**. Am Toblacher Feld hat man den höchsten Punkt des Pustertals erreicht, kein Pass markiert den Übergang nach Österreich, das Tal ist breit und eben. Der weite Sattel des Toblacher Feldes ist auch die Wasserscheide: Die Rienz entwässert zur Adria, die Wasser der Drau fließen in die Donau und ins Schwarze Meer.

Welsberg im Pustertal

dicht bewaldet. Ungefähr in seiner Mitte weitet sich das Pustertal zu einem Becken, in dem der Hauptort **Bruneck** liegt, ein geschäftiges kleines Wirtschaftszentrum. Im Talgrund bleibt einem vieles von der einmaligen Landschaft und der Bergkulisse verborgen, man muss schon auf die Mittelgebirgsterrassen oder in die Seitentäler, um die Großartigkeit des Landstrichs zu entdecken.

GADERTAL

Das Gadertal beginnt bei **St. Lorenzen** nahe Bruneck, wo sich der Gaderbach mit der Rienz vereinigt. Für mehrere Kilometer schlängelt sich die Straße durch eine enge und dunkle Schlucht. Erst nach 15 km – die Abzweigung nach **St. Vigil** in Enneberg liegt schon hinter uns – öffnet sich das Tal: Inmitten von Wiesen breitet sich auf der westlichen Talseite auf einem Hügel **St. Martin in Thurn** aus. Dann wird das Tal erneut schluchtartig eng, um sich nach einer Geländestufe wieder zu weiten und neue Ausblicke zu eröffnen: In die Wiesen eingebettet liegen Dörfer, die Hänge sind mit schütteren Lärchenwäldern bewachsen, die großartige Kulisse der Dolomiten